Carolin Philipps

Luise

Die Königin und ihre Geschwister

Mit 15 farbigen Abbildungen auf Tafeln

Piper München Zürich

Mehr über unsere Autoren und Bücher:
www.piper.de

Originalausgabe
Mai 2010
© 2010 Piper Verlag GmbH, München
Umschlaggestaltung: semper smile, München
Umschlagfoto: akg-images
Satz: Uwe Steffen, München
Papier: Munken Print von Arctic Paper Munkedals AB, Schweden
Druck und Bindung: CPI – Clausen & Bosse, Leck
Printed in Germany   ISBN 978-3-492-25854-8

So eine Arbeit wird eigentlich nie fertig, man muss sie für fertig
erklären, wenn man nach Zeit und Umständen das Möglichste
getan hat.
Goethe, Italienische Reise, 1787

Mein Dank gilt auch diesmal meinem Vater, der
durch seine kenntnisreichen Vorarbeiten und die
vielen gemeinsamen Diskussionen am Entstehen
dieses Buches einen entscheidenden Anteil hat. Mein
Dank gilt aber auch meiner Mutter, die das Vater-
Tochter-Projekt wieder mit großer Geduld begleitete.

Inhalt

Prolog
11

*Kindheit und Jugend in Hannover
und Darmstadt*
15

Ein Vater und zwei Mütter   17

Glückliche Jahre in Darmstadt   27

Gesellschaft im Umbruch   39

Erziehung zur Pflichterfüllung und zu einem
tugendhaften Leben   48

Vorbereitung auf die traditionelle Rolle in der
Gesellschaft   53

Revolution in Frankreich, Krieg und
Flucht   62

Inhalt

Aufbau eines eigenen Lebensraums
71

Charlotte, Herzogin von Sachsen-Hildburghausen (1769–1818) 76

Ehefrau, Mutter und Künstlerin 76   Ort der Sehnsucht – Ort der Zuflucht 89   Friedrich Rückert 94

Therese, Fürstin von Thurn und Taxis (1773–1839) 97

Werbung, Hochzeit, erste Ehejahre 97   Repräsentantin des Fürstenhauses: »der einzige Mann« im Haus 109   Zwischen Pflicht und Leidenschaft 120 Familienbande 130   Friedrich Gottlieb Klopstock 135

Luise, Königin von Preußen (1776–1810) 138

Durch Anpassung zur »Tugend« 138   Pflicht und Verantwortung 150   August Wilhelm von Schlegel 159   Der Gute und der Böse 160

Friederike, Prinzessin von Preußen, Fürstin zu Solms-Braunfels, Königin von Hannover (1778–1841) 172

Neigung und Pflichterfüllung 172   Zwischen Ferne und Nähe 178   Glück in der dritten Ehe 187   Johann Wolfgang von Goethe 193

Georg, Großherzog von Mecklenburg-Strelitz (1779–1860) 194

Vergebliche Brautschau 194   Fürsorge für Land und Familie 200   Johann Wolfgang von Goethe 208

Inhalt

Carl, Herzog von Mecklenburg-Strelitz (1785–1837) 210

Das sechste Blatt des Klees 210 Karriere zwischen
Militär und Theater 219 Carl von Mecklenburg-
Strelitz 225

Zusammenhalt in schweren Zeiten
227

Querschnitt durch die Jahre 1799–1800 229

Überblick 229 Leidenschaft und Verbannung 230 Sorge und Verständnis statt Verachtung
und Verurteilung 239 Erbprinz Georg und die Illuminati 247 Probleme zwischen Liebe und Ausbildung 255

Querschnitt durch die Jahre 1805–1807 260

Überblick 260 Max von Schenkendorf 262 Luise
und Napoleon 263 Familienbande trotz Flucht und
Besetzung durch feindliche Truppen 277 Fried-
rich Rückert 292 Das Treffen in Tilsit und seine
Folgen 295 Erfüllte und unerfüllte Träume vom
Glück 303 Heinrich von Kleist 313

Querschnitt durch die Jahre 1809–1810 314

Zwischen Hoffnung und Verzweiflung 314 Sehnsucht
nach der Nähe der Geschwister 325 Max von Schenkendorf 343 1810: Tod Luises 344

Inhalt

Vermächtnis und Verklärung
357

Luises Vermächtnis: »Dein Glück und die Erziehung der Kinder« 359

Neues Menschenbild in alten Formen 359 Zwischen Pflicht und Neigung 369 Karl Theodor Körner 376 Befreiung von jahrelanger Fremdherrschaft 377

Flucht aus der Realität 386

Rittertugenden und Ritterspiele 386 Burgenromantik 392 Abenteuer Texas 402 Rückzug ins Private 406 Friedrich de la Motte Fouqué 412 Verklärung Luises 413

Anhang
423

Quellen und Anmerkungen 425

Literatur 437

Zeittafel 444

Personenregister 446

Bildnachweis 458

Ahnentafel 459

Prolog

»Wenn ich mich so recht in ihrem Anschauen verliere, ... dann schwöre ich Dir, wird mir's oft zu Muthe, als dürfte ich nur den äußeren Saum ihres Gewandes küssen – und wäre ich Katholik, schon jetzt bey ihren Lebzeiten würde ich gläubig ausrufen: ›Heilige Luise, bitte für mich!‹«

Dies schrieb Georg, der Bruder der preußischen Königin Luise, im April 1810 an seine älteste Schwester Charlotte und drückte damit seine übergroße Verehrung aus.[1] Als Engel und als Heilige, als Aphrodite, Königin der Schönheit und der Liebe, als Hebe, Königin der Jugend, als Vorbild aller Frauen für Tugend und Sanftmut, als Muster alles Edlen und Schönen: Schon zu Lebzeiten wurde Königin Luise in den höchsten Tönen bewundert und gepriesen. Jung und Alt, Studenten, Diplomaten und Dichter, Frauen und Männer gerieten gleichermaßen ins Schwärmen, wenn sie von ihr sprachen.

Die kritischen Stimmen, die es auch gab, wurden verdrängt, einfach ignoriert. Sie passten nicht in das ideale Bild, das man sich von dieser Frau gemacht hatte. Napoleon, der sie mit Helena verglich, die durch ihre Schönheit und ihr unkluges Verhalten den Trojanern den Tod gebracht hatte, unterstellte man fanatischen Hass auf die preußische Königin, ohne zu berücksichtigen, dass Luise selbst diese Äußerungen durch ihre hassgetränkten Briefe ausgelöst hatte. Der preußische Reformer Freiherr vom Stein bescheinigte ihr mangelnde Bildung und war in diesem Punkt einer Meinung mit ihrem Ehemann Friedrich Wilhelm III.,

Prolog

der zwar ihren Naturverstand liebte und lobte und ihre Meinung schätzte, ihr aber die Intelligenz, den Fleiß und das Durchhaltevermögen absprach, um sich erfolgreich fortbilden zu können.

Seit ihrem Tod vor zweihundert Jahren hat sich jede Generation ein eigenes Bild von ihr gestaltet, hat sie für ihre Zwecke benutzt. Königin Luise als Schutzgeist im Befreiungskampf gegen Napoleon, als Kämpferin für eine deutsche Nation, Königin Luise auf Servietten und Trinkbechern. Der Mythos Luise hat die Menschen zu allen Zeiten mehr beschäftigt als der lebendige Mensch, der dahintersteckte. Sie sei glücklich verheiratet gewesen, heißt es zum Beispiel. War sie das tatsächlich? Und wenn ja, um welchen Preis? Sie selber schreibt, dass ihr Leben »Opfer und Aufopferung« war.

Will man erfahren, welche Frau hinter dem Mythos Luise steht, kommt man an ihren Geschwistern nicht vorbei: Charlotte von Sachsen-Hildburghausen, Therese von Thurn und Taxis, Friederike, Königin von Hannover, Großherzog Georg von Mecklenburg-Strelitz, Herzog Carl von Mecklenburg-Strelitz. Als sechsblättriges Kleeblatt haben sie sich selber bezeichnet. Das Kleeblatt mit vier Blättern war schon im Mittelalter ein Glückszeichen, sollte Schutz gegen Unglück aller Art bieten, hier steht es mit seinen sechs Blättern symbolhaft für die tiefe Verbundenheit der Geschwister. Zerstreut über Europa, getrennt durch die Wirren der napoleonischen Kriege, ist es ihnen dennoch gelungen, den engen Kontakt untereinander zu erhalten. Möglich wurde dies durch Tausende von Briefen, die oft auf abenteuerlichen Wegen quer durch Europa ihren Weg suchen mussten.

Mein Freund, die Zeiten der Vergangenheit
Sind uns ein Buch mit sieben Siegeln.
Was ihr den Geist der Zeiten heißt,
Das ist im Grund der Herren eigner Geist,
in dem die Zeiten sich bespiegeln,

Prolog

ließ schon Goethe seinen Faust zu Wagner sagen. Um das Buch der Vergangenheit zu öffnen und dem Geist der Zeit, den Gefühlen und Gedanken der damals lebenden Menschen näher zu kommen, muss man in die Archive gehen. In Schwerin, Berlin, Regensburg, Pattensen, Altenburg und Braunfels liegt ein großer Teil der noch unveröffentlichten Briefe, die sich die Geschwister schrieben.

Einer von ihnen wurde 1841 von Luises Schwester Friederike an Luises Sohn Friedrich Wilhelm von Preußen geschrieben.[2] Friederike war krank und ahnte vielleicht schon das nahe Ende, sie starb fünf Monate später. In dem Brief bittet sie ihren Neffen um »die Zurückgabe meiner Briefe an Deine geliebte Mama«. Sie habe schon die Briefe an seinen Vater, den König, zurückerhalten. Man habe ihr gesagt, »sie seyen, mit allen anderen Familien Briefen, in dem Königlichen Hausarchiv niedergelegt. So sicher nun auch diese Ehrenstelle für unsere Zeit ist, so gestehe ich doch, dass der Gedanke, eine so vertraute Correspondence könne auf die Nachwelt kommen und durch irgendeinen gefälligen Papiernarren oder Archiv-Forscher, wenn auch erst in hundert Jahren, gedruckt erscheinen, mir höchst unangenehm war.« Auch ihre Schwester Therese, mit der sie besorgt die Forschungen in einem englischen Archiv verfolgt hatte, bat noch kurz vor ihrem Tod, Friederike möge dafür sorgen, dass auch ihre Briefe an Luise zurückgesandt würden.

Das Lesen dieses Briefes ließ mich sehr nachdenklich zurück. Ich wusste, dass auch Luises brieflicher Nachlass nach dem Tod Friedrich Wilhelms aus ähnlichen Überlegungen heraus vernichtet worden war. Mit welchem Recht ignorierte ich diese Wünsche nach Erhalt der Privatsphäre?

Mir fiel nur ein Rechtfertigungsgrund ein: die Suche nach der Wahrheit. Schon einmal hatte ich im Archiv zu Schwerin Geheimpapiere entdeckt, in denen Luise die Geschichte der geheimen Liebe ihrer Schwester Friederike so gut versteckte, dass vielleicht gerade deshalb die Gerüchteküche ihr bis heute den Ruf einer »untugendhaften« und »unzüchtigen« Frau anhängen konnte, was Luise zutiefst entsetzt hätte, da sie ja genau das vermeiden wollte. Nur mithilfe dieser Briefe konnte ich den Versuch starten, den guten Ruf Friederikes wiederherzustellen.[3]

Und so hoffe ich auch diesmal, dass es mir gelingt, durch eine Kombination der Geschwisterbriefe unter Einbeziehung der noch unveröffentlichten Briefe, die bislang unbeachtet in den Archiven verstaubten, der Wahrheit ein wenig näher zu kommen und so vielleicht die eine oder andere jahrhundertealte Behauptung über die sechs Geschwister in das Reich der haltlosen Gerüchte zu verweisen.

Luise. Die Königin und ihre Geschwister ist eine Reise auf den Spuren einer Familie, von der Luise schrieb: »Meine wahre und aufrichtige Anhänglichkeit an meine ganze Familie ist der Art, daß ich nicht ganz glücklich sein kann, wenn ich sie nicht alle glücklich weiß.«[4]

Kindheit und Jugend in Hannover und Darmstadt

Ein Vater und zwei Mütter

»Von ihrer bescheidenen Mutter hat sie die Grazie, die Augen voller Geheimnis ...«

So beschreibt Karl Ludwig Friedrich von Mecklenburg-Strelitz, der Vater der sechs Geschwister, seine Frau Friederike von Hessen-Darmstadt in einem Gedicht, das er ihr zur Hochzeit schenkte.[1] In französischen Versen beschwört er die Szene der ersten Begegnung herauf: wie sie errötete, wie er sich fragte, ob sie das Feuer der Leidenschaft in ihm bemerkte, und wie sich dann ihre Blicke fanden. Bereits drei Monate nach dem ersten Treffen wurde im Mai 1768 die Verlobung gefeiert. Das Gedicht ist uns erhalten in einem Brief vom 18. September 1769, dem ersten Jahrestag der Hochzeit. Friederike hat es sorgfältig abgeschrieben und ihrem Mann geschickt, damit er sich »immer an die erinnert, der er das Gedicht geschenkt hat und die keine größere Freude in ihrem Leben kennt, als sein Leben zu sein«.

Zu diesem Zeitpunkt war sie bereits im siebten Monat schwanger. Auch die übrigen Briefe des Jahres zeigen, dass diese Ehe nicht nur aus rein machtpolitischen Erwägungen geschlossen wurde, wie das in Fürstenhäusern normalerweise geschah. Täglich erhielt Karl von ihr kleine Briefe, zum Teil von ihrem Bett an das seine, denn natürlich gab es im Palais zu Hannover, wo das junge Paar seinen Wohnsitz hatte, wie üblich getrennte Schlafräume. Wenn Karl auf seinen zahlreichen Dienstreisen unterwegs war, sandte sie ihm zärtliche Briefe mit gemalten Herzen und »10000000000000000000 Umarmungen« und schrieb dazu: »Ich träume von dir und beschäftige mich den ganzen Tag mit nichts anderem als mit dir. Deine dir zärtlichst zugetane treue Ehefrau.«[2] In den späteren Jahren legte Friederike den Briefen Kinderzeichnungen bei und erste Krakelworte: »Chere Papa je t'aime.«[3] Selbst nach zehn Ehejahren und acht Kindern findet sich in den Briefen an ihren »anbetungswürdigen Prinzen« die gleiche Zärtlichkeit und Leidenschaft wie zu Beginn: »Je fume pour vous.«[4] Briefe von Karl an Friederike sind nicht erhalten, aber aus ihren Schreiben lassen sich Rückschlüsse ziehen auf seine Beziehung zu ihr. So bedankte sie sich bei ihm, weil er morgens »ohne Lärm zu machen« das Schlafzimmer verlassen hatte, damit sie, im dritten Monat schwanger, noch bis neun Uhr weiterschlafen konnte.[5]

Wer aber war nun Friederikes »anbetungswürdiger Prinz«?

Er wurde am 10. Oktober 1741 auf Schloss Mirow am gleichnamigen See im heutigen Mecklenburg-Vorpommern geboren als Sohn Karl Ludwig Friedrichs von Mecklenburg-Strelitz und seiner Frau Elisabeth Albertine von Sachsen-Hildburghausen. Nach dem Tod des Vaters übernahm sein älterer Bruder Adolf Friedrich die Regierung des Herzogtums mit Sitz in Neustrelitz. Karl, der noch weitere ältere Brüder hatte und damit eigentlich ohne Aussicht auf Macht und Thron war, blieb nur eine Karriere beim Militär daheim oder im Ausland. Da enge Beziehungen zum englischen Königshaus bestanden, wo die Kurfürsten von Hannover-Braunschweig auf dem Thron saßen, lag es nahe, für Karl eine Stelle in einem hannoverschen Regiment zu erwerben. Und so wurde er schon 1744 mit drei Jahren auf einer Leutnantsstelle eingetragen. Zunächst erhielt er aber eine standesgemäße Erziehung durch Hauslehrer, später konnte er neben seiner Offizierstätigkeit seine Bildung bei Reisen durch Europa und mit siebzehn Jahren durch den Besuch der Genfer Universität vervollständigen. Mit vierzehn Jahren hatte für Karl nämlich das eigentliche Soldatenleben schon begonnen: Im Siebenjährigen Krieg kämpfte er in den

Ein Vater und zwei Mütter

Schlachten bei Krefeld (1758) und Minden (1759) und avancierte zum Oberstleutnant.

Als der englische König Georg III. seine Schwester Charlotte Sophie heiratete, war seine Karriere endgültig gesichert. Sein Schwager machte ihn zum General und 1768 schließlich zum Militärgouverneur von Hannover, der traditionell im Alten Palais gegenüber dem Königlichen Leineschloss residierte.

Schon Mitte der Sechzigerjahre war der junge General mit siebenundzwanzig Jahren eine gute Partie auf dem Heiratsmarkt. Er galt nach zeitgenössischen Aussagen als »recht hübsche Erscheinung«, besaß »sanfte und gefällige Manieren«, war nicht sehr groß, aber mit »besonders schönen Augen und Zähnen« ausgestattet.[6] So wurde er denn am Hof zu Darmstadt freundlich empfangen, als er dort erschien und sich ganz augenscheinlich in Friederike Karoline Luise verliebte, die älteste Tochter von Georg Wilhelm, dem Bruder des regierenden Landgrafen Ludwig IX. von Hessen-Darmstadt.

Friederike, zu der Zeit fünfzehn Jahre alt, hatte blonde Locken, blaue Augen und war »mit dem besten Herzen und dem besten Charakter ausgestattet«, wie ihre Tante, die »große Landgräfin« Karoline, es ausdrückte.[7] Sie war an einem Hof in einem Elternhaus aufgewachsen, das sich in vielerlei Hinsicht von dem Karls unterschied: »Ich wünschte mir zur Würze meines Lebens keine andre Gesellschaft, als die mir Darmstadt darbot, wie dieser Ort auch überhaupt einer von denen wäre, worin ich meine Zelte für immer aufschlagen würde, wenn das Schicksal mich den Ort meines Aufenthalts frei wählen ließe.« So schrieb der sonst so kritische Johann Kaspar Riesbeck, der sich um das Jahr 1780 in Darmstadt aufhielt. »Es schwinden hier die Tage unter beständiger Abwechslung von stillen Vergnügungen. Die Zeit verfliegt unbemerkt bei so gesellschaftlichem Leben; denn in Wahrheit kann man unter seinesgleichen nicht viel gesellschaftlicher und ungezwungener leben als unter dieser zahlreichen fürstlichen Familie ... Und wie diese fürstlichen Personen wechselweise miteinander umgehen, daran sollten sich viele Familien ein Beispiel nehmen. Es ist ein wahres Muster von freundschaftlichem und liebevollem Betragen, eine Folge der Güte des Herzens, womit diese Familie beglückt zu sein scheint.«[8]

Die Eltern von Friederike residierten seit 1762 im Alten Palais am Marktplatz. Prinz Georg Wilhelm, der vorher in österreichischen Diensten – zuletzt als Generalfeldmarschall – tätig gewesen war, hatte zusammen mit seiner Frau Maria Luise Albertine zu Leiningen-Dagsburg-Falkenburg und seinem Neffen, dem Erbprinzen Ludwig, die Repräsentation des Landes in der Residenz in Darmstadt übernommen, da sein Bruder, der amtierende Fürst, sich überwiegend in Pirmasens aufhielt. Das Stadtpalais, in dem sie lebten, setzte sich aus zwei Bürgerhäusern zusammen. Und eher bürgerlich-familiär, unbelastet durch die Etikette, die an anderen Höfen das Leben bis in kleinste Details hinein reglementierte, spielte sich ihr Leben in Darmstadt ab. In Berichten aus der Zeit wird immer wieder das intensive Zusammenleben der Familie hervorgehoben, ein Indiz dafür, dass es im Vergleich zu anderen fürstlichen Familien außergewöhnlich war. »Täglich ergötze ich mich an der Einigkeit, die in der zahlreichen Familie herrscht, erfreue mich an dem freundschaftlichen Betragen der Eltern mit ihren Kindern, der Kinder mit ihren Eltern. Das ist in Wahrheit recht erbaulich ... Prinz Georg und seine Gemahlin ... liebreich und menschenfreundlich ... Es herrscht der glückliche Ton von Höflichkeit, die niemand lästig wird und jedermann zufrieden stellt.«[9]

Sommersitz der Familie wurde ab 1764 das Palais im Prinz-Georg-Garten. Abseits vom Hofleben war dies ein Ort, der besonders geeignet war für ein privates familiäres Miteinander. Neben einem Nutzgarten, in dem Gemüse und Kräuter, Obst und Beeren wuchsen, gab es eine Orangerie und einen Lustgarten mit Teehäuschen und Tem-

Ein Vater und zwei Mütter

pel, einem Heckentheater, Fontänenbassins, Sonnenuhren und Sitzecken in romantischen Nischen. Hier fanden kleinere Bälle statt, Konzerte und die beliebten Theateraufführungen, die die Familie selber gestaltete. 1793 wurde in diesem Garten auch die Doppelverlobung von Königin Luise und ihrer Schwester Friederike mit den beiden preußischen Prinzen gefeiert.

Vor allem die Geburtstage des Prinzen Georg Wilhelm waren immer ein Anlass für liebevoll einstudierte Theateraufführungen, so zum Beispiel am 14. Juli 1779 Georg Joseph Voglers Melodram *Lampedo*, eine Aufführung, die auch in der Fachwelt Aufsehen erregte: Im Mittelpunkt steht die Amazonenkönigin Lampedo, die den besiegten Skythenkönig nicht, wie eigentlich üblich, am Altar tötet, sondern ihn begnadigt und aus der blutigen Opferstätte eine Gedenkstätte der Eintracht und des Friedens macht.[10]

Hinter dem exotischen Stoff verbirgt sich ein Hauptthema des Menschen als Sozialwesen: das Individuum zwischen Pflicht und Neigung. Es ist bezeichnend, dass dieses Stück von der Familie ausgewählt wurde. Das Thema zieht sich nicht nur wie ein roter Faden durch die Abhandlungen der Philosophen seit der Zeit der Griechen und war durch die Diskussion zwischen Immanuel Kant und Friedrich von Schiller höchst aktuell – es prägte auch die Erziehungsmaximen der Familie und findet sich in vielen Briefen der Königin Luise und ihrer Geschwister wieder.

Zum Besitz des Prinzenpaars gehörten auch das Schloss Broich am Niederrhein und das Jagdschloss Braunshardt, anderthalb Stunden nordwestlich von Darmstadt. Auch hier verbrachte die Familie viele Wochen des Jahres, in deren Mittelpunkt fröhliche Feiern mit Spiel und Gesang standen. Ihr Lieblingslied, traditioneller Bestandteil jeder Familienfeier, lautete bezeichnenderweise: »Wo kann man besser sein als am Busen seiner Familie?«[11] Es waren Orte, an denen später auch Luise und ihre Geschwister ihre Kindheit verbringen sollten.

Im Mittelpunkt dieses fast schon bürgerlich anmutenden Familienlebens in Darmstadt stand Prinzessin George, wie Maria Luise Albertine von Leiningen-Dagsburg-Falkenburg, die Mutter Friederikes und die Großmutter der sechs Geschwister, genannt wurde. »Freudigkeit« ist die »Mutter aller Tugenden«. Nach diesem Grundsatz lebte sie und erzog ihre Kinder und später auch ihre Enkel.[12] Selber ohne die Fesseln der höfischen Etikette aufgewachsen, war sie temperamentvoll und redete gern und viel. Im Darmstadt der damaligen Zeit wurde dies sprichwörtlich: »Sie schwätzt wie Prinzessin George.« Mit ihrem Temperament hatte in späteren Jahren auch die Oberhofmeisterin der Königin Luise zu kämpfen, die jedes Mal froh war, wenn die Großmutter ihren Besuch bei ihrer Enkelin in Berlin beendete, weil sie sonst überhaupt nicht zu Wort kam.

Während sie bei offiziellen Anlässen das unvermeidliche höfische Französisch sprach, war ihre Umgangssprache in der Familie ein mit rheinisch-pfälzischem Dialekt durchwobenes Deutsch, in dem zunächst auch ihre Enkelinnen redeten oder ihre Briefe schrieben. Obwohl der Darmstädter Hof neben dem in Weimar und Hildburghausen zu einer Hochburg der Dichter der sogenannten Epoche der Empfindsamkeit zählte und sich zur Zeit der Großen Landgräfin auch Goethe, Klopstock und Schiller oft hier aufhielten, hatte Prinzessin George selber kein Talent, einen Musenhof oder einen literarischen Salon zu gestalten. Gäste, die an ihren Tisch kamen, wurden bewirtet und dann in die Familienspiele einbezogen. Sie schrieb auch keine Briefe, wie sie damals dem Zeitgeist entsprachen: blumig und mit Gefühl überladen. Ihre Briefe waren eher kurz und bündig, dafür legte sie den Empfängern Spargel, der in der Gegend berühmt war, und einige Flaschen Wein bei.[13] Karl von Mecklenburg hat sich in Darmstadt offenbar sehr wohl gefühlt, denn auch nach seiner Hochzeit kam er mit seiner Familie jedes Jahr zu fröhlichen Festen für Wochen und Monate von Hannover hierher zurück.

Ein Vater und zwei Mütter

Hochzeit wurde am 18. September 1768 in den Festräumen des Darmstädter Schlosses gefeiert. Die Braut glänzte im prächtigen Schmuck, den sie zum großen Teil von ihrer Schwägerin, der Königin Charlotte Sophie aus England, bekommen hatte.

Einige Wochen später begann das gemeinsame Leben in Hannover. Für die sechzehnjährige Friederike muss es zunächst ein Schock gewesen sein, obwohl das dortige Alte Palais an der Leinestraße äußerlich eine gewisse Ähnlichkeit mit ihrem Zuhause in Darmstadt hatte. Aus einem Leben, in dem die Vorschriften höfischer Etikette kaum Bedeutung hatten, das vielmehr geprägt wurde durch das Miteinander der zahlreichen Familienmitglieder, hinein in ein Leben, in dem die Familie zunächst nur aus ihr und ihrem häufig abwesenden Mann bestand. In Hannover war sie zudem Teil einer Gesellschaft, die von der strengen, steifen Etikette des englischen Hofes geprägt war. Zwar wurden auch hier Geburtstage gefeiert, nur lebten die Mitglieder des englischen Königshauses im fernen London, und der englische König Georg III. hat zeit seines Lebens das Kurfürstentum Hannover, das zu seinem Reich gehörte, nicht besucht. Nur seine Frau, die englische Königin Charlotte Sophie, Karls Schwester, kam ab und an zu Besuch, was umfangreiche Festivitäten zur Folge hatte. Diese liefen aber wesentlich förmlicher, nach fest vorgeschriebenem Ritual ab und hatten nichts von der überschwänglichen Fröhlichkeit im Hause von Prinzessin George in Darmstadt.

Die zahlreichen Konzerte und Theateraufführungen, die Friederike nun mit ihrem Mann besuchte, waren sicher von hohem künstlerischem Niveau, aber sie beide waren nur noch Zuschauer – und so fehlte vor allem Friederike das eigentliche Vergnügen, das das gemeinsame Einstudieren und Aufführen eines Stückes mit sich brachte. Ob Friederike wirklich in Hannover glücklich war, wie Paul Bailleu, der erste Biograf der späteren Königin Luise von Preußen, vermutet, darf bezweifelt werden. Sie war in ihrer

Ehe glücklich, aber in Hannover sicherlich nicht, denn sie nutzte jede sich ihr bietende Gelegenheit, um die Stadt zu verlassen. Neben regelmäßigen Kuraufenthalten in Bad Pyrmont und Besuchen in Celle, wo Karls Bruder Ernst Gouverneur war, zog es sie immer wieder für Wochen und Monate zurück in ihr Elternhaus nach Darmstadt, manchmal auch ohne ihre Kinder.

Immerhin muss Friederike auch in Hannover mit der stetig wachsenden Kinderschar ein intensives Familienleben aufgebaut haben. Noch Jahre später erinnerten sich die Kinder an die Zeit mit der Mutter in Hannover. In einem Brief an ihren Bruder Georg in Hannover lässt die elfjährige Tochter Therese, als sie schon in Darmstadt lebte, Grüße ausrichten, an »ganz Hannover, an allemdem, was ich gern hatte und liebe ... Empfehlungen an der ganzen von mir so geliebten Stadt Hannover und an alle ihre Einwohner, die sich meiner erinnern«.[14] Geburtstagsfeste wurden, sobald die Kinder größer waren, ganz nach Darmstädter Tradition mit kleinen Theateraufführungen im Familienkreis gefeiert. So zum Beispiel beim Geburtstag der Mutter am 20. August 1779, vor dem Bett der Mutter, die acht Tage zuvor ihren Sohn Georg zur Welt gebracht hatte und noch nicht aufstehen durfte: In dem Stück war Luise, drei Jahre alt, als Amor verkleidet, ihre beiden älteren Schwestern Charlotte und Therese als Vestalinnen, die einjährige Tochter Friederike schaute diesmal noch zu.

In vierzehn Ehejahren hat Friederike zehn Kinder zur Welt gebracht, von denen fünf überlebten. Das Jahr 1773 kann exemplarisch stehen für die körperlichen und seelischen Anstrengungen, die Friederike nicht anders als die meisten Frauen ihrer Zeit aushalten musste: Im Januar des Jahres starb das zweite Kind des Paares, Tochter Karoline Auguste, im Alter von zwei Jahren. Da war Friederike im siebten Monat schwanger mit Therese, die im April zur Welt kam. Vier Wochen später starb der kleine Sohn Georg Karl Friedrich, der nur ein Jahr alt wurde. Die Geburt ihres zehn-

Ein Vater und zwei Mütter

ten Kindes überlebte Friederike nicht. Sie starb am 22. Mai 1782 mit knapp dreißig Jahren. Ihre Tochter Luise schrieb später in ihr Andachtsbuch: »Meine liebe erste Mama ist im Jahre 1782 verstorben, ein Verlust, der immer in meinem Herzen eingeprägt bleiben wird – der Himmel belohne sie so, wie sie es verdient.«[15]

Karl von Mecklenburg-Strelitz, mit vierzig Jahren Witwer geworden, stand mit fünf Kindern im Alter zwischen zwei und zwölf alleine da und suchte sein Glück erneut in Darmstadt. Charlotte, die jüngere Schwester seiner Frau, war ihm und den Kindern wohlvertraut durch viele Besuche, gemeinsame Theateraufführungen und Familienfeste. Und so lag es nahe, dass sie die zweite Mutter der Kinder werden würde. Die Hochzeit fand am 26. August 1784 mit allem Prunk in Darmstadt statt.

Während uns von Friederike eine Beschreibung durch die verliebten Augen ihres Mannes Karl vorliegt, gibt es eine solche von Charlotte nur von einem Zeitgenossen, der sie in Darmstadt gesehen hat. Er beschreibt sie so: Sie war »ausgezeichnet und gut gewachsen, von edlem Anstande, blond und weiß, mit großen blauen Augen, von sehr angenehmem Umgang, mit bon sens und der über alles schätzbaren Eigenschaft eines edlen Herzens begabt«.[16] In keinem Archiv liegen Briefe, die uns ihre Beziehung weiter erhellen könnten. War es bei Karl Liebe – oder nur die Notwendigkeit, eine neue Mutter für seine Kinder zu finden? Und sie? Sie kannte Karl von gemeinsamen Theateraufführungen im Familienkreis, er war ihr wie ein Bruder vertraut. Hat sie ihn geliebt? Oder war sie, bei der Hochzeit immerhin achtundzwanzig Jahre alt, vor allem froh, doch noch heiraten zu können?

Auf jeden Fall war es für die Kinder ein Glück, in der geliebten Tante eine neue Mutter zu finden, auch wenn dies Glück nur kurz war. Sie starb am 12. Dezember 1785, vierzehn Tage nach der Geburt ihres einzigen Sohnes, der wie sein Vater auf den Namen Carl getauft wurde.

»Ihr armer Gatte ist mehr tot als lebendig. Ich bedaure ihn von ganzer Seele. Zwei Frauen, die im Wochenbett sterben... Ich höre soeben, dass sie schlimmer als je anfängt zu singen, zu schreien.« So beschreibt die Erzieherin Salomé de Gélieu die letzten Stunden Charlottes von Mecklenburg-Strelitz.[17] Luise schrieb später mit sechzehn Jahren in ihr Andachtsbuch in Erinnerung an diesen Tag, an dem sie und ihre Geschwister ein zweites Mal eine Mutter verloren: »Sehr trauriger Tag für mein Herz... möge Gott mir ein Herz wie das Ihrige geben!«[18]

Glückliche Jahre in Darmstadt

»Zwei Dinge sollten Kinder von ihren Eltern bekommen: Wurzeln und Flügel«,

meinte Goethe einst. Wenn man sich die Situation der Familie Karl von Mecklenburgs Anfang 1786 ansieht, erscheint es ziemlich unwahrscheinlich, dass die sechs Geschwister diese beiden Dinge auf ihrem Lebensweg mitbekommen haben. Die Auflösung der Familie war vorprogrammiert, zumal die ersten Töchter bereits das heiratsfähige Alter erreicht hatten. Die Älteste, Charlotte, die kurz zuvor mit sechzehn Jahren nach Hildburghausen verheiratet worden war, hatte die Familie bereits verlassen. Sie war für ihre kleineren Geschwister oft Mutterersatz gewesen. Es blieben zurück: Therese mit zwölf, Luise mit neun, Friederike mit sieben und Georg mit sechs Jahren. Sie hatten innerhalb von vier Jahren zwei Mütter sterben sehen und hören. Ob der soeben geborene Halbbruder Carl die ersten kritischen Monate überleben würde, wusste zu diesem Zeitpunkt auch niemand.

Und wieder wandte sich Karl von Mecklenburg nach Darmstadt. Während er die beiden Söhne vorläufig bei sich in Hannover behielt, nahm er das Angebot seiner Schwiegermutter an und schickte seine drei Töchter mit ihrer Erzieherin zu ihr. Prinzessin George, inzwischen Mitte fünfzig und seit drei Jahren Witwe, wohnte mit ihrer jüngsten Tochter Auguste und ihrem Sohn Georg, dem Lieblingsonkel der Kinder, nach wie vor im Alten Palais am Marktplatz, das den Kindern aus den zahlreichen Besuchen vertraut war.

Kindheit und Jugend in Hannover und Darmstadt

Von nun an übernahm die Großmutter die Mutterrolle, nach 1787 auch für die beiden Enkel, nachdem Karl von Mecklenburg-Strelitz endgültig dem Militärdienst und Hannover den Rücken gekehrt und sich in einem eigenen Haus nur einige Meter neben dem Alten Palais niedergelassen hatte. Dies war umso wichtiger, als er des Öfteren auf Reisen ging: nach London, Hannover und Hildburghausen, wo er im Auftrag Kaiser Josephs II. eine Aufgabe übernommen hatte. Manchmal war er monatelang abwesend von Darmstadt. Dass die Großmutter ihre Rolle sehr gut gespielt hat, zeigen die zahlreichen Briefe ihrer Enkelinnen und Enkel, in denen sie als Mutterersatz liebevoll mit »Chère Maman« angeredet wird. Luise nannte sie zärtlich »Mabuscha«. Auch Karl von Mecklenburg-Strelitz war ihr sein Leben lang verbunden und holte sie, nachdem er 1794 Herzog geworden war, auf sein Schloss in Neustrelitz, wo sie bis zu ihrem Tod im Kreis der Familie lebte. Tiefe Dankbarkeit durchzieht die Briefe der Kinder auch als Erwachsene noch, wenn sie an ihre Großmutter schreiben, eine Dankbarkeit für jahrelange Fürsorge. So schrieb Luise 1803, als sie mit ihren Schwestern noch einmal Darmstadt besuchte: »Ich war im lieben Darmstadt, ich kam bei dem lieben Palais vorüber, und tausend köstliche Erinnerungen und die vollkommenste Dankbarkeit erfüllten mein Herz. Ich war so gerührt beim Anblick dieser teuren Stätten und bei dem Gedanken an Ihre Güte und an Ihre Fürsorge, daß ich in Tränen das Schloss erreichte.«[1]

Die Erziehung zur Familie, zum Respekt vor den Eltern und zur Dankbarkeit ihnen gegenüber war ein entscheidender Bestandteil auch des theoretischen Unterrichts der Kinder. In den Schulheften Luises sieht das so aus: Auf die Frage des Lehrers, wie die Kinder sich gegenüber ihren Eltern verhalten müssen, gibt sie die mit zahllosen Rechtschreibfehlern durchzogene Antwort: »Die Kinder müßen ihre Eltern als ihre gnädigsten Wohlthäter ansehn und sie schätzen und lieben ... Sie sollen sich ümer gegen sie betra-

Glückliche Jahre in Darmstadt

gen, daß die Eltern ehre von sie haben und ümer mit ehrbitung zu vor komen ... wenn sie kräng sind, sie zu versorgen; wenn sie arm sind und Alt und können nichts mehr arbeiten, so sollen wir uns befleißigen zu arbeiten, auf daß wir sie durch unsern hantgelt ernehren ... Unsers ganzen Leben und auch schon, wen sie in den külen Grab liegen und ihre Knochen vervault sind, so sollen wir ihnen noch den Dank lassen, den sie so wohl verdint haben.« Der Lehrer fragte weiter, warum Kinder die Eltern ehren und schätzen sollen. Luises Antwort darauf: »Erstlich, weil es Gott geboten hat; er sagt: ›Ehre Vater und Muter, auf daß es dir wohl gehe und du lange lebst auf Erden.‹ Und schon von uns selber, wenn wir sehn wie viele schlaflose Nächte sie sich über uns machen.«[2]

Die Botschaft des Unterrichts ging in den praktischen Umgang miteinander ein: So ermahnte schon die fünfzehnjährige Luise ihren drei Jahre jüngeren Bruder Georg in einem Brief: »Trachten Sie, lieber Georg, danach, sich der Güte, die Papa Ihnen bezeugt hat, würdig zu erweisen. Sie können ihm kein größeres Zeichen Ihrer Dankbarkeit erbringen, als wenn Sie in allem, was er Ihnen sagt, folgsam sind. Überlegen Sie selbst, auf welche Weise Sie ihm von Nutzen sein können, greifen Sie seinen Wünschen vor und seien Sie besonders recht folgsam.«[3]

»Die Natur will, dass Kinder Kinder sind.« Diese Forderung Jean-Jacques Rousseaus, dessen Schriften zu einer natürlichen Erziehung der Kinder zur damaligen Zeit Aufsehen erregten, entsprach genau den Vorstellungen der Großmutter, wenn sich seine Werke auch nicht in ihrem Büchernachlass finden. Sie hatte nicht umsonst die vorherige Erzieherin, ein Fräulein Agier, nach wenigen Wochen entlassen, nachdem ihre Enkelinnen sich gegen ihre strengen Erziehungsmethoden gewehrt hatten.

Denn wir können die Kinder nach unserem Sinne
nicht formen;

*So wie Gott sie uns gab, so muss man sie haben und
     lieben,
Sie erziehen aufs Beste und jeglichen lassen gewähren.
Denn der eine hat die, die anderen andere Gaben;
Jeder braucht sie, und jeder ist doch nur auf eigene Weise
Gut und glücklich.*

Diese Worte Goethes aus *Hermann und Dorothea* soll Luise später einmal gehört und dann gesagt haben, dass genauso die Großmutter zu ihrer immer »mäkelnden Gouvernante« gesprochen habe. Das Erziehungsideal der Großmutter, nach dem sie und ihre Schwestern erzogen wurden, hat Luise 1795, als sie aus Berlin ihrem Bruder Georg die Töchter der Erbprinzessin von Coburg beschrieb, sehr schön charakterisiert: »... ganz Natur, aber guter Natur, keine Prinzessinnen, nämlich stolz und eingebildet, sondern gut erzogen, sanft, modest, eben das, was dazu gehört, um zu gefallen«.[4]
Da auch Salomé de Gélieu eine begeisterte Anhängerin Rousseaus war, wie ihr Nachlass belegt, war mit ihrer Anstellung 1785 die einvernehmliche Grundlage für die Erziehung der Geschwister gelegt. Der Unterricht zwecks theoretischer Bildung nach Stundenplan nahm täglich nicht mehr als ein bis zwei Stunden in Anspruch, die eigentliche Erziehung erfolgte im täglichen Umgang miteinander. Die Großmutter ließ vorlesen, nicht nur Predigten, sondern vor allem auch Romane, obwohl die meisten Erziehungsschriften ganz dringend davon abrieten. Gerade die italienischen Romane standen im Verdacht, die Emotionen und die Leidenschaftlichkeit von jungen Mädchen unnötig anzuheizen. Die Großmutter hatte ihre eigene Methode für Stellen, die sie als nicht angemessen für ihre Enkelinnen fand. »Hüppe Se – hüppe Se, aber lege Se ä Zeeche nei!«, pflegte sie zu ihrer Vorleserin im schönsten pfälzischen Dialekt zu sagen, damit sie selber die Stelle später nachlesen konnte.[5] Auch den in vielen Kreisen als unmoralisch verpönten Walzer durften ihre Enkelinnen lernen. Luise und ihre Schwestern tanzten

Glückliche Jahre in Darmstadt

leidenschaftlich gerne, offenbar mit Billigung ihrer Erzieherin, denn Frauen sollten ruhig tanzen und fröhlich sein, meinte schließlich auch Rousseau, allerdings nicht, weil es ihnen Freude mache, sondern weil eine fröhliche Frau für den Mann angenehmer sei.

Die Briefe der Mädchen aus dieser Zeit erzählen von einem sorglosen, fröhlichen Leben, von Abenden, in denen Luise so wild auf dem Pianoforte spielte, dass Friederike fürchtete, ihr würden die Ohren platzen.[6] 1803, als Luise mit ihren Schwestern noch einmal die Orte ihrer Kindheit in Darmstadt besuchte, schrieb sie an ihren Bruder Georg: »Im Wagen schrie alles, ach, sehe, Papa sein Haus, dem Onkel Karl seins, und so bis zum Palais, wo Tränen mich erstickten und so auch beim Aussteigen im Schloss … Ich war also wieder in den glücklichen Gefilden, wo wir unsere ungetrübte Kindheit und Jugend zubrachten … Doch das schwöre ich, daß Du immer unter uns warst, wo die vier Schwestern waren, und daß unser Ausruf aus allen Kehlen gleich war: ›Gott, was sind wir doch glücklich, wäre George nur bei uns, so wäre es vollkommen.‹«[7]

Zu diesem Leben im Kreise der Familie gehörten auch die täglichen Spaziergänge und die zahlreichen Reisen. Auch hier erwies es sich als sehr förderlich, dass die Pläne der Großmutter mit den erziehungstheoretischen Konzepten Salomé de Gélieus übereinstimmten. Nicht theoretisch und faktenüberladen, sondern anschaulich und lebensnah sollte der Unterricht sein – und so wurden die Nachmittage im Prinz-Georg-Garten unter anderem zu einer praktischen Unterweisung in Pflanzenkunde genutzt. Zwischen Orangenbäumchen und Zwiebeln hatte die Großmutter eine Kombination aus Nutz- und Lustgarten geschaffen, ein Paradies für Kinder. Geht man heute durch den Garten, so findet man dort einen Brunnen in der Form eines Kleeblatts. Ob dies die ursprüngliche Form darstellt, ist nach den vorliegenden Gartenplänen zweifelhaft. Auf jeden Fall aber hat die Vorliebe der Geschwister für das Kleeblatt als Symbol ihrer Gemeinschaft in diesem Garten ihren Anfang genommen.

Alle zwei Jahre fuhren die Geschwister mit der Großmutter und ihrer Erzieherin in den Sommerwochen zum Schloss Broich in Mülheim an der Ruhr. Sie lernten durch Bootsfahren den Rhein kennen, Köln, Koblenz und Aachen. Sie besuchten ihre Tante Auguste in Straßburg und unternahmen eine mehrwöchige Reise durch Holland, wo sie entzückt zum ersten Mal das Meer sahen. Alle diese Besuche waren mit einem Kultur- und Besichtigungsprogramm verbunden, das neben Kirchen und Rathäusern auch Fabriken umfasste, in denen Kinder arbeiten mussten.

Der Knotenpunkt des Familienlebens aber war zu dieser Zeit Darmstadt mit der Großmutter im Mittelpunkt. »Ich kann dir nie vergelten«, schrieb Luise später, »was du mir Gutes getan; du hast mein irdisches und geistiges Glück begründet, ich kann nichts tun, dir meine Erkenntlichkeit beweisen, ich werde ewig deine Schuldnerin bleiben.«[8] An diesem Familienleben nahm indirekt auch die älteste Schwester Charlotte – und nach ihrer Heirat im Mai 1789 auch Therese – über wöchentlich hin und her gehende Briefe teil. So wurden sie in der Ferne nicht nur über die herausragenden Ereignisse unterrichtet, sondern waren, wenn auch zeitlich versetzt, über den Alltag der Familie weiterhin informiert: Sie erfuhren, worüber gelacht und geweint wurde und was wer zu welchem Anlass gesagt hatte. Minutiös wurden auch kleinste Details aufgeschrieben und versandt.

Das Bohnenfest am 6. Januar war eines der traditionellen Familienfeste, das noch dreißig Jahre später in Berlin aufwendig zelebriert wurde. In einem Kuchen wurde eine Kaffeebohne versteckt, wer sie fand, war für das kommende Jahr der Bohnenkönig. Den folgenden Brief, in dem sie die unterwürfige Untertanin spielt, schrieb Charlotte 1788 an ihren achtjährigen Bruder Georg, nachdem sie erfahren hatte, dass er neuer Bohnenkönig geworden war:

Glückliche Jahre in Darmstadt

»In Wahrheit, mein bester Herzensbruder, Dein letztes gütiges Briefchen hat mir nachdrücklich meine ganze Strafbarkeit (deren ich mich nachdrücklich durch mein langes Stillschweigen schuldig gemacht habe) [gezeigt ...] Potz tausend, bald hätte ich vergeßen, Euer Majestät zu Ihrer neuen Königswürde zu gratulieren. Dürfte ich demütigst und devot hochdieselben ersuchen, bei der Errichtung Ihres gewiß glänzenden Hofstaats eines Individuums nicht zu vergeßen, das es sich zur höchsten Gnade rechnen würde, in dero glorreichem Staate auch nur die unterste Stelle zu bekleiden. Werfen demnach Ihro Majestät ein gnädiges Augenmerk auf Dero devoteste Magd u. beehren Sie gnädigst dieselben aus Ihrem unermäßlichen Bohnenreichtum [etwas zukommen zu lassen], unaussprechlich würde das Glück sein derer, die die Ehre hat.

Euer Majestät untertänigste Magd zu sein

Charlotte«[9]

Wie der Brief zeigt, ging es nicht nur darum, den Geschwistern Fakten mitzuteilen, sondern sie nahmen auch an der Gedanken- und Gefühlswelt der anderen teil. Als Georg, von dem alle vier Schwestern eifersüchtig erwarteten, dass er jeder möglichst oft schrieb, sich einmal bei Friederike damit entschuldigte, dass es keine Neuigkeiten zu berichten gäbe, bekam er die empörte Antwort, es ginge doch nicht um Fakten: »Ich möchte ganze Gespräche mit dir führen.«[10] Später, als die Kommunikationswege wegen der napoleonischen Kriege immer unsicherer wurden, machte Charlotte dem Vater den Vorschlag, Briefe, die man von einem Familienmitglied erhalten hatte, an die anderen weiterzuschicken. Sie hatte gerade von ihrem Vater einen an ihn gerichteten Brief ihres Bruders erhalten, den sie an Therese weiterschicken wollte, die ihn dann wiederum über Friederike an den Vater zurückschicken sollte. Ein dichtes Informationsnetz wurde gespannt, um mit den über das ganze Reich verstreuten Geschwistern in Kontakt zu bleiben.

Kindheit und Jugend in Hannover und Darmstadt

Wenn eines von ihnen eine Reise unternahm, fuhren die anderen in Gedanken mit, so wie Luise am 17. Juli 1791, als Georg seinen Vater in den Kurort Pyrmont begleiten durfte: »... wahrlich, ich liebe Dich von ganzem Herzen! Ich hoffe, das Frühstück bei der Herzogin von Schwerin wird Dir nicht übel bekommen sein. Du amüsierst Dich wie ein König, während Deine armen Schwestern das schlechteste Wetter hatten und dabei des Aufenthalts in Broich fast überdrüssig waren ... Ich danke Dir sehr dafür, daß Du mir etwas gekauft hast, aber schreibe mir bitte nicht, woraus das Geschenk besteht ... zukünftige Freude ist auch etwas Schönes. Sag mir, George, legst Du Frack oder Deine Uniform an? Tanzest Du viel? Wer gefällt Dir am besten von allen Damen, die Du in Pyrmont siehst?«[11]

Bei längeren Reisen wurden Tagebücher angelegt, die dann herumgeschickt und begierig gelesen wurden. Luise schrieb ihrem zwölfjährigen Bruder Georg nach der Lektüre seiner Reisebeschreibung aus Pyrmont: »Ich kann Dir nicht sagen, wie es mich erfreut hat; ich lese es alle Tage wieder und kann seines Inhalts nicht müde werden.« Sie versprach ihm, auch ein Tagebuch anzulegen über ihre Reise nach Holland.[12]

Finanziell gehörte die Familie sicher nicht zu den Reichen im Land. Als die Erzieherin Salomé de Gélieu zum ersten Mal ihre Schützlinge traf, bemerkte sie sofort, dass die Prinzessinnen sehr einfache Kleider aus bedrucktem Kattun trugen, bei den Älteren waren sie mehrmals ausgelassen und verlängert worden, die Jüngeren trugen offenbar die Kleider der Älteren.[13] Auch aus einem Brief Luises geht hervor, dass das Geld in den Darmstädter Jahren vor allem für Vergnügungen knapp war. Sie schrieb ihrer Schwester, wie gerne sie auf den Ball zur Krönung des Kaisers in Frankfurt gehen wollte, aber die Kosten waren einfach zu hoch: »Ich kann dir nicht verbergen, daß mir das ein wenig Kummer macht; aber ich bitte Dich um Gotteswillen, schreibe ja nichts davon an Papa, weil, wenn es ihm seine Finanzen erlaubten, er gewiß

Glückliche Jahre in Darmstadt

gerne das Vergnügen seinen Kindern machte. Er hat mir
aber selbst gesagt, daß er es dies Jahr unmöglich könnte, und
wer, der Papa kennt, wer von seinen Kindern wird ihm wohl
das Geringste empfinden lassen, daß es ihm leid tut, weil er
sonst es zwingen würde und die Ordnung in seinen Affären
stören würde. Papa wird uns bald verlassen und nach Pyrmont fahren, und du weißt selber, wie kostspielig diese Reise
immer ist.«[14] Am Ende durften sie doch nach Frankfurt fahren und auch auf dem Ball tanzen.

Während der acht Jahre in Darmstadt entstand zwischen
den Geschwistern eine sehr enge Gemeinschaft, vor allem
zwischen Luise, Friederike und Georg, die als dreiblättriges
Kleeblatt den inneren Kreis bildeten. Therese heiratete 1789
nach Regensburg, und wenn man sich auch wohl einmal im
Jahr sah, so bestand doch der überwiegende Kontakt zu ihr
und zu Charlotte vor allem über Briefe.

Auch über die Geschwisterbeziehung finden sich in
Luises Heften theoretische Anweisungen. Auf die Frage
ihres Lehrers, wie man sich seinen Geschwistern gegenüber verhalten solle, schrieb sie:»Ich nene hir bloß Gefällichkeit, Nachgeben, Verträglichkeit, liebe und Theilneh-
mung... Alle gefällichkeit, die nur möchlich ist, wenn unser
Bruder etwaß haben will, so müßen wir es ihm geben, wenn
es uns möchlich ist, und daß er sagen kann, daß ich gefällich
gegen ihm bin, daß ist nur ein ganß kleiner beweiß von der
gefällichkeit... Wir müßen uns unter einander die [Liebe]
erweisen, die wir haben wollen, op sie uns sehr viele mü'e
kost oder nicht.« Gefälligkeit und Nachgiebigkeit gegenüber den Geschwistern definierte Luise so: »Nachgebend
seyn heiß, es kam nun meine Schwester her und sagte mir,
leihe mir deinen Hut, und ich sagte ihr, wenn es dir vergnü-
chen machen kann, so will ich ihn dir gerne geben mit den
Großen vergnügen.«[15]

Auch die Textauswahl für den Unterricht war durch eine
starke moralisch-erzieherische Funktion geprägt. So findet
sich im Deutschheft ein Gedichttext über die »Geschwister

Liebe«, den Luise offenbar als Rechtschreibübung abschreiben musste:

> *Wenn sich Kinder zärtlich lieben,*
> *Sich schon jung der Freundschaft weih'n*
> *Und mit Ernst und Fleiß sich üben*
> *Gütig und vergnügt zu seyn,*
> *Fern von Streit und Haß und Neide,*
> *Dann sind sie der Eltern Freude.*

> *Kinder, die sich nicht vertragen,*
> *Die sich ohne Unterlaß*
> *Neiden, necken und verklagen*
> *Und vergelten Haß mit Haß,*
> *Haben kleine böse Herzen;*
> *Diese sind der Eltern Schmerzen.*[16]

Was sich als Aufgabe in der Schule sehr theoretisch und trocken liest, gewinnt durch die Briefe der Geschwister untereinander eine ganz andere Lebendigkeit. Es sind oft Belanglosigkeiten, winzige Kleinigkeiten des täglichen Lebens, aber sie lassen verstehen, warum trotz der räumlichen Entfernung eine Nähe entsteht, die die Familie zusammenhält. Neben Briefen wurden Porträts in Form von Scherenschnitten und Medaillons herumgeschickt. »Dein Schattenriß hat mir viel Freude gemacht und ich lasse mir einen schönen Ring davon fassen«, schrieb Therese an Georg.[17]

Auch liebevoll ausgesuchte Geschenke wurden zwischen Darmstadt, Regensburg und Hildburghausen hin und her geschickt. Pantalons für den Winter, Modehefte, Seidenstoffe, Parfüm, japanische Vasen, getigerte Federn und Marmeladen. Vor allem Georg wurde von seinen Schwestern nicht nur heiß geliebt, sondern auch mit selbst gestickten Westen (von Charlotte) und der neuesten Mode ausgestattet, so mit einem Frack aus Trikot samt Weste und Beinkleidern (von Luise und Friederike). Von Georg kamen Klaviernoten und

Glückliche Jahre in Darmstadt

Bücher, in den späteren Jahren schickte er Morgenhauben in der neuesten Mode an die Schwestern. Vor allem Therese, die in das Haus Thurn und Taxis geheiratet und als Einzige der Geschwister keine Geldsorgen hatte, sandte zwar meist nur kurze Briefe, dafür aber viele Geschenke, die sich die anderen Geschwister nicht hätten leisten können – an Georg immer mit kleinen Ermahnungen verbunden: »Hierbey schicke ich Dir eine Kleinigkeit, um Deinen Hunger zum Parfumeur-Körbchen zu stillen; nur bitte ich Dich, trage Dich nicht fort und genieße auch Teufels Vergnügen mit Einschränkung, sonst hört es auf, Vergnügen zu sein, und man wird es so leicht überdrüssig. Adieu, bester Georg, denke an meine Predigt, bei jeder Redoute, und was viel gefordert ist, liebe mich.«[18]

Wann immer es ging, traf sich die Familie an den verschiedensten Orten. Nicht immer konnten alle dabei sein. Familienleben zwischen Sehnsucht, Wiedersehen, Freude, Abschied und Trauer, wie die folgenden Briefe zeigen: Im April 1790 hatte Charlotte die Familie in Darmstadt besucht. »Der Abschied war schrecklich, von der Dir wohlbekannten Art; in Frankfurt ... fand dieser schreckliche Abschied statt«, schrieb Luise an ihre Schwester Therese und fügte voller Sehnsucht hinzu: »Liebe, vielgeliebte Therese ... Wie lange Zeit ist vergangen, seitdem wir uns gesehen haben, wann wird mir endlich dieses Glück gewährt, dies Glück, das eine Dich verehrende Schwester so ersehnt.« Im selben Brief regte sie sich über die Landgräfin auf, die Charlotte eitel genannt und behauptet habe, Luise liebe ihre beiden älteren Schwestern gar nicht mehr. »Aber auf meine Ehre, wenn Du so etwas jemals von mir denken könntest, dürftest Du mich töten. Darum beschwöre ich Dich, habe mich immer lieb und glaube, daß Luise sich nur im Tode wandeln kann. Bei Gott, welch schrecklicher Gedanke, laß ihm niemals Raum in Deinem so guten, so gerechten Herzen, und sei überzeugt von der Freundschaft Deiner Schwester und Freundin.«[19]

Im März 1805 schrieb Friederike ihrem Bruder Georg, der bei Luise und Carl in Berlin weilte, von Regensburg aus, wo sie Therese besuchte: »Wie oft wir Deiner gedachten, uns Eurer und unserer Vereinigung freuten, ist unzählbar und Euch zu versichern unnötig, Du gehörst ja zum Kleeblatt!« Sie erzählte ihm erfreut von einem sechsblättrigen Kleeblatt, das ihre Hofdame Albertine Gräfin von L'Estocq in diesem Sommer entdeckt hatte, und fuhr fort: »… da Carl jetzt gewiss die sechste in den Kammern unserer Gefühle ausmacht, dachte mein Herz ihm das 6te Blättchen zu.«[20] Das sechsblättrige Kleeblatt, das sich wie ein roter Faden durch die zahllosen Briefe windet, wird zum Symbol für die enge Gemeinschaft der sechs Geschwister aus Mecklenburg-Strelitz.

Gesellschaft im Umbruch

»Die Welt ist ein allen Menschen gemeiner Körper, Veränderungen in ihr bringen Veränderung in der Seele aller Menschen hervor, die just diesem Teil zugekehrt sind.«
Georg Christoph Lichtenberg[1]

Die Siebzigerjahre des 18. Jahrhunderts, in die Luise und ihre Geschwister hineingeboren wurden, waren Jahre des Umbruchs, eine Zeit, in der die unterschiedlichsten geistigen Strömungen aufeinanderprallten: Aufklärung und Rationalität, Empfindsamkeit und Pietismus, Herrschaft der Vernunft und Überschwang der Gefühle. Und obwohl ihre kleine Welt davon zunächst nicht betroffen war, lässt sich die Entwicklung der sechs Geschwister nicht verstehen, ohne die Bühne zu kennen, auf der sie ihre Rollen spielen sollten.

»Cogito, ergo sum!« Mit diesem Satz hatte der französische Philosoph René Descartes Mitte des 17. Jahrhunderts ein neues Zeitalter eingeläutet. Vorbereitet durch die Renaissance und die Reformation, trat nun der Verstand, das eigenständige Denken, an die Stelle von überliefertem Glauben und blindem Gehorsam. Nicht der Glaube oder das Vertrauen auf die Obrigkeit, die in den gerade überstandenen Dreißigjährigen Krieg (1618–48) mit all seinen Schrecken geführt hatten, allein die Vernunft des Menschen galt nun als das ordnende Prinzip für jede Erkenntnis. Der aufgeklärte Mensch hinterfragt alles und bildet sich selber ein Urteil. »Hab Mut, dich deines eigenen Verstandes zu bedienen!«, fasste Immanuel Kant eine der Hauptforderungen der Aufklärung zusammen. Es war keine einheitliche Bewegung, die da entstand, aber allen Denkern gemeinsam war der Glaube an die Fähigkeit des Menschen, mithilfe seiner Vernunft ein friedliches Zusammenleben aller zu ermöglichen. Menschlichkeit und die Duldung Andersdenkender waren weitere Forderungen der Zeit, Abschaffung der Folter und der Hexenverbrennungen, von denen es im 17. Jahrhundert noch an die hunderttausend allein in Deutschland gegeben hatte, ihre ersten Ergebnisse.

Anfangs war die Aufklärung eine Angelegenheit von kleinen philosophischen Zirkeln, drang dann aber immer stärker in alle Gebiete des Lebens ein mit dem Ziel, den Menschen ein vernunftgemäßes, selbstbestimmtes Leben zu ermöglichen. Begünstigt wurde dies durch die Zeitschriften und Zeitungen, die in großer Zahl gegründet wurden. Es begann die Zeit der Lesegesellschaften, Kaffeehäuser und Salons, wo sich Menschen mit den Ideen der Aufklärung auseinandersetzten. Auch in den Freimaurerlogen, die eine ungeahnte Blüte erlebten, trafen sich aufgeklärte Menschen unabhängig von Standes-, Nationalitäten- und Konfessionsunterschieden. Zu ihnen gehörten zum Beispiel Friedrich der Große, Goethe, Schiller und Mozart und ein großer Teil der deutschen Fürsten und Adligen. Ziel war die Bildung des Menschen nach der Idee des Humanismus. Politische und religiöse Themen waren zunächst bei ihren Treffen tabu, bei der Aufnahme verpflichteten sich die Mitglieder, sich an die Gesetze des jeweiligen Vaterlands zu halten und den inneren Frieden im Staat zu wahren.

Auch Karl von Mecklenburg-Strelitz und die Prinzen am Darmstädter Hof waren Freimaurer, deren Ideen im Leben der Geschwister eine große Rolle spielten, auch wenn sie vieles davon zunächst noch nicht verstanden. So schrieb Luise am 9. Juli 1793 an den preußischen Kronprinzen: »Wir haben heute einen höchst langweiligen Nachmittag verbracht; wir lasen ein Buch, das Damen durchaus nicht verstehen können und alle Herren nicht, die nicht Freimau-

Gesellschaft im Umbruch

rer sind.«[2] Charlotte und Therese erlebten in Hildburghausen und Regensburg durch ihren Vater und ihre Ehemänner die Renaissance der dortigen Freimaurerlogen, an deren eigentlicher Arbeit sie als Frauen zwar nicht direkt teilnehmen durften, die aber in ihrem gesellschaftlichen Leben bei Hofe eine wichtige Rolle spielten.

Es war eine Zeit, in der Geheimbünde aus dem Boden schossen, denn nur in diesem Rahmen war eine ungefährdete Diskussion der neuen Ideen möglich. Für große Aufregung sorgte der Illuminatenorden, der am 1. Mai 1776 durch den Philosophen und Kirchenrechtler an der Universität in Ingolstadt Adam Weishaupt gegründet wurde. Zunächst war er nur als eine Art Lesezirkel für die Studenten gedacht, die Weishaupt zusätzlich zum von den Jesuiten dominierten Lehrbetrieb mit den Ideen der Aufklärung und kirchenkritischen Schriften bekannt machen wollte. Daraus entwickelte sich am Ende ein Bund, der von den Freimaurern Strukturen und Riten übernahm und entsprechend abwandelte. »Bienenorden« war sein ursprünglicher Name, die Mitglieder sollten statt Nektar Weisheit sammeln – als Illuminatenorden ging er in die Geschichte ein. Durch die Gedanken der Aufklärung und vor allem durch Bildung des Herzens sollte die Sittlichkeit der Menschen erhöht werden, ein zunächst wenig revolutionärer Gedanke. Ziel war es allerdings, dass der Mensch auf diese Weise in die Lage versetzt werden sollte, über sich selber zu herrschen in Freiheit, Gleichheit und Brüderlichkeit mit den anderen Menschen, unabhängig von Stand und Religion. Die absolute Herrschaft durch Fürsten und Staat wurde damit überflüssig, und das war ein durchaus revolutionärer Gedanke, obwohl die Illuminati ihr Ziel nicht durch Gewalt, sondern durch eine Unterwanderung der Schlüsselpositionen in der Verwaltung des absolutistischen Staates erreichen wollten.

Der neue Orden, der vor allem in Süddeutschland verbreitet war, fand zahlreiche Mitglieder vor allem in den Reihen

Kindheit und Jugend in Hannover und Darmstadt

der Freimaurer, die sich um 1776 in einer Krise befanden; so traten Karl von Hessen, Ferdinand von Braunschweig und auch der Herzog von Sachsen-Weimar und Goethe bei den Illuminaten ein, die beiden Letzteren angeblich nur, um den Orden auszuspionieren. Eine führende Rolle spielte ab 1780 der Freiherr Adolph von Knigge, heute eher bekannt durch sein Buch über die gesellschaftlichen Umgangsformen; er gab dem Orden die den Freimaurern ähnliche Struktur.[3]

Da sich die Ziele des Ordens eindeutig gegen den absolutistischen Staat richteten, reagierten die Fürsten mit entsprechenden Verboten und Verfolgungen der Mitglieder. Am 2. März 1785 verbot der bayerische Kurfürst Karl Theodor die Illuminati – und die Freimaurer gleich mit – als landesverräterisch und religionsfeindlich, 1799 und 1804 wurden diese Verbote nachdrücklich wiederholt. Die katholische Kirche reagierte mit zwei Briefen von Papst Pius VI., der die Mitgliedschaft bei den Illuminati als unvereinbar mit dem katholischen Glauben bezeichnete. Am 16. August 1787 wurde in Bayern das Werben für Illuminati und Freimaurer sogar unter Todesstrafe gestellt. Als 1789 in Frankreich die Revolution ausbrach und sich herumsprach, dass führende Jakobiner Freimaurer waren, der eine oder andere den Illuminati nahegestanden haben sollte, brach unter den Fürsten des Ancien Régime eine wahre Hysterie gegen die Geheimbünde aus, in denen die Ideen der Aufklärung, die ja letztendlich die theoretische Grundlage für die Revolution waren, ihre Heimat hatten. Je geheimer und mysteriöser ein Orden war, desto gefährlicher erschien er der staatlichen und kirchlichen Obrigkeit. Obwohl der Orden der Illuminati 1793 bereits als zerschlagen galt, hielten sich die Gerüchte von Nachfolgeorganisationen, sodass die Fürsten immer neue Verbote gegen alle Geheimbünde aussprachen. Am 20. Oktober 1798 erließ der preußische König Friedrich Wilhelm III., Luises Ehemann, ein Edikt gegen alle Geheimbünde in seinem Land, nahm allerdings die Freimaurer, zu denen ja auch sein Großonkel Friedrich der Große,

Gesellschaft im Umbruch

sein Vater und sein Schwiegervater gehörten, ausdrücklich aus.

Die Ideen der Aufklärung wurden unter den Gebildeten Europas auch durch die zunehmende Mobilität der Menschen verbreitet, zum Beispiel durch Reisen, die in Mode kamen, durch Kuraufenthalte, die neben der medizinischen Betreuung vor allem eine Begegnung mit Freunden und Bekannten boten, und durch das Briefeschreiben, das eine Hochkonjunktur erlebte. Da nach Kant die Aufklärung »der Ausgang« des Menschen »aus seiner selbst verschuldeten Unmündigkeit« war, kam der Erziehung eine entscheidende Rolle zu. So wurde in Deutschland die Aufklärung vor allem zu einer pädagogischen Bewegung. Nicht Selbstverwirklichung, sondern Pflichterfüllung sollte das Ziel sein, denn nur auf der Grundlage der gesellschaftlichen Brauchbarkeit würde sich das individuelle Glück einstellen. Eine Änderung der gesellschaftlichen Verhältnisse war vor allem in deutschen Landen nicht Ziel der Aufklärung. Bestehende gesellschaftliche Normen und Barrieren sollten nicht überschritten werden. Das galt auch für die Frauenbildung, die zwar generell bejaht wurde und auch Auftrieb bekam, aber bei der Frage nach den Inhalten griff man auf die altbewährten Themen zurück, denn eine Gleichstellung der Frau mit dem Mann hatten auch die Aufklärer nicht im Sinn.

Da jede bedeutsame Bewegung immer auch ihre eigene Gegenbewegung in sich trägt, entstand in England bereits Mitte des 18. Jahrhunderts eine Richtung, die sich dagegen wehrte, dass Erkenntnis allein durch Nachdenken, also durch Einsatz des Verstandes, gewonnen werden könnte. Parallel dazu hatte sich im Protestantismus eine fromme Glaubensbewegung entwickelt, die die Vorherrschaft der Vernunft ablehnte, als die »Kraft im Menschen, die Gott feindlich sei«.[4] Jeder Mensch könne seinen von Gott erhaltenen Auftrag auf jeder beliebigen Sprosse der gesellschaftlichen Leiter erfüllen, soziale Gleichheit sei daher nicht not-

Kindheit und Jugend in Hannover und Darmstadt

wendig. Diese Richtung hatte vor allem unter den Adligen viele Anhänger und wurde von den Fürsten gefördert, denn sie formte gehorsame und fleißige Untertanen, die nicht alles infrage stellten, sondern Bestehendes bewahren wollten. Die Pietisten stellten religiöses Erleben, das sich auf der unmittelbaren, gefühlsbetonten Begegnung des Einzelnen mit Gott aufbaute, in den Mittelpunkt und hielten ihre Anhänger an, ihre Gefühle schriftlich festzuhalten, um eine persönliche Suche nach der Wahrheit in Gang zu setzen. Das Schreiben von Tagebüchern und Briefen erlebte einen ungeheuren Aufschwung. Das Jahrhundert der Briefe wird diese Zeit auch genannt, in der jeder des Schreibens Kundige angeleitet wurde, sein »Herzblut ins Briefcouvert zu träufeln«, wie Heinrich Heine spöttisch bemerkte.

Die »Empfindsamkeit« des Herzens, das überströmende Gefühl als Gegenpol zur Rationalität des Verstandes, fand vor allem in der Dichtung Einzug. Themen wie Freundschaft, Liebe, Freiheit und Vaterland standen im Mittelpunkt von Gedichten, Romanen und Dramen. »Die literarische Epoche, in der ich geboren bin, entwickelte sich aus der vorherigen durch Widerspruch«, sagte Goethe. Die Dichter und Denker der sogenannten Sturm-und-Drang-Zeit forderten das Recht auf Individualität und Freiheit in jeder Hinsicht: politisch, sittlich und ästhetisch. Natur, Gefühl und Leidenschaft waren die Schlagwörter, die gegen die rationale Welt gesetzt wurden. Goethes Roman *Die Leiden des jungen Werthers*, der ganze Generationen von Lesern in einen Gefühlstaumel stürzte, ist wohl das bekannteste Beispiel für die Dichtung dieser Zeit. Der Franzose Jean-Jacques Rousseau, der auch die Erzieherinnen beziehungsweise Gouverneure Königin Luises und ihrer Geschwister prägte, ging mit seiner Behauptung »Le sentiment est plus que la raison« sogar noch einen Schritt weiter. Von den Geschwistern war es später vor allem Luise, die die Herzensbildung immer vor die Verstandesbildung stellte: »Und wenn die Wissenschaft und das Wissen weniger empfind-

Gesellschaft im Umbruch

sam machten, würde ich alle Bücher in die Havel werfen, denn die echte Empfindsamkeit ist das erste Gut des Menschen.«[5]

Gotthold Ephraim Lessing, der bedeutendste deutsche Dichter dieser Aufklärungsphase, forderte die Menschen auf, sich auf den Weg zur eigenen Erkenntnis zu machen und daran zu wachsen. Es war eine Zeit, in der sich viele Menschen zu sogenannten »Tugendbünden« zusammenschlossen, um sich gegenseitig zu unterstützen auf der Suche nach der eigenen Vollkommenheit durch ein tugendhaftes Leben oder, wie Luise es ausdrückte: »... daß das Fortstreben unserer Seele und der unwiderstehliche Drang dazu eigentlich der Weg zu unserer Seligkeit ist und hienieden allein wirkliche Freuden gibt«.[6]

Auch die politische Ordnung der bestehenden Feudalgesellschaft in Mitteleuropa, in der einige wenige die Macht über viele hatten, wurde zunehmend infrage gestellt. Die Gesellschaft war nach Ständen eingeteilt: Adel, Klerus, Bürger, Bauern und Standeslose. Die Geburt bestimmte die Zugehörigkeit zu diesen Ständen und damit auch die beruflichen Möglichkeiten und die Rechte und Pflichten des Einzelnen. Adlige Herkunft bedeutete die lebenslange Befreiung von allen Steuern und den Zugang zu Ämtern bei Hofe, in der Verwaltung, der Kirche oder beim Militär. Die Mehrheit der Bevölkerung dagegen gehörte dem Stand der Bauern an, die an die Scholle gebunden waren – meist sogar als Unfreie – und Abgaben an ihre Herren liefern mussten, denen sie auch für andere Dienste zur Verfügung standen. Es war eine starre Ordnung, in der die Menschen gefangen waren, jeder in seinem Stand.

Die Freiheit des Einzelnen war eine der großen Forderungen der Aufklärer – und die konnte nach Charles de Montesquieu auf politischer Ebene nur dann verwirklicht werden, wenn der Regierung Grenzen gesetzt wurden durch die Teilung der Gewalt. Die Gleichheit aller Menschen war die zweite Forderung. Gleichheit statt Privilegien, Fähigkeit statt Geburt sollten die Stellung des Einzelnen in der Gesellschaft bestimmen.

In seinem Werk *Two Treatises of Government* stellte John Locke klar, dass eine Regierung, um legitim zu sein, die Zustimmung der von ihr Regierten benötigte und in erster Linie die Aufgabe hatte, die Naturrechte Leben, Freiheit und Eigentum zu schützen. Eine Regierung, die diese von der Natur gegebenen Rechte jedes Einzelnen missachtete, wurde als illegitim bezeichnet und durfte abgesetzt werden.

Während die Philosophen über Freiheit und Gleichheit nachdachten, wurde das Leben der Adligen in den Jahrzehnten vor der Französischen Revolution aber nur wenig von diesen Ideen gestört. Es glich einem sorglosen Spiel, in dem oft das Vertreiben der Langeweile die einzige Sorge war. Das galt auch für die Residenzen der deutschen Kleinfürsten, also auch für Hessen-Darmstadt, wo Luise mit ihren Geschwistern aufwuchs. Auch als sich die englischen Kolonien in Amerika 1776 für unabhängig erklärten, unveräußerliche Menschenrechte verkündeten und sich 1787 eine eigene Verfassung gaben, in der von Freiheit, Gleichheit und Brüderlichkeit die Rede war, zeigte man sich an den Höfen in Europa nur wenig beunruhigt. Amerika war weit weg – und Fragen nach den neuesten Modetrends aus Paris schienen wichtiger. Von dort aus mit der französischen Königin Marie Antoinette an der Spitze wurde die Mode im übrigen Europa beherrscht. Als neuester Trend galten sechzig Zentimeter hohe, mit Drahtgestellen gestärkte Frisuren auf dem Kopf der Frauen, verziert durch Schiffsmodelle, Blumengestecke oder Federn, die jedem signalisierten: Hier ist ein Mensch, der es nicht nötig hat zu arbeiten – das war eine zunehmende Provokation für die Menschen außerhalb der Hofgesellschaft, die gelernt hatten, ihren Verstand zu gebrauchen und alles infrage zu stellen.

In Deutschland hatten die Ideen über Freiheit und Gleichheit aus Frankreich und England lange Zeit nur Diskussionscharakter. Die deutschen Aufklärer hatten Refor-

Gesellschaft im Umbruch

men im Sinn, die durch aufgeklärte Fürsten mithilfe kompetenter Beamten umgesetzt wurden mit dem Ziel, das tägliche Leben zu verbessern. An Revolution dachte keiner. Kant, Hegel und andere schrieben philosophische Werke, hielten Vorlesungen über die Vernunft. Handlungsanweisungen für einen politischen Umsturz leitete daraus niemand ab. In Frankreich aber hatte schon 1762 Rousseau seine adligen Landsleute gewarnt: »Wir nähern uns dem Zustand der Krise und dem Zeitalter der Revolutionen.«[7]

Erziehung zur Pflichterfüllung und zu einem tugendhaften Leben

> »Ich stelle mich Ihnen vor mit dem einzigen Verdienst, ihre glückliche Natur nicht verdorben zu haben«,[1]

schrieb Salomé de Gélieu 1793 als Bilanz ihrer Erziehung an den zukünftigen Ehemann Luises, den preußischen Kronprinzen, und gab Luise diesen Brief mit, als sie nach Berlin zu ihrer Hochzeit fuhr. Die Jugendjahre der sechs Geschwister fielen in eine Zeit, in der die unterschiedlichsten pädagogischen Konzepte propagiert wurden.

1762 veröffentlichte Jean-Jacques Rousseau seinen Erziehungsroman *Émile oder Über die Erziehung*, den Goethe »das Naturevangelium der Erziehung« nannte und der bis heute die pädagogischen Konzepte beeinflusst. Rousseau ging davon aus, dass der Mensch von Natur aus gut sei und erst durch die Gesellschaft verbogen werde. Es gehe daher nicht darum, ein Kind nach dem Willen der Erwachsenen zu erziehen, sondern sein Heranwachsen in seiner natürlichen Entwicklung nur zu begleiten. Jede Art von Zwang sei zu unterlassen, denn sie könne die von Natur aus guten Kräfte hemmen oder gar verbilden. Zurück zur Natur, hieß das Motto. Insgesamt gesehen waren Rousseaus Erziehungsprinzipien eine klare Absage an die strengen Vorschriften der höfischen Erziehung und eigentlich für Kinder aus adligem Haus ungeeignet, denn sie wurden für eine Rolle erzogen, die sie im gesellschaftlichen System spielen sollten. Und wie jeder Schauspieler seinen Text beherrschen

Erziehung zur Pflichterfüllung und zu einem tugendhaften Leben

muss, so mussten auch sie die Spielregeln lernen, die in ihrer Welt galten.

In der Erziehung, die Luise und ihre Geschwister erhielten, spiegelt sich das ganze Spannungsfeld der Zeit wider: auf der einen Seite Förderung der natürlichen Entwicklung ohne Etikettenzwang, auf der anderen Erziehung zu einer festgelegten Rolle im gesellschaftlichen Leben, zum selbstständigen Denken und gleichzeitig Akzeptieren von vorgegebenen, nicht anzuzweifelnden Regeln. Erziehung durch die Eltern fand gerade in Adelshäusern kaum statt. Die ganze Kindheit war in feste Etappen eingeteilt. Die Jungen blieben meist bis zum sechsten Lebensjahr in weiblicher Gesellschaft am Hof der Mutter, trugen Kleider wie ihre Schwestern. Erst mit sechs Jahren und ihrer ersten Hose bekamen sie einen männlichen Erzieher, einen sogenannten Gouverneur, der oft Offizier war oder in Staatsdiensten stand. Der Erzieher wurde von Lehrern mit Spezialwissen unterstützt. Nach der Konfirmation, das heißt mit vierzehn Jahren, gingen die Prinzen auf die Kavalierstour ins Ausland, danach schlossen sich ein Universitätsbesuch und Antrittsbesuche an fremden Höfen an, oder sie begannen ihre Karriere beim Militär. Die Erziehung von Prinzen folgte dem Grundsatz: »Ein Prinz muss, wenn er von der Erziehung entlassen wird, das klare Bewusstsein haben, dass auf ihm eine größere Verantwortlichkeit als auf anderen Menschen ruht.«[2]

Karl von Mecklenburgs ältester Sohn Georg, der aus gesundheitlichen Gründen nicht zum Militär gehen konnte, bekam den Oberst August Ludwig von Graefe zum Gouverneur, der Georg bis zu seiner Entlassung 1799 überallhin begleitete und seine Erziehung leitete. Er betreute Georg auch beim Studium an der Universität Rostock. Sohn Carl wurde bis zu seinem zehnten Lebensjahr von der Großmutter und Salomé de Gélieu betreut und bekam erst 1799 mit vierzehn Jahren in dem Captain Hartmann Ludwig von Schlotheim seinen eigenen Gouverneur. Ab 1801 besuchte er in Berlin die Militärakademie.

Die Mädchen, deren Ausbildung im Allgemeinen mit vierzehn oder fünfzehn Jahren als abgeschlossen galt, da sie dann im heiratsfähigen Alter waren und oft das Elternhaus verließen, bekamen eine Erzieherin. Die Töchter im Hause Karls von Mecklenburg wurden in der Regel von einem Lehrer und einer Erzieherin erzogen, die auch die über den eigentlichen Unterricht hinausgehende Betreuung übernahmen. Zu ihren Erzieherinnen Magdalena von Wolzogen und Salomé de Gélieu haben die Kinder, wie viele Briefe zeigen, ein lebenslanges gutes Verhältnis bewahrt.

Die religiöse Erziehung im protestantischen Glauben legte die Basis, auf der der gesamte weitere Unterricht aufbaute. Sie lag ausschließlich in der Hand von Lehrern, die ein theologisches Studium absolviert hatten. In Hannover war dies zunächst der Theologe Johann Nikolaus Schrage und danach in Darmstadt Georg Andreas Frey; den Konfirmandenunterricht übernahm Pfarrer Johann Wilhelm Lichthammer. Geprägt durch den Rationalismus und vor allem den Pietismus, stellten diese Lehrer in den Mittelpunkt des Unterrichts auf der einen Seite das Vertrauen in die Güte Gottes und die Ergebenheit in seinen Willen, auf der anderen Seite aber auch das selbstständige Streben nach einem tugendhaften Leben nach dem Motto: »Sei gut, damit du glücklich wirst.«[3] Luise drückte das in einem Brief an ihren Religionslehrer Frey so aus: Er möge versichert sein, »daß Religion und Tugend meinem Herzen beständig theuer, und die Eindrücke derselben nie bei mir erlöschen sollen, fest überzeugt, daß nur auf diesem Wege und bei diesen Gesinnungen wahre Ruhe und dauerhaftes Glück zu finden möglich sey«.[4] Das über allem stehende Ziel eines jeden Lebens war also das Erlangen von Glückseligkeit, und die Erziehung hatte den Zweck, den einzig möglichen Weg zu diesem Ziel aufzuzeigen: ein tugendhaftes Leben zu führen.

Der Unterricht, den die Geschwister erfuhren, zielte daher weniger auf Vermittlung von Fakten über die Entwicklung der Kirche, die Reformation oder die Bedeutung

Erziehung zur Pflichterfüllung und zu einem tugendhaften Leben

Martin Luthers, sondern es ging darum, mithilfe der Bibel und des Katechismus Erkenntnisse und Leitbilder für das eigene Leben zu finden. Einen Einblick in den Unterricht, der, methodisch durchaus fortschrittlich, zu Erkenntnissen bei den Schülern mithilfe von Lehrerfragen und den entsprechenden Schülerantworten führen sollte, vermitteln die insgesamt neunundvierzig Schulhefte Luises, die erhalten sind. Da die Schwestern, zum Teil auch mit den beiden Brüdern, zusammen unterrichtet wurden, darf man davon ausgehen, dass die Themen und Fragestellungen bei den Geschwistern die gleichen waren, auch wenn deren Schulhefte nicht mehr vorhanden sind.

Das Gottesbild, das den Kindern vermittelt wurde, ist das des gütigen, allmächtigen, allgegenwärtigen Gottes, der alles letztendlich zum guten Abschluss bringt, auch wenn man es anfangs nicht versteht, sofern man sich an seine Gebote hält: »Wen wir uns gut auffüren, so haben wir Hoffnung im einem andres Leben Glücklich zu seyn und von den Tohten auf erstehn«, so notierte Luise in ihrem Schulheft.[5] Diese Erkenntnis führte bei allen Geschwistern zu einem auch in den schlimmsten Lebenskrisen unerschütterlichen Gottvertrauen, dass am Ende alles gut wird, dass Gott aber Prüfungen schickt, die der Mensch bestehen muss, um zu reifen. Luise formulierte dies 1807 in einem Brief an ihren Mann auf einem Tiefpunkt ihres Lebens so: »Ich tröste mich noch mit meinem alten Prediger, der mir gesagt hat, wir seien nicht in den Händen des Zufalls. Ein Gott der Barmherzigkeit kennt unsere Gebete, ehe wir sie aussprechen, derselbe Gott kennt alle Haare, die vom Haupte fallen, und wir stehen nicht unter dem Willen der Willkür, sondern unter dem ewigen Ratschluss Gottes.«[6]

Da Luise und ihre Geschwister erzogen wurden für ihre Rolle in der bestehenden Gesellschaftsordnung, die als von Gott gewollte und damit unveränderbare Ordnung gesehen wurde und in der ihnen die privilegierte Stellung eines Mitglieds einer fürstlichen Familie zukam, wurden auch politi-

sche Themen im Rahmen des Religionsunterrichts angesprochen: der Fürst als Vertreter Gottes, der die Guten
belohnt und die Bösen bestraft. Der Fürst als Landesvater,
der für das Glück seiner Untertanen verantwortlich ist.
»Eine Obrichkeit«, schrieb Luise, »heiß Personen, die, wenn
eine Mortadt geschit, dass sie darüber Urtheilen und bestra-
fen solche, die nur eben die gedanken hägen.« Auf Nach-
frage des Lehrers ergänzte sie: »Daß ist daß, was ich eben
gesagt habe: recht geben, die recht haben, und unrecht, die
unrecht haben.« Über den Sinn und Zweck einer Regierung
urteilte sie: »Sie [die Fürsten] müssen sich zur angelegensten
Sache machen so für das wohl aller ohne ausnahme besorgt
zu seyn, dass überal glückseelichkeit herschet. Sie [die Ob-
rigkeit] ist eine Gottesdienerin, eine recherin des bösen und
eine belohnerin des guten.«[7]

»Die Knegte aber sollen sich dagegen Erbitich [ehrerbie-
tig], Treu, Gewissenhaft in ihrem Dienst und ihren Herr-
schaften so gehorsam seyn, als wenn sie Christo, ihrem
Herrn selbst dienet«, schrieb Luise zur Frage nach der Rolle
der Untertanen.[8] Sie und ihre Geschwister waren zeit ihres
Lebens von dieser Standesordnung geprägt. Die Ideen der
Aufklärung mit ihrer Forderung nach Gewaltenteilung und
Herrschaft des Volkes sind an ihnen vorübergegangen, wie
wohl an den meisten Adligen.

Die Konfirmation bildete traditionell den Abschluss der
Erziehung. Im Februar 1792 begann der Unterricht bei Luise
und Friederike durch Stadtpfarrer Lichthammer, der schon
Therese konfirmiert hatte. Ihm ging der Ruf voraus, im Unterricht einen Mittelweg zwischen starrer Orthodoxie und
Rationalismus einzuschlagen. Bei den drei Schwestern hat
er jedenfalls einen lebenslangen Eindruck hinterlassen. Am
Tag der Konfirmation schrieb Luise an Therese: »Vollbracht
ist das Werk, das uns auf unserm ganzen Leben glücklich
machen soll, gelobet ist Gott die ewige und unverbrüchliche
Treue ...« Sie bat die Schwester, für sie zu beten, damit Gott
sie stärke »zur Erfüllung aller meiner Pflichten«.[9]

Vorbereitung auf die traditionelle Rolle in der Gesellschaft

»Königin, Geliebte, Gattin, Freundin,
alles verspricht Ihnen Ihr Glück...«[1]

Auch dieser Satz steht in dem Schreiben Salomé de Gélieus an den Kronprinzen Friedrich Wilhelm, das Luise ihrem zukünftigen Mann zur Hochzeit nach Berlin mitbrachte. Dieses Schreiben sollte dokumentieren: Luises Ausbildung zur idealen Gattin eines Mannes war damit erfolgreich abgeschlossen. Wurzeln und Flügel sollten nach Goethe Eltern ihren Kindern mitgeben. Wurzeln haben die Geschwister sicherlich mitbekommen, aber ihre Flügel, zumindest die der vier Schwestern, waren gestutzt worden. Fliegen sollten sie nur so hoch, dass der Gatte sie nicht aus den Augen verlor. »Denn gewährt man ihnen Überlegenheit über uns in den Qualitäten, die ihrem Geschlecht eigen sind, und macht sie uns in allem übrigen gleich – was anderes bedeutet das, als der Frau den Vorrang zu übertragen, den die Natur dem Gatten gibt?«, warnte Jean-Jacques Rousseau seine Geschlechtsgenossen.[2] Luise, die beim Unterricht weitaus weniger Fleiß als ihre Schwestern an den Tag gelegt hatte, hat später immer bedauert, dass sie nicht gebildeter war. Immer wieder fasste sie Vorsätze und unternahm Anstrengungen, bat um Bücher – aber letztendlich haben ihr wohl die Zeit und auch die Disziplin gefehlt, das nachzuholen, was sie in der Kindheit versäumt hatte.

Aber war Bildung damals überhaupt Ziel der Erziehung? Und wenn ja: welche Art von Bildung? Zu Beginn

Kindheit und Jugend in Hannover und Darmstadt

des 18. Jahrhunderts wurde zunächst in den von der Aufklärung geprägten Schriften zur Mädchenerziehung betont, dass Frauen genau wie Männer geistige Fähigkeiten besitzen und deshalb auch entsprechend ausgebildet werden sollten. Dies änderte sich im Laufe des Jahrhunderts, als man darüber nachdachte, welche konkreten Inhalte denn die Bildung für Mädchen haben sollte. Naturwissenschaftliche Themen wurden gar nicht erst in Betracht gezogen, Frauen sollten überhaupt nicht mit abstrakten, fachspezifischen und wissenschaftlichen Inhalten belastet werden. Ein breites Allgemeinwissen mit dem Schwerpunkt auf nützlichen Verhaltens- und Lebensweisen wurde für angemessen und ausreichend gehalten.

Diese Entwicklung fand ihren Höhepunkt 1762 in der Veröffentlichung von Rousseaus Erziehungsroman *Émile oder Über die Erziehung*, dessen Kapitel über die Erziehung der »Sophie« »gemeinhin als der Einschnitt in die Entwicklungsgeschichte der weiblichen Bildung angesehen« werden.[3] Für die Frauenbildung hatte Rousseaus Forderung »Zurück zur Natur« fatale Folgen, denn seine These von der naturgegebenen Unfähigkeit von Frauen, sich mit geistigen Dingen zu befassen, führte zu einem erneuten Rückfall in die Zeiten vor der Aufklärung. Die Frauen sollten nur das ihnen Gemäße lernen – und das war eben nur das, was sie im häuslichen Bereich und zur angenehmen Unterhaltung des Mannes benötigten. Im fünften und letzten Buch seines Romans *Émile*, das sich der Erziehung Sophies widmet, stellt Rousseau klar, wo der naturgemäße Platz der Frau zu sein hat: im Haus an der Seite ihres Mannes, den sie mit Schönheit, Sanftmut und List umsorgt und umgarnt.

Ob alle drei Erzieherinnen, die im Laufe der Jahre im Hause Karl von Mecklenburgs tätig waren, Rousseaus *Émile* und vor allem den letzten Teil über Sophie kannten, lässt sich nicht feststellen, auf jeden Fall findet sich das Werk im Nachlass der Darmstädter Erzieherin Gélieu, die es nicht nur gekannt, sondern auch für ihren Unterricht benutzt

und die Kinder, vor allem die Mädchen, in diesem Rollen-
verständnis erzogen hat.

Daher empfiehlt es sich, Rousseaus Prinzipien für die
Mädchenerziehung genauer anzusehen: Nach Rousseau
sind Mann und Frau zwar in allem, was die Gattung betrifft, gleich: »Die Maschine ist auf gleiche Weise konstru-
iert«,[4] aber bei allem, was das Geschlecht betreffe, vor allem
in Charakter und Temperament, seien sie unterschiedlich.
Daraus ergebe sich eine unterschiedliche Rollenverteilung.
Die Frau sei, und dies sei ein Naturgesetz, »eigens dazu geschaffen, dem Mann zu gefallen« und sich ihm zu unter-
werfen.[5] Daraus folgerte Rousseau: »So muß sich die ganze
Erziehung im Hinblick auf die Männer vollziehen. Ihnen
gefallen, ihnen nützlich sein, sich von ihnen lieben und achten lassen, sie großzuziehen, solange sie jung sind, als Männer für sie zu sorgen, sie beraten, sie trösten, ihnen ein an-
genehmes und süßes Dasein bereiten: das sind die Pflichten
der Frauen zu allen Zeiten, das ist es, was man sie von Kindheit an lehren muß.«[6]

Um diese Rolle ausfüllen zu können, müssten sie durchaus einiges lernen, aber nur das, »was zu wißen ihnen gemäß
ist«.[7] Erforschen, spekulieren, reflektieren, verallgemeinern
sind Tätigkeiten, die nach Rousseau das Gehirn einer Frau
überfordern: »... denn was die Werke des Geistes anbetrifft,
so übersteigen sie ihr Fassungsvermögen.« Vor allem für die
»exakten« Wissenschaften, also zum Beispiel die Natur-
wissenschaften, fehle es den Frauen an Ausdauer und Geis-
tesschärfe.[8] Während das männliche Pendant, Rousseaus
Émile, in die Geheimnisse der Geometrie, Physik, Chemie
und Astronomie eingeweiht wird, sollen die Studien, die die
Frau betreibt, eher praxisbezogen sein. Tätigkeiten wie beobachten und anwenden seien ihnen angemessen. Über das
Studium ihrer Pflichten hinaus sollte sich die Frau nur mit
zwei Themen befassen: dem Studium der Männer und »angenehmen Erkenntnissen« wie dem »Geschmackvollen«,[9]
denn »der Mann braucht Kenntnisse zum Reden, die Frau

Geschmack«.[10] Und das Ganze ergebe dann ein wunderbares Zusammenspiel, in dem jeder die Rolle einnehme, die ihm von der Natur vorgegeben sei.

Seit 1785 war Salomé de Gélieu, die aus einer Predigerfamilie in der Schweiz stammte, im Hause für den Unterricht zunächst der Mädchen, ab 1787 auch zum Teil für die beiden Jungen zuständig. Während sich die Rousseau'schen Ideen im Allgemeinen wie ein roter Faden durch ihre Belehrung ziehen, wich sie in ihren Methoden öfter ab, denn strafende Erwachsene hatte Rousseau nicht vorgesehen. Salomé de Gélieu hatte aber gerade bei Luise wohl häufiger Anlass, zur Strafe für hingepfuschte Aufgaben den geliebten Pudding zu streichen, wie Luise immer wieder leidvoll ihrer Schwester Therese klagte. »Lieber Gott, ich bitte Dich, mir Kraft zu schenken, damit ich meine Aufgaben machen kann; lieber Gott, mach auch, daß Melle de Gélieu mir meinen Nachtisch läßt.«[11] Dieses Stoßgebet findet sich in Luises Tagebuch, das sie mit zwölf Jahren in Darmstadt begonnen hat. Luise wurde nicht ohne Grund »Jungfer Husch« von ihrer Familie genannt. Im Gegensatz zu ihren Schwestern hat sie in ihrer Kindheit die richtige Orthografie nie wirklich gelernt und wird sie auch zeit ihres Lebens nicht mehr lernen – die Herausgeber ihrer Briefe haben die Fehler aus Pietät in den meisten Fällen bei der Druckversion korrigiert. Mit siebzehn Jahren schrieb sie an ihren Verlobten, den preußischen Kronprinzen: »Großmama wollte, ich solle eine Kladde für den Brief an Sie machen, weil ich nicht korrekt und orthographisch schreibe. Ich gebe zu, das ist nicht schön; aber sie müßen auch meine Fehler kennen. Wäre ich in der Kindheit fleißiger gewesen, so wäre ich vielleicht imstande, Ihnen fehlerlos die Gefühle meines Herzens auszusprechen, so kann ich es immer nur fehlerhaft.«[12]

Häufig wird eine schlechte Erziehung durch Salomé de Gélieu für die Mängel in Luises Bildung verantwortlich gemacht, die eigentliche Ursache lag aber wohl in Luises Einstellung zum Lernen. Im Gegensatz zu ihrer jünge-

Vorbereitung auf die traditionelle Rolle in der Gesellschaft

ren Schwester Friederike nutzte sie jede Gelegenheit, um dem Lernen auszuweichen. Am ersten Weihnachtstag 1791 schrieb sie zum Beispiel an ihre Schwester Therese: »... ich benutze die Zeit zwischen 4 und 5, wo Großmama George eine Predigt vorlesen läßt und Friederike zuhört, um Dir zu schreiben und Dir zu erzählen, wie die Feier verlaufen ist ...«[13] Nimmt man ihre Hefte hinzu, die überall bekrakelt und mit Figuren bemalt sind, kann man sich des Eindrucks nicht erwehren, dass ihr Interesse am Unterricht tatsächlich nicht sehr groß war.

Oberstes Ziel dieses durch Salomé de Gélieu erteilten Unterrichts war es, die Mädchen auf ihr späteres Leben als Ehefrau irgendeines Fürsten vorzubereiten. Das bestimmte die Unterrichtsinhalte. In Deutsch, Geschichte und Geografie fand der Unterricht auf Deutsch statt. Da aber Französisch immer noch die Sprache der Höfe war, mussten Prinzessinnen und Prinzen natürlich in dieser Sprache ausgebildet werden. Die Geschwister schrieben sich untereinander in beiden Sprachen, Therese und Luise meistens auf Französisch, Georg forderte allerdings, dass seine Schwestern ihm auf Deutsch schrieben. Neben der mündlichen Konversation bestand der Sprachunterricht überwiegend aus Abschreibübungen von Gedichten und Prosatexten. Ob Luise stets alles verstand, was sie da abschrieb – zum Beispiel das Gedicht Friedrichs des Großen über die Vergänglichkeit? Man darf daran zweifeln, besonders wenn man den Wortschatz der französischen Briefe Luises aus jener Zeit vergleicht mit dem der zum Teil sprachlich und inhaltlich sehr komplizierten Unterrichtstexte.

Manche der französischen Prosatexte setzen sich sehr kritisch und auch ironisch mit dem Geburtsadel auseinander: »Dummheiten aus dem Mund eines Mannes, der durch seinen Rang erhoben ist, bleiben immer noch Dummheiten.«[14] Kleine Spitzen, die die Erzieherin einbaute, von ihren Schülerinnen aber wohl kaum verstanden wurden. Der Englischunterricht spielte zu jener Zeit kaum eine Rolle. Aber auch hier nutzte Salomé de Gélieu die Chance, ihre kleinen Schülerinnen politisch zu beeinflussen, sofern sie die Texte verstanden.

Der Deutschunterricht, so wie er aus den noch vorhandenen Heften zu erkennen ist, entsprach den Anforderungen an die weibliche Erziehung, die Johann Bernhard Basedow in seinem Methodenbuch für Mütter und Väter festgelegt hatte: Es genüge, »verständlich und mit Anstand zu sagen, was sie sich zu sagen vornehmen; sie müßen vernehmlich und der Sachkenntniß gemäß lesen«.[15]

Die Hefte Luises enthalten dementsprechend Schreibübungen, Übungsbriefe, Abschriften von Gedichten und kleinen Erzählungen historischen Inhalts. Es sind oft moralisch-belehrende Texte, sodass auch hier neben der Schreibübung vor allem der erzieherische Wert im Vordergrund stand. Die Themen der Texte sind bunt gemischt, lassen kein System erkennen. Ein Text handelt zum Beispiel vom Edelmut der Tochter eines ungetreuen Mandarins, die sich die Hände abhacken lassen will, damit ihr Vater freikommt, andere von der Sklaverei, dem Freiheitskampf der Schweizer oder von den wilden Völkern in Grönland, über die Luise zu erzählen weiß: »Die sogenanten wilden Völker wohnen nicht in so großer Anzahl, wie die Gesitteten, gesellig und freundschaftlich bey einander. Sie säen nicht und ernten nicht und kümmern sich weder um Künste noch Wissenschaften ... Sie sind auch gar nicht leckerhaft. Denn ein Stück thranigen Seehundes ohne Salz und ohne Brod schmeckt den Krönländern eben so gut als uns unsere niedlichen Frikassees.«[16]

Der übrige Unterricht, so zum Beispiel der Geografieunterricht, verlief weiter nach dem Prinzip, dass zu viel Wissen für Frauenköpfe schädlich sein könnte. Über Russland und dessen Bewohner schreibt Luise: »Ihre Sitten sind noch sehr Roh und ungebildet ... Der Russe seine Nahrung ist mehrentheils starker Brandtwein und trocken Brod; will er sich aber was recht gutes thun, so ist er auch wol gesalzenes Fleisch.«[17] Von den Phöniziern meinte Luise, dass sie Kaufleute waren, »denen wir mit Recht Geographie, vermehrte Bevölkerung und Aufklärung verdanken«.[18] Auch im Geschichtsunterricht ging es weniger um Fakten und Erkenntnisse, sondern um moralische Belehrungen. Über Alexander den Großen schreibt Luise, dass er ein warnendes Beispiel sei, wie »gänzlich Glück und Hang zur Wollust die besten Grundsätze vernichten können. Sein Leichnam wurde in Ägypten zur Mumie gemacht, die aber schon zu Augusts Zeiten vernichtet war.«[19]

Als Vorbereitung auf die Rolle als ideale Gefährtin eines zukünftigen Ehemanns kam der Charakterbildung eine wichtige Funktion zu. Mädchen »müssen sich frühzeitig an Zwang gewöhnen«, schreibt Rousseau, nämlich dem »Zwang der Schicklichkeit ... Sie müssen daran gewöhnt werden, alle ihre Launen zu beherrschen, um sie dem Willen der anderen unterzuordnen.« Hier müsse vor allem die Leidenschaftlichkeit bekämpft werden. Rousseau ermahnt daher alle Erzieher: »Duldet nicht, dass sie sich nur einen Augenblick in ihrem Leben nicht im Zaum halten.«[20] Dieser Zwang müsse so zur Gewohnheit werden, dass daraus eine »Gefügigkeit« entstehe, die die Frauen ihr Leben lang brauchten, da sie immer einem Mann oder dem Urteil von Männern unterworfen sein werden. »Die erste und wichtigste Qualität einer Frau ist die Sanftmut: einem so unvollkommenen Wesen wie dem Mann zum Gehorsam geschaffen, der so voller Laster und immer so reich an Fehlern ist, muß sie frühzeitig lernen, selbst Ungerechtigkeiten zu erdulden und die Launen des Gatten klaglos zu ertragen; nicht um seinetwillen, sondern um ihrer selbst willen muß sie sanftmütig sein.« Sanftmut, Bescheidenheit, Freundlichkeit, Pflichtbewusstsein, Demut und Keuschheit: Das waren die Pfeiler für ein tugendhaftes Leben, das die Frauen führen sollten. Auch Rousseaus Sophie liebt die Tugend, »weil die Tugend den Ruhm der Frau ausmacht, und weil eine tugendhafte Frau ihr fast einem Engel gleich scheint; sie liebt sie als den

einzigen Pfad wahren Glücks.«[21] Vor allem Luise, die Lebhafteste und Eigenwilligste unter den Geschwistern, wurde
daher immer wieder von ihren Erziehern ermahnt, ihren
Eigensinn abzulegen und den älteren Schwestern zu gehorchen.[22] Später einmal wird sie wegen ihrer Sanftmut und
der bedingungslosen Unterwerfung unter den Willen ihres
Mannes den Frauen Preußens als Vorbild dienen, ihre Geschwister dagegen werden sie bewundern und gleichzeitig
bedauern.

Bei der Mädchenerziehung spielte trotz der Ideen der
Aufklärung der Verstand keine große Rolle. Luise selbst definierte das Wort so: »Verstand ist, daß sie über Dinge nachdenken und in sich selber suchen und zu erkenen finden,
ob etwas gut oder böse sey.«[23] Auch der Verstand dient danach nicht der Erkenntnis von Strukturen und Systemen,
sondern letztlich neben dem Gewissen lediglich als moralische Instanz, um den rechten Weg der Tugend zu bewäl-
tigen. Nachdenken und Erkenntnissuche beschränken sich
auf das ganz private Ziel, Handlungsmaximen zu bekommen, die das eigene Leben der Glückseligkeit näher bringen.

In ihrem Buch aus dem Jahre 2007 schreibt Claudia de
Gélieu, dass die Erzieherin Salomé de Gélieu vom Erziehungskonzept Rousseaus, nach dem sie die Prinzessinnen
erzogen hatte, an einer Stelle abgewichen sei: Sie habe die
Erziehungsprinzipien für Émile auch für die Mädchen ange-
wandt und damit praktisch die Mädchen nach dem Konzept
erzogen, das nur für die Jungen gedacht war.[24] Dies stimmt
nur in einem Punkt: Alle drei Mädchen, die durch ihre Erziehung gingen, waren, auch dank der Großmutter, natürlich aufgewachsen, ungebunden durch die Zwänge der Gesellschaft, durch die Fesseln der Etikette. Aber genau das
hat sie nicht, wie sich zeigen wird, besonders gut auf ihre
Zukunft als Ehefrauen an von der Etikette geprägten Höfen
vorbereitet. In allen anderen Punkten war es eine Ausbildung entsprechend den Forderungen Rousseaus für die
Mädchenbildung, wie das zu Beginn zitierte Gedicht Gé-

Vorbereitung auf die traditionelle Rolle in der Gesellschaft

lieus an Luises Mann zeigt. Nach der Hochzeit sollte der Mann die weitere Erziehung seiner Frau übernehmen, ganz im Sinne Rousseaus, der über seine Sophie am Ende ihrer Ausbildung und kurz vor dem ersten Treffen mit ihrem zukünftigen Gatten Émile schrieb: »Ihre Erziehung ist weder blendend noch vernachlässigt; sie besitzt unverbildeten Geschmack, ungekünstelte Talente, Urteilsvermögen ohne Kenntnisse. Ihr Geist hat wenig Wissen, ist aber zum Lernen vorbereitet; das ist ein gut vorbereiteter Boden, der nur auf das Samenkorn wartet, um Früchte zu bringen … O liebenswerte Unwissenheit! Glücklich der, den man bestimmt, ihr Lehrer zu sein! Sie wird nicht der Lehrer ihres Gatten sein, sondern seine Schülerin; sie will ihn nicht ihren Neigungen unterordnen, sondern die seinigen annehmen. So wird sie ihm teurer sein, als wäre sie gelehrt; er wird die Freude haben, sie alles zu lehren. Nun ist es endlich an der Zeit, daß sie sich begegnen.«[25]

Friedrich Wilhelm jedenfalls war zufrieden mit dem Ergebnis, das Salomé de Gélieu ihm angekündigt hatte. Er schrieb später: »Meine Frau hatte unendlich vielen natürlichen und richtigen Verstand und einen eben so richtigen prüfenden Überblick. Ihrer Philosophisch-ästthetischen Bildung ging jedoch einiges ab, da sie in der Wissenschaftlichen Bildung in ihrer Jugend, wie man es heut zu Tage zu nennen pflegt, etwas vernachlässigt worden ist. Ich möchte bald sagen, Gott sey Dank daß es so gewesen ist, denn sie kam mit reinem unverschrobenen Gemüthe und mit dem höchsten Gefühl für alles Gute und Schöne aus dem Väterlichen oder Großmütterlichen Hause.«[26]

Revolution in Frankreich, Krieg und Flucht

»Um Gottes Willen, Therese, was für eine Nachricht!«,

schrieb Luise am 2. Oktober 1792 aus Darmstadt an ihre Schwester. »Das lässt einen zusammenfahren. Seit vorgestern Abend ersterbe ich vor Furcht, als die Nachricht kam, die Franzosen, so etwa 15 bis 20 Tausend, stünden vor Speyer... Speyer eingenommen und niedergebrannt, 1500 Mainzer und 1500 Österreicher gefallen oder gefangen genommen. Nach dem Kampf haben sie alle Soldaten mit den Offizieren über die Klinge springen lassen... Ich dachte: Gott ist gerecht; wie kann er solche Greuel und Schandtaten zulassen?«[1] Es ist dies die anschauliche Schilderung einer Sechzehnjährigen, die mit ihrer Familie unvermutet in die Wirren geriet, die die Französische Revolution ausgelöst hatte, und nicht wirklich begreifen konnte, was die Massen in Paris auf die Barrikaden gebracht hatte und nun nach Deutschland führte.

Man kann davon ausgehen, dass eine Unterrichtung der Geschwister über die Ursachen der Geschehnisse seit 1789 in Paris und in Frankreich nicht stattgefunden hat. Die aktuellen Ereignisse und vor allem das Schicksal der Königsfamilie wurden aber mit Angst und Spannung von Darmstadt aus verfolgt, zumal ihr Onkel Ernst zeitweise in Frankreich weilte und die Familie mit Nachrichten versorgte.

Da die Familie Besitzungen im französischen Elsass hatte, war die Großmutter mit ihrem Mann und ihren Töch-

Revolution in Frankreich, Krieg und Flucht

tern und Söhnen mehrfach in Paris gewesen, wenn es auf den Gütern im Elsass Schwierigkeiten gab, die in Paris geklärt werden mussten. Sie war dann jedes Mal auch bei der französischen Königin Marie Antoinette in Versailles, die die Familie noch aus ihrer Kindheit in Wien kannte. Charlotte, die Stiefmutter der Geschwister, und Luise, die Erbprinzessin von Hessen-Darmstadt, standen jahrelang in Briefkontakt mit der französischen Königin. So lagen die Sympathien der Familie eindeutig aufseiten des französischen Königshauses.

Umso mehr verwundert es, dass man in den Schulheften Luises französische Texte mit revolutionärem, sehr ironischem Inhalt findet, die sie abschreiben musste, wie etwa das an das Vaterunser angelehnte »sonntägliche Gebet der Pariser« aus dem Jahr 1787:

Vater unser in Versailles,
Dein Name wird nicht länger geheiligt,
Dein Reich ist angeschlagen,
Deine Wünsche werden nicht mehr erfüllt.
Weder im Himmel noch auf der Erde,
Gib uns unser tägliches Brot,
Das Du uns nehmen willst.
Verzeihe unseren Parlamenten,
Dass sie Deine Interessen unterstützt haben.
So wie wir Deinen Ministern verzeihen,
Dass sie sie so einfach verkauften
Verführt vom Alkohol;
Sterbe nicht, sondern erlöse uns
Vom Irrsinn und vom Teufel, der uns in Versuchung
    führt.
So sei es.[2]

Dieses Gedicht stellte nicht nur einen Affront gegen die Königsfamilie dar, sondern war auch eine Persiflage auf das Vaterunser, was die Großmutter, die sehr fromm war, nie hätte

Kindheit und Jugend in Hannover und Darmstadt

durchgehen lassen. Falls sie die Schulhefte Luises und ihrer Geschwister einmal kontrolliert hätte, wäre es für Salomé de Gélieu sicher unangenehm geworden.

Da die Vorgänge in Frankreich für das weitere Verständnis der Geschichte Luises und ihrer Geschwister von elementarer Bedeutung sind, sollen sie in aller Kürze vorgestellt werden: Frankreich war um 1785 das bevölkerungsreichste Land Europas. Während am königlichen Hof weiterhin Feste gefeiert wurden, litt die Bevölkerung zunehmend unter einem Anstieg der Lebenshaltungskosten, der schließlich 62 Prozent betrug, wohingegen die Löhne nur um 22 Prozent stiegen. Für Brot, das für die ärmeren Schichten wichtigste Nahrungsmittel, mussten 50 Prozent des Einkommens ausgegeben werden. Auch die Mietpreise verdoppelten sich. Die Adligen sahen ihr privilegiertes Leben als rechtmäßig an, wie einer von ihnen im Pariser Parlament erklärte: »Der Adlige opfert sein Blut bei der Verteidigung des Staates und steht dem König mit Rat zur Seite. Der letzte Stand der Nation, der dem Staat nicht so bedeutende Dienste erweisen kann, erfüllt seine Pflicht dem Staat gegenüber durch Abgaben, Gewerbefleiß und körperliche Arbeiten.«[3]

Wegen der Staats- und Finanzkrise, die große Teile vor allem der städtischen Bevölkerung hungern ließ, hatte der König zum 1. Mai 1789 die Generalstände nach Versailles rufen lassen, zum ersten Mal seit einhundertfünfzig Jahren. Er brauchte Geld, um diese Krise zu überwinden, und erhoffte sich eine Genehmigung von Steuererhöhungen durch die drei Stände, ohne die er sie nicht vornehmen konnte. Dies war umso prekärer, wenn man bedenkt, dass die beiden oberen Stände, nämlich hoher Adel und Geistlichkeit, überhaupt keine Steuern zahlen mussten. Die zusätzliche Belastung sollte also erneut von den Menschen getragen werden, die unter den steigenden Lebensmittelpreisen ohnehin schon litten. Die Steuererhöhung wäre wohl ohne Probleme durchgegangen, wenn nicht Abgeordnete des dritten Standes, zu denen neben Mitgliedern des niederen Adels

Revolution in Frankreich, Krieg und Flucht

überwiegend Bürger gehörten, die Situation außerhalb der Paläste richtig eingeschätzt hätten und bevorstehende Hungerrevolten fürchteten, so wie das Honoré Gabriel Graf von Mirabeau in seiner Rede vor den Abgeordneten des dritten Standes am 15. Juni 1789 darstellte: »Das Volk will Erleichterungen, weil es nicht mehr die Kraft hat zu leiden. Das Volk schüttelt die Tyrannei ab, weil es nicht mehr unter der schrecklichen Bürde atmen kann, mit der man es erdrückt; doch verlangt es lediglich, nicht mehr zu zahlen, als es kann, und sein Elend in Frieden zu tragen.«[4] Die Vertreter des dritten Standes erhoben im Namen des Volkes ihre Stimme und verweigerten dem König die Zustimmung zu seinen Steuerplänen. Daraufhin löste der König die Versammlung kurzerhand auf. Die aber formierte sich nun ohne seine Zustimmung zur Nationalversammlung.

Die Unruhen in der Pariser Bevölkerung, verstärkt durch Hunger und Zorn auf den König, nahmen zu. Schließlich stürmten die Massen die Bastille, die als Gefängnis für politische Gefangene symbolisch für das Ancien Régime stand. Das war am 14. Juli 1789, ein Datum, das den Beginn der Französischen Revolution markiert und bis heute Nationalfeiertag der Franzosen ist. Während in der Nationalversammlung diskutiert wurde und auf den Straßen zwischen den verschiedenen Revolutionärsgruppen zum Teil blutige Kämpfe stattfanden, versuchte der König sich mithilfe von treuen Anhängern am 21. Juni 1791 ins Ausland abzusetzen. Kurz vor der Grenze wurde seine Flucht entdeckt und er mit seiner Familie im Triumphzug zurück nach Paris gebracht. Im September 1791 wurde eine neue Verfassung verabschiedet, deren erster Artikel lautete: »Alle Menschen sind und bleiben von Geburt frei und gleich an Rechten.« Nach der amerikanischen Verfassung waren hier ein weiteres Mal die in der Aufklärungszeit von den Philosophen formulierten unveräußerlichen Menschenrechte Grundlage einer Verfassung. Sie sah weiterhin, wie Charles de Montesquieu gefordert hatte, die Teilung der bisher absoluten Macht des Königs in drei Bereiche vor: Gesetzgebung, Regierung und Rechtsprechung. Niemals wieder sollte nach dem Willen des Volkes ein Mensch alle Macht im Staat in seinen Händen haben. Freiheit, Gleichheit, Brüderlichkeit schienen Realität geworden zu sein, wenn auch weder Frauen noch Bedienstete ein passives oder gar aktives Wahlrecht besaßen. Hier hörte die Idee von der Gleichheit auf.

Schiller, Goethe, Beethoven – es gab wohl kaum einen Intellektuellen in Europa, der sich anfangs nicht für die Revolution in Frankreich begeisterte. Sie schrieben Gedichte, Dramen, Symphonien, um den Sieg der Ideen der Aufklärung zu feiern. Anders sah es an den europäischen Höfen aus, wo man die Ereignisse in Frankreich mit zunehmendem Entsetzen verfolgte, vor allem die Behandlung des letzten französischen Königs Ludwig XVI. und seiner Frau Marie Antoinette, einer Tochter der verstorbenen österreichischen Kaiserin Maria Theresia.

Auch Luise und ihre Geschwister diskutierten die Nachrichten aus Frankreich. In völliger Verkennung der Lage waren sie davon überzeugt, dass nur durch hartes Durchgreifen des Königs die Krise überwunden werden könnte. So schrieb Luise 1791 in ein Schulheft, dass zwar auch der schwedische König eine neue Verfassung in seinem Staat eingeführt habe, als seine Untertanen rebellierten, aber: »... allein sein großer, starker und vortrefflicher Geist hat es ihnen nicht erlaubt, sondern er hat ihnen Gesetze vorgeschrieben, die sie treu bleiben müssen. Er läßt sich keine vorschreiben wie ein gewißer dum kopf.«[5] Mit »dum kopf« meinte sie den französischen König.

Auch die Gefangennahme des Königspaars durch französische Soldaten war Gesprächsthema. Friederike kommentierte die Berichte aus Paris mit den Worten, dass die Königin sich offenbar viel tapferer benommen habe als der König.

In Preußen, Österreich und Russland befürchteten die Monarchen, dass die Revolution das Ende aller Monarchien in Europa zur Folge haben könnte, wenn man diese nicht sofort im Keim ersticken würde. Angeheizt wurde diese Stimmung von den mehr als 40 000 Adligen, die aus Furcht bis zum Herbst 1791 Frankreich verlassen hatten und versuchten, Unterstützung für eine Gegenrevolution zu bekommen. Am 27. August 1791 erklärten der österreichische Kaiser und der preußische König in der Deklaration von Pillnitz die Situation des französischen Königs zum »gemeinsame[n] Interesse für alle Könige Europas« und forderten die Fürsten auf, mit ihnen zusammen den französischen König zu seinen alten Rechten zu verhelfen.[6] Diese Einmischung in die inneren Angelegenheiten ließ die Franzosen für kurze Zeit ihre Streitigkeiten vergessen. Die Bedrohung von außen hatte Vorrang. Während Preußen und Österreich an der Ostgrenze Frankreichs Truppen zusammenzogen, diskutierte man in Paris noch über Krieg oder Frieden.

Die offizielle Kriegserklärung erfolgte dann am 20. April 1792. Dreiundzwanzig Jahre lang nahezu ununterbrochen sollten von nun an französische Heere gegen die verbündeten Monarchen von Preußen, Österreich, England und Russland in den unterschiedlichsten Konstellationen kämpfen. Natürlich hatte die französische Regierung mehrere Gründe: Das eine war die Bedrohung von außen, gegen die das Vaterland und die Revolution beschützt werden sollten, das andere ein missionarischer Eifer, mit dem die Ideale der Revolution weitergetragen werden sollten. Und das dritte Motiv, das anfangs ganz entscheidend eine Rolle spielte, war das innenpolitische Chaos, von dem man ablenken wollte.

Zunächst wurden die Franzosen überall geschlagen. Die nationale Begeisterung ebbte ab, die Lebensmittel wurden kriegsbedingt noch knapper, die Stimmung in Paris war schlecht. Mitten in diese Situation platzte das Manifest des Herzogs von Braunschweig wie eine Bombe. Der Herzog von Braunschweig forderte die Franzosen auf, den König wieder in seine alten Rechte einzusetzen – ansonsten würden die ausländischen Truppen Paris stürmen und die »Stadt

Kindheit und Jugend in Hannover und Darmstadt

Paris einer militärischen Exekution und dem gänzlichen Ruin preisgeben, die Verbrecher selber aber dem verdienten Tode überliefert werden«.[7] Dieses Manifest bewirkte genau das, was es verhindern wollte: Erbost über die Einmischung in die inneren Angelegenheiten Frankreichs, stürmte das Volk am 10. August 1792 das Schloss und nahm den König, dem man gemeinsames Spiel mit den Feinden vorwarf, gefangen. Von hier war es nur noch ein kleiner Schritt bis zur Exekution des Königs. »Ich sterbe als ein Unschuldiger!«, sagte der französische König Ludwig XVI., bevor er am 21. Januar 1793 auf dem Platz der Revolution in Paris durch die Guillotine enthauptet wurde. »Ludwig ist wegen seiner Verbrechen entthront worden«, sagte dagegen Maximilien de Robespierre in seiner berühmten Rede vor dem Nationalkonvent (3. Dezember 1792). Der König wurde ohne Prozess zum Tode durch die Guillotine verurteilt, ebenso wie seine Frau Marie Antoinette (hingerichtet am 16. Oktober 1793); ihre Kinder blieben zunächst in Haft.

Ein Aufschrei ging durch die fürstlichen Höfe Europas. Gekrönte Häupter, die ihre Berechtigung zur Herrschaft durch Gott erhalten zu haben glaubten, wurden durch das eigene Volk zum Tod durch die Guillotine verurteilt. Der Anfang vom Ende der Monarchie. Am Hof in Darmstadt wurde Trauerkleidung angelegt. Luise schrieb in einem Brief an den Kronprinzen von Preußen: »Ich habe recht wohl die französische Art bei der Enthauptung der unglücklichen Königin erkannt. Dieser Tod lässt schaudern, ihre Wut hat sich noch nicht abgekühlt, denn es sind noch zwei arme Unschuldige [Kinder Ludwigs XVI.] umzubringen, es ist wirklich grausam. Wir sind jetzt alle auf sechs Wochen schwarz gekleidet. Sie würden mich nicht wieder erkennen, so schwarz bin ich.«[8]

Die meisten Intellektuellen wandten sich nach der Hinrichtung Ludwigs XVI. und den Nachrichten von den anarchistischen Zuständen in Frankreich mit Abscheu und leiser Wehmut ab. In Deutschland zogen sich die Dichter und Denker wieder auf ihr »Schlachtfeld der Gedanken«[9] zurück. Statt Änderung der bestehenden Machtverhältnisse stellten sie die Suche nach der individuellen Vollkommenheit des Einzelnen in den Mittelpunkt. Sie sahen die Berufung der Deutschen darin, die Welt durch Gedanken zu erleuchten. Und so drohten die positiven Gedanken, die der Französischen Revolution zugrunde lagen, verschüttet zu werden: der Gesellschaftsvertrag zwischen Herrscher und Volk zur Gewährleistung der Naturrechte aller Menschen und die Gewaltentrennung durch drei unabhängig voneinander agierende Einrichtungen.

Während die einen noch diskutierten, stellten die anderen ihre Soldaten auf. Mit dem Schlachtruf »Krieg den Palästen, Friede den Hütten!« marschierten die Franzosen über den Rhein. Für die Geschwister in Darmstadt begann ein völlig unerwarteter Lebensabschnitt. Sie waren auf alle Eventualitäten ihres Lebens vorbereitet worden, nur nicht auf einen militärischen Angriff, der auch die Rolle, die sie in der Gesellschaft spielen sollten, gefährdete. »Das Trapp-Trapp der Kuriere hörte nicht auf. Das alles kann einen vor Furcht sterben lassen, und mein angsterfülltes Herz war nahe daran zu zerspringen. Man weiß noch nicht, worauf die Räuberhorden aus sind; von uns sind sie etwa 12 Wegstunden entfernt. Falls sie in Richtung Darmstadt marschieren und falls der geringste Anschein von Gefahr besteht, ergreifen wir die Flucht. Gott weiß wohin und wann«, berichtete Luise ihrer Schwester Therese am 2. Oktober 1792.[10]

Wenige Tage später flüchteten die Geschwister mit ihrer Großmutter aus Darmstadt nach Hildburghausen im Thüringer Wald, wo sie bei der verheirateten ältesten Schwester Charlotte Unterschlupf fanden. Die Auswirkungen der Ideen der Französischen Revolution von Freiheit und Gleichheit und die kriegerischen Auseinandersetzungen der europäischen Mächte mit den französischen Truppen sollten von nun an ihr Leben entscheidend beeinflussen.

Aufbau eines eigenen Lebensraums

> »Mich kann man mit
> ›*Höchstdieselben*‹ töten.«[1]

Dies schrieb Luises Schwester Friederike an ihren Bruder Georg, der ihr einen Brief von Goethe zu lesen gegeben hatte. Goethe bedankt sich darin für ein von Georg verliehenes Privileg zum Schutz vor unerlaubtem Nachdruck seiner Bücher. Der Brief Goethes endete so: »Gesegnet sey daher die Gelegenheit welche Höchstdieselben veranlaßte meiner so gnädig als thätig zu gedenken, indem ich wohl hoffen darf, daß manches, was ich in der Reihe der beabsichtigten Ausgabe mitzutheilen gedenke, auch unmittelbar fur Höchstderoselben gefühlvolles Herz und sinnigen Umblick geschrieben seyn werde.«[2]

Friederikes Kritik am zu devoten Verhalten des Dichters, den alle sechs Geschwister verehrten und dessen Werke sie begeistert lasen, trifft mitten ins Zentrum der ambivalenten Beziehung zwischen Künstler und Fürst. Zu allen Zeiten war es ein Verhältnis der gegenseitigen Abhängigkeit: auf der einen Seite der Künstler, der auf finanzielle Zuwendungen der Fürsten angewiesen war und sich von fürstlichen Aufträgen weitere aus der Umgebung des Fürsten erhoffte; auf der anderen Seite der Fürst, der sich vom Künstler, Musiker, Maler oder Dichter einen Beitrag zum Vertreiben der Langeweile bei Hofe und zur Verbreitung seines Ruhmes erwartete. Beide brauchten sich, schätzten sich bis hin zur Bewunderung und Verehrung, wobei Enttäuschungen nicht ausblieben. So bei Ludwig van Beethoven, der bei der Nachricht der Kaiserkrönung Napoleons I. erbost seine Widmung an Napoleon aus dem Manuskript seiner *Symphonie Nr. 3*, der *Eroica*, wieder herauskratzte.

Andererseits konnte zu viel Verehrung seitens der Dichter auch lästig werden. Der romantische Dichter Novalis lobte die Ehe des Königspaares Luise und Friedrich Wilhelm in so hohen Tönen, dass Friedrich Wilhelm weitere derartige Hymnen verbot. Verehrung und devotes Verhalten mit dem Ziel finanzieller Zuwendung auf der einen Seite, Bedarf für Glorifizierung und die nötigen finanziellen Mittel, um sich diese auch zu erkaufen, auf der anderen Seite. Selbst wenn man das alles berücksichtigt, ist es doch auffallend, wie sehr die sechs Geschwister aus Mecklenburg-Strelitz im Mittelpunkt der Dichtung der damaligen Zeit standen. Sie waren Kunstförderer, Kunstgegenstand und Kunstausübende. Musik, Dichtkunst und Theater waren von Kindesbeinen an ein wichtiges Zentrum ihres Lebens.

Und darum sollen wie eine Girlande, was auf Deutsch übersetzt ein Gewinde aus Blumen und Papier bedeutet, literarische Texte und Gedichte, die zu Lebzeiten der Geschwister entstanden, als poetische Ergänzung den Lebensweg des sechsblättrigen Kleeblatts begleiten und das Bild von ihnen abrunden.

Den Anfang macht Jean Paul mit dem Vorwort zu seinem berühmten Roman *Titan* (1800–03), den er den »vier schönen und edlen Schwestern auf dem Thron« widmete. Jean Paul, der eine Zeit lang am Musenhof der ältesten Schwester Charlotte in Hildburghausen lebte, hatte alle dort bei einem Familientreffen 1799 kennengelernt und war von der Schönheit der vier Schwestern so beeindruckt, dass er sie direkt vom Olymp auf die Erde herabsteigen ließ:

Der Traum der Wahrheit
»Aphrodite, Aglaja, Euphrosyne und Thalia sahen einst in das irdische Helldunkel hernieder und, müde des ewig heitern, aber kalten Olympos, sehnten sie sich herein unter die Wol-

Aufbau eines eigenen Lebensraums

ken unserer Erde, wo die Seele mehr liebt, weil sie mehr leidet, und wo sie trüber, aber wärmer ist. Sie hörten die heiligen Töne heraufsteigen, mit welchen Polyhymnia unsichtbar die tiefe bange Erde durchwandelt, um uns zu erquicken und zu erheben; und sie trauerten, daß ihr Thron so weit abstehe von den Seufzern der Hülflosen.

Da beschlossen sie, den Erdenschleier zu nehmen und sich einzukleiden in unsere Gestalt. Sie gingen von dem Olympos herab; Amor und Amorinen und kleine Genien flogen ihnen spielend nach, und unsere Nachtigallen flatterten ihnen aus dem Mai entgegen.

– Aber als sie die ersten Blumen der Erde berührten und nur Strahlen und keine Schatten warfen: so hob die ernste Königin der Götter und Menschen, das Schicksal, den ewigen Zepter auf und sagte: der Unsterbliche wird sterblich auf der Erde, und jeder Geist wird ein Mensch! –

Da wurden sie Menschen und Schwestern und nannten sich Luise, Charlotte, Therese, Friederike; die Genien und Amorinen verwandelten sich in ihre Kinder und flogen ihnen in die Mutterarme, und die mütterlichen und schwesterlichen Herzen schlugen voll neuer Liebe in einer großen Umarmung. Und als die weiße Fahne des blühenden Frühlings flatterte – und menschlichere Thronen vor ihnen standen – und als sie, von der Liebe, der Harmonika des Lebens, selig-erweicht, sich und die glücklichen Kinder anblickten und verstummten vor Lieb' und Seligkeit: so schwebte unsichtbar Polyhymnia vorüber und erkannte sie und gab ihnen Töne, womit das Herz Lieb' und Freude sagt und gibt …«

– Und der Traum war geendigt und erfüllt; er hatte, wie immer, nach der Wirklichkeit und dem Wachen sich gebildet. Darum sei er den vier schönen und edlen Schwestern geweiht, und alles, was ihm im Titan ähnlich ist, sei es auch!

Charlotte, Herzogin von Sachsen-Hildburghausen (1769–1818)

Ehefrau, Mutter und Künstlerin

> »Erstaunen Sie nicht, wenn Sie Ihren Knien nahen sehen einen alten Knaben, der 80 Jahre überschritten hat, um zu Ihnen von Heirat zu sprechen.«

So beginnt das Schreiben, das Prinz Joseph Friedrich von Sachsen-Hildburghausen am 1. Juni 1785 an Charlotte richtete, die fünfzehnjährige älteste Tochter Karls von Mecklenburg-Strelitz. Und er fuhr fort: »Doch biete ich Ihnen nicht mein altes Skelett an, sondern meinen lieben Großneffen, den Herzog Friedrich von Sachsen-Hildburghausen, der sich zu Ihren Füßen legt und nur von der reizenden Charlotte träumt. Manche schöne Eigenschaften geben ihm die Hoffnung, sich Ihnen zu nahen. Wir haben schon die Zustimmung Ihres würdigen, sehr verehrten Vaters erhalten. Belieben Sie, unvergleichliche Prinzessin, Ihre Einwilligung dem armen Liebhaber zu gewähren, und seien Sie überzeugt, daß Sie mein Herz mit Süßigkeit erfüllen werden, dieses Herz, das Sie zärtlich liebt. Madame, meine sehr liebe Nichte, Ihr gehorsamer Groß-Onkel Joseph Friedrich, Herzog zu Sachsen-Hildburghausen.«[1]

Der Stil dieses Schreibens wird bei den Geschwistern erheitertes Entzücken ausgelöst haben, entsprach er doch ganz dem lockeren Umgang, den auch sie miteinander pflegten. Der Inhalt dagegen wird Entsetzen ausgelöst haben, bedeutete er doch, daß drei Jahre nach dem Tod der Mutter ein weiteres Familienmitglied aus ihrem Kreis verschwinden würde. Irgendwie gewusst hatten sie es natürlich, denn Prinzessinnen wurden von Kindheit an zu dem einzigen Zweck erzogen, im Alter von fünfzehn oder sechzehn Jahren auf dem Heiratsmarkt ein Kapital zu sein, mit dem die Familien Machtpositionen erwerben oder ausbauen konnten.

Karl von Mecklenburg-Strelitz bildete da keine Ausnahme. Er hatte vier wunderschöne Töchter, die es galt möglichst geschickt zu verheiraten. Zwischen beiden Häusern bestanden verwandtschaftliche Beziehungen, denn die Großmutter Charlottes, die Mutter ihres Vaters Karl, war eine geborene von Sachsen-Hildburghausen gewesen. Arrangiert wurde die Heirat aus dynastischen Gründen zwischen Friedrichs Vormund, dem Regenten Prinz Joseph, und Charlottes Vater Karl, der seine Tochter eigentlich lieber ins Königshaus nach England mit einem Sohn seiner Schwester verheiratet hätte, die jedoch kein Interesse an einer solchen Verbindung hatte. Vater Karl war mit den Zuständen in Hildburghausen bestens bekannt, war er doch seit 1769 zusammen mit dem Herzog Georg von Sachsen-Meiningen vom Kaiser als Präsident einer Schuldenkommission eingesetzt worden, um das verschuldete kleine Fürstentum vor dem Staatsbankrott zu retten.

Da Töchter in der Regel nach der Reihenfolge der Geburt verheiratet wurden, war Charlotte die Erste aus der Familie, die es traf. Fünfzehn Jahre alt, lange dunkelbraune Locken, große schwarze Augen, ein ebenmäßiges Gesicht. »Ihr Kopf ist für mich so schön, daß ich immer vergesse, daß ein Fürstenhut darauf sitzt«, schwärmte Jahre später der Dichter Jean Paul.

Schon drei Monate nach dieser offiziellen Werbung um ihre Hand verließ Charlotte ihr Zuhause in Hannover, um 357 Kilometer entfernt den zweiundzwanzigjährigen Friedrich von Sachsen-Hildburghausen zu heiraten, einen Mann, von dem sie kaum mehr als den Namen kannte. Hat sie ihn überhaupt jemals vorher gesehen? Wir wissen es nicht. Ihr

Vater kannte ihn natürlich von seinen Aufenthalten in Hildburghausen und hat ihr sicher von ihm erzählt.

Er hatte die übliche Erziehung eines Erbprinzen erhalten,
die in erster Linie darauf abzielte, ihn auf seine zukünftige
Regentschaft vorzubereiten. 1779 kam er nach Wien zu seinem Großonkel Joseph Friedrich, der ihn am Hofe des Kaisers einführte. 1785 wurde er kaiserlich-königlicher Gene-
ralfeldwachtmeister.

Begleitet wurde Charlotte von ihrer Erzieherin Magdalena von Wolzogen, die den Posten der Oberhofmeisterin
bekam und der einzige Mensch aus der ihr vertrauten Umgebung in der neuen Heimat war. Tröstlich für sie war, dass
zwischen 1787 und 1794 auch ihr Vater oftmals für Wochen
im Schloss in Hildburghausen lebte.

Hildburghausen, im südlichen Thüringer Wald gelegen,
war seit 1680 Residenzstadt der Fürsten von Sachsen-Hildburghausen. Das Schloss, das ihr neues Zuhause werden
sollte, war 1685–95 nach dem Vorbild von Versailles erbaut
worden, ein dreistöckiger Bau am Rande der Stadt, die um
1810 rund 3500 Einwohner beherbergte – zum Vergleich:
Berlin hatte 160 000 Einwohner. Die Ausstattung des
Schlosses soll sehr prunkvoll gewesen sein, der Schlosspark
erstreckte sich über fünf Quadratkilometer Grundfläche.
Im Südosten des Parkes lag das Theater, in dem Charlotte
später häufiger als Sängerin auftrat. Weitere Schlösser wie
Monbijou, Belvedere, Karolinenburg, Sophienthal und das
Jagdschloss Seidingstadt, in das sich Charlotte zur Ge-
burt ihrer Kinder zurückzog, gehörten zum fürstlichen
Besitz.

Der Bau dieser Schlösser, die Anlage des Gartens, auf-
wendige Jagd- und Hoffeste, das Aufstellen einer eigenen
Armee, das alles hatte das kleine Fürstentum in den Ruin
getrieben, sodass der österreichische Kaiser Joseph II. 1769
eine Debitkommission einsetzte, die den Haushalt kontrol-
lieren sollte. Kommissar dieses Kontrollorgans war unter
anderem der Onkel des Erbprinzen Friedrich, der in öster-

reichischen Diensten stehende Generalfeldmarschall Prinz Joseph Friedrich, der von 1780 bis 1787 auch die Regentschaft in Sachsen-Hildburghausen innehatte. Eigentlich hätte Charlottes späterer Mann Friedrich 1784 mit seiner Volljährigkeit die Regierung übernehmen sollen, aber er beantragte selber beim Kaiser, dass sein Onkel weiterregieren sollte. Immerhin hatte der es geschafft, bereits einen Großteil der Schulden abzutragen, was Friedrich sich offenbar nicht zutraute.

Als Charlotte 1785 nach Hildburghausen kam, war Prinz Joseph Friedrich zweiundachtzig Jahre alt. Mit seinem durch Heirat erworbenen großen Vermögen hatte er die nach einem Brand im Jahre 1779 fast völlig zerstörte Residenz wieder aufgebaut. Er hielt prachtvolle Jagden und Hoffeste ab. Täglich wurden von sieben Köchen und drei Konditoren vierzehn Gerichte von der fürstlichen Küche auf den Tisch gebracht.[2] Trotz des äußeren Prunks, der aus dem Privatbesitz Prinz Joseph Friedrichs finanziert wurde, stand dem fürstlichen Paar und seinem Haushalt nur ein stark begrenzter Etat zu, sodass Charlotte zeitlebens mit Geldsorgen zu kämpfen hatte. So schreibt sie am 13. März 1801 an ihren Bruder Georg, dass ihre Schwester Therese Pläne mache für »sich und auch für mich, die fast zu schön sind, um ausgeführt zu werden. Ach, das leidige Geld! Im Grunde ist es mir so wenig, aber in manchen Augenblicken doch viel!«[3]

Zunächst aber wurde Charlotte bei ihrer Ankunft in Hildburghausen von Prinz Joseph Friedrich fürstlich an dem ihr zu Ehren so benannten Charlottenbrunnen empfangen: verkleidet »als galanter Schäfer, der ihr eine Herde weißer Schäfchen als Huldigungsgeschenk zutrieb«.[4] Die Hochzeit fand am 3. September 1785 statt. Einen Monat später wurde der dreiundachtzigste Geburtstag des Prinzen Joseph Friedrich mit einem allegorischen Singspiel im Schloss gefeiert, bei dem Charlotte – umgeben von Nymphen – als Göttin Ceres und ihr Mann Friedrich als Schutzgeist des Fürsten auftraten. Für Charlotte hätte der Anfang

Aufbau eines eigenen Lebensraums

ihrer Hildburghausener Zeit nicht schöner und vertrauter sein können, schließlich war sie von klein auf in Hannover und bei der Großmutter in Darmstadt Mittelpunkt von Theateraufführungen, vor allem von Singspielen, gewesen. Der berühmte italienische Sänger Giuliani hatte in Hannover ihre Stimme ausgebildet. »Singeschwester« nannten ihre Geschwister sie. Tatsächlich galt sie als eine der berühmten Sängerinnen ihrer Zeit.

Genau neun Monate nach der Hochzeit kam ihr ältester Sohn Friedrich zur Welt und starb siebzehn Tage später. Da war Charlotte sechzehn Jahre alt. Prinz Joseph Friedrich, der zunächst überglücklich die Rolle des Paten übernommen hatte, versuchte vergeblich, Charlottes Kummer durch Aufmerksamkeiten und kleine Feste zu trösten. Wie untröstlich sie war, geht ansatzweise aus einem Brief an ihren Bruder Georg hervor. Sie hatte ihm zum Geburtstag eine Weste bestickt und schrieb ihm zu diesem »für uns alle so frohen Tag... Gönn Deine Liebe Deiner Ewig treuen Lotte. Dieser Tag ist zu schön, und der Anteil, den Du an Deiner Schwester nimmst, mir zu bekannt, als das ich eines für mich äußerst traurigen Ereignisses erwähnen wollte und dadurch Dein heiteres Auge trüben, das gewiß gewiß meinem kleinen verewigten Engel auch eine Träne geweiht. Doch ich will ja davon schweigen. Heiter sei stets Dein Herz, bester Bruder, ein drückender Kummer stets entfernt, ewig unter Freunden ... Lebe wohl geliebter Engel ...«[5] 1787 starb Prinz Joseph Friedrich, und Charlottes Mann Friedrich hatte nun keine andere Wahl mehr, als die Regierungsgeschäfte zu übernehmen. Dies gelang ihm besser, als er wohl selber erwartet hatte. Als er 1826 nach der Auflösung des Herzogtums Sachsen-Hildburghausen die Stadt verließ, war das Fürstentum fast schuldenfrei.

Friedrich vertrat den Typ des väterlichen, leutseligen Fürsten, gutmütig und volkstümlich. Er redete seine Untertanen mit »Du« an, verkehrte in den Gaststätten und Werkstätten des Landes. Seine Regierungszeit wird allgemein als eine Zeit des sozialen Aufschwungs bewertet – mit zahlreichen Reformen, unter anderem des Zunft-, Armen- und Polizeiwesens. Inwieweit auch seine Frau Charlotte an solchen Reformplänen beteiligt war, lässt sich nur vermuten. Sie war zumindest gut informiert und in die Diskussionen involviert, wie Briefe an ihren Vater zeigen. Im 19. Jahrhundert galt Hildburghausen als Verlags- und Schulstadt. Diese Entwicklung hat Charlotte aber ganz entscheidend angestoßen, indem sie Persönlichkeiten wie den Schul- und Kirchenrat Carl Ludwig Nonne, den Arzt Carl Hohnbaum, den Maler und Kupferstecher Carl Barth förderte. So schickte sie Nonne in die Schweiz zu Johann Heinrich Pestalozzi; dort sollte er dessen pädagogische Theorien und Methoden studieren und diese später in Hildburghausen einführen. 1812 wurde das Gymnasium gegründet. Das Lehrerseminar von Hildburghausen unter der Leitung Nonnes war über das Herzogtum hinaus berühmt.

Charlotte war bei der Bevölkerung auch wegen ihres sozialen Engagements sehr beliebt. Die Hälfte ihres Einkommens soll sie jährlich für Bedürftige, Pensionen, Erziehungs- und Lehrlingskosten aufgewandt haben.[6]

Beeinflusst wurde sie sicherlich in dieser Hinsicht auch von der Arbeit der Freimaurerloge »Karl zum Rautenkranz«, die in Hildburghausen sehr gute soziale Arbeit leistete. Von Anfang an waren neben den Adligen Ärzte, Sekretäre, Kaufleute, Oberförster, Pastoren oder herrschaftliche Diener aus der Stadt und dem Umland Mitglieder der Loge, losgelöst vom starren Schema der Ständegesellschaft, wenn auch die Leitung bis 1826 in der Hand der Fürsten blieb. 1787–93 war Charlottes Vater Karl von Mecklenburg-Strelitz Meister vom Stuhl dieser Loge, blieb bis zu seinem Tod 1816 dort Mitglied, auch wenn er gleichzeitig Großmeister der Provinzloge von Hannover war. Herzog Friedrich war seit Dezember 1788 Mitglied der Hildburghausener Loge, und mit ihm traten führende Mitglieder des Hofes ein, sodass die Sitzungen der Loge zunächst im Schloss stattfan-

Aufbau eines eigenen Lebensraums

den. Auch das familiäre und gesellschaftliche Leben der fürstlichen Familie war eng mit der Logenarbeit verwoben. So wurden Geburtstage, Verlobungen und Hochzeiten der Familie mit Logenfesten gefeiert, im Todesfall eine Trauerloge angesetzt.[7] Viele karitative und kulturelle Errungenschaften der Jahre um 1800 hätten ohne die Freigebigkeit der Logenmitglieder nicht erreicht werden können: Sie förderten Hilfsprojekte, gründeten Unterstützungskassen für Bedürftige, für Witwen und Waisen. Man richtete eine »Prämienstiftung« ein, die Handwerksbetriebe unterstützen sollte, und eine »Rettungsgesellschaft«, die zinslose Darlehen vergab. So konnte Charlotte auch mithilfe der Loge vieles auf sozialem Gebiet anregen, was sonst bei der schmalen Kasse des Staates nicht machbar gewesen wäre.

Das ständig knappe Geld ist ein roter Faden, der sich durch ihre Briefe zieht – auch ein Thema, das immer wieder zu Spannungen mit ihrem Mann führte. Einladungen von Therese nach Regensburg oder Dischingen, von Luise nach Berlin oder vom Vater nach Neustrelitz scheiterten häufig an den finanziellen Möglichkeiten. Oft griffen Vater Karl und ihre Geschwister helfend ein, damit Charlotte an den Familientreffen teilnehmen konnte. So schrieb Luise, die selber häufig Geldprobleme hatte, deren Schulden aber immer wieder großzügig von Friedrich Wilhelm getilgt wurden, am 20. April 1803 an ihren Vater, als sich die ganze Familie im Modeort Wilhelmsbad bei Hanau treffen wollte und abzusehen war, dass Charlotte aus finanziellen Gründen nicht teilnehmen konnte: »Meine Idee ist, alles zu sparen, was ich kann, um der armen Lotte 100 Fd'or mitzubringen, damit sie die Reise nach Wilhelmsbad machen kann. Zerstreuung nach ihrem Verlust [Tod des elften Kindes Maximilian Adolf] ist ihr gewiß nötig, und sie hat ja überhaupt so wenig Freude.«[8] 1811 finanzierte der Vater mit 1000 Friedrichsdor die Reise nach Neustrelitz zum Familientreffen, und in seinem Testament bedachte er sie als Einzige von seinen Kindern mit einer Geldsumme von 20 000 Talern.

Charlotte, Herzogin von Sachsen-Hildburghausen

Ihre Ehe, die bis zu ihrem Tod dreiunddreißig Jahre lang bestand, galt insgesamt als nicht sehr harmonisch. Zwischen 1786 und 1804 brachte sie zwölf Kinder zur Welt, von denen drei das erste Jahr nicht überlebten, der kleine Franz starb mit fünf Jahren. Friedrich soll seine Frau schon sehr bald kühl und gleichgültig behandelt haben. Prinzessin George, Charlottes Großmutter, meinte in ihrer gewohnt offenen Art, dass der Prinz »von seinen Pflichten lediglich die eheliche mit Eifer betreibe. Charlotte, die diesen Mann nie geliebt hat, ist unentwegt schwanger.«[9]

In ihren Briefen, vor allem an die Schwestern, nehmen bis 1804 Themen wie Schwangerschaft und die Angst vor der Niederkunft, die zu der Zeit oft mit dem Tod der Frau oder des Kindes endete, einen großen Raum ein. Für sie alle gab es kaum ein Jahr ohne Schwangerschaft. Luises Mann Friedrich Wilhelm wunderte sich später, als er erfuhr, dass seine Frau in den letzten Wochen vor einer Geburt jedes Mal Todesgedanken gehabt hatte. »Nach jedem Wochenbett trat sie ordentlich verjüngt und verschönert wieder auf«, schrieb er ahnungslos in seinen Memoiren.[10] Friederike traf die Gefühle der Schwestern wohl am besten, als sie 1805 vor einem Familientreffen in Paretz jubelnd an ihren Bruder Georg schrieb: »Hier sind wir, wie wir sind, alle ganz natürlich, lebendigen Leibes, mit Augen, Mund und Nasen, Ohren und Hände und Füßen, und ich ledigen Leibes. Gott Lob und Dank! Halleluja!«[11]

Umso erstaunlicher das Einfühlungsvermögen des Dichters Jean Paul in die weibliche Psyche: »Die Herzogin von Hildburghausen ... blüht noch und singt noch. Sie sol, wie ich höre, wieder ›guter Hoffnung‹ sein; welche die einzige ist, deren Erfüllung ich ihr nicht wuensche. Sie stirbt sonst am Beleben. Sie hat nun wenn nicht ihre Echos – denn Stimmen vererben sich nicht so leicht als Gestalten – doch ihre Spiegel um sich an ihren schönen Kindern.«[12] Das angesprochene Kind, Maximilian Adolf, wurde 1803 geboren und starb bald nach der Geburt. Es war ihr vorletztes.

Aufbau eines eigenen Lebensraums

Solange Prinz Joseph Friedrich lebte, der Charlotte sehr schätzte, scheint auch ihre Ehe einigermaßen erträglich gewesen zu sein. In den ersten Briefen von Charlotte zum Beispiel an ihren Bruder Georg wird ihr Mann Friedrich noch als »das gute, liebe, beste, schönste Schwägerle« bezeichnet, Jahre später taucht er nur noch als der »Herzog« oder als »H.« auf.[13] Auch aus den Briefen der Geschwister, die sich über Charlottes Mann äußern, entsteht im Laufe der Jahre zunehmend das Bild einer Beziehung, die alles andere als harmonisch war: Luise erzählte Georg aus einem Brief von Charlotte, die mit ihrem Mann im benachbarten Herzogtum zu einem sehr unbefriedigenden Besuch war, »da der Herzog immer äußerst unartig ist und sich ordentlich über sie ärgert, dass sie sich besser als er amüsiert«.[14]

Eine Ursache für diese kühle Beziehung sehen Historiker darin, dass Charlotte ihrem Mann geistig weit überlegen war, eine Situation, die Jean-Jacques Rousseau und andere zeitgenössische Bildungsexperten so nicht vorgesehen hatten. Erziehung und weitere Bildung sollte der Ehemann übernehmen. Stellte das Mädchen in seiner Jugend seinen Erziehern zum Beispiel eine Frage nach Problemen der Religion, möge man – so empfahl es Rousseau – antworten: »Diese Erkenntnisse sind nicht deines Alters, meine Tochter; dein Mann wird sie dir vermitteln, wenn es an der Zeit ist.«[15] Er vergaß hinzuzufügen: »sofern dieser dazu in der Lage ist« – und Friedrich war es ganz offensichtlich nicht. Zwar hatte auch Charlotte wie ihre drei Schwestern die übliche Erziehung für Frauen durchlaufen, ein tugendhaftes Leben zu führen und dazu »alle und jede Pflicht« zu erfüllen, wie sie ihrem Lehrer Johann Nikolaus Schrage versprach. Aber ihr Talent für den Gesang, ihre besondere Ausbildung auf diesem Gebiet, auch das Zusammensein mit der gebildeten Magdalena von Wolzogen und ihre Leidenschaft für das Lesen gaben ihr die Möglichkeit, über die ihr von der Gesellschaft zugedachte Rolle hinauszuwachsen, wie das ja auch Herzogin Anna Amalia im benachbarten Weimar getan hatte. Da Charlottes Tante Luise mit dem Herzog zu Weimar verheiratet war, fanden häufig Besuche in Weimar statt, auch zu Theateraufführungen von Schiller und Goethe.

Angeregt vom Vorbild Weimar, machte sich Charlotte daran, aus der Residenz ein »Klein-Weimar« zu machen: »Wie Weimar zu Klein-Athen geworden war, so schien Hildburghausen Lust zu zeigen, Klein-Weimar zu werden. Der Karl August Hildburghausens war die Herzogin Charlotte«, heißt es in einer zeitgenössischen Quelle.[16] Charlotte lockerte die Vorschriften der Etikette und holte Musiker, Maler und Dichter an den Hof, auch die bekannten Dichter Jean Paul und Friedrich Rückert. Im 1750 zum Hoftheater umgebauten Stadttheater gastierten die bekanntesten Schauspieltruppen der Zeit. Auch Charlotte trat häufig auf der Bühne auf, nicht nur bei Hofkonzerten, sondern auch, für alle Bewohner zugänglich, einmal im Jahr in der Karwoche in der Stadtkirche bei der Aufführung von Carl Heinrich Grauns *Tod Jesu*. Augenzeugen waren begeistert von der »feierliche[n] Rührung ihres Vortrages… Schien sie doch mit jedem Tone ihr eigenes begeistertes Gefühl auf die Zuschauer zu übertragen und keiner erschien als leerer bedeutungsloser Klang; alle sprachen sie in ihrer Silberreinheit, gleich einer Sprache höherer Wesen zum Herzen und erregten bei den empfänglichen Zuhörern dasselbe hohe Gefühl, welches in ihr selber lebte.«[17]

Im Gegensatz zum Leben ihrer Schwestern Luise und Friederike, die vor den Truppen Napoleons bis nach Königsberg flüchten mussten, verlief ihr Leben insgesamt in ruhigeren Bahnen, auch wenn Hildburghausen jahrzehntelang Auf- und Durchmarschgebiet der verschiedenen Heere war. Anfang 1808 schreibt sie an ihren Vater nach der Rückkehr von einem Ball im benachbarten Meiningen: »… sind wir wieder hier, im alten, gewöhnlichen Laufe der Ordnung zurückgekehrt, wo ein Tag dem anderen ziemlich ähnlich, ruhig dahingeleitet.«[18]

Aufbau eines eigenen Lebensraums

In unzähligen Briefen berichtete Charlotte ihrer Familie von ihrem Leben, von Freude und Leid, von Krankheiten und Tod. Ihr Vater, die Großmutter und die fünf Geschwister nahmen regen Anteil. Vor allem wenn eines ihrer Kinder gestorben war, war ihre Sehnsucht nach der Geborgenheit in ihrer Strelitzer Familie groß. Im Mai 1800, nach dem Tod ihres Sohnes Franz, der mit fünf Jahren starb, wurde Charlotte schwer krank. Sie fühlte sich matt, spuckte Blut, und ihre Brust schmerzte. Singen konnte sie auch nicht mehr. Der Arzt hatte ihr eine Milchkur verschrieben, die auch eine leichte Besserung brachte, wie sie ausführlich an ihren Bruder Georg schrieb. Allerdings machte sie sich Sorgen um ihre Stimme, denn die Heiserkeit war geblieben. Auch ein halbes Jahr später klagte sie ihrem Bruder Georg, dass sie ihre »entflohene Stimme« lange Zeit nicht prüfen konnte, die Besserung trete nur langsam ein, sie sei wie eine »kranke Nachtigall: klar, rein, auch hoch, aber dünn«, und es sei ungewiss, was die Zukunft bringe. »Zum gegenwärtigen Zeitpunkt geht es besser, ich bin ruhiger und mache es mir zur Pflicht, allen möglichen Beschäftigungen mit neuem Eifer mich zu widmen; anfangs wollte es mir nicht glücken, da Geist und Körper mir den Dienst versagten. Die Seele war gleichsam nur mechanisch beschäftigt ... Ob wir uns in diesem Jahr wohl wiedersehen? Ach, Georg, ich hoffe, fürchte aber, die Hoffnung ist so leise und klein, und die Furcht und Zweifel so groß. Unser teurer Vater riet mir, Luisens Antrag zu folgen und dann den Winter in Strelitz zu bleiben, aber der Herzog sagt nein und dabei bleibts, und alles ist stille, ruhig und kalt.«[19]

Die Geschwister machten sich immer wieder große Sorgen um die Gesundheit der Schwester, so zum Beispiel Luise, die sie 1803, ein halbes Jahr nach dem Tod ihres Sohnes Maximilian Adolf, in Wilhelmsbad getroffen hatte und die ihrem Bruder Georg schrieb: »Die Lotte noch äußerst gebeugt über den Verlust ihres Adolfs sehr matt und niedergeschlagen. Sie hielt sich krumm und ging schwankend.

Doch die Freude mich zu sehen, der göttliche, göttergleiche Aufenthalt in Wilhelmsbad hat sie sehr gestärkt, erholt und erheitert. Sie ist jetzt ihrer Gesundheit wegen in Bockenberg-Liebenstein«, einem Kurort am Thüringer Wald, den die Meininger Herzöge um 1800 sehr förderten.[20]

Charlotte galt als Lieblingstochter des Vaters, und aus ihren Briefen spricht, selbst wenn man die typische Überschwänglichkeit der Epoche der Empfindsamkeit berücksichtigt, tiefe Zuneigung, Dankbarkeit, Verehrung und natürlich auch Gehorsam. Und immer wieder der Wunsch nach einem Wiedersehen: »... wie glücklich würde mich die Erfüllung des Lieblingswunsches meines Herzens machen, einmal mit allen meinen Kindern Sie hier zu umfassen und Ihren Segen zu empfangen.« Doch bedingt durch die Geldknappheit und die politische Situation, lagen trotz aller Sehnsucht und aller Bemühungen immer wieder Jahre zwischen den einzelnen Familientreffen.[21]

Herzog Friedrich dagegen scheint den vielen Familienzusammenkünften eher abgeneigt gewesen zu sein, vor allem, wenn er dafür irgendwohin reisen musste. Die Briefe Charlottes sind jedenfalls voll von Enttäuschungen und Verbitterung über nicht zustande gekommene Treffen. Als sie ihrem Vater ankündigte, dass ihr Mann nun versprochen habe, nach Strelitz zum Geburtstag des Vaters zu fahren, wünscht sie sich aus bitterer Erfahrung: »Gott schenke diesem, so wie jedem jetzt gefaßten Vorsatz Dauer und Ausführung.«[22] Immer wieder wurde der Vater gebeten, beim Herzog einen Sinneswandel durchzusetzen: »... und spricht auch gleich jetzt der Herzog von 3 bis 4 Wochen als Termin ..., so darf ich darauf hoffen, wie ein väterliches Wort von Ihnen Erfüllung und Schenken wird ... es wird auch überdieß Ihre liebe Gegenwart, teurer Vater, die Zustimmung des Herzogs zu meiner Reise ins teure Vaterland bedeutend erleichtern.« Sie versicherte ihm ihre Liebe: »... bald, bald, wie klopft mein Herz von wehmütiger langer Freude und Schmerz, bald wiederhole ich ihnen alles, und auch Ihnen vor allem mündlich, was gehörig auszudrücken weder Lieder noch Worte vermögen.«[23] Ihr Mann scheute sicherlich die wochenlange Abwesenheit von seiner Residenz – auch wegen der ihm in Strelitz fehlenden geliebten Jagd –, andererseits fürchtete er wohl auch die Kosten, die jedes Mal ein weiteres Loch in die ohnehin nicht gut gefüllte Privatkasse der fürstlichen Familie rissen. Vielleicht war ihm aber auch die Übermacht der Strelitzer Familie zu viel, so wie das ja auch von Friederikes zweitem Mann, dem Prinzen Friedrich Wilhelm zu Solms-Braunfels, belegt ist, der auf Vater Karl regelrecht eifersüchtig war. In einem Brief an seinen Schwiegervater vom 12. Dezember 1810 entschuldigte Herzog Friedrich sich unterwürfig, dass er zum Familientreffen nicht mitreisen könne, weil er andere Pflichten habe. Er bat ihn, »mir meine Lollo die ersten Tage des Monats März für dieses Mal wieder zurückzuschicken, da sie mir unentbehrlich ist. Wären Sie es nicht, Theuerster Vater, dessen Wunsch es ist, seine Kinder bei sich zu sehen, so würde ich dieses Mal meine gute Frau nicht von hier haben wegreisen laßen. Mein kindlicher Gehorsam gebietet mir, diesen Wunsch zu erfüllen, und ich tue es mit Freuden, um so mehr lebe ich der guten Hoffnung, daß Sie auch, gnädigster Herr, meine gerechte Bitte erfüllen werden, und mir meine Frau zur bestimmten Zeit wieder zurückschicken werden.«[24]

Meist aber mussten Briefe persönliche Gespräche ersetzen, nicht nur mit dem Vater, sondern auch mit den Geschwistern. Charlotte war eine eifrige Schreiberin, die ihre Briefe witzig und lebendig gestalten konnte, was die Geschwister sichtlich genossen, wie Luises Brief an Georg erkennen lässt: »Hast Du lange keine Briefe von der Lololololo erhalten? Sie schreibt mir immer die launigsten und hübschesten, die man sich nur denken kann.«[25] Bruder Georg spielte bei Charlotte, wie bei den anderen Schwestern, eine besondere Rolle. Charlotte saß oft in ihrem »stillen, grünen Zimmer, meine Muße zu weihen, in dem ich Dir einen Brief schreibe, wie Du und ich ihn lieben und mir selbst eine lang entbehrte Lust zu geben«.[26] Briefe zwischen Sehnsucht und Wiedersehen, Hoffen und Enttäuschung.[27] Zur Erinnerung trugen sie kleine Medaillons mit dem Bild der Geschwister, die Schwestern steckten sich Nadeln an, die die anderen an der Kleidung getragen hatten.

Ort der Sehnsucht – Ort der Zuflucht

> »Alles jubelt, jauchzt und frohlockt der herrlichen Zukunft entgegen ... Das Schloss wird von unten nach oben geputzt um bald, gleich aus dem Ei gepellt zu prangen«,

schrieb Charlotte am 12. April 1799 voller Vorfreude an ihren Bruder Georg. »In wenigen Wochen gegen Mitte Mai ... erwarte ich die Ankunft der teuren Rosa mit ihrer kleinen [Maria Theresia]. Später hin die der guten lieben Ika mit ihren beiden Kindern und endlich den 2. oder 3. Juni die der teuren Luise. Könnte ich, dürfte ich doch schon den Zeitpunkt nennen und hinzusetzen, wo wir uns Eurer Herkunft erfreuen könnten, welche hoffentlich wohl auch etwas früher als die Luisens vor sich ginge, um sich nach und nach an so ein seltenes Glück zu gewöhnen ...«[28]

Es ging um das große Familientreffen im Mai 1799, zu dem nach Jahren endlich wieder alle Familienmitglieder, auch die Großmutter, zusammenkommen würden. Der Dichter Jean Paul, der bei dem Treffen zugegen war, beschrieb seinem Freund Christian Otto die damals dreißigjährige Charlotte als »himmlische Herzogin, mit schönen kindlichen Augen, das ganze Gesicht voll Liebe und Reiz und Jugend, mit einer Nachtigallen-Stimmritze und einem Mutterherz« und fügte später hinzu: »Außer einer Geliebten weiß ich nichts Schöneres als diese süße Gestalt.« Und »denke dir die noch schönere Schwester, die Fürstin zu Solms und eben so gut und die dritte, die Fürstin von Thurn und Taxis ... (Erlaße mir die Männer.) Mit der von Solms wollte ich in einem Kohlenbergwerk hausen, dürfte ich ihren Galan vorstellen. Diese Wesen lieben und lesen mich und wollen nun, daß ich noch acht Tage bleibe, um die erhabene, schöne, vierte Schwester, die Königin von Preußen, zu sehen.«[29] Später wird er, inspiriert von diesem Treffen, den vier Schwestern seinen Roman *Titan* widmen.

Hildburghausen war in all den Jahren ein beliebter Treffpunkt und Zufluchtsort der Familie als Ganzes oder einzelner Familienmitglieder – das erste Mal 1792, als das französische Revolutionsheer in Mainz einzog und auch Darmstadt bedroht war und die Großmutter mit Therese, Friederike und Luise und den beiden Jungen hierher flüchtete, sodass für einige Monate die ganze Familie wieder vereint war. Vier Jahre später floh Therese aus Regensburg vor den anrückenden Franzosen zu ihrer Schwester, während ihr Mann und ihr Schwiegervater an anderen Orten Zuflucht fanden. »... ich hierher in die Arme unserer vortrefflichen Charlotte«, schrieb sie an Georg. Obwohl sie gegen Mitternacht ankam und Charlotte schwanger war, erwartete sie die Schwester. »Wie sehr ich mich freute sie wiederzusehen und wie ich sie mit jedem Tag mehr liebte und schätzte, das brauche ich Dir wohl nicht zusagen.«[30] Vor allem Georg war häufig Gast in Hildburghausen, er suchte, wann immer er Probleme hatte, die Nähe seiner ältesten Schwester, die für ihn schon immer ein wenig Mutterersatz gewesen war. Später wird er es sein, der sich um die Probleme seiner Schwester kümmert, so zum Beispiel bei den Gerüchten um eine drohende Scheidung im Jahr 1809.

Aber nicht nur die engere Familie suchte immer wieder Zuflucht in Hildburghausen. Es gab in diesen Jahren ein Ereignis, das die beschauliche Ruhe im kleinen Fürstentum aufstörte und Hildburghausen für alle Zeiten mit einem Geheimnis versorgte. Hüter des Geheimnisses war neben Charlotte und ihrem Mann die ganze Familie, angefangen bei der Großmutter und Vater Karl.

Charlotte, Herzogin von Sachsen-Hildburghausen

Zu Beginn des Jahres 1807 tauchte in Hildburghausen eine der Öffentlichkeit unbekannte Fremde auf, die später als »Dunkelgräfin« bekannt wurde. Sie soll die Tochter des französischen Königs Ludwig XVI. und seiner Frau Marie Antoinette gewesen sein und lebte mit ihrem Begleiter unter dem Schutz des Herzogspaares in völliger Abgeschiedenheit in und nahe der Residenzstadt. Die Identität der rätselhaften Frau lässt sich mit letzter Sicherheit nicht bestimmen, aber es spricht vieles dafür, dass es tatsächlich Marie Thérèse war, die Enkelin der österreichischen Kaiserin Maria Theresia, die nach dem Tod ihrer Eltern auf dem Schafott in Paris noch jahrelang in Frankreich festgehalten, aber 1795 an die österreichischen Behörden ausgeliefert wurde.

Marie Thérèse, die im Gefängnis mehrfach vergewaltigt worden und durch die Hinrichtung ihrer Eltern vollkommen verstört war, hätte ein normales Leben am Hofe in Wien nicht mehr führen können. Als Heiratskandidatin schied die traumatisierte junge Frau damit aus. Es heißt, sie sei gegen eine uneheliche Tochter Ludwigs XVI. ausgetauscht worden, die ihre Rolle übernahm, während man für die eigentliche Marie Thérèse einen sicheren Unterschlupf suchte. Jahrelang zog sie in Europa umher, bis sie dann 1807 nach Hildburghausen kam. Hier liegt sie auch im Wald oberhalb der Stadt begraben. Ihr Begleiter war der niederländische Diplomat Leonardus Cornelius van der Valck gewesen, der enge Kontakte zu den Freimaurern hatte und sie auch in Hildburghausen nutzte.

Wenn man die zahlreichen Verbindungen der fürstlichen Familien von Hildburghausen und Darmstadt im 18. Jahrhundert zu den Höfen in Wien und Paris betrachtet, besonders auch zu Königin Marie Antoinette, dann ist es nicht unwahrscheinlich, ja geradezu zwingend, dass eine Tochter der aus Österreich stammenden französischen Königin in der kleinen Residenzstadt Zuflucht suchte. Da war Prinz Joseph Friedrich von Hildburghausen, der Feldmarschall Maria Theresias gewesen war und ihre Armeen geführt hatte, da war der regierende Herzog Friedrich, der General des österreichischen Heeres gewesen war, bis Napoleon ihn zwang, diesen Posten aufzugeben. Noch enger waren die Herzöge von Hessen-Darmstadt mit dem Wiener Hof verbunden. Charlottes Großvater Georg Wilhelm war von 1747 bis 1762 General in österreichischen Diensten, später dort Feldmarschall. Er lebte mit seiner Familie zeitweilig in Wien. Es ist belegt, dass die älteren Prinzessinnen aus Darmstadt mit den Töchtern Maria Theresias gespielt haben, wenn sie auch nicht »gemeinsam erzogen wurden«, wie es in einem Bericht heißt, da das aus konfessionellen Gründen wohl nicht gewollt war.[31] Als Marie Antoinette (geboren 1755) den französischen König heiratete (1770), trafen die Darmstädter sie dort wieder. Friederike und Charlotte, die Mutter und die Stiefmutter der sechs Geschwister, waren fast gleichaltrig mit Marie Antoinette. Charlotte war mit ihrer Mutter 1772 im Frühjahr vier Monate dort, zwischen ihr und Marie Antoinette entstand eine Brieffreundschaft. Auch 1780 im Februar waren Prinz Georg Wilhelm und seine Frau mit ihren Töchtern Charlotte und Luise in Paris, ein jahrelanger Briefkontakt entstand, zwischen 1780 und 1792 schrieb Marie Antoinette allein siebenundzwanzig Briefe an Luise. Zur Hochzeit Charlottes mit Friedrich von Sachsen-Hildburghausen schickte Marie Antoinette ein persönliches Glückwunschschreiben.[32]

Wenn also die Tochter Marie Antoinettes einen sicheren Zufluchtsort suchte, dann war Hildburghausen gerade richtig. Die wahre Identität der Dunkelgräfin war dem Herzogshaus und der Familie aus Mecklenburg-Strelitz bekannt und wurde neben ihren persönlichen Gegenständen aus dem Besitz des französischen Königshauses als Familiengeheimnis bewahrt. Informationen über die »Dunkelgräfin« findet man natürlich nicht in der Korrespondenz, nur manchmal gibt es versteckt zwischen harmlosen Familiennachrichten Hinweise, die zeigen, wie sehr die ganze Familie in den Fall verwickelt war: In einem Brief vom 25. Dezember 1796 an ihren Vater lässt zum Beispiel Luise der Großmutter bestellen, dass »ich mich um die Wertsachen der Emigrantin gekümmert habe und daß ich hoffe, sie gut zu verkaufen«.[33]

Die Geheimhaltung war insofern unproblematisch, da sowohl der Vater der Geschwister als auch Herzog Friedrich, van der Valck und auch die meisten Hofleute Freimaurer und damit zum Schweigen verpflichtet waren. Die Frauen schworen einen Eid auf das Kreuz, niemals die Identität der geheimnisvollen Fremden preiszugeben. Und so lebte sie für die Öffentlichkeit unerkannt unter dem Schutz der Familie bis zu ihrem Tod im Jahr 1837.

Endgültige Trennung gab es nur durch den Tod – 1810, als Luise starb, und erneut am 6. November 1816, als der geliebte Vater starb. »Wohl hast du recht, mein teurer geliebter Bruder, zu behaupten, daß Worte nicht auszudrücken vermögen, was Dein Herz und die unseren gleich tiefinnig und schmerzlich zerreißt«, schrieb Charlotte an ihren Bruder Georg. Tiefe Trauer und gleichzeitig Sorge, wie die anderen Geschwister die Nachricht aufgenommen haben: Friederike, die hochschwanger in England weilte und bei der es in der Folge zu einer Fehlgeburt kam, Georg, der zu spät am Totenbett erschien, Therese und Carl, der als Einziger dabei war. Sie erinnerte sich an den letzten Besuch des Vaters. »... wer hätte gedacht, daß ewige Trennung hienieden unser Los sein würde.« Und war sicher, dass er segnend schauen wird auf »uns Alle Alle, die ja nur Eins in Liebe waren, sind und bleiben werden«.[34]

Als die Großmutter im März 1818 in Neustrelitz starb, lag auch Charlotte todkrank danieder. Ihre Schwester Therese war bei ihr und pflegte sie zusammen mit Charlottes Tochter, Therese von Bayern.

»Der Kern des Übels ist der Unterleib, das Zwerchfell scheint angegriffen und anderes«, schrieb Therese an Georg, der die Nachrichten über die todkranke Schwester an die anderen Geschwister weiterleitete. Therese ließ ihren Leibarzt aus Regensburg kommen. Noch hofften alle, sogar auf ein Familientreffen: »Gotte gebe, daß dieser Sommer uns endlich wieder vereinigt.«[35] Vergebens. Am 14. Mai 1818 starb Charlotte im Alter von achtundvierzig Jahren. Ihre Tochter Therese, die an ihrem Totenbett war, schrieb an ihre Schwester Luise: »Vor acht oder zehn Tagen in einer angstvollen Nacht, in welcher ihr Ende nahe schien, sprach sie uns allen ein Lebewohl zu und sandte Euch fernen Lieben ihren Segen – das ist ja das Beste, was eine gute zärtliche Mutter ihren Kindern geben kann … Wir alle erhielten einen [Ring] aus ihren theuren Händen. Ihn oft betrachtend werde der Vorsatz, der besten der Mütter stets würdig zu leben, stets fester in unserem Herzen.«[36]

Charlottes Schwester Therese kommentierte die Ereignisse des Jahres, in denen nicht nur die Großmutter, sondern nun auch die zweite Schwester gestorben war: »Ach, bester George, welches Jahr das Jahr 18! So weit ist es schon gekommen, daß man Gott um den Tod seiner Liebsten preisen müßte. Gott behüte mich nur, daß man nicht noch dahin kommt, über sein eigenes Leben weinen zu müssen.«[37]

Friedrich Rückert

lebte ebenfalls zeitweise am Musenhof Charlottes. 1809 schrieb er das folgende Gedicht anlässlich der Hochzeit von Charlottes Tochter Therese mit dem bayerischen Kronprinzen Ludwig in München. Auch in Hildburghausen gab es damals zu diesem Anlass ein Fest, bei dem Rückert mit seinem Gedicht alle drei Töchter und vor allem die Mutter der Braut, Charlotte (»SIE« im Gedicht), hochleben ließ.

Mit drei Moosrosen

Drei Schwesterblüten, einer Wiege Kinder,
Entstammend eines Muttersschoßes Moosen,

Charlotte, Herzogin von Sachsen-Hildburghausen

Bring' ich, dazu erwählter Kränzewinder,
Drei taugesäugte, duftgenährte Rosen,

Als Bilder jener Dreie, die nicht minder
Zusammenblüh'nd in schwesterlichen Losen,
Den Rosen selber zuviel Ehr' erweisen,
Wenn sie sich lassen ihres Gleichen heißen.

Ich nah', und ach! Schon stocken meine Schritte,
Ich sehe nicht den vollen Schwester-Reihen;
Die erste Rose seh' ich und die dritte;
Zum Kranze fehlt die eine von den dreien.
Warum führt sie kein Gott in unsre Mitte,
Das Fest zu sehen, was wir hier ihr weihen?
Sie ist entrückt von uns in weite Fernen,
Daß wir, genießend, auch entbehren lernen.

Und zweifelsinnig blick' ich hin und wieder:
Zerreiß' ich mein dreifält'ges Angebinde,
Lege die zwei den zwei'n zu Füßen nieder?
Was soll ich machen mit dem dritten Kinde?
Ding' ich mit eines raschen Wests Gefieder,
Daß er's zu ihr mir trage durch die Winde?
Nicht treu genug möcht' es der Bote tragen;
Ich muß mich eines bessern Rats befragen.

Wer ist SIE dort, dass sich in lichten Scheinen
Um SIE, als Sonne, dreht des Festes Sphäre?
Des Opfers Weihrauchwolken sich vereinen
Um SIE, als um die Gottheit der Altäre?
SIE könnte selbst die dritte Grazie scheinen,
Wenn sie nicht der drei Grazien Mutter wäre;
Zu IHR werd' ich mich huld'gend nahen
    müssen,
Und meine Rosen legen IHR zu Füßen.

Aufbau eines eigenen Lebensraums

DU bists, die die drei Holden uns gegeben,
Für die ich Blumen las mit freud'gen Wahlen;
So laß mich ungetrennt die Blumen weben
Um DICH, als Bilder deiner drei zu strahlen.
Ob auch die drei nun fernhin uns entschweben,
Sie bleiben, in Dir, uns und unsern Talen;
Stets, ob wir die drei Rosen auch verlieren,
Wirst DU an aller Rosen statt uns zieren.

Therese, Fürstin von Thurn und Taxis (1773–1839)

Werbung, Hochzeit, erste Ehejahre

> »Mit einem Entzücken, dem nur die Lebendigkeit meiner Leidenschaft, angeregt durch Euren Liebreiz, gleicht, habe ich vernommen, dass Ihre Hoheit mein Schicksal in die Hände Ihres Durchlauchtigsten Vaters gelegt hat …«[1]

So beginnt der Brief, den der Erbprinz Karl Alexander von Thurn und Taxis am 1. Juni 1788 an seine zukünftige Frau Therese schreibt. Er hatte die Dreizehnjährige 1786 am Darmstädter Hof kennengelernt und sich offenbar leidenschaftlich in sie verliebt. »Der Erbprinz hat die seltene und höchst bewundernswürdige Qualität, in seine künftige Gemahlin sterblich verliebt zu sein«, kommentierte der Darmstädter Hofrat Johann Heinrich Merck, ein Freund Johann Wolfgang von Goethes, die Werbung des Prinzen, der auch in den kommenden Monaten während seines Studiums in Mainz öfter am Hof in Darmstadt weilte.[2]

Immer wieder wird bis heute darüber spekuliert, ob, und wenn ja, wie sehr, Therese ebenfalls in ihn verliebt war, denn auch wenn erste Eheverhandlungen bereits 1787 begannen, dauerte es weitere zwei Jahre, bis die Hochzeit zustande kam. Zwischenzeitlich waren die Verhandlungen sogar ausgesetzt worden. Hatte sie sich anderweitig verliebt, wie manche vermuten? In ihren Cousin Christian von Hessen-Darmstadt, mit dem sie auch später in Briefkontakt blieb? Darüber gibt es keine eindeutigen Quellenaussagen.

Ihre Einstellung zu Karl Alexander von Thurn und Taxis ist aber eindeutig, wie ein Brief an ihren Vater vom 8. Mai 1788 belegt. Es ging nicht um Gefühle, sondern nur um Vernunft und Pflichterfüllung: »Verzeiht mir, lieber Vater, ich bitte Euch, die Unruhe, die meine Seele beherrscht und die mich abhielt, heute Morgen mit Euch zu reden. Aber die Sache ist zu ernst, wird entscheiden über Glück und Unglück meines Lebens, soweit ich darüber nachgedacht habe … Nicht ohne Furcht bekenne ich, daß ich mich zwinge zu folgen, was die Vernunft mir sagt, mein Herz setzt sich nicht für den Prinzen ein, vielleicht mit der Zeit und mehr Kennen wird der Himmel mir diesen Gefallen tun.« Therese hatte sich lange mit ihrer Großmutter beraten, die ihr den gleichen Ratschlag wie der Vater gab: »… daß die Überzeugung, seine Pflicht getan zu haben, ein süßer Trost in jedem Fall sei«, schrieb Therese als Ergebnis dieses Gesprächs an den Vater. »Ich mache es mir alle Tage zur Pflicht, Euren Wünschen zu folgen.« Der Wille des Vaters sei ihr »ein liebes Gesetz«, fährt sie fort, und »das wird immer so bleiben und so ist es auch in diesem Moment«. Sie vertraue auf seine »behutsame Güte«, sie »aus all dem herauszuziehen, wenn die Dinge nicht so laufen wie Ihr das wollt, wenn der Prinz geändert ist, was mich betrifft, und wenn alles mit der Religion nicht sicher ist«. Am Ende siegte die Pflicht, den Wünschen des Vaters zu entsprechen. Pflichterfüllung als oberste Tugend für ein Leben auf dem Weg zur Glückseligkeit, so hatte sie es theoretisch gelernt. Nun musste sie das Erlernte zum ersten Mal in die Praxis umsetzen.[3]

Warum aber durfte Therese überhaupt so viel darüber nachdenken, ob sie in einer Ehe mit dem Erbprinzen glücklich werden würde? Prinzessinnen und in der Regel auch die Prinzen wurden durch ihre Eltern verheiratet, ohne Rücksicht auf das Nichtvorhandensein von Gefühlen füreinander. Die Hochzeit mit dem Erbprinzen von Thurn und Taxis war in der Familie sehr umstritten, denn er stammte keinesfalls aus dem Hochadel. Die Regensburger Fürsten verdankten ihre wirtschaftliche Macht der Funktion als Reichspostmeister, die die Kaiser ihnen anvertraut hatten. Seit 1597 besaßen sie das alleinige Recht, im Reichsgebiet Briefe zu befördern; sie garantierten unter Wahrung des Postgeheimnisses eine sichere und schnelle Beförderung auf einem speziellen Wegenetz durch ganz Europa. Kurz vor dem Ausbruch der Französischen Revolution 1789 erstreckte sich das Postnetz »von den Ufern der Schelde bis zu den Niederungen der Elbe, von der Nord- und Ostsee bis zu den Alpen, vom Rhein bis zum Thüringer- und Böhmerwald«.[4]

Der gesellschaftliche Aufstieg vollzog sich parallel zum wirtschaftlichen. 1695 erfolgte die Aufnahme in den Reichsfürstenstand, 1754 bekam Fürst Alexander Ferdinand von Kaiser Franz I. für seine Familie Sitz und Stimme im Reichsfürstenrat, dem höchsten Gremium des Immerwährenden Reichstags unter dem Kollegium der Kurfürsten. Unsummen gaben die Fürsten der Familie im 18. Jahrhundert für den Erwerb von Grundbesitz aus, eine Voraussetzung für Einfluss im von Grundbesitzadel beherrschten Reichsfürstenrat, in dem es anfangs immer wieder zu Protesten gegen die »landbesitzlosen« Fürsten von Thurn und Taxis gekommen war. Erst Thereses Schwiegervater Carl Anselm hatte 1786 die Reichsgrafschaft Friedberg-Scheer in Oberschwaben gekauft, wo auch die Sommerresidenz Schloss Trugenhofen bei Dischingen lag, und wurde daraufhin 1787 vom Kaiser zum regierenden Landesfürsten gemacht.

Therese sollte demnach in eine Familie einheiraten, die unter ihrem gesellschaftlichen Stand, aber im Jahre 1789 auf dem Höhepunkt ihrer wirtschaftlichen Macht war. Vater Karl favorisierte eigentlich eine Verbindung mit dem englischen Prinzen von Wales, weil der gesellschaftlich ebenbürtiger war. Andererseits bemerkte Hofrat Merck sehr richtig: »Alle klugen Leute sind indessen der Meinung, diese Heirat würde dem Prinzen von Mecklenburg, der noch mehrere Töchter hat, wohl anstehen und der Prinzessin noch mehr, die an Taschengeld und Juwelen nirgends eine rei-

Aufbau eines eigenen Lebensraums

chere Ernte finden kann.« Und tatsächlich hatte Therese später mehr Geld zur Verfügung für Mode, Schmuck und Reisen als alle ihre Geschwister. Die weitsichtige Großmutter hatte ganz andere Bedenken, die sich im Laufe der Jahre bestätigen sollten. Sie meinte, dass der Prinz »nicht genug Verstand« habe für ein gutes Gelingen der Ehe, denn Therese galt als die Klügste und Wissbegierigste der Schwestern.[5]

Der tiefere Grund für das ZögernThereses und auch des Vaters und der Großmutter lag aber ganz woanders: Therese war im lutherischen Glauben erzogen worden, der in ihrer Familie seit Generationen Tradition hatte. Sie hatte sich gerade erst von Pfarrer Johann Wilhelm Lichthammer in der Stadtkirche zu Darmstadt bei ihrer Konfirmation öffentlich zu ihrem Glauben bekannt oder, wie Luise das später in einem Brief an sie ausdrückt, »Gott die ewige und unverbrüchliche Treue« geschworen.[6] Wie die Schulhefte Luises zeigen, war die religiöse Erziehung aller Schwestern – auch durch die sehr fromme Großmutter geprägt – eine sehr emotionale Erziehung gewesen mit einer persönlichen Bindung an einen Gott durch Vertrauen, Treue und Gehorsam, ähnlich der Bindung an einen Vater.

Karl Alexander von Thurn und Taxis war dagegen, auch der Familientradition entsprechend, katholisch erzogen worden. Nun war diese Tatsache an sich nichts Ungewöhnliches und auch kein Hindernis. Bei der Verheiratung von Prinzessinnen ging es schließlich um den Machtausbau der Familien, unabhängig von deren Religionszugehörigkeit, und so hatte Jean-Jacques Rousseau auch die gängige Meinung folgendermaßen zusammengefasst: »Gerade deshalb, weil das Verhalten der Frau der öffentlichen Meinung unterworfen ist, ist ihre Gläubigkeit der Autorität unterworfen. Jede Tochter soll die Religion der Mutter haben und jede Frau die ihres Gatten. Sollte diese Religion die falsche sein, tilgt die Fügsamkeit, mit der die Mutter und die Familie sich der Ordnung der Natur beugen, vor Gott die Sünde des Irrtums. Außerstande, selbst entscheiden zu können, müssen sie die Entscheidung der Väter und der Gatten annehmen wie die der Kirche.«[7]

Vater Karl und auch die Großmutter sahen das anders. Da Therese nicht ihre Religion aufgeben und katholisch werden wollte, musste eine andere Lösung gefunden werden. Karl wandte sich sogar an seine Schwester Charlotte Sophie, die Frau des englischen Königs Georg III., um Rat, der auch in Form von mehreren Briefen aus Schloss Windsor kam. Königin Charlotte Sophie lobte ihren Bruder, dass er nichts ohne Thereses Einverständnis entscheiden wollte. »Sie kann das Große Wort [Ja], das über ihr Schicksal für den Rest ihres Lebens entscheidet, nur einmal aussprechen«, schrieb sie, und so sei es nur »gerecht«, wenn Therese, nachdem man ihr »die verschiedenen Annehmlichkeiten und Unannehmlichkeiten so einer Aussicht vorgestellt« habe, selber entscheide. »Wenn Ihr für Euren Teil eine freie Ausübung der protestantischen Religion für Eure Tochter erreichen könnt, und sie selbst keinen Nachteil darin sieht, sehe ich nicht, warum sie gar nicht glücklich sein soll.« Es müsse aber sichergestellt sein, dass Therese ihre Religion weiter ausüben könne. Außerdem empfahl sie einen Brauch, der in England üblich sei: In einer solchen Mischehe würden die Töchter in der Religion der Mutter, die Söhne in der des Vaters erzogen. Ansonsten scheine ihr das Haus Thurn und Taxis angemessen für eine Heirat zu sein. Da der Erbprinz Karl Alexander nach England kommen wollte, versprach sie ihrem Bruder, ihn genau zu prüfen, ob »er meine Nichte, die es verdient, auch glücklich machen wird«.[8]

Offenbar hat Prinz Karl Alexander die Königin davon überzeugt, und so gingen am 1. Juni 1788 zwei Briefe nach Darmstadt ab: einer mit der offiziellen Werbung des Prinzen an Vater Karl, in dem der Prinz sich überglücklich über eine eventuelle Entscheidung Thereses zu seinen Gunsten zeigte und den Vater der »göttlichen« Therese seiner treuesten Liebe versicherte. Der zweite Brief war an Therese

Aufbau eines eigenen Lebensraums

gerichtet: »Es sei mir daher erlaubt, liebste und anbetungswürdige Prinzessin, zu hoffen, daß Sie in Kürze einwilligen werden in die Anerkennung der heftigsten Liebe und der beständigsten Treue, die es jemals gab. Es ist mir endlich erlaubt zu hoffen, daß ich in Kürze der glücklichste aller Sterblichen sein werde durch die huldvollste Erlaubnis, die die liebenswerteste Prinzessin des Universums autorisiert hat mit Zustimmung des besten und ehrenwertesten Vaters.«[9] Er versicherte ihr, dass er kein anderes Glück als das ihre kenne, und garantierte ihr seine »unveränderlichen Gefühle des zärtlichen Respekts, mit denen ich bis zum letzten Atemzug Ihrer Hoheit bescheidenster und gehorsamster Diener und beständiger Bewunderer [bleibe]«.

Erst acht Monate nach diesem Brief gab Therese ihrem Vater ihr endgültiges Einverständnis. »Verzeiht, wenn ich erst jetzt meine Antwort schreibe, aber Ihr werdet sicher spüren, daß mein aktueller Entschluss für immer entscheidet über mein Schicksal.« Sie beschreibt in dem Brief an ihren Vater erneut die langen Beratungen mit der Großmutter, die ihr ihre Pflichten klargemacht habe, und sie hofft, dass sie mit diesen weisen Ratschlägen und Gottes Hilfe ihre Pflichten erfüllen werde. »Ihr, mein anbetungswürdiger Vater, und die Großmutter hatten die Gnade, mich frei über mein Schicksal entscheiden zu lassen. Ich profitiere von dieser großzügigen Erlaubnis … ich werde profitieren durch das Schicksal, das der Himmel mir schickt, und ich entschließe mich, jenes ›Ja‹ zu sagen, das für immer entscheiden soll zwischen dem Glück oder dem Unglück meines Lebens.« Am Schluss bittet sie ihren Vater noch einmal um Verzeihung für die »Peinlichkeiten«, denen er durch ihr langes Zögern ausgesetzt war. Sie hofft, dass er alles so arrangiert hat, dass »jene Partei mir nichts in den Weg legt im freien und dauernden Kampf um meine Religion«. Ganz wichtig ist ihr auch die Vereinbarung, dass sie ihre Töchter in ihrer Religion erziehen kann, »was mir ein großer Trost und ein Vorteil bei der Erziehung sein wird«.[10]

Ohne die Kenntnis der Vorgeschichte dieser Hochzeit bleibt das Verständnis für Thereses späteres Verhalten oberflächlich und damit missverständlich. Wer mit sechzehn eine solche Entscheidung treffen durfte, in einer Zeit, in der adlige Frauen bei der Heirat kein Mitspracherecht hatten, der wird verändert, der kann sich auch später nicht wieder unterordnen, ohne zu widersprechen, ohne selber nachzudenken. Die Briefe Thereses zeigen insgesamt seit dieser Zeit eine Reife und eine intellektuelle Höhe, die den Briefen ihrer Schwester Charlotte und vor allem den Briefen Luises fehlen. So wie Charlotte bei den Geschwistern wegen ihres Gesangstalents als die »Singelotte« galt, so war Therese die Philosophin unter ihnen, die sich auch in Briefen vor allem mit ihrem Bruder Georg darüber austauscht. Sie beschreibt ihm 1797 einen Abend in Regensburg mit Kunstliebhabern, an dem über Gedichte Friedrich Gottlieb Klopstocks, die er ihr zugesandt hatte, und über Christoph Martin Wielands Definition »Was ist Wahrheit?« diskutiert worden war. Unzufrieden mit Wielands Formulierung, hatte der Kreis nach besseren Definitionen gesucht. Aber zu Thereses Verwunderung führe man ständig Worte im Mund, die man nicht richtig erklären könne. Sie bat Georg um seine Definition von »Wahrheit« und vom »Erhabenen«,[11] womit der Bruder aber wohl überfordert war, denn Georg »erfühlte« sich die Welt eher, genau wie Luise, während Therese sie analysierte.

Im Archiv von Regensburg liegt ein mehrseitiges Dokument, in dem Therese kurz vor ihrer Hochzeit, als sie in Hildburghausen bei ihrer Schwester Charlotte war, eine »Selbstbeurteilung« ganz im Stil der »Aufnahmeprüfung« der Freimaurer aufschrieb. Zur selben Zeit wurde ihr Verlobter in die Loge in Hildburghausen aufgenommen, der sein zukünftiger Schwiegervater vorstand. »Welches ist der Charakter meines Verstandes und meines Herzens?«, lautete eine Frage. Therese schrieb, dass es ihr nicht schwerfalle, das Gute vom Bösen zu unterscheiden, »daher haßt mein Herz das Unrecht, und mein Verstand sucht die Mit-

Aufbau eines eigenen Lebensraums

tel, es abzuwenden ... Hitzig bin ich nie, als wenn ich meinen Stolz beleidigt glaube ... Stolz ist mein Herz sehr.« Musik sei ihre stärkste Neigung. Ihr größter Wunsch sei es, glücklich zu werden und andere glücklich zu machen. 1793, nachdem sie zweifache Mutter geworden war und schon ein Kind verloren hatte, ergänzte sie diese Frage nach ihrem größten Wunsch mit dem Zusatz: »... mein Kind erhalten zu sehen, daß es gut werde, daß meine Erziehung gesegnet sei und daß meine wenigen Kräfte dazu nicht unfruchtbar sein mögen«.

Auf die Frage, wodurch sie sich auszeichne, sagte Therese, sie glaube, dass sie im Denken weiter sei als ihre Altersgenossen, da sie schon so viel erlebt habe. Sie begreife leicht, sei fest und entschlossen in ihrem Wesen, aber: »Originelles ist wohl wenig oder gar nichts in meinem Betragen.« Was ihre Bildung anbetraf, so meinte sie, dass sie zu wenig wisse, aber so große Lust zum Lernen habe, dass sie darüber oft ihre Pflichten vergesse. Dies werfe man ihr vor. »Was hilft lernen, wenn man anderen nicht nützlich ist«, sagten die Leute vorwurfsvoll zu ihr. Sie habe ihre eigenen Gedanken dazu aus falsch verstandener Scham verschwiegen, bis sie sich zu ihrer Freude durch Rousseau bestätigt fand, der geschrieben hatte: »Ich habe immer geglaubt, daß, bevor man andere etwas lehrt, man anfangen muß, selber genug zu wissen.«[12]

Am 25. Mai 1789, drei Monate nachdem Therese sich für ein »Ja« entschieden hatte, heiratete sie den neunzehnjährigen Karl Alexander von Thurn und Taxis in der Schlosskirche von Neustrelitz, der Residenz ihres Onkels Adolf Friedrich IV., »und der versammelte Hofstaat sah mit inniger Teilnahme, wie nur die aufrichtigste Liebe die einzige Grundlage dieses bald zu knüpfenden Ehebundes sei«, schrieb Hofrat Johann Gottlieb Schäffer, ohne zu ahnen, wie sehr er sich da irren sollte.[13] Tagelang dauerten die Feierlichkeiten, bei denen unter anderem ein Theaterstück mit dem denkwürdigen Titel *So zieht man dem Betrüger die Larve ab* aufgeführt wurde. Pater Ludewig aus Berlin vollzog die katholische Trauung, anschließend wurde der Ehevertrag unterzeichnet. Danach ging es unter Glockengeläut in die Stadtkirche. Nach dem Gratulationsempfang wurden Spieltische aufgestellt.

Um zweiundzwanzig Uhr kam das Abendessen, bei dem Therese einen ersten Einblick in die höfische Welt bekam, die sich so ganz von der in ihrem eher bürgerlichen Leben im Hause der Großmutter unterschied: »Der Oberkammerjunker legte allein alle Schüsseln vor, und gab den Teller an den Kammerjunker, dieser an einen Pagen; der Page an den Kammerherrn u.s.w. Ebenso ging es mit den Getränken. Beim zweiten Gang – jeder Gang bestand aus 24 Schüsseln – nahm der Ober-Kammerjunker die Schüsseln von der Tafel ab, und gab sie dem Kammerjunker; dieser den Herzogl. Kammerdienern, und diese denen an der Thür stehenden Garde du Corps. Ebenso ward auch das Auftragen verrichtet«, beschreibt Hofrat Schäffer die Feier. Neunzig Personen schauten beim Essen zu, »welche die Erbprinzessin Durchl. aber nach wenigen Minuten beurlaubte«. Und auch hier wird ein entscheidender Unterschied zu ihren Schwestern deutlich. Therese setzte sich durch, wenn ihr etwas missfiel, statt gefügig den Kopf zu senken. Was sie allerdings beim Anblick des Dessertaufsatzes gedacht hat, können wir nur ahnen. In einem Füllhorn steckte das folgende Gedicht:

> *Engel schweben ungesehen*
> *Um den festlichen Altar*
> *Und zur glücklichsten der Ehen*
> *Weihten sie dies hohe Paar!*

Ein Fackeltanz um Mitternacht schloss die Feier ab. Das Brautbett war mit rotem Samt ausgelegt mit breiten goldenen Tressen. Bevor sich die Brautleute schlafen legten, teilte die Braut der Tradition gemäß an alle anwesenden Kavaliere Strumpfbänder in Form einer Degenschleife aus.

Aufbau eines eigenen Lebensraums

Zwei Wochen später wurde ein weiteres Mal auf Schloss Trugenhofen gefeiert, diesmal organisiert vom Vater des Bräutigams, dem amtierenden Fürsten Carl Anselm von Thurn und Taxis. Die Festivitäten zogen sich über Tage hin mit Theateraufführungen, Konzerten und Bällen, mit Huldigungen der Bevölkerung und opulenten Festmahlen. Und immer wieder wurde auch hier die Liebe beschworen, so auf dem abschließenden Rokokofest, bei dem der Gott Vulkan »Waffen der Liebe« schmiedete und Hymen, der Gott der Ehe, die Fackel der Liebe schwenkte. Was mag Therese dabei gefühlt haben? Sie hatte der Ehe aus Pflicht ihrer Familie gegenüber zugestimmt. Vielleicht hat sie gehofft, dass die Liebe sich noch einstellen würde: »... vielleicht mit der Zeit und mehr Kennen wird der Himmel mir diesen Gefallen tun«, hatte sie ein Jahr zuvor an ihren Vater geschrieben.

Die Reichsstadt Regensburg, 338 Kilometer von Darmstadt entfernt und 244 Kilometer von Hildburghausen, wo ihre Schwester Charlotte lebte, wurde für die nächsten Jahre Thereses neue Heimat. Während Charlotte ihre Erzieherin Magdalena von Wolzogen hatte mitnehmen dürfen, holte Therese den Kirchenrat Georg Heinrich Lang nach Regensburg, der bis zu seinem Tod 1806 den evangelischen Gottesdienst für sie hielt. Ein Schloss im eigentlichen Sinne gab es in Regensburg nicht, denn die Fürsten von Thurn und Taxis waren katholisch und konnten so per Gesetz kein Eigentum in der protestantischen Reichsstadt Regensburg erwerben. Also mieteten sie den ehemals bischöflichen Freisinger Hof an und bauten ihn zu einer Residenz aus. Als im Jahr 1792 das Palais ihres Schwiegervaters abbrannte, mietete er ein Gebäude an der Westseite des Emmeramsplatzes und ließ es sich in Rekordzeit zu einer neuen Residenz mit vierundfünfzig Räumen umbauen, über deren Pracht Therese staunend ihrem Bruder Georg berichtete: Da gab es einen großen Tafelsaal, ein Audienzzimmer mit Baldachin, ein Orgelzimmer, mehrere Gästezimmer in Rot, Grün, Gelb und Blau, eine Prachtentfaltung, die für Therese vollkom-

Therese, Fürstin von Thurn und Taxis

men neu war.[14] Zum Besitz der Familie gehörten weiterhin das Schloss Trugendorf, später Schloss Taxis genannt, inmitten eines riesigen Parks in der Nähe der alten Reichsstadt Neresheim. Hierhin zog Therese sich später sehr häufig zurück, auch ihre Schwester Friederike verbrachte hier zwischen 1799 und 1805 viele Wochen mit ihr.

In Regensburg bewohnte Therese mit ihrem Mann den gemieteten Ostflügel des Klosters Sankt Emmeram, der durch eine Mauer vom übrigen Kloster abgetrennt war, was nicht immer unproblematisch war. Die Mönche empfanden es als sehr provokativ, dass in ihrer direkten Nachbarschaft oft laut diskutiert und gefeiert wurde. Zu allem Überfluss wurde in den Räumen der Prinzessin auch noch lutherisch gepredigt, denn Therese machte von ihrem Recht Gebrauch, ihren Glauben auszuüben. Erst 1812 bekam die Familie das säkularisierte ehemalige Kloster Sankt Emmeram als Besitz zugesprochen.

Als Therese 1789 Karl Alexander von Thurn und Taxis heiratete, kam sie in eine Familie, die auf dem Höhepunkt ihrer politischen, wirtschaftlichen und gesellschaftlichen Macht stand. Von einem formlos-zwanglosen Familienleben wechselte sie in ein von der Wiener Hofetikette geprägtes, auf starren Formen und einer vorgeschriebenen Rangordnung beharrendes Gesellschaftsleben. Von einem Haushalt, in dem gespart werden musste, in dem die jüngeren Schwestern die ausgelassenen Kleider der älteren auftrugen, an einen Hof, in dem Geld keine Rolle zu spielen schien. »Was erwartet die Welt von mir?«, war eine der Fragen in der »Selbstbeurteilung« Thereses. Ihre Antwort lautete, dass die Welt sie zu wenig kennen würde, um Dinge von ihr zu erwarten. Ihre Freunde dagegen erwarteten Dinge, von denen sie nicht wisse, ob sie sie erfüllen könne, denn der gute Wille sei nicht alles. Sie hoffe, dass das nur daran liege, dass sie sich zu wenig zutraue, »weil ich von Kind an immer daran gewöhnt war, wenig oder nichts von mir zu erwarten«. Die Welt tadele sie vor allem, weil sie zu wenig Wert

Aufbau eines eigenen Lebensraums

auf Formen lege. Die Welt erwarte mehr »Äußeres« von ihr. Therese schreibt, dass sie es nicht leiden könne, wenn man vom Äußeren auf das Herz schließt. »Ein jeder leistet, soviel er kann, und dann lässt er die Welt reden.« Manchmal sei es, als steckte alles in ihr, aber »auch wenn ich mich überwinde, so kommt alles sehr ungeschickt heraus; insoweit verdiene ich ihren Tadel«.

Die Gesellschaft sei nun wohl zufrieden mit ihr: Sie nehme mehr Anteil an den Freuden der Gesellschaft, »sehe auch mehr so aus, wenn es nicht so ist«, aber ihre Freunde seien noch nicht zufrieden. »Nach ihnen traue ich mir nicht genug zu. – Ich bin zu freigebig, zuweilen zu stolz, zuweilen zu wenig.«[15] Aus diesen Worten spricht die ganze Verwirrung einer Sechzehnjährigen, die plötzlich aus der Welt der häuslichen Vergnügungen an Großmutters Tisch in die große Welt des kaiserlichen Repräsentanten am Hof in Regensburg geworfen wurde.

Wie für Charlotte in Hildburghausen bekam für Therese die Freimaurerei in Regensburg eine wichtige Bedeutung. Die Loge »Die Wachsende zu den drei Schüsseln« hatte ihr Schwiegervater mitbegründet, obwohl er praktizierender Katholik war. Auch ihr Mann Karl Alexander war Freimaurer, ab 1806 Großmeister der Loge in Regensburg, die sich ihm zu Ehren in »Carl zu den drei Schüsseln« umbenannte. Obwohl 1738 Papst Klemens XII. in seiner Bannbulle alle zu den Freimaurern gehörenden Katholiken mit dem Kirchenbann bedroht hatte, folgte ein großer Teil der Hofleute ihrem Fürsten in die Loge.[16] Ursprünglich von Bürgern gegründet im Geiste der aufklärerischen Ideen von Gleichheit, wurde die Loge wie in Hildburghausen unter Karl Alexander immer mehr zu einem Treffpunkt des Hofes. Statt Logenreden zu halten, sang man Lieder und verlas Gedichte, die eher dem Geschmack der höfischen Gesellschaft entsprachen. Neben den Logenfesten wurden daher auch die Geburtstage des Fürstenpaars gefeiert. Frauen waren von der eigentlichen Mitgliedschaft ausgeschlossen, wurden aber

Therese, Fürstin von Thurn und Taxis

als sogenannte Schwestern, zu denen Gattinnen, unverheiratete Töchter und Witwen zählten, zu einer abgespeckten Form der Logenarbeit zugelassen, den sogenannten Schwesternlogen. Ihre Hilfe war besonders für die umfangreiche Wohltätigkeit der Logen wichtig. Zu den prächtigsten Festen, die dort gefeiert wurden, gehörten die Geburtstage von Therese, so zum ersten Mal 1802. Ihr zu Ehren wurden extra verfasste Lieder gesungen, wie das folgende, das ihr Mann vortrug:

Heil Dir, Therese, Heil! ...
Du brauchst des Lobes nicht,
Du folgest Deiner Pflicht
Sie nur macht groß.

Nimm, was das Herz Dir giebt!
Hier bist Du allgeliebt –
Bis diese Welt zerstiebt,
Liebt Dich Dein Karl

Bleibe mir immer hold,
Dann wird der Liebe Sold
Mein schönster Lohn ...[17]

Repräsentantin des Fürstenhauses: »der einzige Mann« im Haus

»Ich liebe nicht die Extreme, aber will der Fürst sich in einen Abgrund stürzen – so werde ich suchen zu retten«,

schrieb Therese 1808 an den Hofrat Ludwig Friedrich Grub[18] – und genau das tat sie. Ohne ihren Einsatz hätte das Haus Thurn und Taxis seinen Besitz wohl in jenen Jahren verloren. Dabei sah es anfangs danach aus, als würde ihr Leben ein einziges rauschendes Fest werden. Entschei-

Aufbau eines eigenen Lebensraums

dend für das Verständnis der folgenden Jahre ist die Tatsache, dass sowohl die wirtschaftliche als auch die politischgesellschaftliche Stellung des Hauses Thurn und Taxis von der Existenz des Reiches abhing, das seit 1792, dem Beginn des Vormarsches der französischen Revolutionstruppen, immer wieder bedroht war. Seit 1773 war Thereses Schwiegervater Carl Anselm der offizielle Vertreter des Kaisers beim Reichstag, hatte dort den Vorsitz und eröffnete ihn jedes Jahr feierlich mit dem Verlesen der vom Kaiser festgelegten Tagesordnung. Natürlich waren mit diesem Amt auch viele Repräsentationsaufgaben verbunden, die nur von einer vermögenden Familie ausgeübt werden konnten. Schließlich mussten die Gesandten mit Hofbällen, Maskenfesten, Theater- und Opernaufführungen und Ähnlichem unterhalten werden. Nach der Heirat seines Sohnes gab der regierende Fürst Carl Anselm schon bald aus gesundheitlichen Gründen viele Repräsentationspflichten, die er als kaiserlicher Prinzipalkommissar ausüben musste, an das Erbprinzenpaar ab, so zum Beispiel bei den Kaiserkrönungen in Frankfurt am Main 1790 und 1792. 1797 übergab Kaiser Franz II. Karl Alexander auch offiziell die Aufgabe des Prinzipalkommissars. Damit bekamen er und seine Frau Therese als Repräsentanten des Kaisers in Regensburg die politisch und gesellschaftlich führende Position.

Thereses Schönheit und Klugheit und später ihre unkonventionelle Lebensweise haben bis heute Verehrer und Kritiker herausgefordert. Therese sei eine »Dame von hoher Bildung und Liebenswürdigkeit, die denn auch viel sich hat lieben lassen: sie war so galant wie die Prinzessin Friederike, aber nicht so schön wie diese und die Königin Luise«, urteilte Eduard Vehse in seiner Geschichte der kleinen Höfe aus dem Jahr 1801.[19] Schon Thereses Erzieherin hatte 1788 bei einem Besuch der Tante der Geschwister in Straßburg geschrieben: »Es freut mich umso mehr, als sie [Therese, Luise, Friederike] kein gezwungenes Wesen zur Schau tragen, obwohl sie sich eines Tages auf dem Schauplatz der gro-

Therese, Fürstin von Thurn und Taxis

ßen Welt befinden werden, wo sie dazu bestimmt sind zu glänzen, und dies hoffentlich ebenso durch ihre ererbten Tugenden wie durch ihre Stellung.«[20] Was das Glänzen anbetraf, musste sich Salomé de Gélieu wegen Therese keine Sorge machen.

Aus der Notwendigkeit heraus, den Erwartungen zu entsprechen, lernte sie schnell dazu. Schon Ende 1797 berichteten die kaiserlichen Kommissare nach Wien von einem typischen Konflikt zwischen Therese und ihrem Mann. Es ging um eine Vorführung von Reitkünsten, die Therese plante, Karl Alexander aber verbot. Am Ende setzte sich Therese durch, und so wünschte der kaiserliche Kommissar in seinem Bericht Karl Alexander »die gehörige Festigkeit, wovon er noch so wenige oder gar keine Beweise gegeben, wohl aber in jedem Punkt die weibliche gegen sich hat, der er immer weicht, wenn er noch so ernstlich einen anderen Willen erklärt … eine Festigkeit, die stark genug sein muss, um allen weiblichen Künsten zu widerstehen, nicht mehr nachzugeben und zu zeigen, dass er und nicht sie zu regieren und zu befehlen habe«.[21] Ein Reisender schrieb 1801 über Therese: »Die Fürstin von Thurn und Taxis stand als Gemahlin des Prinzipalkommissars an der Spitze der Regensburger Gesellschaft. Sie wusste durch Schönheit und Liebenswürdigkeit sich viele Herzen zu gewinnen und war eine große Freundin der Geselligkeit.« Konzerte, rauschende Bälle, Festessen, im Winter Schlittenfahrten zu benachbarten Schlössern, ein Leben im Luxus, das Therese so von zu Hause nicht kannte. »Wenn die liebenswürdige, hochgebildete Fürstin dergestalt den Ton angab, so ist es begreiflich, dass alle mehr oder minder, je nachdem es die pecuniären Verhältnisse gestatteten, ihr nacheiferten …«[22]

Die »pecuniären Verhältnisse« waren allerdings auch im Hause Thurn und Taxis nicht mehr so rosig wie vor 1789, dem Beginn der Französischen Revolution. Schon 1790 gingen die Poststellen in den aufrührerischen Provinzen in Flandern und Brabant verloren, und im Jahr 1794 beschlag-

Aufbau eines eigenen Lebensraums

nahmten die Franzosen die niederländischen Besitzungen der Familie, was Thereses Schwester Luise aus Berlin in einem Brief an ihren Mann so kommentierte: »Gott welch ein Unglück ist das wieder. Überall siegen die infamen Canaillen und töten die rechtschaffenen Menschen. Ganz Niederland ist hin. Ich nehme mehr teil an diesem Verlust, als Du wohl glaubst, weil dadurch das halbe Einkommen des Fürsten von Taxis geschmälert wird, und er und mein Schwager wohl in der Folge, sowie Therese darunter leiden werden.«[23] Im Juli 1796 fielen die Franzosen in die schwäbischen Besitzungen der Familie ein. Carl Anselm flüchtete nach Regensburg, der Erbprinz nach Neustrelitz und Therese »in die Arme unserer trefflichen Charlotte« nach Hildburghausen. So verhalfen die Franzosen den Schwestern ganz unverhofft zu einem Wiedersehen. Von Hildburghausen fuhr Therese weiter nach Neustrelitz, wo ihr Vater seit zwei Jahren als Herzog residierte. Hier traf sie auch ihren Mann wieder. Von da aus ging es weiter nach Berlin zu Luise und Friederike. Erst auf Drängen ihres Schwiegervaters kehrte Therese Ende Dezember nach Regensburg zurück.

Aber je weiter die französischen Truppen vordrangen und vor allem Kaiser Franz II. Verluste zufügten, desto mehr verschlechterte sich die wirtschaftliche Lage der Thurn und Taxis. Am 29. Dezember 1797 schrieb Therese an ihren Bruder: »Was das Haus Taxis bei dem Verlust des linken Rheinufers verliert und was es bei der bevorstehenden Verteilung und Eingliederung verlieren kann, ist unaussprechlich, gewiß über dreiviertel seiner Einkünfte.«[24] Nach der für den Kaiser und das Reich verlorenen Schlacht bei Hohenlinden am 3. Dezember 1800 mussten im Frieden von Lunéville 1801 tatsächlich alle linksrheinischen Gebiete an die Franzosen unter Napoleon abgetreten werden. Damit gingen natürlich auch die entsprechenden Postrechte in diesen Gebieten verloren. Allerdings legte Napoleon fest, dass die betroffenen Fürsten dafür mit Gebieten rechts des

Rheins entschädigt werden sollten, was zwei Jahre später im Reichsdeputationshauptschluss auch so festgelegt wurde. Die Ländereien dafür bekam man vor allem dadurch, dass kirchliche Besitzungen enteignet wurden. So erhielt das Haus Thurn und Taxis zum Beispiel die Abteien Marchtal und Neresheim und die Klöster Ennetach und Sießen, die Stadt und das gefürstete Damenstift Buchau, was zusätzlich den Titel eines Fürsten von Buchau und damit einen Sitz im Reichsfürstenrat bedeutete.

Neben den Verlusten durch die Eroberungen der Franzosen gab es aber weitere finanzielle Einbußen, weil einige Fürsten, wie die von Hannover und Braunschweig, die Gelegenheit ergriffen, um neben der Reichspost eine eigene einzurichten beziehungsweise die schon illegal bestehende auszubauen, denn die Einnahmen aus dem Portogeschäft wollte man selber kassieren.

Am 13. November 1805 starb der amtierende Fürst Carl Anselm. Karl Alexander und Therese übernahmen ein schweres Erbe. Am 2. Dezember besiegten die Franzosen unter Napoleon in der sogenannten Dreikaiserschlacht die Alliierten (Russen, Österreicher) vernichtend. Im anschließenden Frieden von Pressburg (26. Dezember 1805) musste der deutsche Kaiser Franz II. Napoleon als Kaiser von Frankreich anerkennen und empfindliche Gebietseinbußen hinnehmen. Er musste außerdem zustimmen, dass Napoleon mit den deutschen Fürsten einen Bund schließen durfte, der dann auch einige Monate später als Rheinbund Realität wurde. Für die Familie Thurn und Taxis bedeuteten diese Ereignisse eine finanzielle Katastrophe. Die Bayern hatten schon seit Jahren versucht, das Monopol der Taxis'schen Post durch den Aufbau einer eigenen zu untergraben. Ende 1805, zu Beginn der Regierungszeit Karl Alexanders, verstaatlichten Bayern und Württemberg die Taxis'schen Poststationen mit dem Ziel, eine eigene Landespost zu gründen. Sie hatten hierbei die Unterstützung Napoleons, der die Reichspost, die den Österreichern, also seinen Feinden,

Aufbau eines eigenen Lebensraums

nahestand, eher misstrauisch betrachtete. Immerhin beförderten sie Briefe, die er nicht in die falschen Hände fallen lassen wollte.

Karl Alexander war entsetzt, sah sich und sein Haus durch den Fortfall der Einnahmen aus dem Posttransport am Rande des existenziellen Ruins. Es stand zu befürchten, dass weitere Staaten dem Beispiel Bayerns folgen würden. Er wandte sich Hilfe suchend an Kaiser Franz II., an Napoleon und seinen Minister Charles Maurice de Talleyrand und an seinen Schwager, den preußischen König Friedrich Wilhelm III. Vergeblich. Österreich und Preußen versprachen zwar Hilfe, waren aber nicht in der Lage, sie auch zu leisten. Zu diesem Zeitpunkt versuchte Karl Alexander noch aktiv über seinen Gesandten Alexander Freiherr von Vrints-Berberich und im Januar 1806 in München ein weiteres Mal persönlich, eine Garantieerklärung für sein kaiserliches Reichspostmonopol zu erhalten. Napoleon hielt sich bedeckt. Karl Alexander und seine Unterhändler erreichten aber immerhin, dass der bayerische König Maximilian I., Thereses Onkel, das Haus Thurn und Taxis zu königlich-bayerischen Erbgeneralpostmeistern ernannte. Ihnen blieb die Regie der Post in Bayern und damit auch ein Großteil der Einnahmen, allerdings stand sie unter der Kontrolle von bayerischen Kommissaren.

Dann kam der 12. Juli 1806 mit der Gründung des Rheinbundes, wodurch der Kaiser in großen Teilen des Reiches praktisch entmachtet war; folgerichtig blieb ihm nichts anderes übrig als der Rücktritt von seinem Amt im Reiche, der dann am 6. August 1806 mit der Niederlegung der Kaiserkrone erfolgte. Das bedeutete das Ende des »Heiligen Römischen Reiches Deutscher Nation«. Für das Haus Thurn und Taxis war dies nach dreihundert Jahren stetigen Aufstiegs der Tiefpunkt. In seinem Testament schrieb Karl Alexander, er sei »mehr als einmal mit Zugrunderichtung Unseres Hauses und mit der Vernichtung Unserer ganzen Existenz bedroht« gewesen.[25] Dies war so ein Moment.

Therese, Fürstin von Thurn und Taxis

Mit dem Rücktritt des Kaisers verloren auch sämtliche durch ihn als Schutzmacht garantierte Reichsprivilegien ihren Wert, so zum Beispiel das Postregal der Familie Thurn und Taxis, das Monopol zur Briefbeförderung, das die wirtschaftliche Basis der Familie Thurn und Taxis war und sie reich gemacht hatte. Weiterhin wurde das Amt des kaiserlichen Prinzipalkommissars überflüssig, denn der Reichstag in Regensburg löste sich als logische Folge aus der Gründung des Rheinbundes selber auf. Zwar behielt die Familie Thurn und Taxis ihre Residenz in Regensburg, zumal der neue Regent des Bistums Regensburg, Fürstprimas Karl Theodor Reichsfreiherr von Dalberg, ihr einige der früheren Privilegien weiterhin zusicherte, aber die Zeit der großen gesellschaftlichen Ereignisse in der Stellvertretung des Kaisers vor Ort war vorbei.

Besonders schmerzlich für Karl Alexander war der Verlust der Souveränität als Reichsfürst. Er wurde – wie viele andere kleine Fürsten – als Standesherr ohne die frühere Selbstständigkeit und Reichsunmittelbarkeit der Oberhoheit der großen Territorialherren unterstellt; das waren in seinem Fall die von Napoleons Gnaden zu Königen gemachten Fürsten von Württemberg und Bayern. Der Fürst zu Thurn und Taxis war damit kein souveräner Landesfürst mehr, der nur dem Kaiser gegenüber rechenschaftspflichtig war, sondern er war nur noch ein Großgrundbesitzer, der sich unterordnen musste. Diese sogenannte Mediatisierung hatte auch einen gesellschaftlichen Abstieg zur Folge. Alle Fürsten, die wie die Thurn und Taxis keine eigene Souveränität mehr besaßen, sondern anderen Landesherren untergeordnet waren, spielten von nun an auf dem gesellschaftlichen Parkett nur noch eine Nebenrolle.

Aber während ihre Schwestern Luise und Friederike vor Napoleon durch halb Europa flüchteten, konnte Therese mit ihrer Familie zumindest in der Residenz in Regensburg bleiben. In den folgenden Jahren gab es für sie nur zwei Ziele: wirtschaftliche Absicherung durch die Rückge-

Aufbau eines eigenen Lebensraums

winnung der Reichspostrechte und die Wiedererlangung der Landeshoheit und damit den politischen und gesellschaftlichen Wiederaufstieg. »Geschäftsbriefe, Conferenzen, denen ich beiwohnen musste und wo von jeder Ecke das Wort Deficit mir entgegenkam – Du weißt, was das ist, das Übel vor Augen zusehen ohne ihm abhelfen zu können«, beschrieb sie ihre Tätigkeiten in einem Brief an ihren Bruder Georg.[26] Während Karl Alexander 1805 und Anfang 1806 noch versucht hatte, persönlich eine Wende herbeizuführen, resignierte er offenbar nach dem Rücktritt des Kaisers und dem Verlust vieler Privilegien. Er zog sich immer mehr zurück, ging seinen Jagdvergnügungen nach und überließ seiner Frau Therese die Verhandlungen für die Rückgewinnung des Familienbesitzes. Er verließ sich »völlig auf die Fähigkeiten meiner Unterhändlerin Therese«, ließ er verlauten, stattete sie mit allen nötigen Vollmachten aus und beschränkte seine Beteiligung an der Rettung des Familienvermögens auf Briefe, in denen er seine Frau zur Sparsamkeit aufrief und sich beklagte, dass er bald ein »armer Edelmann« werden könne: »Die Zeit der Beschönigungen ist vorüber. Es handelt sich um unsere Existenz. Jetzt muss bestimmt werden, ob unsere Familie wohlhabend bleiben oder ob ich ein armer Edelmann werden soll.«[27]

Was blieb Therese anderes übrig, als zu handeln? Ihre Verzweiflung und Mutlosigkeit über Napoleons Vorgehen teilte sie nur ihrem Bruder mit: »Übrigens sagt man, daß der Grosszerstörer ziemlich mit seinem Werk unzufrieden ist und daß der Herr nicht fand: Es sei wohl gemacht. Auch ruhete er nicht am siebenten Tag, sondern ein anderes Projekt folgte dem ersteren ... Das ist eine Zeit! Wie grausam wir mit so manchen anderen ehrwürdigen Häusern unserer Rechte und unseres Eigentums beraubt sind, weißt Du. Allein was ist anderes zu tun, als zu dulden und zu hoffen.«[28]

Nach außen hin wirkte sie ruhig und überlegt, was bis in die heutige Zeit hinein häufig falsch interpretiert wird. »Ihr gelingt es, bei der Führung der politischen Geschäfte ihren

Therese, Fürstin von Thurn und Taxis

Gatten total auszuschalten«, lautet ein Kommentar aus dem Jahr 1975. »Von dem Tag ihrer Hochzeit an hat sie nur ein Ziel. Sie will das reiche Haus Thurn und Taxis selbst einmal regieren.«[29] Schaut man in den Quellen nach, so sieht das Ganze etwas anders aus. 1807 reiste sie nach Paris, um Napoleon zu treffen. In ihrem Tagebuch beschreibt sie, wie schwer ihr dies gefallen ist: »Ich habe den ganzen Ekel, allen Kummer meiner Seele besiegt. Man hat mir gesagt, mir bewiesen, daß es notwendig ist für das Glück, für die Existenz meiner Kinder, sodaß ich alle meine Klagen in meinem Herzen erstickt habe und indem ich meine Familie, meine Schwestern, alle unglücklichen Kämpfe, die die Wiege meiner Kindheit waren, vergaß, bereitete ich mich auf diese lange und schmerzliche Reise vor, und trennte mich von allem, was mir teuer und wichtig war.«[30] Es waren die Minister des Hauses Thurn und Taxis, die sie nach Paris schickten, und sie hatten das beste Argument auf ihrer Seite: Es ginge um das Wohl der Kinder.

Vierunddreißig Jahre alt war sie zu diesem Zeitpunkt und versuchte sich als Frau auf dem diplomatischen Parkett, wo Frauen in offiziellen Funktionen keine Rolle spielten und auch nicht wirklich ernst genommen wurden. Dass sie sich ausgerechnet nach Paris in die Nähe Napoleons begab, wurde ihr auch von ihren Schwestern Luise und Friederike übel genommen. Immer wieder versuchte sie diesen Schritt vor allem vor Luise zu rechtfertigen, die Thereses Verhalten kaum nachvollziehen konnte und sich um Thereses »Teutschheit« Sorgen machte. An ihren Bruder Georg, der selber im Namen des Vaters mit der französischen Regierung Verhandlungen führen musste und ihr Verhalten noch am ehesten verstehen konnte, schreibt Therese: »Hätte ich nur keine Kinder, so wäre mir alles einerlei, aber wenn ich an die Blüte dieses Hauses denke und dann an die Zukunft, daß meine Kinder darben müßen, nein das ist entsetzlich.«[31]

Und so machte sich Therese auf den Weg nach Paris, Berlin, Erfurt, Frankfurt; auf allen großen Kongressen war sie

Aufbau eines eigenen Lebensraums

anzutreffen, im Gespräch mit Napoleon, Talleyrand, Metternich, Zar Alexander I. und anderen einflussreichen Männern, von denen sie sich Hilfe bei der Wiederherstellung der alten Position für das Haus Thurn und Taxis versprach. Ohne ihren Einsatz wäre Karl Alexander vielleicht wirklich ein »armer Edelmann« geworden. »Niemals verlangte sie eine Gunst, ohne sie gewährt zu bekommen«, schrieb Auguste Graf von La Garde vom Wiener Kongress.[32] Die Fürstin sei mit einem »überlegenen Geist und einer Schönheit begabt, die fast zum Sprichworte geworden war«. Bei Napoleon erreichte sie immerhin, dass er ihr einige von ihm beschlagnahmte – im heutigen Belgien liegende – Besitzungen zurückgab mit den Worten: »Ich bitte Sie, dies als ein Blumengebinde anzusehen, das ich Ihnen mit großem Vergnügen überreiche.«[33]

Am Ende schaffte es Therese tatsächlich, durch zähe Verhandlungen einige der erlittenen Verluste wettzumachen. Das Haus Thurn und Taxis konnte einen großen Teil der Postgeschäfte weiter betreiben, wenn auch nur als Lehen eines Landesfürsten. Dies besserte sich noch nach der Niederlage Napoleons 1815. Karl Alexander wurde nach der Schlacht von Leipzig die Verwaltung der Post der linksrheinischen Gebiete übertragen. Artikel 17 der deutschen Bundesakte und auch die Wiener Schlussakte garantierten dem Haus den Besitz und die Benutzung seiner ehemaligen Postanstalten in den Staaten des Deutschen Bundes, ansonsten müssten finanzielle Entschädigungen geleistet werden, was häufig durch die Überlassung von Gütern geschah. Unter den mediatisierten Fürsten waren die Fürsten Thurn und Taxis nun die größten Grundbesitzer. Dadurch und durch die Einnahmen aus dem – nach den staatlichen Betrieben in Bayern, Preußen und Württemberg – viertgrößten Postbetrieb auf dem Boden des ehemaligen Reiches war die Familie wirtschaftlich abgesichert. Politisch konnte das Haus Thurn und Taxis auch wieder Fuß fassen, aber die ganz große Zeit war vorbei. Man hatte eigene Gesandte in Frank-

Therese, Fürstin von Thurn und Taxis

furt, Paris und Wien mit dem Recht, Verträge abzuschließen. Am 5. November 1816 wurde der Bundestag, das neue Leitungsorgan im alten Reich, im Beisein Thereses im von ihrem Mann zur Verfügung gestellten Palais in Frankfurt am Main eröffnet.

Aber den Status als regierende Fürsten bekam Therese für das Haus Thurn und Taxis trotz aller Bemühungen und trotz des Einsatzes ihrer umfangreichen verwandtschaftlichen Beziehungen nicht zurück. Im September 1814 schrieb sie an ihren Bruder Georg in Wien, dass der Vater bei der Proklamation der großherzoglichen Würde auch an die Prinzessinnen des Hauses denken sollte.[34] Vater Karl erreichte immerhin, dass seine Tochter den Titel »Hoheit« tragen durfte.

Wie absurd für einen heutigen Beobachter die Situation war, wird am folgenden Beispiel deutlich: 1824, als Therese in Wien weilte und an einem Konzert bei Hofe teilnehmen wollte, versuchte die österreichische Kaiserin Karoline Auguste, ihr zuliebe die strenge Rangordnung außer Kraft zu setzen, und sorgte damit für ein ziemliches Durcheinander, wie der Oberhofmeister berichtete: »Bei dem letzten Hofkonzert haben I.I.M.M. der Kaiser u. die Kaiserin, so wie die ganze kais. Familie auf gewöhnlichen Stühlen gesessen, statt wie bisher an dem hiesigen u. andern Höfen üblich gewesen, Lehnstühle einzunehmen. Die Veranlassung zu dieser Veränderung war der Wunsch der Kaiserin, dass die Fürstin v. Thurn u. Taxis geb. Prinzessin v. Mecklenburg, welche hier gegenwärtig ist, ebenfalls den Vorzug eines Lehnstuhls genießen sollte. Der Ob. Hofmeister Fst Trautmannsdorf erwiderte hierauf, dass diese Auszeichnung der Fürstin Taxis nicht ertheilt werden könne, weil sie keine regierende Fürstin sey u. der Rang der Eng. Bothschafterin, der regierenden Fürstin Lichtenstein u. der Landgräfin v. Hessen Philippsthal vor ihr gebühre, diese Damen aber unmöglich gleich den Personen der kais. Familie Lehnstühle bekommen könnten. Um I.M. die Kaiserin einigermaßen zu befriedigen, welche auf diese Auszeichnung für die Cousine

Aufbau eines eigenen Lebensraums

drang, wurde das erwähnte Auswegmittel erwählt. Indessen erschien die Fürstin Taxis einer Unpässlichkeit wegen nicht bei dem Concert.«[35] Honi soit qui mal y pense.

Zieht man nun ein Fazit der politischen Betätigung Thereses von Thurn und Taxis, so lässt sich feststellen: Therese, nach den Prinzipien von Rousseaus Sophie erzogen, hat sich zum Segen ihrer Familie nicht an seine Ratschläge für die ideale Frau gehalten, die da lauten: »Ihre Würde ist es, nicht gekannt zu sein; ihre Ehre ist die Achtung ihres Mannes; ihre Freuden liegen im Glück ihrer Familie ... [Frage an die Leser:] ... was gibt euch eine bessere Meinung über eine Frau beim Betreten ihres Zimmers, was läßt euch ihr mit größerem Respekt entgegentreten, wenn ihr sie mit Arbeiten ihres Geschlechts beschäftigt seht, mit Hausfrauenpflichten, die Sachen ihrer Kinder um sie herum, oder wenn ihr sie beim Verseschreiben am Toilettentisch antrefft, umgeben von Broschüren jeder Art und kleinen Briefchen in allen Farben? Gäbe es nur vernünftige Männer auf Erden, so müßte jedes gelehrte Mädchen sein Leben lang Mädchen bleiben.«[36]

Ihr Mann Karl Alexander hat, zumindest was den Erhalt seines wirtschaftlichen und gesellschaftlichen Status anbetrifft, keine vernünftigere Entscheidung treffen können, als gerade diese Frau zu heiraten, von der der Postgeschichtler Ludwig Kalmus das inzwischen geflügelte Wort prägte: Therese sei der »einzige Mann« im Haus Thurn und Taxis gewesen.

Zwischen Pflicht und Leidenschaft

> »... freilich, Liebe läßt sich nicht befehlen. Wo sie ist, ist sie stark wie der Tod, aber sie läßt sich so wenig als Regen erflehen«,[37]

schrieb Therese sieben Jahre nach der Hochzeit an ihren Bruder Georg. Im Gegensatz zu ihren Erfolgen nach außen hin verlief ihre Ehe nicht glücklich. Von ihrer Seite eine Ver-

Therese, Fürstin von Thurn und Taxis

nunftentscheidung aus Pflicht der Familie gegenüber, von seiner Seite Leidenschaft. Das erste Kind Charlotte Luise, nach ihren beiden Lieblingsschwestern benannt, kam zehn Monate nach der Hochzeit zur Welt und starb bereits ein halbes Jahr später. Am 26. März 1792 wurde zur Freude aller der ersehnte Stammhalter Georg Karl geboren, benannt nach Thereses beiden Brüdern. Auch er starb früh mit knapp drei Jahren, von der ganzen Familie betrauert.

Ihre Schwester Luise, die gerade auch ein Kind verloren hatte, schrieb ihr aus Berlin am 5. Februar 1795 den folgenden Brief: »Oh! Meine engelhafte, vielgeliebte Therese, wenn Du wüßtest, wie sehr ich an Deinem Schmerz Anteil nehme, wie sehr ich Dich beklage und wie deutlich ich das Ausmaß Deines Verlustes sehe und erkenne, dann hättest Du mir nicht geschrieben, ich möge um Deinen Engel einige Tränen vergießen. Stell Dir vor: in den Zeitungen habe ich diese schreckliche Nachricht in dem Augenblick gelesen, als wir zu Tisch gingen; da stürzten mir die Tränen aus den Augen; um nicht vor Schrecken zu ersticken, konnte ich mich nicht zu dem Essen begeben, an dem viele Leute teilnahmen. Aber am Abend mußte ich zu einer großen Gesellschaft gehen, auf der alle Leute wegen meiner rotgeweinten Augen miteinander flüsterten. Ich stand wie auf Kohlen, denn mit meinem schweren übervollen Herzen wußte ich nicht, wohin ich mich wenden sollte, um eine Ecke zu finden, in der ich meinen Tränen freien Lauf lassen konnte, ohne gesehen zu werden. Ach! Meine Tränen, mein Schmerz, all das kann Dir nichts nützen, erweckt nicht den Gegenstand Deines Glücks wieder zum Leben. Oh Gott! Wie sehr erinnert mich dieser Verlust an meinen eigenen, und um wieviel mehr habe ich jetzt daran teilgenommen. Ja, lieber Engel, Dein grausames Geschick ist zu beklagen; es ist grausam, ein Kind im Alter von drei Jahren zu verlieren, ein Kind, das alles versprach, das so gut und so liebevoll war. Oh! Du unglückliche Mutter, ich möchte dir tausendfach Trost zusprechen, aber mein Herz findet keine Trös-

Aufbau eines eigenen Lebensraums

tung; ich sehe ein, ich spüre zu stark das Grausame Deiner Lage ...«[38]

Erst 1794, fünf Jahre nach der Hochzeit, wurde ein Kind geboren, das die ersten Jahre überlebte: Maria Theresia,Thereses »Röschen«, die ihr immer besonders nahestand. Im April 1798 war sie erneut schwanger und hoffte, wie ihr Mann und der Schwiegervater auch, auf den ersehnten männlichen Erben. Sie überlegte in einem Brief an ihren Bruder Georg, ob das Kind, falls es ein Junge würde, wieder Georg genannt werden könnte, wie der Bruder das wohl wünschte. Aber der Schwiegervater wolle das nicht, erst müsse der Kaiser gefragt werden, dann der König von England, ob sie Pate sein wollten: »... ein König muss es sein.«[39] Sie selber wolle es auch nicht unbedingt, denn ihren ersten Sohn habe sie Georg Karl genannt, und der sei gestorben. Als im August 1798 statt eines Sohnes eine Tochter geboren wurde, nannte sie sie wieder nach ihren Schwestern: Luise Friederike. Bei den Töchtern musste der Kaiser nicht gefragt werden. Das Kind starb drei Monate später. Therese war siebenundzwanzig Jahre alt, hatte elf Jahre Ehe hinter sich, drei Kinder durch frühen Tod verloren, als im Jahr 1800 Maria Sophia Dorothea geboren wurde, zwei Jahre später Maximilian Karl, der von allen ersehnte Stammhalter. »Am 3. November wurde ich Mutter, glückliche Mutter eines dicken, liebenswürdigen Jungen, der den Namen Max erhielt. Mutter und des Kindes Gesundheit waren so gut, daß mir das doppelte Glück wurde, ihn zu nähren. Jeden Tag wird meine Sorgfalt um ihn belohnt.«[40]

Therese, wie ihre Schwester Friederike, stillte ihre Kinder selber, ein für adlige Frauen ganz ungewöhnliches Verhalten, auch wenn Rousseau es den Müttern als naturgemäßes Verhalten dringend empfohlen hatte. Friederike musste dafür allerdings die Erlaubnis ihres Mannes einholen, der ihr das Stillen zu ihrer Freude für drei Monate gestattete. Ob Therese ihren Mann um Erlaubnis gefragt hat, darf bezweifelt werden. In einem Brief an ihren Bruder spricht sie von ihren Kindern als ihren »Hauptgöttern«,[41] was zumindest Luise so nie gesagt hätte. Für sie stand immer ihr Mann an erster Stelle. Im Jahr 1805 schließlich wurde Friedrich Wilhelm geboren, eines von vier Kindern, die aus ihrer Verbindung mit Karl Alexander überlebten. Allerdings gibt es Zweifel, ob ihr Mann wirklich der Erzeuger der beiden Söhne ist. Therese habe ein Leben »zwischen Betstuhl und Bettstatt« geführt, heißt es in einer Biografie aus dem Jahr 1975.[42] So soll sie mit Zar Alexander von Russland, Metternich, Talleyrand, dem langjährigen französischen Außenminister, und anderen ein Verhältnis gehabt haben, alles unbewiesene Unterstellungen, denen schöne und kluge Frauen zu allen Zeiten ausgesetzt sind.

Tatsache ist aber, dass sie um 1799 ihre große Liebe traf, den Grafen Maximilian Emanuel von Lerchenfeld, dessen Vater bayerischer Gesandter am Regensburger Reichstag war. Bis zu seinem Tod 1809 hatte sie mit ihm eine Liebesbeziehung. Vielleicht wusste Therese ja selber nicht, von wem ihr älterer Sohn nun abstammte. Immerhin gab sie ihm den Namen beider Männer: Maximilian Karl. Graf Lerchenfeld, später bayerischer Gesandter am Hof Jérôme Bonapartes in Kassel, begleitete Therese auf ihren Reisen nach Erfurt, Paris und Wien. Gemeinsam hatten sie fünf Kinder: Am 6. Mai 1806 wurde Georg Adolf geboren, 1807 die Zwillinge Emanuel Maximilian und Elisabeth Therese, Amalie 1808 und Therese 1809.[43] Es war eine leidenschaftliche Beziehung, die sich in diesem Kindersegen offenbarte und natürlich auch öffentlich wurde.

Kaum jemand hat sich bis jetzt die Frage gestellt, was eine Frau, die sehr religiös war und außerdem wie ihre Geschwister ein tugendhaftes Leben anstrebte, zu einer solchen außerehelichen Beziehung veranlasst hat. In einem Brief an ihren Bruder vom 20. September 1796 gibt Therese eine Diskussion mit ihrer Hofdame von Lenthe über das Thema »Liebe« wieder, das sie sehr beschäftigte. Elisabeth Dorothea von Lenthe behauptete, Liebe entstünde durch die

Bewunderung für einen Menschen; Therese hielt dagegen, dass aus Bewunderung keine Liebe entstehen könne. Man müsse eine Person bereits »recht lieb haben«, um sich »ihrer Vollkommenheit, ihrer Vorzüge überaus freuen zu können«. Man fühle »öfters Wohlgefallen an einer Person ... und findet man dann Gutes, so bindet einen das fester, und wenn man recht liebt, dann sieht man Vollkommenheit gern und freut sich darüber«, aber bei einem Menschen, der einem gleichgültig sei, »werde ich nur kalt bewundern«.[44]

War das nur ein philosophisches Streitgeplänkel oder eher die Analyse ihrer eigenen Ehe mit einem Mann, für den sich die Liebe bei allen Bemühungen seinerseits nicht einstellen wollte? Georg jedenfalls berichtete postwendend seiner Schwester Luise, die Thereses Besuch erwartete, von diesem Brief. Luise schrieb ihm daraufhin zurück: »Meine Bemerkungen über die Ankommende werde ich Dir alle haarklein mitteilen, und sehe ich eine angehende Philosophin in Therese, so schlage ich mit Feuer und Schwert drein, und ihre Lenthe, bemerke ich da so was, so sage ich's schnell heraus, denn meine gute Therese darf nicht Gelehrtheit mit einem angenehm ausgebildeten Frauenzimmer vermischen.«[45] Therese jedenfalls nutzte die Zeit in Berlin, um die Ehen ihrer beiden jüngeren Geschwister genau zu studieren. Ihre jüngste Schwester Friederike war unglücklich verheiratet, weil ihr Mann bereits vor der Ehe eine Geliebte hatte und sie auch beibehielt. Therese beobachtete Friederike, wie sie, ohne zu klagen, ihren sterbenskranken Mann pflegte, und kommentierte: »Man weiß, wie leicht getäuschte Hoffnungen verbittern ... Dabei ist ihr ganzer Wandel ein Bestreben, ihre Pflicht zu tun und ihm zu gefallen ... Ich denke, es ist unmöglich von dieser Beharrlichkeit, Sanftmut und Liebe nicht gerührt zu werden. Gott gebe es auch, denn das liebende Herz bedarf Nahrung und Teilnahme.« Luise dagegen war offenbar glücklich, allerdings habe sie das wohl eher sich als dem Kronprinzen zu verdanken, meinte Therese. »Kleine Rauheiten, Eigenheiten des Kronprinzen, wie leicht könnten sie zur Hürde werden, vielleicht explodieren, wenn nicht dieses Biegsame, diese Luisische Ruhe ihnen entgegenstehen würde. Was das unbändige Pferd zu dem gemacht hat, was es ist – ein vortreffliches Herz, Vernunft durch guten Rat befestigt, Nachdenken, Erfahrung und das wichtigste aller Mittel: Liebe. Liebe ist stark wie der Tod – beiden gehört alles.«[46]

Und wenn diese Liebe nicht da war? »Liebe, dieses schöne Geschenk Gottes, diesen Adel der Menschheit, diese wird mir fremd – es ist ein schreckliches Gefühl – an ihrer Stelle lauter schale Genüsse«, schrieb sie 1797 an ihren Bruder Georg.[47]

Was blieb, war Pflichterfüllung und Ergebenheit in ein Schicksal, dem sie mit ihrem »Ja« zugestimmt hatte. Und genau da lag wohl das Problem. Therese war von Anfang an in dieser Ehe in einer ungewöhnlichen Position. Statt Anpassung und Unterordnung unter die Gepflogenheiten der neuen Familie setzte sie allein schon dadurch eigene Akzente, dass sie sonntags, statt wie die übrige Familie am katholischen Gottesdienst teilzunehmen, in die evangelische Dreieinigkeitskirche ging, wo sie auf der Empore ihr eigenes Privatoratorium errichten ließ. Jeden Sonntag um elf Uhr zelebrierte Kirchenrat Lang für sie den Gottesdienst. Außerdem predigte er in ihren Privaträumen, was zu Protesten der Mönche führte. Eine eigene Hauskapelle löste das Problem zumindest vordergründig.

Provozierte sie durch ihre »militant protestantische Haltung«, wie Rudolf Reiser behauptet?[48] Dabei war sie doch nur ein junges Mädchen von sechzehn Jahren, das der Heirat zugestimmt hatte, weil man ihr auch vonseiten ihrer neuen Familie versprochen hatte, dass sie ihren Glauben behalten und ausüben durfte. Sie kam in eine in jeder Hinsicht vollkommen andere Welt und wollte sich vor allem durch ihren Glauben ein Stück Heimat erhalten. Therese ließ sich jedenfalls nicht beirren, und auch da zeigen sich eine für damalige Prinzessinnen eher seltene Selbstständigkeit im Denken

Aufbau eines eigenen Lebensraums

und Handeln und ein Durchsetzungsvermögen gegen ihren Mann und den gesamten Hof.

Und Karl Alexander? Zieht man von seinem resignierten Verhalten in den Jahren nach 1806, als es für seine Familie schwierig wurde, Rückschlüsse auf seinen Charakter, so kann man nicht umhin, zu vermuten, dass er eher ein schwacher und ängstlicher Mensch war, der, statt zu kämpfen, lieber auf die Jagd ging, der lamentierte, statt zu versuchen, etwas zu verändern. Ein Mensch, den eine Therese, von der bereits mit sechzehn Jahren eine lebenslange Entscheidung aus Vernunft und Pflicht für eine Ehe ohne Gefühle erwartet wurde, kaum respektieren konnte. Therese hatte gehofft, dass der Himmel ihr die Liebe für ihren Ehemann, die sie nicht empfinden konnte, schenken würde. Vergebens, sie hat ihre Pflicht getan, mehr war offenbar nicht möglich. Die Großmutter hatte recht behalten mit ihren Befürchtungen, dass Karl Alexander ihrer Enkelin nicht gewachsen sein würde. Bedauern und Verachtung, das waren neben dem Pflichtbewusstsein die einzigen Gefühle, die Therese in diesen Krisenjahren für ihren Mann übrighatte. Ihre Liebe galt einem anderen.

Karl Alexander duldete ihr Verhalten offenbar. Er ließ sogar zu, dass Thereses illegitimer Sohn Georg zumindest eine Weile mit seinen eigenen Kindern auf Schloss Trugenhofen aufwuchs, wie am 18. August 1808 Freiherr von Leykam an Konferenzrat Grub berichtete: »Sma [Serrissima] ist gestern Mittags 12 Uhr angekommen und hat ihren Kindern einen Jungen von zwei Jahren Georg von Stockach mitgebracht, welcher mit ihnen erzogen werden soll.«[49] Immer wieder gab es Scheidungsgerüchte, aber dazu kam es nicht. Lebten sie eine offene Ehe à la mode? Hatte Karl Alexander selber Mätressen, wie sein Vater vor ihm? Wir wissen es nicht genau. Tatsache ist wohl, dass Karl Alexander durch die Ehe seiner Eltern kaum ein Vorbild für die eigene hatte: sein Vater Carl Anselm, der es als natürliches Recht eines Fürsten ansah, neben der Ehe mehrere Mätressen zu haben;

seine Mutter Auguste, die damit überhaupt nicht klarkam und seit der Geburt Karl Alexanders 1770 vergeblich versucht hatte, eine Trennung durchzusetzen. Monate verbrachte sie in Paris. 1776 schließlich kam sie auf die Idee, ihren Mann umzubringen (nach anderen Quellen hatte sie das sogar schon vorher versucht). Nach mehreren Mordversuchen wurde sie schließlich nach Schloss Hornberg verbannt, wo sie bis zu ihrem Lebensende als Gefangene blieb. Als dies passierte, war Karl Alexander sechs Jahre alt. Auch andere Frauen seiner Verwandtschaft hatten versucht, ihre Männer umzubringen. Mit welchem Frauenbild war der kleine Karl Alexander aufgewachsen? War sein passives Verhalten Therese gegenüber auf Angst gegründet? Musste er nicht befürchten, dass seine Umgebung über ihn lachen würde, wenn er sogar die illegitimen Kinder seiner Frau bei sich aufnahm?

Er hat mehrere Anläufe gemacht, sich scheiden zu lassen, wurde aber von seinen Ministern davon überzeugt, dass Therese und ihr diplomatisches Geschick für den Erhalt des Hauses Thurn und Taxis wichtig waren. Vielleicht hätte er es am Ende doch getan, um den Rest von Autorität zu retten, wenn nicht der Liebhaber seiner Frau bereits 1809 gestorben wäre. Die Jahre 1805–09, in denen dessen Kinder geboren wurden und Therese ganz offen mit ihrem Liebhaber zum Beispiel in Paris zusammenlebte, waren die Jahre, in denen Karl Alexander vor der äußeren Situation, dem Verlust von Land, Postrechten und Prestige, resignierte. Er konnte aber zumindest in einem Punkt ganz sichergehen, dass Therese um ihrer rechtmäßigen Kinder, vor allem ihres Sohnes Maximilian, des zukünftigen Fürsten, willen, loyal, wenn auch nicht zu ihm, so doch zum Haus Thurn und Taxis stehen würde. Er hat in diesen Jahren wohl weniger eine Ehefrau gebraucht als vielmehr eine Vertraute, die sich wie eine gute Freundin oder sogar eine Mutter, die er nie gehabt hatte, um alles kümmerte, während er seinen Jagdvergnügungen weiter nachgehen konnte.

Aufbau eines eigenen Lebensraums

Natürlich blieb die ganze Affäre nicht unbeobachtet. 1806 schrieb Johann Eustach Graf von Schlitz aus Regensburg: »Diese Frau, mit Willen und Verstande ausgerüstet, hatte beiden für Diesen [Graf Lerchenfeld] entsagt, und sein Benehmen gegen sie war das eines ungeberdigen Sultans.«[50] Vielleicht spielte bei dieser Bemerkung des Grafen auch ein wenig Neid mit, schließlich galt Therese als eine der schönsten Frauen ihrer Zeit. Die Frau des Hofrats Grub schrieb am 24. März 1808 an ihren Mann, sie habe Therese mit Graf Lerchenfeld und Thereses großer Tochter im Theater gesehen.[51] Auch in Paris munkelte man über das Verhältnis. Nach einem Teenachmittag im Oktober 1807, an dem auch ihr Bruder Georg teilnahm, notierte der gothaische Minister Moritz August von Thümmel in seinem Tagebuch: »Graf von Lerchenfeld sang verschiedene italienische Arien, welche er mit der Gitarre begleitete. Obgleich seine Stimme nicht übel war, so konnte doch der gute Mann nicht wieder aufhören; und es war uns, der Gesellschaft doch nicht zuzumuten, eben die gleiche complaisance wie die liebenswürdige Prinzessin zu haben, denn seine Absicht war wohl, nicht uns, sondern ihr zu gefallen!«[52]

Zu dieser Zeit war es Therese offensichtlich ziemlich egal, was die Leute dachten und sagten. Anders sah es aus, als der ehemalige Postverwalter Hofrat Grub, inzwischen in bayerischen Diensten, Jahre später Thereses Liebesleben in einer Schrift öffentlich machen wollte. Jahrelang hatte er mit ansehen müssen, dass der Fürst nicht ihn, sondern Therese mit der Rettung des Hauses Thurn und Taxis betraute. Aus enttäuschtem Ehrgeiz fing er an, Therese auszuspionieren. Er ließ sie auf ihren Reisen beobachten, legte Akten über sie an und äußerte sich in Vermerken an den Freiherrn von Leykam und den Grafen Alexander von Westerholt des Öfteren sehr abfällig über den Lebenswandel und die Verhandlungen beziehungsweise Fahrten der Fürstin quer durch Europa. Als Therese davon erfuhr und sich vor den Geheimen Räten des Hauses negativ über ihn äußerte, reichte er eine offizielle Beschwerde beim Fürsten über sie ein. Sie enthielt Unterstellungen, Drohungen bis hin zur Erpressung, falls ihre Vorwürfe, die sich gegen seine Ehre richteten, nicht zurückgenommen würden. Auf Anweisung Karl Alexanders musste er die Taxis'schen Dienste verlassen, verfasste daraufhin eine Schmähschrift gegen Therese, deren Veröffentlichung Therese nur durch ein Verbot ihres Onkels, des bayerischen Königs Maximilian I., verhindern konnte.[53]

Ausgestattet mit Schönheit und Klugheit, zog Therese eine Menge Männer an, auch nach dem Tod von Maximilian, ihrer großen Liebe. Von 1811 bis 1816 war Graf Alexander von Miltitz, ein Freund ihres Mannes, ihr ständiger Begleiter. Ob mehr im Spiel war, wissen wir nicht. Therese hat es immer bestritten; auch in Briefen an die Geschwister, in denen ihre Liebe zu Maximilian eine große Rolle spielte, gibt es keinen Beleg, dass nach dem Tod ihres Geliebten ein anderer Mann diese Stelle eingenommen hat. Es ist auch zu bezweifeln, ob sie ausgerechnet in einer Zeit, in der die mögliche Enthüllung ihrer Beziehung zu Graf Maximilian durch Hofrat Grub im Raum stand und womöglich erneut die Gefahr einer Scheidung gedroht hätte, das Risiko einer neuen außerehelichen Beziehung eingegangen wäre.

Am 7. September 1825 starb ihr jüngster Sohn Friedrich Wilhelm durch einen Reitunfall. Er hatte ihr vorher großen Kummer bereitet, weil er sich mit Friederikes Tochter Auguste auf eine Liebesgeschichte eingelassen hatte. Es soll sogar eine heimliche Verlobung gegeben haben, aber dann machte Friedrich Wilhelm einen Rückzieher, der Auguste in tiefste Depressionen stürzte und Friederikes Zorn erregte und für kurze Zeit auch das Verhältnis zwischen den Schwestern trübte. Traurig beschreibt Therese ihrem Bruder nach dem Tod des Sohnes, wie sie in den letzten Jahren oft ihre beiden Söhne voller Stolz und Freude beobachtet habe. So schnell könne das Schicksal sich ändern. Therese fand Trost in Gott, in seiner verlässlichen Zusage, »daß kein

Haar von unserem Haupte fällt ohne Gottes Willen«. Georg
lud sie nach Neustrelitz ein, aber sie mochte den Fürsten
nicht allein lassen, »dem, wie du weißt, ich mein übriges
Leben gewidmet habe«.[54]

Am 15. Juli 1827 starb Karl Alexander nach einem Schlaganfall in den Armen seiner Frau. In den letzten Jahren vor
seinem Tod hatten Therese und er sich wieder angenähert,
hatten gemeinsame Reisen durch ihre Besitzungen unternommen, die Verwandten in Berlin und Neustrelitz besucht. Therese, inzwischen vierundfünfzig Jahre alt, hatte
sich zuletzt verstärkt um den Ausbau der Residenz und die
Verwaltung der Güter gekümmert. Mit dem Regierungsantritt ihres Sohnes Maximilian war die Zeit ihrer politischen Einflussnahme vorbei. Sie zog sich ins private Leben
zurück, baute ihre umfangreiche Bibliothek weiter aus und
kümmerte sich um ihre zahllosen Kontakte zu Dichtern
und Denkern.

Familienbande

»Gott führe mich doch bald zu Euch!«,[55]

schrieb Therese 1803 an ihren Bruder Georg. Wie bei ihren
anderen Geschwistern zieht sich die lebenslange Sehnsucht
nach der Nähe der Familie durch ihre Briefe, auch wenn
Therese nach außen der umschwärmte Mittelpunkt der Gesellschaft war. »Du fragst, wie es ist, entfernt von Euch zu
leben. Ach, es ist mir schlecht, mehr öde ums Herz. Meine
Rose ist mein einziger Genuss, mein Trost in allen Fällen
des Lebens. – Gott erhalt sie mir nur«, schrieb sie 1797 nach
einem der seltenen Besuche bei ihrer Familie in Neustrelitz und Berlin. Sechs Monate lang war sie mit der Großmutter, dem Vater, den Brüdern und ihren Schwestern Luise
und Friederike zusammen gewesen. Jeder Tag sei etwas
ganz Besonderes gewesen, schreibt sie wehmütig. Und nun

sei sie zurück in Regensburg, weit entfernt von allem, was ihr wichtig sei. Die Gesellschaft in Regensburg bedeute ihr nichts, zu Hause im kleinen Zirkel gehe es ihr noch am ehesten gut.[56]

Lebhaft nahm sie am Schicksal der anderen Geschwister teil: Schwangerschaften, Geburten, Todesfälle, aber auch der Austausch von Erkenntnissen und Erfahrungen füllen die Briefe. Zu ihrem Bruder Georg hatte Therese, wie ihre anderen Schwestern auch, ein besonderes Verhältnis, litt unter den langen Zeiten der Trennung: »Am Ende fürchte ich, lieber Georg, werden wir uns im Mond ein ›Stelldichein‹ geben müssen, denn Gott weiß, wann wir uns auf Erden wieder sehen.«[57] Anfangs sandte sie noch schwesterliche Ratschläge an den kleinen Bruder, später diskutierte sie philosophische Fragen und die politische Lage mit ihm. »Meine teure, teure Therese!«, schreibt Georg, sechzehnjährig, zum Geburtstag seiner Schwester. »Warum ist es mir nicht vergönnt, in Deine Arme zu fliegen – an diesem schönen, schönen Tage! Um Dir wenigstens durch den Taumel meiner Freude eine Ahnung von den Gefühlen zu geben, die ich so oft lebhaft empfinde.«[58]

Luises Verhältnis zur drei Jahre älteren Schwester war eher gespalten. Auf der einen Seite freute sie sich über jeden Besuch, wie sie Georg 1796 schrieb: »Die Freude, die ich darüber empfinde, ist dermaßen groß, daß, wenn ich daran denke und noch einmal überdenke, welche Freude mir bevorsteht, so bekomme ich so ein Gekribbel in Händen und Füßen, daß es ordentlich fieberartig wird.« Auf der anderen Seite spürte sie genau, wie überlegen ihr die ältere Schwester in vielerlei Hinsicht war, selbst auf dem Gebiet der Mode: »Wie ziehet sich Therese an? So wie wir? Besser oder schlechter? Mit oder ohne Halstücher?«, fragte sie vor dem Besuch Thereses aufgeregt ihren Bruder.[59]

Die Beziehung Thereses zu Luise war wie bei allen Geschwistern von Bewunderung getragen. Bezeichnend dafür der folgende Briefwechsel aus dem Jahr 1802: Luise hatte

Aufbau eines eigenen Lebensraums

sie nach Berlin eingeladen, Therese lehnte ab, weil sie sich um ihre Kinder kümmern musste, und wegen der Kriegshandlungen im Süden. Luise konnte das verstehen, bat die Schwester aber um einen Gegenstand, den Therese getragen hatte – einen Ring, ein Band oder eine Kette: »Diese Kleinigkeit verläßt mich dann nicht die Zeit, die wir hätten zusammen sein können.« Therese schickte ihr daraufhin ein Kästchen mit einer Locke und mit einem ihrer Ringe: »Luise, Engel, Schwester, Liebling meiner Seele ... wie soll ich Dich nennen, wie Dir ausdrücken, was ich empfinde? Worte können es nicht, nimm meine Tränen, ach sie fließen Dir, unserer Nicht-Vereinigung im vollen Maße ...« Therese bedauerte, dass sie nicht kommen könne und Luise dadurch traurig machen müsse: »Ehe ich Dich nicht wieder heiter weiß, ehe ist kein Sonnenschein für mein Herz.« Sie sei selber traurig: »Nein, ich darf nicht an den Himmel denken, dessen Eingang ich offen sehe und dessen Eintritt mir versagt ist«, denn der Krieg mache eine Reise unmöglich.[60]
Therese war unter den Geschwistern die Intellektuellste, die in Regensburg einen Kreis von Künstlern und Philosophen um sich geschart hatte und ihre Abende gerne mit Gesprächen über Themen wie Wahrheit, Ästhetik oder die Pflichten eines Menschen verbrachte. Für so viel Theorie fehlte Luise die geistige Kapazität. Sie konnte für alles Verständnis aufbringen, für jede menschliche Schwäche, für jeden Fehltritt, nur nicht, wenn ihr wieder einmal ihre mangelnde Bildung bewusst wurde. Und so beschwerte sie sich häufig bei Georg, der für alle vier Schwestern als eine Art Kummerkasten fungierte. »Noch ein Wort über die Wahrheit, dass ein reines Herz keiner Philosophie bedürfe«, schrieb sie nach einem Besuch Thereses in Berlin, bei dem nach Luises Meinung zu viel diskutiert wurde. Über Pflichten gegenüber Gott und den Menschen könne man nicht debattieren. Um glücklich zu werden, müsse man nur der Stimme seines Herzens folgen.[61] Und so zog sich Luise auf das Gebiet zurück, das nach Rousseau den Frauen

allein gemäß war: die Tugend. Hier war sie nicht nur nach Meinung der Gesellschaft, sondern auch in ihrer Selbsteinschätzung den meisten Frauen überlegen: »Therese ist mir in allem überlegen, aber meine Tugend machte mich stark«, schrieb Luise nach dem Familientreffen in Wilhelmsbad 1803 an ihren Bruder. Und im selben Brief: »Therese stärker, weißer, hübscher, aber eitler, und im Costume, das der Coqueterie sehr gleich war ...«[62] Hier schwingt wohl ein wenig Neid mit, denn eitel waren alle vier Schwestern. Sie schickten sich die neuesten Hüte, Stoffe und Modezeichnungen zu, aber Therese war andererseits die Einzige, die über das entsprechende Budget verfügte, sich auch alles kaufen zu können.

Aber trotz aller Unterschiede und kleinen Konflikte war Therese auch für ihre Schwester Luise »meine engelhafte, vielgeliebte Therese«, der sie unzählige Briefe schrieb. »Möge Gott Dich segnen, lieber Engel, und möge Dir das Glück und die Freude schenken, die Du verdienst«, schrieb sie zu Thereses zweiundzwanzigstem Geburtstag. »Therese war heute mein erster Gedanke, und ich werde den ganzen Tag über an Dich denken, und das auch noch, wenn ich die Augen schließen werde, um den Tag zu beenden.«[63] Und nach dem Tod von Thereses dreijährigem Sohn schrieb Luise ihr einen Brief voller Mitgefühl – sie hatte ein Vierteljahr zuvor ihr eigenes Kind verloren: »Ich habe die Nacht gewählt, weil ich zu stark das Unglück meiner vielgeliebten Schwester mitempfinde ... Sag mir ganz offen, liebe Therese, würde Dir eine Reise nicht gut tun.« Und sie empfahl ihr, nach Hildburghausen zu fahren, um sich bei Charlotte zu erholen.[64] In der Not waren alle Unterschiede, alle Konflikte bedeutungslos.

Immer wieder gab es Familientreffen, an denen Therese einige ihrer Geschwister sehen konnte, häufig besuchten sie sich untereinander, sodass jeder über das Schicksal der anderen Bescheid wusste und Anteil nehmen konnte. »Gestern erhielt ich die traurige Nachricht des harten Schlags,

Aufbau eines eigenen Lebensraums

der unsere arme Ika wieder traf, das arme Weib. Mit 20 Jahren hat sie beinahe alles verloren, was zu verlieren ist und uns dem Herzen am nächsten geht. – Gott möge ihr noch ein großes Glück in der Zukunft bescheren«, schreibt Therese an ihren Bruder Georg nach dem Tod des kleinen Sohnes ihrer Schwester Friederike.[65]

Am 12. Februar 1839 starb Therese auf Schloss Taxis nach längerer Krankheit. Sie wurde neben ihrem Mann Karl Alexander in der Familiengruft in der alten Abtei Neresheim beigesetzt nahe dem Schloss Trugenhofen, das seit 1819 Schloss Taxis hieß. Vier Jahre später, als die neu erbaute Gruft in der Abtei Sankt Emmeram in Regensburg fertiggestellt war, bettete man beide um.

Bei allem, was an Kritischem über Therese von Thurn und Taxis geschrieben wurde, sind es wohl die zwei folgenden Zitate aus ihrer eigenen Feder, die diese Frau und ihre Einstellung zum Leben am besten charakterisieren, beide aus Briefen an ihren Bruder Georg, der ihr von allen Geschwistern am nächsten stand. 1797 schrieb sie: »Ich habe mir einen Lebensplan entworfen, und ich hoffe, er wird zum Guten führen. Mein Durst nach Kenntnissen wird mit jedem Tage stärker, ich will meinen Geschmack zu verfeinern suchen, das Schöne, das Gute suchen; es mir zu eigen machen, soviel es meine Kräfte zulassen, und so von Stufe zu Stufe, vom Guten zum besseren, und endlich zu dem höchst Guten und einmal zu Gott hinauf zu kommen. Auf diese Art werde ich den wohltätigen Gott nie aus den Augen verlieren.«[66] Und 1815 folgte die Erkenntnis aus den vergangenen turbulenten Jahren: »... nur im inneren Leben liegt Zufriedenheit und Trost, und früh oder spät spricht die Stimme des Gewissens sehr laut, und alle palliatischen [lindernden] Mittel sind unzulänglich, daher auch, wenn man fühlt, daß man das Leben wirklich lebt, man über das Urteil der unverständigen Menge sehr gleichgültig wird.«[67]

Therese, Fürstin von Thurn und Taxis

Friedrich Gottlieb Klopstock

Zwischen Klopstock, von dem es hieß, er sei in Therese unsterblich verliebt, und Therese ist zumindest ein Briefwechsel nachweisbar. Dass er ihr ausgerechnet seine Ode *Das Denkmal* widmete, in der der Kampf gegen die Franzosen thematisiert wird, ist bezeichnend und passend, denn Therese hat ihre politische Rolle in der Auseinandersetzung mit Napoleon von allen Schwestern am selbstständigsten gespielt.

Die Erbprinzessin von Thurn und Taxis, gebohrne Herzogin von Mecklenburg-Strelitz, schickte mir, ohne sich zu nennen, ein sehr schönes Miniaturgemälde aus Hermanns Schlacht. Die Wahl des Gegenstandes übertraf das Gemälde, und beyde der begleitende Brief.

Das Denkmal
An Therese Matilde Amalia

Wahrheit du, und du o Geschichte, wenn ihr vereint
    seyd:
Schreibet Flammen der Griffel, mit welchem ihr zeugt
    von erhöhten
Buben; und die Stimme, mit der ihr das Zeugniss
    aussprecht,
Spricht, ihr rächenden! Donner aus.

Rächet sie jetzt, die Menschheit, an Frankreichs
    Oligokraten,
Ernste Vergelterinnen! Zu schonend rügt der
    Verbrecher
Tod; Europa will das warnende Schandmal, will
    die
Ewige Piramide sehn!

Aufbau eines eigenen Lebensraums

Nie noch hat die Geschichte so ganz enthüllet der
*   Wahrheit*
Antlitz erblickt; es verschmähte den Schleyer der
*   Handelnden Unscham.*
Eilet denn, thut die Folg' uns kund der Vereinung!
*   lindert,*
Löschet der Harrenden heissen Durst.

Jünglinge dulden's noch wohl, das Erwarten; wir
*   Greise verabscheun's.*
Auf denn, rächet die Menschheit, und bald! Nicht süss
*   nur, auch edel*
Ist die Rache, um die wir flehen; o reicht aus voller,
Kühlender Schale den Labetrunk.

Sollten vielleicht dem Eroberer nur Schandmale den
*   lauten*
Namen ewigen? nicht dem Hochverräther der
*   Menschheit,*
Nicht dem Scheusal, dem Heuchler auch, so der
*   Freyheit opfernd,*
Kettenumrasselte Freye würgt?

Nein, so wählet ihr nicht, vergesset eh die Erobrer,
Als dass ihr nicht der Freyheit getünchte Vergötterer
*   hinstellt,*
Wie sie waren. Mich deucht, ich sehe die
*   Flammenschrift schon!*
Höre der redenden Donnerton!

Wenn ich, erlebend, wirklich das seh', es wirklich mein
*   Ohr hört;*
Feyr' ich ein Fest, bekränze mit Eichenlaube das Haupt
*   mir,*
Lade Freund' ein, spüle den hellsten Kristall im
*   reinsten*
Bache, füll' ihn mit Wein, der Greis

Therese, Fürstin von Thurn und Taxis

Wurde, wie ich. Im Kristall versiegt's nicht selten. Das
  Waldhorn
Hallet; wer singen kann, singt. Wir freuen uns innig!
  Ich werde
Hundert Monde verjüngt! Wenn Rache, wie die
  vollbracht ist;
Darf sich taumelnd die Freude freun.

Luise, Königin von Preußen (1776–1810)

Durch Anpassung zur »Tugend«

»Frische Fische, gute Fische!«

Mit diesen Worten soll der preußische König Friedrich Wilhelm II. seiner Frau in Berlin seine zukünftigen Schwiegertöchter Luise und Friederike angekündigt haben.[1] Auf der Suche nach geeigneten Bräuten für seine Söhne Friedrich Wilhelm und Ludwig war er den beiden Prinzessinnen, siebzehn und fünfzehn Jahre alt, Anfang März 1793 in Frankfurt begegnet und war auf Anhieb begeistert. Ein erstes Treffen der potenziellen Eheleute fand am 14. März statt, weitere folgten zwecks besseren Kennenlernens in den folgenden Tagen.

Kronprinz Friedrich Wilhelm sollte sich eine der Prinzessinnen aussuchen, die andere würde für seinen Bruder bleiben. Dem Kronprinzen fiel die Wahl schwer. Er galt als menschenscheu, war unentschlossen und sehr eigensinnig, so sein Erzieher Karl August von Backhoff,[2] womit er später, als König, seine Umgebung einschließlich Luises Geschwister zur Verzweiflung brachte. Er neigte dazu, »eine Sache reifen zu lassen, Entschlüsse hinauszuschieben oder nur vorläufige, unfertige Entscheidungen zu treffen«, schreibt der erste Biograf der Königin Luise, Paul Bailleu. »Eine schwunglos nüchterne Natur, die keinen Herd gefährlicher Leidenschaften in sich barg, die aber auch Begeisterung selbst so wenig empfand, wie sie andere zur Begeisterung erheben und fortzureißen fähig war.«[3]

Auch bei seiner Brautwahl war Friedrich Wilhelm zunächst unentschlossen. »Beide Prinzessinnen gefielen mir sehr wohl, ohne gerade in sie was man so eigentlich nennt verliebt zu seyn«, schrieb Friedrich Wilhelm III. in seinen Erinnerungen. »Beide waren recht hübsch, hatten einen angenehmen Ton und schienen dem Äußeren nach sich nichts nachzugeben ... Hinzu kam noch, daß die jüngste Prinzessin in ihrem ganzen Wesen viel Grazie und was man sagt ›séduisantes‹ hatte, das der älteren damals nicht so eigen war.« Da er sich nicht entscheiden konnte, bot er seinem Bruder Ludwig die erste Wahl an, dem es aber eigentlich ganz egal war, wen er aus politischen Gründen heiraten sollte, denn er hatte bereits eine Geliebte in Berlin, die er nicht heiraten konnte, weil sie nicht standesgemäß war, die er aber auch nicht aufzugeben bereit war. Es war »sorgfältige Prüfung und Überlegung« und »Erkundigungen, die ich über den Karakter und die Eigenschaften beider Prinzessinnen anstellen ließ«, die Friedrich Wilhelm nach vier Tagen Luise wählen ließen. Die unbekümmerte Ausgelassenheit Luises war überschaubarer als das Verführerische in Friederikes Wesen.[4]

Sein Vater Friedrich Wilhelm II. hielt am 18. März bei der Großmutter um die Hand der Prinzessinnen für seine beiden Söhne an. Am 19. März fragte der Kronprinz Luise, die offizielle Verlobung folgte am 24. April. Zwischen erster Begegnung und Luises Jawort lagen fünf Tage, kaum ausreichend für mehr als ein flüchtiges Kennenlernen. Luise beschreibt den Prinzen ihrer Schwester Therese so: »Du kannst nicht glauben, liebe Therese, wie zufrieden ich bin. Der Prinz ist außerordentlich gut und gerade, kein unnötiger Schwarm von Worten begleitet seine Reden, sondern er ist erstaunlich wahr. Kurz; mir bleibt nichts zu wünschen übrig, denn der Prinz gefällt mir ...«[5]

Trotz dieser mehr vom Zufall geprägten Entscheidung des Kronprinzen war die Ehe, die siebzehn Jahre lang bis

Aufbau eines eigenen Lebensraums

zum Tod Luises dauerte, im Vergleich zu den meisten fürstlichen Ehen der Zeit anscheinend glücklich, wenn auch der Preis, den Luise für dieses Glück zahlen musste, hoch war. »Sentim[ent]al war meine Liebe zu ihr nicht«, bekannte Friedrich Wilhelm 1810 nach dem Tod seiner Frau, »sie beruhte vielmehr auf gegenseitiger Neigung und Achtung und im Ganzen auf Gleichförmige Grundsätze und Ansichten der Dinge … Sie hat mit meinen Schwächen vorlieb genommen, ich ihre Schwachheiten ertragen, denn wer hätte deren nicht, und so waren wir dennoch glücklich, unaussprechlich glücklich.«[6] Auch Luises Rezept für eine glückliche Ehe sah zunächst ganz unbeschwert heiter aus: »Sie lieben mich, ich liebe Sie, ein wenig Nachsicht von beiden Seiten und alles wird gut gehen. Ich habe meine Fehler, die Sie noch zu wenig kennen; deshalb bitte ich Sie im voraus, haben Sie viel Nachsicht mit mir, erwarten Sie nicht zu viel von mir, denn ich bin sehr unvollkommen, sehr jung, ich werde also oft irren. Aber wir werden doch glücklich sein.«[7] Für Friedrich Wilhelm waren vor allem die Natürlichkeit und die überschäumende Lebendigkeit seiner zukünftigen Frau etwas vollkommen Neues. Auch ein intensives Familienleben mit stimmungsvollen Geburtstagsfeiern und gemeinsamen Mahlzeiten, einem fröhlichen, lauten Zusammensein, über das Luise sich manchmal, wenn auch mehr im Scherz, beklagte, weil sie bei dem Getobe und Lärmen ihrer Geschwister kaum einen Brief an den Kronprinzen schreiben könnte, kannte er nicht.

Die Kindheit des Prinzen verlief, nach seinen Tagebuchaufzeichnungen zu urteilen, eher trist und öde. Seine Mutter, Friederike von Hessen-Darmstadt, eine Tante Luises, war die zweite Frau Friedrich Wilhelms II. und lebte mit ihren Kindern in Potsdam. Der Vater, der neben seiner Ehe immer Mätressen hatte und sich mehr im Hause seiner Hauptfavoritin Wilhelmine Encke aufhielt, der späteren Gräfin Lichtenau, mit der er fünf Kinder hatte, kommt in Tagebüchern Friedrich Wilhelms, die den Tagesablauf eines

Luise, Königin von Preußen

einsamen, nur mit Erzieher und Lehrern kommunizierenden Kindes beschreiben, so gut wie gar nicht vor. Seine Mutter besuchte er zusammen mit seinem Bruder Ludwig abends zwischen neunzehn und einundzwanzig Uhr für circa zwei Stunden.[8]

Und so wandte er sich den Pflanzen und Tieren, vor allem den Vögeln zu. Er malte und zeichnete gern und auch sehr gut, wie seine Pflanzen- und Tierbilder zeigen. Von seinen Lehrern durfte dies allerdings nicht gefördert werden, schließlich sollte aus dem Prinzen in erster Linie ein Soldat werden. Luise aber schickte ihm während ihrer Verlobungszeit einen Malkasten ins Heerlager und hoffte: »... in Zeiten der Muße wird er Ihnen einige Freude machen und eine kleine Erinnerung an ihre Luise sein.«[9] Liebevolle kleine Gesten, die für den Kronprinzen ganz ungewohnt waren.

Seine Erziehung hatte sein Großonkel Friedrich der Große persönlich in die Hand genommen. Als sich sein Erzieher einmal beklagte, dass der Prinz beim Lernen von theoretischem Stoff oft unaufmerksam sei, weil ihm offenbar das nötige Abstraktionsvermögen fehle, bekam er vom König zur Antwort, dass es reiche, wenn Friedrich Wilhelm in der Wissenschaft die für einen Soldaten nötigen Kenntnisse hätte.[10] Ein Freund der Wissenschaften war Friedrich Wilhelm III. zeit seines Lebens nicht, und er sah es später auch gar nicht gerne, wenn Luise sich mit intellektuellen Freundinnen umgab oder sich durch das Lesen von Büchern weiterbilden wollte. Dagegen liebte er die stillen häuslichen Vergnügungen im Kreise der Familie, ein Leben, das er erst durch Luise und ihre Familie kennengelernt hatte. Er ist auch der Einzige von den Schwiegersöhnen Karls von Mecklenburg-Strelitz, der die engen Bande in der Familie der Strelitzer nicht nur begrüßt, sondern auch immer wieder durch von ihm arrangierte Treffen gefördert hat.

Während der Verlobungszeit mit Luise, also von April bis Dezember 1793, als Friedrich Wilhelm im Heerlager bei Bodenheim am Rhein seinen Dienst tat, gingen fast täglich

Aufbau eines eigenen Lebensraums

Briefe hin und her. Außerdem schickte Luise ihm per Boten Kuchen, Kirschen, Orangen und selbst gestrickte Strümpfe mit Briefen, in denen so frei und ungezwungen mit ihm umgegangen wurde, wie das wohl noch nie jemand mit dem preußischen Kronprinzen getan hatte: »Ich muß durchaus ein bißchen vernünftig mit Ihnen sprechen; gegenwärtig sind Sie noch imstande zuzuhören und zu überlegen, denn ich hoffe nicht, daß Sie am Morgen betrunken unter dem Tische liegen, nein, das hoffe ich nicht. Verhalten Sie sich so, daß ich von niemand eine Klage vernehme, wenn ich nach Bodenheim komme, sonst werde ich tun, als kenne ich Sie nicht, und wir werden uns ganz fremd sein. Ebenso bitte ich Sie, sich nicht zu besaufen unter dem Vorwande, auf meine Gesundheit zu trinken, denn es würde mir sehr übel bekommen und mein Name und meine Person dürfen Ihnen niemals Unglück bringen.«[11]

Hochzeit war am 24. Dezember 1793 in Berlin. Luise Fürstin Radziwill, Tochter des Prinzen Ferdinand, also eine Cousine des Kronprinzen, hatte den Einzug der Prinzessinnen in Berlin von einem Fenster im Palais ihres Vaters aus angesehen und schrieb später in ihren Memoiren: »Niemals habe ich vorher und auch seitdem nicht mehr ein so entzückendes Wesen wie die Kronprinzessin gesehen. Ihre Sanftmut und Bescheidenheit, verbunden mit ihrer edlen Schönheit ließen sie alle Herzen gewinnen.«[12] Nur die Königin, ihre Schwiegermutter, der die Hochzeit ihrer Söhne mit den mecklenburgischen Prinzessinnen von Anfang an nicht gefallen hatte, sah schon am Abend der Hochzeit ihre schlimmsten Befürchtungen bestätigt. Beide Prinzessinnen tanzten mit perfekter Grazie, vor allem den Walzer, den der König auf ihren Wunsch spielen ließ. Die Kronprinzessin sei dabei schön wie ein Engel gewesen, schreibt Luise Fürstin Radziwill. König Friedrich Wilhelm II. bewunderte ihren Walzer, ein Tanz, der wegen des zu engen Kontakts zum Partner nicht nur am preußischen Hof als unmoralisch galt und daher bisher verboten war. Keine der anwesenden

Luise, Königin von Preußen

anderen Prinzessinnen wagte daher mitzutanzen. Die Königin war schockiert über »solche Unanständigkeit«, sie wiederholte ihr Tanzverbot für ihre Töchter und senkte selber die Augen, um ihre Schwiegertöchter nicht tanzen zu sehen.[13]

Zwei Tage nach Luise heiratete Friederike den Prinzen Ludwig. Die Paare wohnten zur Freude der beiden Schwestern in zwei benachbarten Gebäuden an der Straße Unter den Linden, sodass für sie wenigstens ein Stück Familie in der Fremde erhalten blieb. Der Übergang vom bürgerlich-familiären Leben in Darmstadt in das steif-preußische Berlin war anfangs schwierig. Luise hatte schon vorher große Angst gehabt, dass man sie » wie ein seltenes Tier« betrachten würde: »... ich habe solche Furcht vor diesen lästigen Beobachtern, die ihre Nahsichtbrillen und Lupen zücken werden, um meine Fehler ja genau zu erkennen ... Ade unschuldige Vergnügen; ade Jugendzeit, ade Fröhlichkeit – sie werden für mich nur zu bald zu Buchstaben und Bilderrätseln werden ...«[14] Keine der Schwestern hat so klar und deutlich wie Luise den Einschnitt formuliert, den die Heirat für sie alle bedeutete. Damit sie keine allzu groben Fehler machte, hatte man ihr die in der Etikette erfahrene Oberhofmeistern Sophie von Voß zur Seite gestellt, mit der es zunächst zu Konflikten kam, zumal Luise sie zu Recht als Spionin verdächtigte, die im Auftrag des Schwiegervaters ihre Briefe kontrollierte.[15]

»... mein Leben lang werde ich versuchen, Sie glücklich zu machen; meine größte Sorgfalt wird dahin gehen, durch alles, was in meiner Macht steht, zu erspähen, wo ich Ihnen Freude machen kann; ich werde Ihren Geschmack studieren, um mich nach Ihrem Willen zu richten; kurz, ich schwöre Ihnen, ich werde immer wahrhaft die Ihre sein«, hatte Luise ein halbes Jahr vor der Hochzeit an den Kronprinzen geschrieben.[16] Und in einem weiteren Brief hieß es: »Seien Sie auch bitte überzeugt, dass ich keine größere Freude habe, als wenn ich sehe, daß meine Denkweise und mein Verhal-

Aufbau eines eigenen Lebensraums

ten Ihren Wünschen entspricht, denn dann kann ich mir mit Gewißheit sagen, daß ich zu Ihrer Befriedigung beitrage.«[17] Jean-Jacques Rousseau wäre begeistert gewesen. Seine literarische Figur »Sophie« war in Luise lebendig geworden.

Jetzt aber stand die Bewährungsprobe in der Praxis an – und da sah es anfangs gar nicht gut aus. Luises Verstöße gegen die strenge Hofetikette, die sie aus Darmstadt nicht kannte und die sie ihr Leben lang hasste, führten im ersten Ehejahr zu scharfer Kritik von allen Seiten und zu Konflikten mit dem Kronprinzen, sodass die Oberhofmeisterin in ihr Tagebuch notierte: »... alle Welt ist mit ihr unzufrieden.«

Auch das störte Luise zunächst nicht. Sie fuhr ungerührt fort, die Nächte durchzutanzen, vor allem den geliebten Walzer, den Friederike und sie zum Entsetzen des Hofes und der Königin, aber mit Genehmigung des Königs dauerhaft am Hof eingeführt hatten. Sie traf sich zum Tee mit unterschiedlichen Bekannten, ohne die Oberhofmeisterin davon zu unterrichten, und fuhr ganz unbekümmert ohne ihre Begleitung mit Friederike und dem als Casanova bekannten Prinzen Louis Ferdinand spazieren, für eine Kronprinzessin ein unmögliches Verhalten. Schließlich sah sich selbst der König zum Eingreifen genötigt; er empfahl dem Kronprinzen, seiner Frau deutlich zu machen, dass »wir hier gewohnt sind, uns bei unseren Frauen Gehorsam zu verschaffen«.[18] Der Kronprinz folgte dem Rat des Vaters, und so konnte schon im April 1794 Sophie von Voß zufrieden in ihrem Tagebuch festhalten: »Die Prinzessin betrug sich den ganzen Tag vortrefflich.«[19]

Was Luise dabei empfand, verraten die folgenden Zeilen an ihren Bruder Georg, auf dessen Brief sie vergeblich gewartet hatte: »Du hättest mir wohl einige Augenblicke widmen können; ach, einige Worte nur haben so viel Trost für mich. Ich brauche ihn mannigmal – Berlin ist viel größer als Darmstadt, es sind auch viel mehr Leute allerhand Art darin. – Das werde ich gewahr ...«[20]

Luise, Königin von Preußen

Von nun an bis an ihr Lebensende schlüpfte Luise in die Rolle, zu der sie erzogen worden war, die sie aber durch ihr impulsives Wesen eigentlich gar nicht ausfüllen konnte, ohne sich selber aufzugeben.

Nach zehn Jahren Ehe schrieb sie an ihre beste Freundin Caroline Friederike von Berg: »Man muss sich sein Glück schaffen, man ergreift es nicht bequem mit der Hand.«[21] Und genau da liegt der Schlüssel für das Verständnis dieser Ehe, von der Luise noch Tage vor ihrem Tod schrieb, dass sie mit dem besten aller Ehemänner verheiratet sei. Dem Ehemann eine »heitere Gesellschafterin und Freundin ... und meinen Kindern eine nützliche Stütze«[22], so sah sie ihre Hauptaufgaben. Im Mittelpunkt standen die Wünsche und Launen ihres Mannes, dem sie ihre eigenen Interessen immer wieder unterordnete. Er forderte ihre Anwesenheit an seiner Seite, selbst wenn er in den Krieg zog und auch wenn die Kinder krank in Charlottenburg lagen, er sich aber in Potsdam im Manöver befand. Nach dem Recht der Zeit bestimmte der Mann den Aufenthaltsort seiner Frau, und Friedrich Wilhelm III. machte davon ohne Rücksicht auf die Gefühle Luises oder seiner Kinder Gebrauch.

Während Luises Schwestern sich immer wieder erfolgreich gegen die Ansprüche ihrer Ehemänner zu wehren suchten, unterwarf sich Luise nahezu widerspruchslos den Wünschen ihres Ehemannes, so wie sie es in ihrer Jugend als für die Frau angemessen gelernt hatte. Stellvertretend für viele Situationen, die sie in ihren Briefen oft nur andeutet, steht die folgende. Luise beschreibt in einem Brief an ihre Freundin Marie von Kleist eine Unterhaltung mit ihrem Mann, in der es um eine Fahrt von Potsdam nach Berlin zur Aufführung von Friedrich von Schillers *Jungfrau von Orleans* ging. Der König war ursprünglich einverstanden gewesen, hatte ihr sogar Aufträge mitgegeben, die sie in Berlin erledigen sollte. Aber dann schlug seine Stimmung plötzlich um, er verbot ihr zu fahren. Er war der »allerschlechtesten Laune«. Wenn sie nicht mit anderen verabredet gewesen wäre, hätte

Aufbau eines eigenen Lebensraums

sie auf die Fahrt verzichtet, schreibt sie weiter, »obgleich ich sie harmlos finde und er noch dazu sie mir versprochen hat ... Ich sah ganz richtig, daß es nur schlechte Laune war, die ihn so reden und handeln ließ, und das schnitt mir ans Herz, denn ich verdiene sie nicht.« Als sie abends zurückkam, las sie ihrem Mann aus Jean Pauls Gedicht von den *Vier Jahreszeiten der Liebe* vor. »Beim Lesen unterbrach er mich und machte die für mich so wichtige und wohltuende Bemerkung, daß Jean Paul zu schnell über den Sommer der Liebe hinweggegangen sei. – Als ich geendet hatte, sah ich, daß er gerührt war, und an seinem Halse weinte ich Tränen der Freude und Dankbarkeit, daß unsere Herzen so ähnlich denen waren, die Jean Paul beschrieb, und ich war den ganzen Abend glücklich; warum ist das nicht immer so? Sicherlich hatte ich gestern abend unrecht, denn als ich ihm gute Nacht sagte, war ich kalt und innerlich ärgerlich, aber, großer Gott, ich bin kein Engel, sondern eine Frau und durch meine Natur schwach.«[23] Die Schuld suchte sie nach solchem Streit immer bei sich: »... aber Du weißt doch, dass ich gerne mein eigenes Ich hintenansetze, so bald ich jemanden dadurch glücklich machen kann«, schrieb sie ihrem Bruder Georg.[24]

Auch als Ehefrau und Mutter erfüllte sie alle Erwartungen, die der König mit seinem Spruch »Frische Fische, gute Fische« in die Beziehung seines Sohnes mit der mecklenburgischen Prinzessin gesetzt hatte: In den knapp siebzehn Ehejahren gebar sie zehn Kinder, von denen sieben das Erwachsenenalter erreichten.

Die Geschwister aber machten sich Sorgen, weil Luise dabei war, vor lauter Anpassung an die Bedürfnisse ihres Mannes ihre eigene Persönlichkeit aufzugeben. Sie sei anders geworden, schrieb schon 1798 Bruder Georg an Therese, sanfter noch als die jüngere Schwester Friederike. »Ihre Naivität und ihr damit verknüpftes originelles Wesen hat sie zwar ganz behalten«, schrieb er weiter. Manchmal, wenn sie alleine seien, komme die alte Luise noch zum Vorschein, aber wenn sie den König bei guter Laune halten wolle oder einer wolle sich mit ihr streiten, dann werde sie plötzlich – anders als früher – ganz sanft. »Eine solche Bescheidenheit, eine solche Guthmütigkeit, alles dabei so wenig gekünstelt, so daß man sieht, es ist Charakter und der überwiegende gute Sinn siegt über Temperament und Jugend.« »Selbstbeherrschung« bescheinigte Georg ihr und fügte hinzu: »… so gänzlich willenlos zu sein, sobald der König den kleinsten Wunsch äußert, und täglich mit dem Bewußtsein, den größten Dank zu verdienen, humeurs mit Lächeln ertragen zu müssen, ist und bleibt hart«, auch wenn der König Luise mit Liebe »überhäuft« und sein »ganzes Glück« in ihr sieht. Daher fließe bei Luise so manche Träne »im stillen«.[25]

Friedrich Wilhelm hasste jede Änderung vom einmal festgelegten strengen Plan, im Staat wie zu Hause. Ein Abweichen von der Ordnung duldete er nicht. Luise mit ihrem ungezügelten Temperament, gewohnt, spontan und aus dem Gefühl heraus zu agieren, passte eigentlich gar nicht zu ihm. Sie stand mittags erst zwischen zwölf und eins auf, was Friedrich Wilhelm gar nicht gerne sah, weil er es auch für ungesund hielt. Weitere Anlässe zum »kleinen Zwist« gaben Luises Unordnung und ihre Unpünktlichkeit.[26] Anfangs ärgerte sich Friedrich Wilhelm auch darüber, dass Luise nicht so elegant auftrat wie ihre Schwester Friederike. Sie vernachlässigte ihr Äußeres »und verstand so wenig diese Vorzüge durch die Künste der Toilette zu heben, daß sie kaum ihren Kopfputz oder die Wahl und den Besatz eines neuen Kleides zu besorgen wußte«. Das übernahm Friederike für sie. Immer wieder forderte Friedrich Wilhelm Luise auf, sich sorgfältiger zu kleiden, denn es »verdross mich meine Frau nicht mit der äußeren Eleganz … öffentlich auftreten zu sehen, die ihrer Schwester eigen war, und wodurch diese so vielen Beifall hatte«. Auch hier gehorchte Luise, wie ihr Mann kurze Zeit später zufrieden feststellen konnte.[27]

Es gab nur eine Sache, in der sie sich nicht ganz seinen Wünschen beugte: Friedrich Wilhelm, der kein Freund von

Aufbau eines eigenen Lebensraums

Büchern und intellektuellen Gesprächen war, hatte kein
Verständnis für Luises Wunsch nach Weiterbildung. Im
Gegenteil, er wollte, dass der Verstand seiner Frau in dem
Naturzustand verblieb, den sie von zu Hause mitgebracht
hatte. »Die schönen Redensarten und Phloskeln mit denen
man sie späterhin um sich werfen hörte, und manche unver-
ständlichen Schriften Deutscher Modelitteratoren, die ihr
in die Hände fielen, oder die vielmehr unberufene Personen,
die hinter der Gardine würken wollten, ihr in die Hände
zu spielen wußten, diese, sage ich, machten sie aufmerksam
auf sich selbst, und sie fing an auf sich selbst mißtrauisch
zu werden, und sich für ungebildeter zu halten, als sie es
bey Gott war.« In ihrem Wunsch, sich zu bilden, habe sie
Menschen nachgeeifert, die es nicht wert seien. Seine Ein-
wände habe sie beiseitegeschoben. Sie habe geglaubt, was
ihr die anderen eingeredet hätten: dass sie durch körperliche
Schönheit, Anmut und hohe Geistesbildung einen »entscheidenden Einfluss auf das Große und Edle in der Welt
erlangen würde«.[28]

»Wenn es so fortgeht, werde ich bald nicht mehr wissen,
ob London in England oder Deutschland liegt«, beklagte
sich dagegen eine unglückliche Luise bei Georg, der kaum
mit ansehen konnte, wie seine Schwester litt. »Nein, ich
schwöre Dir«, schrieb er an Therese, »es hat mich oft so unglücklich gemacht, daß ich hätte blutige Tränen vergießen
können.«[29] Und so ersannen die Geschwister ein Hilfspro-
gramm für Luise, indem sie ihr heimlich Bücher zukommen
ließen. Therese empfahl kleine geografische und historische
Taschenbücher, möglichst auf Englisch. Georg sollte die
Bücher überreichen. Denn Therese befürchtete zu Recht,
dass ein Paket mit ihrem Absender den König gleich misstrauisch werden ließe.[30]

Im Gegensatz zu ihrer älteren Schwester Therese, die
im Verlauf ihrer Ehe immer wieder Konflikte mit ihrem
Mann riskierte, um ihre eigene Meinung durchzusetzen,
und die über die Liebe in all ihren Facetten philoso-

phierte, ging Luise auch an das Thema Liebe ganz pragmatisch heran: »Nun hörte ich öfter Menschen reden über Pflichten, Rechte, philosophische Prinzipien, und disputieren, und wunderte mich des Todes, daß man erst darüber reden müßte, um überzeugt zu werden, daß man so und nicht anders handeln müßte, wenn man gut und rechtschaffen sein wollte. Über Pflichten gegen Gott, die Menschen und sich selbst, über Pflichten als Gattin und Mutter, über häusliche und öffentliche Angelegenheiten, darüber zu debattieren, war mir unglaublich, denn, sagte ich mir, es ist nur ein Weg, glücklich zu werden, nämlich der, der Stimme seines Gefühls, seines Herzens zu folgen ...« Sie beschreibt in diesem Brief an ihren Bruder Georg eine Diskussion, die sie mit ihrer Schwester Therese und deren Hofdame geführt hatte, die sich beide »des Todes verwunderten, wie es möglich wäre, so ganz seinen Pflichten zu leben wie ich, seinen eigenen Geschmack verleugnen und alles zu tun, was zum Glück eines guten, geliebten Gatten beitragen konnte. Aber, mein Gott, dachte ich, zu was denn all das Studieren, wenn es einem nicht einmal Kraft gibt, seinen Geschmack, Lieblingsideen und Gewohnheiten aufzuopfern, um einen anderen glücklich zu machen?«[31]

Pflichterfüllung und Aufgabe der eigenen Persönlichkeit als Preis für eine harmonische Ehe. »Ich will, ich muß und alles gehet nachher.« Das war Luises Wahlspruch, an dem sie sich und andere maß.[32] Luise spielte die Rolle der angepassten Ehefrau so gut, dass ihr Beispiel den Frauen und Töchtern in Preußen als leuchtendes Vorbild vorgehalten wurde. Der romantische Dichter Novalis pries die Ehe des Königspaares Luise und Friedrich Wilhelm als Vorbild für alle Ehen schlechthin: »Jede gebildete Frau und jede sorgfältige Mutter sollte das Bild der Königin, in ihrem oder ihrer Töchter Wohnzimmer haben«, schrieb er. »Welche schöne kräftige Erinnerung an das Urbild, das jede zu erreichen sich vorgesetzt hätte. Ähnlichkeit mit der Königin würde der Karakterzug der Neupreußischen Frauen, ihr Nationalzug. Ein liebenswürdiges Wesen unter tausendfachen Gestalten. Mit jeder Trauung ließe sich leicht eine bedeutungsvolle Huldigungszeremonie der Königin einführen; und so sollte man mit dem König und der Königin das gewöhnliche Leben veredeln, wie sonst die Alten es mit ihren Göttern thaten. Dort entstand echte Religiosität durch diese unaufhörliche Mischung der Götterwelt in das Leben. So könnte hier durch diese beständige Verwebung des königlichen Paars in das häusliche und öffentliche Leben, echter Patriotismus entstehen ...«[33] Das war Friedrich Wilhelm denn doch zu viel der Überschwänglichkeit, es war ihm »fatal«, und er wies die Verantwortlichen für die *Jahrbücher der preußischen Monarchie*, die zeitweise von Friedrich von Schlegel herausgegeben wurden, an, »solchen Unsinn nicht wieder zu drucken«.

Luise fasste ihr Rezept für eine glückliche Ehe drei Jahre vor ihrem Tod so zusammen: »Möge Gott jedem Menschen, um ihn glücklich zu machen, eine reine Seele und ein einfaches Herz bewahren, so daß er nur einen Augenblick zu überlegen braucht, um sich seiner Pflichten zu erinnern. Je mehr man des Herzens Unverdorbenheit bewahrt, umso glücklicher ist man.«[34]

Pflicht und Verantwortung

> »... ich bin nicht zur Königin geboren, das glaube mir, doch will ich gerne das Opfer werden, wenn sonst in der Zukunft mal dadurch was Gutes gestiftet werden kann«,

kommentierte Luise, zweiundzwanzig Jahre alt, ihre neue Rolle in einem Brief an ihren Bruder Georg und stellte kurz darauf in einem weiteren Brief an ihn klar: »Wir sind glücklich! Ich? So sehr als eine Königin es sein kann: Es ist aber doch nicht das Glück einer Kronprinzeß.« Zwölf Jahre später, als Preußen seine Selbstständigkeit an Napoleon verloren hatte, wird sie an die Zarenmutter Maria Fjodorowna

Luise, Königin von Preußen

schreiben: »... niemals war ein König und eine Königin so unglücklich wie wir.«[35] Szenen eines Königinnenlebens.

Am 16. November 1797 war Friedrich Wilhelm II. gestorben, das Kronprinzenpaar trat seine Nachfolge an: Friedrich Wilhelm III. war siebenundzwanzig Jahre alt, immer noch ein eher schüchterner, die Öffentlichkeit meidender Mensch, wenig entscheidungsfreudig und nur unzulänglich auf die Aufgabe vorbereitet, Preußen in der bevorstehenden fünfzehnjährigen kriegerischen Auseinandersetzung mit Napoleon zu führen. Auch Friedrich Wilhelm hat das gespürt. Als er ans Sterbebett des Vaters gerufen wurde, sagte er zum Abschied zu Luise: »Meine Bewährungsprobe wird beginnen und das stille Glück, das wir genossen haben, wird enden.«[36] Luise ging mit der ihr eigenen Pflichtauffassung an die neue Aufgabe an der Seite ihres Mannes heran, den sie 1798 nach Königsberg, dem traditionellen Krönungsort der preußischen Könige, begleitete: »... sonst reise ich nach Frankfurt, um Krönungen zu sehen, jetzt lasse ich mich beinahe doch nun selbst krönen. Alsdann weiß ich mit Zuversicht, daß ich meinem Mann von Nutzen bin. Du weißt, er liebt nicht diese Cour, Gêne, Etikette, und wie die Dinger alle heißen, und diese Reise ist eine Kette von solchen Dingerchen; ich werde also die Last ehrlich mit ihm teilen, und die Gêne fällt größtenteils auf mich zurück, die ich aber nicht achten werde. Ich werde alles anwenden, um ohne Zwang die Liebe der Untertanen durch Höflichkeit, zuvorkommendes Wesen, Dankbarkeit da, wo man mir Beweise der Liebe und Anhänglichkeit geben wird, zu gewinnen und zu verdienen, und so, glaube ich, werde ich mit Nutzen reisen«, schrieb sie an Georg.[37]

Überall, wo sie auftrat, wurde sie begeistert empfangen. Schönheit und Natürlichkeit gepaart mit dem Glanz der Königskrone – wohin sie auch kam, die Herzen der Menschen flogen ihr entgegen. Ein Sekretär der englischen Gesandtschaft schrieb seinen Schwestern: »In der Berliner Gesellschaft, besonders unter den jüngeren Leuten, herrscht

Aufbau eines eigenen Lebensraums

ein Gefühl ritterlicher Ergebenheit gegen die Königin…
Wenige Frauen sind mit so viel Lieblichkeit begabt als sie…
Doch ich muss innehalten, oder ihr werdet denken, daß
mir der Kopf verdreht ist, wie es schon so viele Köpfe sind,
durch die Schönheit und Anmuth der Königin Luise von
Preußen.«[38]

Zunächst verlief ihr Leben auch als Königin eher in gewohnt belanglosen Bahnen. »Charlottenburg ist äußerst
trübselig, man kann sich keine Vorstellung davon machen,
nur dauernde Beschäftigung lässt die Beschlüße der Vorsehung mit Ergebung ertragen. Ich habe meine Unterrichts-
stunden mit Zöllner [Probst in Berlin] wieder aufgenommen, ich schreibe mit ihm, beschäftige mich mit meiner
Korrespondenz, betreibe ernsthaft Lektüre, Musik und
Handarbeiten. Ich spiele mit meinen Kindern, bin viel mit
meinem Mann zusammen, und so vergehen die Tage. Selten bringen Spaziergänge oder Schauspiel Abwechslung in
die Regelmäßigkeit, und ich lege mich nieder ohne mir Vorwürfe zu machen. Das ist schon etwas.«[39]

Ein Hofleben, wie es auch anderorts stattfand, wo das
größte Problem der Umgang mit der täglichen Langeweile
war. Zur Erholung gab es Kuraufenthalte in Pyrmont, Alexanderbad, wo Luise wie die meisten Adligen inkognito an-
reiste, um der lästigen Etikette zu entgehen, von der man
sich während der Kur frei machen wollte. Nicht zu vergessen, dass Luise fast permanent schwanger war – mit all den
Ängsten und gesundheitlichen Problemen, die das mit sich
brachte.

Am politischen Geschehen nahm sie anfangs nicht teil.
Friedrich Wilhelm II. hatte ihr schon als Kronprinzessin
eine Einmischung verboten: »… er wünsche und hoffe, dass
ich mich mit nichts bemenge, besonders, was die Politik betrifft«, schrieb Luise 1795 an ihre Großmutter. »Der König
hält so genau an dem Grundsatz fest, daß eine Frau sich
durchaus mit nichts bemengen darf, was Politik betrifft,
daß er mit meinem Mann schon vor unserer Ehe davon ge-

Luise, Königin von Preußen

redet hat, und hinzufügte: Ein Mann darf das nicht leiden; er muß regieren, und seine Frau muß gehorchen; alles, nur nicht unter den Pantoffel kommen, davor hüte Dich ja.«[40] Auch als Königin hielt sie sich zunächst an den Grundsatz der Nichteinmischung in die politischen Angelegenheiten. Das änderte sich erst, als Napoleon 1805 mit dem Einfall in preußisches Gebiet zu einer direkten Bedrohung für ihre Familie wurde.

Am 14. Oktober 1806 schlug Napoleon die preußischen Truppen bei Jena und Auerstedt, die Reservearmee wurde bei Halle geschlagen, und fast alle befestigten Städte ergaben sich kampflos. Zwei Wochen später zog Napoleon als Sieger in Berlin ein. Luise floh mit ihrer Familie nach Königsberg und von dort – schwer erkrankt an Typhus – weiter nach Memel, wo der Hof bis Dezember 1809, immer wieder bedroht von Napoleons Truppen, sein Quartier bezog.

Das Leben, das sie in den kommenden Jahren zwischen Memel und Königsberg führte, bezeichnete sie später als »elendes Elend«. Im Vergleich zu dem, was ihre Untertanen in den Jahren der Besetzung durch die napoleonischen Truppen durchmachten, war das natürlich maßlos übertrieben, denn Elend hat sie als Königin nie erfahren; es war auch in dieser Extremsituation ein Leben voller Privilegien, auch hier war der Alltag ausgefüllt mit Teegesellschaften, Landpartien, Theateraufführungen, nur alles in kleinerem Rahmen. Besuche in den Lazaretten gaben Einblick in das wirkliche Elend der Soldaten, was Luise sehr bedrückte, aber ihr Leben nicht weiter beeinflusste. Sie tröstete sich mit der Gewissheit, dass nach wie vor das Volk auf ihrer Seite war. »Es ist süß, sich geliebt zu sehen und Beweise der Liebe und Achtung von allen Seiten zu bekommen, in einem Augenblick, wo man sich wähnt, das Gegenteil zu bewirken. Es ist mein großer Stolz, die Liebe meines Volkes zu besitzen ...«[41]

In Königsberg widmete sie sich wieder verstärkt einer ihrer Hauptaufgaben: Verbesserung ihrer Bildung. Luise hatte bereits in Berlin einige Werke der Dichter und Denker ihrer Zeit gelesen: Goethe, Schiller, Wieland und andere, korrespondierte darüber vor allem mit ihrer Freundin Caroline Friederike von Berg. Dabei erzählte sie ihr sehr offen in einem Brief vom 15. September 1803, dass sie Friedrich von Schillers Gedicht *Die Künstler* noch beiseitegelegt habe, »da ich dumm bin, habe ich aus Eitelkeit, die meistens mit Dummheit verknüpft ist, es noch nicht unternommen, aus Furcht, jeden Augenblick mit dem Kopf vor der Wand zu stehen ... denn ohne allzu viel Geist zu besitzen, habe ich doch praktischen Verstand, wie man ihn haben muß, um einen guten Hausstand zu führen, und das ist schon etwas für hier unten«.[42]

Vor allem in Geschichte wollte sie sich weiterbilden. So beschaffte sie sich die Vorlesungen über Geschichte von Professor Johann Wilhelm Süvern, der in Königsberg unterrichtete, las sie durch, machte Auszüge und versuchte zu verstehen. Allerdings zog sie aus allem, was sie las, nur die Wahrheiten heraus, die ihrer Aufnahmemöglichkeit entsprachen; es gab keine intellektuelle Auseinandersetzung mit dem Stoff, wie zum Beispiel ihre Schwester Friederike sie führte, ihr genügte die rein gefühlsmäßige Erfahrung: »... ich empfinde recht tief die schönen Wahrheiten, auf der sein [Süverns] ganzes Prinzip ruht; und doppelt fühl ich mich hingerissen, die Aufgabe meines Lebens: ›mich mit klarem Bewusstsein zur inneren Harmonie zu bilden‹, nicht zu verfehlen, sondern ihr zu genügen«, schrieb sie 1808 an Kriegsrat Johann George Scheffner.

Die Fragen, die sie ihren Gesprächs- oder Briefpartnern stellte, zeigen ihr Unvermögen, historische Zusammenhänge zu begreifen: »Habe ich recht verstanden«, schrieb sie weiter, »so löste sich das Zeitalter der Germanen auf, weil sie mehr ihren Gefühlen und ihrer Phantasie folgten, als dem Verstande, der (wie man sagt) richtiger wägt, Gehör gaben. Haben Sie die Güte und sagen mir, was Hierarchie eigentlich ist, ich habe keinen deutlichen Begriff davon.«[43] Ihre Schwestern Therese und Friederike hätten formuliert, dass

Luise, Königin von Preußen

sie die Wahrheiten »verstehen«, Luise »empfand« sie. Da,
wo ihre Schwestern argumentierten, setzte sie auf Gefühle.
Auch als sie 1807 auf Wunsch ihres Mannes und des Zaren
Napoleon in Tilsit traf, um die für Preußen harten Friedens-
bedingungen doch noch zu mildern, konzentrierte sie sich
weniger auf sachliche Argumente als auf Gefühle: »Niedergeschlagen über die Lage, über die Böswilligkeit der Franzosen in Sachen Preußen, faßte ich den festen Entschluß, zu
versuchen, Napoleon zu rühren.«[44] Vielleicht hätte sie eine
Chance gehabt, denn Napoleon liebte schöne, sanftmütige
Frauen; nur kannte er natürlich ihre Briefe, in der der Ausdruck »Ungeheuer« für seine Person noch zu den schmei-
chelhaftesten Bezeichnungen gehörte.

Ihre Versuche, ihre Geschichtskenntnisse aufzubes-
sern, scheiterten letztlich an ihrem Unvermögen, sich auf
abstraktere Dinge einzulassen, obwohl sie es immer wieder versuchte. 1809 organisierte sie einen Geschichtskurs
für sich, bei dem neuen Erzieher des Kronprinzen, Frédéric
Ancillon, Prediger an der reformierten Kirche in Berlin.
Sie bat Caroline Friederike von Berg: »Sagen Sie ihm, dass
ich dumm bin, daß ich nichts weiß, Sie ersparen mir dieses
peinliche Geständnis; sagen Sie auch, daß ich zuwenig Gedächtnis habe und daß mein natürlicher Verstand sich zu
sehr im Naturzustande befindet, auf der untersten Stufe der
Natur. Ich möchte, daß er mich mit aller Sorgfalt lehrt, die
Geschichte nicht nur als Legende, sondern als Quelle von
tausend Kenntnissen anzusehen, die mir fehlen.«[45]

In seinen Aufzeichnungen *Vom Leben und Sterben der
Königin Luise*, die er im Herbst 1810 schrieb, brachte Friedrich Wilhelm eine umfassende Analyse der Bildung seiner
Frau zu Papier. Seine große Liebe zu ihr schimmert immer
wieder hindurch, aber seine offene Beurteilung ihrer Schwächen und intellektuellen Defizite ist bemerkenswert und
stimmt durchaus mit dem Urteil anderer Luise nahestehen-
der Personen am Hofe, wie Luise Fürstin Radziwill, überein. Luise sei in vielen Dingen sehr oberflächlich gewesen,

urteilt Friedrich Wilhelm. »Vieles kam auf die ihr darüber vorgelegten Ansichten an, da ihr die Gründlichkeit abging um in Details eingehen zu können. Bey ihrem vortrefflichen Willen und Liebe für alles Gute und Edle war es doch schade, daß ihr dieses abging. Was hätte sie sonst leisten können!« Luise habe das wohl gespürt, darum ihr Wunsch nach Bildung. Leider habe sie sich immer mit den falschen Personen umgeben und so »bei ihrer himmlischen Seelenreinheit … dennoch ihren Zweck« verfehlt. Sie suchte nach »großer gebildeter Seele«, die sie leiten könnte, fand sie aber nicht. Alle waren ihrer unwürdig. »Sie über alle erhaben und reiner.« Auch der »erforderliche ausdauernde Fleiß« habe ihr gefehlt, um mehr als »nur oberflächlich« zu lernen, darum habe sie auch keine Fortschritte gemacht. Sie ließ gelehrte Männer zu sich kommen, aber die vielen Unterbrechungen ihres Alltags, zum Beispiel durch Reisen, hätten ein zusammenhängendes Lernen unmöglich gemacht. Immer wieder kommt Friedrich Wilhelm auf seine Hauptaussage zurück: dass Luises Stärke in ihren »herrlichen Naturanlagen« lag, »die ihr überhaupt in allen Dingen einen seltenen Takt gaben, wenn nicht andere hinein gefuschert hatten«.[46]

Im Zuge der späteren Mythologisierung Luises ist ihre tatsächliche politische Rolle wohl sehr überschätzt worden. Wer sie persönlich erlebt hatte, gerade auch in politischen Diskussionen, urteilte anders. Sowohl ihr Mann Friedrich Wilhelm als auch ihre Freundin Radziwill, die Luise persönlich sehr schätzte, sehen ihre politische Rolle als vergleichsweise sehr gering an. Auch der russische Gesandte in Berlin, Nikita Iwanowitsch Graf Panin, stellte nach einem persönlichen Kennenlernen Luises schon 1799 fest, dass diese nicht nur keinen politischen Einfluss habe, sondern auch zu einer politischen Rolle nicht geeignet sei.[47]

Luise wurde vielmehr von den entscheidenden Männern in Preußen wie zum Beispiel Karl August Fürst von Hardenberg benutzt, um an den König heranzukommen,[48] was

Luise, Königin von Preußen

Luise zum Leidwesen ihrer Freundin Luise Radziwill nicht durchschaute. »Mit einem anbetungswürdigen Herzen und viel Geist, verstand die Königin es doch nicht, diese Charakterschwäche zu überwinden, die sie abhängig machte von der Meinung derer, die neben ihr intrigierten.«[49] Zu ihren Kritikern gehörte auch Heinrich Freiherr vom und zum Stein, der wohl eine der bissigsten Charakterisierungen über Luise abgab, die allerdings durchaus Wahres enthält und sich stellenweise mit den Bemerkungen Friedrich Wilhelms deckt. »Die Königin hat liebenswürdige, angenehme Formen, ein gefälliges Betragen, aber wenige und nur oberflächliche Bildung, vorübergehende Gefühle für das Gute … Als Gattin opfert sie ihre Zeit und ihre Neigungen ihrem Gemahl auf, der an sie durch Gewohnheiten gefesselt wird, der ihr alles anvertraut, ohne übrigens auf ihre Meinung besonders zu achten. Ihre Einmischung in Geschäfte war von wenig glücklichem Erfolg.«[50]

»… meine Liebe zu Dir ist ohnegleichen, dann kommen die Kinder und der Staat«, schrieb Luise im Juli 1806 an den König, »und mein Leben ist nichts, wenn ich euch glücklich machen könnte, wenn nur ein Vorteil für Dich, mein bester Freund, daraus entstehen könnte.«[51] Und so hat sie gelebt, aber unterschätzen sollte man ihren Einfluss nicht. Friedrich Wilhelm III. fragte sie immer wieder um ihre Meinung, und wenn ihr auch die nötige Bildung fehlte, um ihn wirklich zu beraten, so kannte sie ihn doch besser als alle anderen und konnte ihn oftmals psychologisch klug bei seiner Eitelkeit packen. Ihr Einfluss, da er nicht über Argumente, sondern über Empfindungen ging, war weniger kontrollierbar und darum gefährlicher, weil häufig politisch unklug. »Sie hatte eine besondere Neigung für politische Gespräche, in denen sich freilich oft Leidenschaftlichkeit mischte, besonders in der Kriegsperiode«, urteilte Friedrich Wilhelm.[52] »Dennoch hatte sie, wenn sie nicht influenziert wurde, ein richtiges gesundes Urtheil auch über diese Gegenstände, wie dieß bis vor 5 Jahren sich stets zeigte [bis 1805!]. Von da

Aufbau eines eigenen Lebensraums

an ward auf ihr auf so mannigfache Weise gewürkt daß sie öfter fremde Ansichten für ihre eigenen hielt, und jene alsdann mit großer Lebhaftigkeit und Wärme verfocht.« Dass Luise ihn und seine politischen Entscheidungen beeinflusst hat, weist Friedrich Wilhelm III. energisch zurück. »Viele Menschen haben in dem Wahn gestanden als ob meine Frau einen bestimmten Einfluß auf die Regierungsgeschäfte gehabt hätte. Eigentlich war sie ganz ohne allen direkten Einfluß, nur manchmal bey wichtigen Politischen Ereignissen pflegte ich ihr davon zu unterrichten und ihr meine Hoffnungen oder Besorgnisse mitzutheilen über die sie ... meistentheils, nach ihrer gesunden reinen Vernunft richtig zu urtheilen wußte. So blieb es bis zum Jahr [180]5 und auch späterhin hat sie nie direkten Anteil an den Staatsgeschäften genommen.« Allerdings habe es immer wieder Versuche gegeben, Luises Meinung zu manipulieren, »in der Erwartung daß sie auf meine Beschlüsse würde zu würken wissen, so entstand endlich der ziemlich ausgebreitete Glaube an ihren Einfluß«.[53]

Das bestätigt auch Luise Fürstin Radziwill, eine der besten Freundinnen der Königin. Sie hat Luise beim Weggang Friederikes beigestanden und auch die Zeit in Memel und Königsberg mit ihr verbracht. Sie hat Luise wegen ihrer Schönheit und ihrer menschlichen Qualitäten unendlich bewundert, sich aber doch über ihre politischen Fähigkeiten immer wieder sehr kritisch geäußert und zum Beispiel Caroline Friederike von Berg, die über Luise selber Einfluss auf die Politik Preußens nehmen wollte, so beurteilt: »Frau von Berg glaubte Luise und ihrem Land nützlich zu sein, indem sie die Königin anleitete, sich in die politischen Geschäfte einzumischen und in die Beschlüsse einzuarbeiten.« Die Königin habe daraufhin auch »die besten Absichten« gehabt, diese Pläne umzusetzen, sei aber gescheitert, weil sie dafür »nicht geboren war«. Frau von Berg »trainierte sie für eine Karriere, die so wenig ihrem Charakter entsprach«, urteilte Luise Radziwill abschließend.[54]

Luise, Königin von Preußen

Nur selten habe er sich, schreibt Friedrich Wilhelm III., mit Geschäftspersonen unterhalten, wenn seine Frau anwesend gewesen sei. Allerdings habe er öfter mit ihr über den Staat betreffende Dinge gesprochen, um sein Herz auszuschütten oder ihre Meinung zu hören, »wenn es Dinge betraf, die keine in das Detail eindringenden Kenntnisse voraussetzten«. Sie war zuverlässig und verschwiegen – und so sei es für ihn eine »Erleichterung und eine wahre Wohltat« gewesen. Auch bei unterschiedlicher Meinung dienten die Diskussionen dazu, seine Meinung zu klären.[55]

Nach einem solchen Gespräch, in dem ihr Mann sie um ihre Meinung gefragt und ihren Verstand gelobt hatte, antwortete ihm Luise einmal mit einem gehörigen Schuss Selbstironie, die ja immer auch ein Zeichen von Intelligenz ist: »Kurz, ich glaube, ich habe die gute Meinung von meinem Verstand, die Du in Deinem letzen Brief äußerst, nicht Lügen gestraft; er wird Dir immer zu Diensten sein, liebster Freund. Es tut mir leid, daß die Gabe des lieben Gottes nicht stärker ist, denn ich möchte Dir wirklich nützlich sein ...«[56]

August Wilhelm von Schlegel

An die Königin (zu ihrem Geburtstag 10. März 1803)

Die Blumen sind die Kinder in den Reichen
Der lieblichen Natur, sie dürfen kommen,
Am lieben Thron selbst freundlich aufgenommen,
Drum wag' ich heut, Dir diese darzureichen.

Lies Huldigung in diesen zarten Zeichen
Wie Flüstern der Gefühle sei's vernommen,
Wie sie für Dich in Farb' und Duft entglommen,
Wenn sie vor Deiner Schönheit nicht erbleichen.

Der Tag muß stets des Frühlings Zierden bringen
Der Dich zuerst geführt ins holde Leben,
Die Königin der Anmut und der Sitten.

O möchte, wenn Dich alle Künst' umringen,
In der, die mich Thalia lehrt, mein Streben
Oft Blumen Dir erziehn in Winters Mitten!

Der Gute und der Böse

> »Er ist wunderbar gebaut und von sehr statt-
> licher Erscheinung. Er sieht aus wie ein junger
> Herkules«,

notierte Luise 1802, als sie den russischen Zaren Alexander zum ersten Mal erblickte, und schrieb weiter: »Der Kaiser ist einer der seltenen Menschen, die alle liebenswürdigen Eigenschaften mit allen echten Vorzügen vereinen. Er
hat die loyalsten, edelsten und gerechtesten Grundsätze und
gleicht in allen wesentlichen Punkten dem König. Er hat eine
Engelsgüte, die sich in allen seinen Handlungen ausprägt,
und der Eindruck davon verbreitet sich über seine ganze Erscheinung. Vor allem durch diesen Ausdruck gefällt er, denn
er ist nicht von regelmäßiger Schönheit. Der Mund ist regelmäßig schön.« Den Brief an ihren Bruder Georg beendet sie
mit den vielsagenden Worten: »Ich habe mich überzeugt,
daß er mit seinen Vorzügen alle Liebenswürdigkeit verbindet, die für einen Mann Liebe erweckt.«[57]
Der russische Zar Alexander I., den mit Preußen über
lange Jahre eine Zweckgemeinschaft gegen Napoleon verband, spielte im Leben des Königspaares darüber hinaus eine
große Rolle. Auch Friedrich Wilhelm III. verstand sich so
gut mit ihm, dass er sogar anfing, einen russischen Tschako
zu tragen. Er ließ sich einen Schnurrbart wachsen und den
Zopf abschneiden, den er nach alter preußischer Tradition
immer noch trug, wenn auch die Soldaten inzwischen ohne

Luise, Königin von Preußen

Zopf laufen durften. Den abgeschnittenen Zopf schickte er per Kurier nach Königsberg, wo Luise bei Friederike weilte. Die beiden amüsierten sich köstlich: »Jedenfalls hab ich Tränen gelacht über das Zöpfchen, und es soll aufbewahrt werden unangetastet bis ans Ende der Welt«, schrieb Luise ihm als Antwort auf das ungewöhnliche Präsent.[58]

Es sei die »die erste Pflicht des Menschen, Herr über seine Leidenschaften« zu werden.[59] Das schrieb Luise ihrem Bruder Georg, als er eine nicht standesgemäße Frau heiraten wollte. Nun verliebte sie sich selber nach neun Jahren Ehe und eiserner Pflichterfüllung im Juni 1802 in den russischen Zaren Alexander I. Fünf Jahre dauerte diese Leidenschaft, die aber wohl rein platonisch geblieben ist, auch wenn die kleine Tochter, die Luise 1803 zur Welt brachte, den Namen Alexandrine bekam. Ihre Tugendhaftigkeit und auch die Liebe zu ihrem Mann, der zeitgleich eine starke Sympathie für Helena empfand, die Schwester des Zaren, ließen mehr nicht zu.

Das hinderte sie aber nicht daran, schwärmerische Briefe an und über den Zaren zu schreiben wie im Juli 1802 an ihren Bruder: »Ich sah zwar keine Alpen, aber ich sah Menschen, oder vielmehr einen Menschen im ganzen Sinn des Worts, der durch einen Alpenbewohner ist erzogen worden und dessen Bekanntschaft mehr wert ist alle Alpen der Welt. Denn diese wirken nicht, aber jener wirkt, verbreitet Glück und Segen mit jedem Entschluß, mit jedem Blick macht er Glückliche und Zufriedene durch seine Huld und himmlische Güte. Daß ich von dem Kaiser, von dem einzigem Alexander spreche, hast Du doch wohl beim ersten Wort verstanden. Lieber Georg. Ach! Wie viel, wie viel ist mir diese Bekanntschaft wert! Nicht ein Wort, welches man zu seinem Lobe spricht, kann je in Schmeichelei ausarten, denn er verdient alles, was man nur Gutes sagen kann. Hättest Du doch den Mann gesehen, wie gut hättet ihr euch einander gefallen.«[60]

In einem Brief lud sie Alexander zum Frühstück auf ihren Balkon im Schloss Charlottenburg in Berlin ein: »Der Tee

Aufbau eines eigenen Lebensraums

wird vortrefflich sein und die Eier ganz frisch. Wenn das möglich wäre, wie glücklich wäre ich! Aber ich fürchte sehr, der 4. November [1805] wird für immer der letzte Tag des Glücks sein. Sehen Sie, ich werde närrisch bei dem Gedanken, daß ich hier eine Zeit mit Ihnen verbringen könnte ... Das sind Luftschlößer, sie tun wohl und heben einen über die traurige Wirklichkeit hinaus, denn im Grunde finde ich wenig Glück in mir und außer mir.« Ihr Sohn war gestorben, und sie wollte auf Anraten der Ärzte zur Kur nach Pyrmont. In diesem Brief beruhigt sie den Zaren auch über Gerüchte von einer Ehekrise zwischen ihr und Friedrich Wilhelm, bei der Alexander die Ursache sei. Der König beweise ihr »mehr als je die rührendste Anhänglichkeit und Freundschaft. Ich sage Ihnen das, weil ich weiß, daß es Sie interessiert, und um die falschen, aber ebenso verbreiteten Gerüchte zu berichtigen, als bestünde in dieser Hinsicht eine unerfreuliche Veränderung. Wer sich bis ins Einzelne auszusprechen wagt, muß Ihre Güte und Vollkommenheit so gut wie ich kennen.«[61]

Wenn Alexander ihre Briefe nicht so häufig beantwortete, wie sie sich das wünschte, machte sie ihm Vorwürfe; für ihr Zimmer hatte sie sich eine Büste von ihm gewünscht: »Vergessen Sie nicht die Büste, die Sie mir versprochen haben; ich lege unbeschreiblichen Wert darauf ... Ich könnte der Versuchung erliegen, Sie die Überlegenheit meiner Rechte fühlen zu lassen, das heißt: meiner Rechte auf Ihre Büste ... Bleiben Sie unser Freund, unsere Stütze gegen die Böswilligkeit, und zählen Sie für immer auf die Gefühle derjenigen, die mit Herz und Seele ganz die Ihre ist.«[62] Alexander beantwortete ihre Briefe zwar, wenn auch zurückhaltend; ob er mehr als Schwärmerei für eine wunderschöne Frau empfunden hat, ist fraglich.

Bei der Lektüre der Briefe Luises fällt auf, wie sie Alexander zunehmend idealisiert. Ausgehend von der schönen Gestalt des Zaren, die sie als vollkommen empfindet, schließt sie auf seine inneren Werte und macht jenseits aller Realität aus ihm ein »Sinnbild aller Tugend«: »Sie haben mir glückliche Augenblicke verschafft. Ach wie liebenswert sind Sie, wenn Sie sich ganz sich selbst überlassen, und wie achte ich Ihre Weisheit bei einem Mann, der so reiche Empfindung und so tiefes Gefühl hat wie Sie. Dann ist es schwer, vernünftig zu sein; doch wenn man durch Güte und engelhaftes Gefühl geleitet wird, dann ist alles möglich.«[63] Sie gab sich große Mühe, gegen ihre romantischen Gefühle für den Zaren anzukämpfen, indem sie sich immer wieder der Liebe des Königs erinnerte. »Der König schreibt mir die besten, zärtlichsten Briefe – ein Beweis, daß Hochachtung und Liebe das Wahre sind ... und die Zeit, wo wir ohne Leidenschaft lieben werden, ist die Zeit des Glücks ...«, schrieb sie an ihre Schwägerin Marianne von Preußen, die in jede Phase dieser Beziehung eingeweiht war.[64] 1806 fand Napoleon diese Briefe und veröffentlichte sie zum Entsetzen Luises, die Beziehung hatte ihre Unschuld verloren. Im Licht der Öffentlichkeit und in der Phantasie ihrer Gegner sah es nach mehr aus als einem heftigen Flirt. Und wenn ihr nicht schon damals das Image der über allen Verdacht erhabenen tugendhaften Frau angeheftet gewesen wäre, dann hätten ihre Kritiker sie wohl wie ihre Schwestern als flatterhaft und unsolide dargestellt. So aber bekam Napoleon in Berlin zur Antwort, Luise sei für alle Frauen das Vorbild an Tugend.

Das nächste Treffen mit Alexander 1807 war schwierig. Sie war gehemmt, schweigsam, musste sich verstellen und hatte Sorge, dass er das missverstand: »Alle waren voller Geist, nur ich nicht; der meinige war im Herzen verschlossen und wagte nicht zu reden aus Furcht, von zu vielen verstanden zu werden«, schrieb sie ihm später. »Adieu, ich nehme Abschied von Ihnen, um an den König zu schreiben und ihm ebenso wie Ihnen fünf Kirschen zu schicken; gestehen Sie, daß das ein königliches Geschenk ist; aber das Herz, das sie gibt, wiegt mehr, und wird immer ganz das Ihre sein. Luise.«[65] Zar Alexander aber zog sich seit der Ver-

Aufbau eines eigenen Lebensraums

öffentlichung der Briefe immer mehr von ihr zurück. Er konnte sich derartige Gerüchte, er habe ein Verhältnis mit der preußischen Königin, politisch nicht leisten, schließlich stand sein Ruf als ernst zu nehmender Verhandlungspartner bei Napoleon auf dem Spiel. Luise beschwerte sich daraufhin, dass er ihre Briefe nicht beantwortete, und war beglückt, wenn er dann doch einmal schrieb. Um allen Gerüchten den Boden zu entziehen, zeigte sich der Zar beim Besuch des preußischen Königspaares in Sankt Petersburg 1809 ganz offen mit Marija Naryschkina als seiner neuen Favoritin, was Luise sehr traf, wie sie ihrer Schwägerin Marianne[66] und ihrer Freundin Caroline Friederike von Berg anvertraute.[67]

Endgültig begraben hat sie ihre Zuneigung für den Zaren aber aus ganz anderen Gründen, und die hingen mit der ausweglosen politischen Situation zusammen, in die Preußen und damit auch das Königspaar durch den anscheinend unbesiegbaren Napoleon geraten waren. »Christus hat den Teufel die Macht genomen, auf daß er uns nicht schaden kann, wenn er unser Glück sieht und beneidet.« So hatte sie noch als Fünfzehnjährige in ihr Religionsheft geschrieben und alle Hoffnung auf Gott gesetzt, in dem Glauben, dass er alles zum Guten lenkt.[68] Auch 1807 schrieb sie zunächst noch an den König: »Gott ist mein Schutz, meine Hoffnung, meine Zukunft. Wenn ich einen Ritter hätte, würde ich ihm diese Losung auf seinen Schild schreiben.«[69]

Dieses feste Bollwerk des Glaubens an den Sieg des Guten geriet durch die äußeren Umstände immer mehr ins Wanken. Ständig neue verlorene Schlachten, Verluste der Preußen, ein siegreicher Napoleon, keine Aussicht, nach Berlin zurückzukehren, das alles ließ Luise in den letzten Jahren ihres Lebens die Hoffnung und damit den Lebenswillen verlieren. »Gott weiß, daß die Einigkeit im Innern doch das Einzige ist, was Glück zu nennen ist«, schrieb sie bereits im Februar 1806 an ihren Bruder Georg. »... übrigens ist auch alles affreux um und über mir, der Horizont so schwer und

grau, weil die Teufel Macht haben und die Gerechten untergehen sollen, daß ich mehr als jemals das Glück erkenne,
einen solchen Mann und solche Geschwister zu haben. Ach
ja, bester Georg, das Diadem ist schwer, wenn man gut
und ehrlich bleiben will, wenn man nicht schlecht mit den
Schlechten werden will, wenn einem nicht alle Mittel gleich
sind, um das Beste zu erlangen und zu erhalten. Ich bin wieder einmal recht herunter an Leib und Seel' und gerne gäbe
ich 20 Jahre meines Lebens hin, und hätte ich nur noch zwei
Jahre zu leben, wenn dadurch die Ruhe in Teutschland und
Europa zu erlangen wäre.«[70]

Solche und ähnliche Sätze haben sicher die Mythenbildung Luises als kämpferischer Königin angeregt, aber man
darf dabei nicht verkennen, dass ihre Briefe immer voll von
gefühlsstarken Ausbrüchen waren, himmelhoch jauchzend
und zu Tode betrübt, alle Welt umarmend, alles verzeihend
und dann wieder voller Hass gegen den politischen Gegner.
Vor allem nach dem Treffen mit Napoleon im Oktober 1807
und der enttäuschten Hoffnung, etwas bewirken zu können, sprechen ihre Briefe von tiefer Mutlosigkeit. »Preußens
Urteil, nämlich unser Todesurteil, ist gesprochen. Preußen
existiert nicht mehr. Der König ist nichts mehr als Herzog
von Preußen ... Und wir nebst unserer Familie nehmen den
Wanderstab in die Hände, und suchen einen Winkel, wo
es sich besser leben läßt als hier. Glücklich wohl nie mehr,
denn in einer Welt, wo es so hergeht, wo Tugend eine Lüge
und Laster nur gedeiht, kann man da wohl noch glücklich
sein?«, schrieb Luise in ihr Tagebuch.[71] Und an den Vater:
»Nur hoffen kann ich nicht mehr. Wer so wie ich von seinem Himmel heruntergestürzt ist, kann nicht mehr hoffen.
Kommt das Gute, o! kein Mensch ergreift, genießt, empfindet es dankbar so wie ich, aber hoffen kann ich nicht mehr.
Kommt Unglück, so setzt es mich auf Augenblicke in Verwunderung, aber beugen kann es mich nie, sobald es nicht
verdient ist. Nur Unrecht, Unzuverlässigkeit des Guten
unsererseits bringt mich zu Grabe, da komm ich nicht hin,

Aufbau eines eigenen Lebensraums

denn wir stehen hoch. Sehen Sie, bester Vater, so kann der
Feind des Menschen nichts über mich.«[72]

Der »Feind des Menschen«, das war für Luise Napoleon,
und der Krieg gegen ihn war ein Kampf zwischen Gut und
Böse, keine militärische Auseinandersetzung, in der auch
Faktoren wie gute Vorbereitung, Glück, Strategie und Aus-
rüstung eine Rolle spielen, sondern für sie waren Sieg und
Niederlagen moralische Komponenten. Napoleon war dabei
der Teufel, der »Höllenmensch«, die »Geißel der Erde«, der
»Quell des Bösen«.[73]

Zar Alexander dagegen stellte den positiven Gegenpol
dar, den Inbegriff des Guten, das Symbol des Tugendhaften. Auf ihn setzte sie alle Hoffnung. Vom 7. bis zum 31. Januar 1809 hatte das Königspaar auf Einladung Alexanders
vier Wochen lang die Pracht des Russischen Reiches in und
rund um Petersburg genossen. Luise hatte diese Reise gegen
alle Mahnungen der Minister, insbesondere des Freiherrn
vom Stein, durchgesetzt, obwohl man ihr vorhielt, dass die
preußischen Finanzen in dieser Kriegszeit eine solche Ver-
gnügungsreise nicht verkrafteten. Luise rechtfertigte sich
zwar damit, dass die Reise nötig sei, um die Freundschaft
zwischen Russland und Preußen zu festigen, aber ihr Tagebuch, das sie für ihre Familie angelegt hat, ist ein einziger
Reigen von Vergnügungen in der beispiellosen Pracht des
Zarenreiches. Diese Reise hat man ihr in Preußen zu Recht
sehr übel genommen.

Dass der Aufenthalt nicht ganz so harmonisch war, lässt
sich daran erkennen, dass Luise viele Tage krank war: bei
ihr immer ein Zeichen starker psychischer Belastung, auch
wenn hinzukam, dass sie wieder schwanger war. Wie es
wirklich in ihr aussah, lässt sich nur aus den Briefen an ihre
Freundinnen Marianne von Preußen und Caroline Friederike von Berg erkennen: »... denn Stilles hab' ich nicht
zu melden. Er ist gut, freundlich, das ist alles.«[74] »Stilles«,
das betraf ihre Liebe zu Alexander, den sie nicht nur als
»unser[en] Schutz und unser[en] Leitfaden in dieser trü-

Luise, Königin von Preußen

ben Zeit«[75] bezeichnete, sondern der auch ganz persönlich jahrelang »mein Lieblingsstern am Himmel« war.[76] »Denken Sie sich, der Kaiser floh mich, negligierte mich absichtlich; absichtlich war der Triumph der Narisch beschlossen, mich kränkt es nicht mehr. Zweimal erinnere ich mich, daß ich so eine kleine crampe du cœur hatte in den ersten Tagen, dann war alles vorbei. Wenn er mich jetzt liebte, so würde Elisabeth [Alexanders Frau] glücklich werden, oder wir verunzweit auf ewig.«[77] Ihre Versuche, sich zu trösten, klingen ein wenig weit hergeholt: »Geistig ist man nicht sehr dort, aber recht materiell. Ich freue mich jetzt, daß ich nichts dorten ordentlich genoß, denn nun hab' ich keine Störung in meine ernsthafte Reflektionen gehabt. Ich bin gekommen, wie ich gegangen, nichts blendet mich mehr, und ich sage Ihnen noch einmal: Mein Reich ist nicht von dieser Welt.«[78]

Anfang März kam dann die Nachricht, dass Alexander sich mit Napoleon zusammengetan hatte, um gemeinsam gegen die Österreicher vorzugehen. Für Luise eine furchtbare Vorstellung, zumal Preußen dadurch in eine Zwickmühle geriet: entweder auch mit dem »Teufel« zusammenzuarbeiten oder sich weiter gegen ihn zu stellen und damit in einen bewaffneten Konflikt mit Russland zu geraten. »Ich erlebte heute einen Tag, wo die Welt mit allen ihren Sünden auf mir liegt. Ich bin krank an einem Flußfieber, und ich glaube, solange die Dinge so gehen, wie jetzt, werde ich nicht wieder genesen ... *Russland wird Frankreich helfen*, Österreich auszuplündern, und das wird mich noch um meinen Verstand bringen. Ich bin in einem unbeschreiblichen Zustand, die Niederträchtigkeit des Menschen [Napoleon] spricht sich so stark aus, daß ich anfange, an alles Infame zu glauben und das Vorhandensein des Guten mit der Tugend zu leugnen ... Ich verzweifle.«[79]

Von ihrer Leidenschaft zu Alexander war sie nach der Sankt-Petersburg-Reise geheilt, jetzt verabschiedete sie sich auch von dem Idealbild, das sie sich vom Zaren gemacht hatte: »Meine Reise hat mich von einer gewissen Illusion geheilt und Sie sollen einen Ring haben mit einem Stern und den Worten: Er ist erloschen, aber man kann unvorteilhaft verändert sein, ohne der Ehre, der Vernunft und der Tugend abzusagen: Tausend Stimmen mußten ihn auf diesem Wege festhalten. Aber ich bin außer mir, wenn ich denke, daß alles Gute erstickt ist.«[80] Der Mensch, den Luise für die Inkarnation des Guten, des Tugendhaften gehalten hatte, war auf die Seite Napoleons, des Mensch gewordenen Teufels, übergegangen und hatte die alten Freunde im Stich gelassen und damit auch dem Bösen ausgeliefert. Das waren die Kategorien, in denen Luise dachte. Das Böse hatte das Gute besiegt – und damit kam sie nicht klar. Dass Russland aus pragmatischen Gründen keine andere Chance hatte, so wie ja auch ihre Schwester Therese aus den gleichen Gründen sogar einen Umzug nach Paris in Erwägung zog, um durch Kompromisse etwas für ihr Haus zu retten, konnte Luise in ihrer idealisierenden Denkweise nicht nachvollziehen. Mit dem Bösen gab es keine Verhandlungen. Das Böse konnte man nur bekämpfen, vernichten – und so lauteten auch alle ihre Ratschläge an ihren Mann.

Ihr angebliches politisches Glaubensbekenntnis, ein Brief an ihren Vater vom April 1808, von manchen Historikern bis heute als ihr wichtigster Brief angesehen, ist wahrscheinlich nicht echt. Zum einen gibt es kein Original: Der angebliche Brief existiert nur in dem Buch von Caroline Friederike von Berg, das diese direkt nach Luises Tod verfasst hat und in dem sie ihre Freundin auf maßlose Weise idealisiert und zur Widerstandsikone stilisiert.[81] Außerdem entspricht der Stil dieses Briefes in keiner Weise dem Luises. Sätze wie: »Es wird mir immer klarer, daß alles so kommen mußte, wie es gekommen ist. Die göttliche Vorsehung leitet unverkennbar neue Weltzustände ein, und es soll eine andere Ordnung der Dinge werden …« hätte Luise nie geschrieben. Es sind wohl eher die Worte Frau von Bergs, die Luise nach Aussagen von Zeitzeugen wie Luise Radziwill seit Jahren benutzt hatte, um ihre eigenen politischen Vorstellungen durch Luise beim

König wirksam zu machen. Auch die milde Stimmung gegen Napoleon passt nicht, denn in den Briefen, die in den Wochen danach geschrieben wurden, wird er wieder als der Teufel hingestellt, als den sie ihn immer betrachtet hat. Bereits am 14. Mai 1808 schreibt sie über ihn: »... die Hand, die alles Gute hemmt ...« und bezeichnet ihn als »Barbar«, der »das Ruder der Welt führet«.[82] Am 13. Mai 1809 schrieb sie an die Mutter des Zaren: »Er, der nur Böses und Bösartiges tut.«[83] Als Napoleon 1810 auf Brautschau ist, schreibt sie an ihren Vater: »Gott sei ewig gelobt, dass meine Tochter tot zur Welt kam, sie wäre jetzt im sechzehnten Jahre ...«[84] Lieber eine tote Tochter als eine, die Napoleon sich zur Braut aussucht.

Luises Streben nach Tugend, die Erfüllung von Pflichten unter Aufgabe eigener Wünsche, das alles ergab nur einen Sinn, wenn am Ende die Belohnung stand: dass der belohnt wird, der nach dem Guten strebt. Die Erkenntnis, dass eben nicht das Gute per se siegt, weil es überlegen ist, weil Gott es so will, sondern dass das Böse ungestraft den Sieg davontragen kann, hat ihr letztendlich die Kraft zum Leben genommen. Auch ihre drei Schwestern hatten in diesen Kriegszeiten ähnliche körperliche und seelische Belastungen auszuhalten, neigten aber im Gegensatz zu Luise nicht zum Idealisieren und waren in der Lage, sich mit den veränderten Realitäten zu arrangieren.

Nach dem »Verrat« Alexanders hat Luise vollends den Mut verloren. »Es ist eine Schwermut in mir, die ich beinahe nicht begreife. Schwarze Ahnungen, Beklommenheit, mit einem Worte: mehr traurig als froh. Ich möchte immer vor der Welt fliehen, allein sein hinter meine Schirmleuchter und nachdenken und weinen. Ich hoffe, das kommt wieder ...«, schrieb sie niedergeschlagen an ihren Vater kurz vor der doch lang ersehnten Rückkehr nach Berlin.[85]

Während ihre Geschwister eher Goethe-Anhänger waren, hat Luise zeit ihres Lebens die Dichtungen Schillers geliebt – bezeichnenderweise besonders sein Gedicht *Die Ideale*, dessen zweite Strophe lautet:

Aufbau eines eigenen Lebensraums

Erloschen sind die heitern Sonnen,
Die meiner Jugend Pfad erhellt;
Die Ideale sind zerronnen,
Die einst das trunkne Herz geschwellt;
Er ist dahin, der süße Glaube
An Wesen, die mein Traum gebar,
Der rauhen Wirklichkeit zum Raube,
Was einst so schön, so göttlich war.

Selbst die Rückkehr nach Berlin änderte nichts an der Schwermut, in die sie gefallen war. »Wir sind immer noch höchst unglücklich. Indessen ist das Leben hier in Berlin erträglicher als in Königsberg. Es ist wenigstens ein glänzendes Elend mit schönen Umgebungen, die einen zerstreuen, während es in Königsberg wirklich ein elendes Elend war.«[86] Und wenn man Luise in den Jahrzehnten nach ihrem Tod zur Mutter des nationalen Widerstands hochstilisierte, so verkannten die Menschen, dass Luise, selbst wenn sie 1813 zu Beginn des Freiheitskampfes gegen Napoleon noch gelebt hätte, wohl kaum die Kraft zum Kampf gehabt hätte, denn das Grundkonzept ihres Lebens war zerbrochen: ihr naiver Glaube an den Sieg des Guten. Ob sie sich davon erholt hätte – das bleibt zu bezweifeln. Zerbrochene Ideale lassen sich nicht durch Siege auf dem Schlachtfeld reparieren.

Am Ende rettete sie sich in ihren Glauben an einen Gott, der all die Prüfungen zu ihrem Besten gesandt hatte. »Meine Seele ist grau geworden durch Erfahrungen und Menschenkenntnis, aber mein Herz ist noch jung. Ich liebe die Menschen, ich hoffe so gern, und habe allen, ich sage allen meinen Feinden verziehen. Die Menschen sind dennoch recht schlecht, und es sitzt hier ein Nest Menschen, die so arg und ärger sind als die Kienraupe; diese fressen die Wurzel des Baumes ab, so daß er sterben muß, und jene nagen an jedem guten Namen, bis der Mensch an Herzenskränkung stirbt.« So schreibt sie, sechs Wochen vor ihrem Tod, am 8. Juni 1810 an ihre Schwester Therese.[87]

Luise, Königin von Preußen

Ähnlich klingt es in einem Brief an ihre Freundin Marie von Kleist: »Der Moment des Unglücks, der Prüfung ist immer fürchterlich, es scheint, als sollte gleich wie in einem heftigen Sturm der Natur alles untergehen, wenn dann nur die Hülfe von innen nicht ausbleibt, um alles wieder in der Ordnung zu bringen, und aus allem Honig wie die Biene zu saugen.«[88] Mit dem Zerbrechen ihrer Ideale war aber kein Honig mehr da, aus dem sie Kraft zum Weiterleben hätte schöpfen können.

Luise starb am 19. Juli 1810 in Hohenzieritz an einer Lungenentzündung. Bei der Obduktion wurde auch eine Geschwulst am Herzen festgestellt. Beigesetzt wurde sie unter großer Anteilnahme der Bevölkerung zunächst im Berliner Dom und am 23. Dezember 1810 im Park von Schloss Charlottenburg in einem Mausoleum.

Ihre Schwester Friederike, die die kranke Luise in den letzten Tagen gepflegt und mit Friedrich Wilhelm III. und den Kindern am Totenbett gestanden hatte, schrieb später an den Kriegsrat Scheffner, der beide aus der Zeit in Königsberg gut kannte: »Sie glauben nicht, lieber Freund, wie ernst mir das Leben geworden ist und wie dunkel es vor mir liegt, jetzt, da ich weiß, daß sie mir auf diesem Kreise nicht mehr begegnen wird.«[89]

Friederike, Prinzessin von Preußen, Fürstin zu Solms-Braunfels, Königin von Hannover (1778–1841)

Neigung und Pflichterfüllung

> »... wie sehr sich doch der beste Vater freuen würde, wenn ich ihn mündlich bitten könnte, meine Hand selbst dem Prinzen Ludwig zu reichen, um dadurch seine Bitte zu gewähren. Ich erflehe mir dazu, mein Teuerster, Ihren Segen, Ihren Vater-Segen ...«

Mit diesen Worten bat die fünfzehnjährige Friederike am 20. März 1793 ihren Vater um das Einverständnis zu einer Ehe mit dem achtzehnjährigen Bruder des Kronprinzen, den sie gerade einmal sechs Tage kannte. »Der Prinz hat ein vortreffliches Herz, nach allem, was ich von ihm gehört habe, sehr viel Vernunft, und ist schön. Zweifeln Sie nun, bester Vater, daß ich glücklich werden kann?«[1]

Anders als ihre Schwester Therese, für die die Pflichterfüllung bei der Partnerwahl im Vordergrund stand, hatte Friederike ebenso wie ihre Schwester Luise die für die damalige Zeit etwas ungewöhnliche Idee, dass eine Eheschließung mit Glücklichwerden zu tun haben könnte. Hierbei spielten sicherlich auch die zahllosen Ritterromane eine Rolle, die sie begeistert und mit Zustimmung ihrer Großmutter gelesen hatte und in denen am Ende immer ein Happy End in Form einer romantischen Hochzeit stand. Auch die Theaterstücke, die sie im Familienkreis einstudiert und aufgeführt hatte, handelten von schönen Helden und anmutigen

Bräuten, die nach vielen Wirrungen letztendlich gemeinsam ein glückliches Leben begannen.

Dabei ging es auf der Bühne der realen Welt – und irgendwie war das natürlich auch Friederike klar – weniger um Liebe auf den ersten oder zweiten Blick, sondern um nüchternes Kalkül. Sie wusste, dass auch sie in naher Zukunft einen standesgemäßen Prinzen heiraten und Abschied von der Familie nehmen musste. Eine Ehe mit Prinz Ludwig von Preußen aber hätte zumindest den Vorteil, dass sie zusammen mit ihrer Schwester Luise nach Berlin gehen konnte. »… auch denken Sie«, schrieb Friederike daher weiter an ihren Vater, »wie sehr wir uns freuen über die Erfüllung unserer Wünsche, daß wir Schwestern, beste Freundinnen, unser Leben uns täglich einander versüßen können.« Sie würden Tür an Tür leben und so nicht ganz alleine sein, denn was Einsamkeit in der Fremde bedeutete, das wussten sie zur Genüge aus den sehnsuchtsvollen Briefen, die ihre Schwestern aus Hildburghausen und Regensburg schrieben. Geprägt von den Erziehungsmustern, die Jean-Jacques Rousseau für die Frauen gefordert hatte, und zu dem Zeitpunkt auch noch von deren Wahrheitsgehalt überzeugt, beendete Friederike ihren Brief an den Vater mit den Worten: »… und wie sanft ist die Beschäftigung, auch einen Mann zu beglücken und ihm das Leben froh und angenehm zu machen«.

Friederike ahnte ebenso wenig wie ihre Schwester Luise, dass bei beiden Prinzen keine Verliebtheit im Spiel war. Nachdem sich der Kronprinz aus eher pragmatischen Gründen für Luise entschieden hatte, blieb für Friederike sein Bruder Ludwig übrig. Was er über sie dachte, wissen wir nicht, wir kennen nur die Bemerkung Friedrich Wilhelms, dass es seinem Bruder Ludwig egal war, wen von beiden er heiraten sollte. Er hatte bereits eine Geliebte in Berlin, die Ehe mit Friederike war nur eine Pflicht, der er auf Wunsch seines Vaters nachkam. Und während Luise mit ihrem Kronprinzen eine glückliche Verlobungszeit verbrachte, zeich-

Aufbau eines eigenen Lebensraums

nete sich für Friederike schon in diesen ersten Monaten des Jahres 1793 ab, was sie in ihrer Ehe von ihrem Mann zu erwarten hatte: Missachtung, Desinteresse und »eisige Kälte«, wie sie später schrieb, die ihrer Umgebung nicht verborgen blieb. »Mein Bruder war und blieb sehr kalt gegen seine Braut, so zärtlich und zuvorkommend sie auch gegen ihn war«[2], notierte Friedrich Wilhelm in seinen Memoiren. Die Hochzeit fand zwei Tage nach der Luises am 26. Dezember 1793 in Berlin statt. Friederike sei keine so ebenmäßige Schönheit, schrieb Luise Fürstin Radziwill als Teilnehmerin der Hochzeit, aber sie habe »eine reizende Figur, viel Grazie und den großen Wunsch zu gefallen, wodurch man sie öfter der edlen Schönheit ihrer Schwester vorzog«. Sie sei charmant und voller Anmut und gefalle allen Männern, nur nicht ihrem Ehemann, »der durch seine Kälte zeigte, daß diese Verbindung keinesfalls eine Neigungsehe war«.[3]

Drei Kinder gingen aus dieser Verbindung hervor: Friedrich Ludwig (1794), Karl Georg (1795) und Friederike (1796), kein Jahr dieser kurzen Ehe ohne Schwangerschaft. Anfangs hoffte sie noch, dass sich das Verhalten ihres Mannes im Laufe der Jahre ändern würde. Nach der Geburt ihres ersten Sohnes bezeichnete sie sich als »glückliche Gattin« und sprach von den »göttlichen Gefühlen«, die sie als Mutter und Gattin hatte: »Nicht einen Augenblick hat mich mein lieber Mann verlassen, während der ganzen Zeit meines Leidens; er hielt mich in jeder Wehe; auch habe ich ihm in seiner Hand eine Falte gedrückt, die er noch 2 Tage nachher behielt; nachdem trugen er und der [Arzt] mich in mein Bette. Ich habe aus Dankbarkeit für ihn gerne die Schmerzen gelitten. Er freut sich so sehr, Vater zu sein, und er wird gewiß eben so guter Vater als Gatte sein!«[4] Solche glücklichen Momente blieben aber die Ausnahme, so wie die Zeit in Schwedt, wo Prinz Ludwig Kommandeur des Dragonerregiments war. Luise, die sich zeit ihres Lebens für ihre jüngere Schwester besonders verantwortlich fühlte, beobachtete die Situation mit Besorgnis und war jedes Mal glücklich, wenn sie den anderen Geschwistern etwas Positives über Friederikes Ehe berichten konnte.»... ich habe nichts als Gutes von der guten Ika zu sagen; sowohl Gutes von ihr selbst, als auch lauter Erfreuliches von ihrer Lage. Friederike ist immer das liebe sanfte Geschöpf. Denke sie Dir aber so hübsch, so heiter, so vergnügt, als Du sie nie gesehen hast, umringt von ihren Kindern, die ohne Vorurteil ganz allerliebste Geschöpfchen sind und so gut und zärtlich um sie tun. Prinz Louis ist ein ganz anderer Mensch in Schwedt, gut und zärtlich mit seiner Frau, seine Laune heiter, seine Stirne ohne Runzel und der kleine Fritz sein kleiner Abgott; wie natürlich ist es, daß ein Teil dieser Liebe auf diejenige zurückfällt, die ihm das liebe Kind gab: auch wenn seine Frau kein anderes Verdienst hätte, so wäre dieses doch genug, um ihn zu fesseln.«[5] Aber der Eindruck war trügerisch. Ein Glück, so wie sie es bei ihrer Schwester, die im Kronprinzenpalais nebenan wohnte, täglich beobachten konnte, fand Friederike nicht.

Ihrem Bruder Georg klagte sie, ihr Mann sei »wie versteinert kalt gegen mich, und ich bin auch sehr zurückhaltend, nur ja keinen Kuss, ohne daß er mir einen bietet, aber freundlich, damit er sieht, daß ich nicht böse bin«. Sosehr sie sich auch bemühte, der Gedanke an die andere Frau im Leben ihres Mannes ließ sie nicht los, vor allem dann nicht, wenn sie mal wieder einen einsamen Abend in ihren Zimmern verbrachte: »... aber der unglückliche Gedanke will sich nicht aus meinem Kopf schlagen, der mich doch jetzt schon weniger empfindlich macht als am Anfang, weil mich das Unglück abgehärtet hat, etwas wenigstens«.[6]

Im Herbst 1796 weilte auch die ältere Schwester Therese in Berlin, die voll Mitleid die Ehe ihrer Schwester beobachtete. »Wie unglücklich, daß gerade das liebliche, hingebende Wesen mit so einem eiskalten Mann verbunden sei.«[7] Luise schaltete immer wieder ihren Mann ein, damit er seinen Bruder aufforderte, sich mehr um seine Frau zu kümmern, was Friedrich Wilhelm zwar auch getreulich tat, ohne aber generell das Verhalten Ludwigs ändern zu können. Während der Kronprinz das ausschweifende Leben seines Vaters verabscheute und sich ganz seinem kleinen Familienglück hingab, schien Prinz Ludwig eher in die Fußstapfen seines Vaters zu treten, indem er sich mehr bei seiner Geliebten aufhielt und Friederike mit den Kindern alleine ließ. Mit drei gezeugten Kindern hatte er seiner Pflicht der Dynastie gegenüber Genüge getan.

Glückliche Stunden fand Friederike außer bei ihren Kindern vor allem bei ihrer Schwester Luise. Die beiden sahen sich täglich zu gemeinsamen Mahlzeiten, bei Ausfahrten in der Kutsche oder beim abendlichen Beisammensein. Gemeinsam durchlitten sie Krankheiten, wachten am Bett der anderen in den Tagen nach einer Geburt, so wie Luise im Oktober 1796, als sie ihrem Bruder Georg schrieb, dass Friederike Milchfieber habe. »Den bösen dritten Tag haben wir überstanden, und nun ist die Bataille unser.«[8]

Prinz Ludwig erkrankte im Herbst 1796 an Diphtherie, Friederike pflegte ihn wochenlang hingebungsvoll, wie Therese ihrem Bruder Georg berichtete: »Seit 3 Wochen, daß der Mann krank ist, denkt sie an kein Ausgehen, sogar der Wunsch mich zu sehen, hinderte sie nicht daran. Ich denke, es ist unmöglich, von dieser Beharrlichkeit, Sanftmuth und Liebe nicht gerührt zu werden.«[9] Ihr Mann starb trotz aller Pflege am 28. Dezember 1796, fast auf den Tag genau drei Jahre nach der Hochzeit. Alle Geschwister nahmen großen Anteil an Friederikes Leid. Georg war in diesen Wochen ständig in Berlin. Therese schrieb aus Regensburg: »Ich weiß nicht, was ich darum gäbe, jetzt bei der guten Ika sein zu können.« Sie hatte in den Bayreuther Zeitungen vom Begräbnis gelesen. »Die Salve zum Grab bei der Herablassung des Sarges, tönt mir beständig in den Ohren. Gott, was muß das für ein Augenblick für die arme Witwe gewesen sein.«[10] Für Friederike aber ging in diesen Tagen auch der Lebensabschnitt der engen räumlichen Gemeinschaft mit Luise zu Ende. Sie war achtzehn Jahre alt und bezog mit ihren drei Kindern als Witwensitz Zimmer im Schloss Schönhausen im heutigen Stadtteil Pankow, elfeinhalb Kilometer vom Zentrum Berlins entfernt. Natürlich besuchte sie weiterhin Luise auf Schloss Charlottenburg oder in Potsdam, aber sie wohnten nicht mehr Tür an Tür, benötigten lange Kutschfahrten, um sich zu sehen. Auch in schweren Situationen, wie bei der Krankheit und dem Tod von Friederikes Sohn Karl Georg, der im Mai 1798 knapp dreijährig starb, konnten sie sich nicht mehr unmittelbar beistehen, was beide sehr traurig stimmte. »Wie gut geht es mir nicht in der Welt«, kommentierte Luise die Situation ihrer Schwester, »und wie verschieden ist das Schicksal gegen die gute Friederike. Verdiene ich es denn mehr wie sie? Nein, gewiß nicht; Gott muß es ihr einmal in der Welt recht gut gehen lassen, sie verdient gewiß Glück und hat nichts als Kummer. Ihre schönste Jugend gehet unter in Tränen dahin.«[11] Voller Mitleid sahen auch die anderen Geschwister aus der Ferne auf Friederike: »Das arme Weib, mit 20 Jahren hat sie alles verloren, was zu verlieren ist und was dem Herzen am nächsten geht. – Gott, hoffe ich, hat ihr noch ein großes Glück in der Zukunft beschieden«, schrieb Therese an ihren Bruder Georg.[12]

Dieses Glück zeigte sich im Sommer 1798 in Gestalt des Prinzen Friedrich Wilhelm zu Solms-Braunfels, der Friederike mit Billigung des Königs des Öfteren auf Schloss Schönhausen besuchte. Nicht eingeplant war allerdings, dass Friederike und Prinz Solms an ihre alte Jugendbeziehung anknüpfen würden, die 1792 ohne Hoffnung auf Erfüllung unterbrochen worden war, weil die finanziellen Mittel fehlten und der Prinz nicht standesgemäß war. »Nun aber sahen wir uns wieder«, und ich fand »die grenzenloseste Leidenschaft«, schrieb Friederike zur Erklärung später an ihren Vater. Sie war im achten Monat schwanger, als sie am 7. Januar 1799 ihren Prinzen heiraten durfte, was sie nur ihrer Schwester Luise zu verdanken hatte, die ihren ganzen Einfluss bei ihrem Vater und ihrem Mann Friedrich

Wilhelm III. geltend machte. Verhindern konnte Luise aber nicht, dass der König Friedrich Wilhelm zu Solms-Braunfels nach Ansbach bei Nürnberg versetzte. Friederike durfte – auch nur auf Fürsprache ihrer Schwester – ihre zweijährige Tochter mitnehmen, ihren ältesten Sohn Friedrich Ludwig musste sie in Berlin lassen. Er wurde wie ein Kind Luises mit seinen Cousins zusammen aufgezogen.

Zwischen Ferne und Nähe

> »Es ist besser, du bist glücklich weit von mir in irgendeinem Winkel der Erde als unglücklich in meiner Nähe«,

schrieb Friederikes Bruder Georg an seine Schwester, nachdem er den ersten Schock über ihre Verbannung aus Berlin überwunden hatte.[13] Hunderte Kilometer von Berlin entfernt, im Schloss zu Ansbach und später im Roten Schloss in Triesdorf, verbrachte Friederike die nächsten Jahre und genoss ihr »häusliches Glück« fernab der Paläste.

Das Glück fand sie einmal in der Beziehung zu ihrem Mann, die zumindest in diesen ersten Jahren das hielt, was sich Friederike von ihr versprochen hatte. »Ich bin verbunden mit dem einzigen Mann, der nach meinem Gefühl allein mich hätte glücklich machen können. Er ist für mein Herz das Ideal, welches es sich je machte. Ich versuchte es zu tilgen, aber umsonst, unbegreiflich wie der Magnet, der mich, der unsere Herzen verband.« Zum anderen sind es ihre Kinder, obwohl die kleine Tochter Karoline, die am 27. Februar 1799 im Schloss zu Ansbach geboren worden war, bereits acht Monate später starb und auf dem Friedhof zu Triesdorf begraben wurde. In diesen sechs Jahren, die Friederike in Triesdorf verbrachte, war sie kaum einen Monat ohne Schwangerschaft. Karoline, Friedrich Wilhelm, Luise und Auguste wurden geboren. Ein weiterer Sohn starb bereits im ersten Monat nach der Geburt, Karoline und Luise während ihres ersten Lebensjahres. Nur Friedrich Wilhelm, geboren am 30. Dezember 1801, und später Auguste, die am 25. Juli 1804 zur Welt kam, überlebten. Und trotzdem war Friederike zufrieden. »... nur soviel, daß wir alle wohl sind«, schrieb sie vor der Geburt von Auguste an ihren Bruder, »das heißt: mein Mann, ich, Ikschen und Wilhelmchen, Vater, Mutter und zwei Kinder. Ich genieße so recht das Glück, Mutter zu sein. *Gott erhalte mir das Glück.*«[14]

Das Lesen war die große Leidenschaft Friederikes. Werke von Goethe, Schiller, Wieland, Kant und Fichte standen auf ihrer Lektürenliste, die sie vor allem durch den Austausch mit Therese ständig ergänzte. Ihrem Bruder Georg schickte sie Bücherwünsche, die kurze Zeit später in Form von dicken Paketen in Triesdorf ankamen.

Und doch war sie oft einsam, abseits der Familie, abseits vor allem von der geliebten Schwester in Berlin. Wege aus der Einsamkeit waren die Briefe. Der Wochenrhythmus wurde bestimmt durch die Post. Sehnsüchtig wurde jeder Posttag erwartet, der Freude oder Enttäuschung brachte, je nachdem, ob die Briefe von Verwandten und Freunden eintrafen oder nicht. Wie groß war ihre Enttäuschung jedes Mal, wenn sie Nachrichten über Luise erst aus der Zeitung erfuhr. Dann kamen die quälenden Gedanken, man könne sie vergessen, »denn die gute Luise schreibt mir gar zu wenig... Ich schmeichelte mir einst, der Liebling in Luisens Herzen unter den Schwestern zu sein!«, schrieb sie an ihren Bruder. Besonders getroffen war sie, als sie vom Tod von Luises Tochter Friederike, die Luise nach ihr benannt hatte, erst aus der Zeitung erfahren musste. Einzelheiten erfuhr sie sogar nur auf Umwegen über einen Brief Georgs an die Schwester Therese, den Therese an sie weiterleitete. Tief verletzt schrieb Friederike an Luise am 29. Mai 1800. Bislang hätten sie doch Geburten und Todesfälle gemeinsam durchgestanden. Jetzt benachrichtigte Luise sie nicht einmal mehr. Offenbar habe Therese jetzt die Rolle als »Liebling ihres Herzens« eingenommen. »Dieses traf mich tief, denn ich schmeichelte mir einst, daß wir gegenseitig uns am liebsten von unseren Schwestern hatten, verzeih, wenn ich es wähnte, aber wir sprachen so oft davon und immer schien es mir so, du bist mir die liebste, das kann ich vor Gott nicht leugnen, also vor den Menschen nicht, also kannst du auch glauben wie sehr alles geschmertzt, was darauf bezug hat.« Luise schrieb ihr postwendend zurück, mit ihrer Liebe habe das nichts zu tun, im Gegenteil, sie habe Friederike, die doch selber noch um ihre kleine Karoline trauere, nur schonen wollen.

Trotz dieser Erklärung kommt Friederike in ihren Briefen immer wieder auf diesen Vorfall zurück. Ihre Schwester Charlotte hatte ihr Briefe von ihrem Bruder Georg zu lesen gegeben, in denen Einzelheiten über den Tod von Luises Tochter standen. »Denke Dir«, schrieb sie ihrem Bruder und machte ihm Vorwürfe, ihr nicht auch sofort geschrieben zu haben, »wie es mich betrüben muß, in solch einem Augenblick, wo meine treue Seele so sehr um Luise bekümmert ist, wo ich teil an sie nehme in einem Verlust, dessen Wunde bei mir noch nicht geheilt ist, so ganz, so ganz vergessen zu sein.«

Im Mai 1800 erinnerte Friederike ihren Bruder an die Absprache, jede Woche zu schreiben. Da sie wusste, dass er wegen seiner Studien in Berlin war und wahrscheinlich nicht viel Zeit hatte, bat sie ihn, wenigstens alle zwei Wochen zu schreiben, da sie »außer meinem Mann gar kein Band« habe. Wie sehr Friederike ihre Angehörigen vermisste, vor allem zu besonderen Anlässen wie Geburtstagsfeiern, die die Jahre hindurch immer Familienfeste gewesen waren, zeigt der folgende Briefausschnitt an ihren Bruder, in dem sie sich ausmalte, was ihre Familie gerade machte: »Ich vermute, daß du heute den Tag recht glücklich mit meiner geliebten Engels-Luise zubringst, in Charlottenburg, da wo wir voriges Jahr saßen, also im Garten. Seid recht früh aufgestanden, damit die Großmama nicht stört, auch vielleicht um 6 Uhr; vielleicht hat uns eine Sympathie zugleich die Augen geöffnet; ach, nur bei solchen Gelegenheiten wünschte ich mich einen Augenblick hin, wo mein Herz das Verlangen hat; unsichtbar schwebe ich bei euch, aber nur für euch sichtbar, mit der übrigen Welt will ich nichts zu tun haben. Aber nur, um dich einen Augenblick zu überraschen, wenn ihr so traulich zusammen seid, ehe die Großmama zum Café kommt.«

Zu ihren beiden ältesten Schwestern Therese und Charlotte hatte Friederike, bedingt durch deren frühe Heiraten, bisher nicht das enge Verhältnis wie zu Luise entwickelt. Charlotte missbilligte offenbar auch die plötzliche Heirat ihrer Schwester, über deren Umstände sie wie alle anderen Familienmitglieder schockiert war. So blieb Friederikes Beziehung zu ihr in den ersten Monaten ihrer Ansbachzeit eher kühl, obwohl sie alle gemeinsam im Sommer 1799 in Hildburghausen gewesen waren. Charlotte als die älteste Schwester verhielt sich auch bei Thereses Beziehungsproblemen kühl und zurückhaltend. Sie erwartete von ihren Schwestern mehr Durchhaltevermögen auf dem Weg der Tugend, so wie sie das ja auch zeigte in ihrer nicht glücklichen Ehe. Erst nach dem Tod von Friederikes Tochter Karoline kam eine persönlich gehaltene Einladung Charlottes aus Hildburghausen. Offenbar hatten sowohl Georg als auch Luise versucht zu vermitteln, da sie sich große Sorgen um Friederike nach dem Tod ihrer kleinen Tochter machten.

Friederike nahm die Einladung ihrer Schwester nur zögerlich an. »... das stimmt mit deinem Wunsch und deinem Rat überein«, schrieb sie an Georg, »allein anbiedern tue ich mich nicht; hätte sie uns nicht gebeten, ich wäre nicht hingegangen und hätte ausgehalten bis ans Ende, aber ihre Einladung war so herzlich, so gut, so freundschaftlich, daß ich nicht wüßte, was mich zurückhalten sollte... außer mein Mann bekommt vom König keinen Urlaub.« Die Versöhnung mit der Schwester gelang dann aber so gut, dass Friederike mehrere Monate in Hildburghausen blieb, und als 1800 Friederikes kleiner Sohn starb, kam Charlotte sofort nach Triesdorf, um ihr beizustehen.

Aufbau eines eigenen Lebensraums

Noch enger wurde aber die Beziehung zu ihrer Schwester Therese, die mit dem Fürsten Karl Alexander von Thurn und Taxis verheiratet war. Friederike besuchte sie nicht nur in Regensburg, sondern verbrachte auch viele Sommermonate in Dischingen, acht Kilometer südlich von der alten Reichsabtei Neresheim, auf den Schlössern Trugenhofen und Duttenstein, die zum Besitz der Thurn und Taxis gehörten. »Wir haben ein göttliches Séjour in Regensburg gemacht bei unserer geliebten Therese; so leid mir das Scheiden tat, das Weggehen, so froh schied ich doch, denn Therese versicherte mich, ich sei ihrem Herzen viel geworden. Sie fängt an, mich mehr zu kennen, und ihre Liebe macht mich sehr glücklich.« Auch Therese schätzte die Gegenwart ihrer Schwester, so zum Beispiel zur Geburt ihres Sohnes 1802: »Seit beinahe drei Wochen ist die gute Ika bei mir, sie ist froh, und dieser Verein mit meiner Schwester erhöht meine übrige Zufriedenheit.«[15] Im Gegenzug besuchte Therese die Schwester in Ansbach und Triesdorf und konnte sie zu der Zeit wohl am besten von allen Geschwistern einschätzen. Bei aller Zuneigung zu ihren Geschwistern war Therese immer diejenige, die ihre Schwächen nicht nur erkannte, sondern auch auf den Punkt brachte. Sie machte sich Sorgen um die Schwester, die so ganz alleine in Ansbach weilte. »Ich habe sie sehr gebeten, tätig und fleißig zu sein; allein ich fürchte, es bleibt bei ihr ohne Erfolg, wie auch die meisten schönen Entschlüsse. Es ist sehr schwer, wenn man nicht dazu angetrieben wird, die Gewohnheit der Beschäftigung sich zu eigen zu machen, und überdies hat die gute Ika einen Drang in sich, das ist ihre Unentschlossenheit, und das, nie zur rechten Zeit anfangen und zur rechten Zeit aufhören zu können.«[16]

Am meisten vermisste Friederike aber Luise. Die Einheit der beiden Schwestern, die der Bildhauer Gottfried Schadow in seiner berühmten Marmorstatue verewigt hat, war ja nur ein Abbild der realen engen Beziehung der beiden. Ein Medaillon mit dem Porträt Luises lag immer auf Friederikes Schreibtisch. Und wenn sie verreiste, hängte sie es sich um den Hals. In ihren Briefen ist immer wieder die enge Verbundenheit zwischen ihnen ein Thema. »Was verbindet uns?«, fragt sie in einem Brief und gibt selbst als Antwort: »Es ist die Liebe zur Tugend, und der feste Grundsatz die Unmöglichkeit uns zu trennen.« Wie sehr beide Schwestern auch noch nach vier Jahren unter der Trennung litten, zeigt ein Brief Luises, den sie nach ihrer Rückkehr von einem Treffen mit Friederike 1803 an ihren Bruder schrieb: Bei der Ankunft in Fürth am 4. Juni »fand ich Friederike. Diese Zusammenkunft war beinahe mehr schmerzlich wie erfreulich. Ich glaube, wir empfanden im Augenblick des Wiedersehens und der ersten Umarmung den ganzen Umfang des Unglücks, voneinander getrennt zu sein, denn sie weinte so heftig, daß sie sich nicht erholen konnte, und ich, als sie mich aus ihren Armen losließ, [war] beinahe ohnmächtig.«[17]

Das Vorrücken Napoleons veränderte auch das Leben Friederikes und ihrer Familie. 1805 besetzten seine Truppen Ansbach. Während ihr Mann zunächst noch als Soldat seinen Dienst tat, bevor er 1809 wegen starker Schmerzen und Depressionen seinen Rücktritt erklärte, flüchtete Friederike über Berlin weiter nach Königsberg, wo sie später mit Luise zusammentraf. Als immer noch preußische Prinzessin durfte sie nicht in die Hände der Franzosen fallen. Trotz aller Ungewissheit und Angst war das Jahr 1807 eine glückliche Zeit für die beiden Schwestern. Viele Monate lang lebten sie in Königsberg zusammen. Dort baute Friederike einen Salon auf, der dem berühmten von Rahel Varnhagen in Berlin in keiner Weise nachstand. Über Friederike bekam Luise den Kontakt zu Philosophen und Pädagogen wie Wilhelm von Humboldt und anderen Geistesgrößen der Zeit. Sie kamen alle in Friederikes Königsberger Salon. Hier wurden die später durchgeführten Reformen in Preußen andiskutiert und pädagogische Konzepte entworfen, die in den Jahren darauf in die preußischen Schulen Einzug halten sollten.[18]

Aufbau eines eigenen Lebensraums

In Königsberg traf Friederike auch ihren ältesten Sohn Friedrich Ludwig wieder, Sohn Alexander wurde geboren. Ein zunehmendes Problem war ihr Mann, der oft unter heftigen Schmerzattacken litt, die ihn dienstunfähig machten. Er brauchte dringend einen Kuraufenthalt. 1807 verließ Friederike daher mit ihrer Familie Königsberg Richtung Teplitz, dem damals beliebten Kurort in der heutigen Tschechischen Republik. Nach dem Kuraufenthalt bot ihr Vater ihr und ihrer Familie Unterschlupf im Schloss in Neustrelitz.[19] Während Friederike voller Dankbarkeit das Angebot des Vaters annahm, hielt sich Prinz Solms bedeckt. Anfangs ebenfalls dankbar, da er für seine Familie keine Alternative bieten konnte, aber dann zunehmend genervt wegen der in seinen Augen provinzlerischen Zustände am Regierungsort seines Schwiegervaters, wurde er von Tag zu Tag unleidlicher. Er selber wollte am liebsten zurück nach Berlin. Das aber scheiterte am massiven Widerstand Friedrich Wilhelms III. Immerhin bekam er durch die Fürsprache Luises, für die das Schicksal ihrer Schwester nach wie vor oberste Priorität hatte, eine neue Aufgabe als Festungskommandant in Breslau, eine Stelle, die er aber aus gesundheitlichen Gründen nur kurze Zeit ausfüllte. Dann nahm er seinen endgültigen Abschied.

Das war für Friederike und ihre Familie auch eine finanzielle Katastrophe. Ohne die Apanage, die der preußische König ihr immer noch zahlte, und die großzügige Unterstützung ihres Vaters, der sogar ein Haus in der Nähe des Schlosses für sie und ihre Kinder plante, hätte sie nicht gewusst, wie sie ihre Kinder standesgemäß erziehen sollte. Prinz Solms, dem der Gedanke an einen permanenten Aufenthalt in Neustrelitz zuwider war, verbrachte seine Zeit immer häufiger fern der Familie in seiner Heimat, in den Jagdgebieten um Braunfels. Schon damals rieten Verwandte und Freunde, ja sogar der Skandale hassende König Friedrich Wilhelm Friederike zur Scheidung, die sie aber bis 1813 vor sich herschob.

Friederike, Prinzessin von Preußen, Königin von Hannover

Und dann kam der 19. Juli 1810, ein Tag, der wie kein anderer Friederikes Leben für immer veränderte. Gerade ein halbes Jahr war es her, dass Luise wieder in Berlin eingezogen war, die Schwestern hatten voller Fröhlichkeit Besuche hin und her geplant. Endlich konnten sie wieder direkt Anteil nehmen am Leben der anderen, weil die Nachrichten schneller und unmittelbarer kamen. Was die Besuche anbetraf, so musste Luise sie allerdings zur Enttäuschung der Schwester immer wieder verschieben. Mal waren es politische Gründe, mal die Krankheit eines ihrer Kinder. Tröstende Briefe gingen nach Berlin ab. Friederike schickte der kranken Tochter Luise Spielsachen und sprach der Mutter Mut zu. »Es ist schon ¾ auf 12 die Nacht, mein bester Engel, aber ich kann den Boten nicht abgehen lassen, ohne Dir zu sagen, wie treu mein Herz *alles* mit Dir teilt, was Dir begegnet ... Doch nun schließe ich, Engel, bester Engel, unbeschreiblich liebe ich Dich und bin Dir treu bis in Ewigkeit. Und wirklich mehr bei Dir im Geist als hier in Strelitz.«[20]

Ende Juni 1810 fand der ersehnte Besuch Luises in Neustrelitz tatsächlich statt. Was als fröhliches Familienfest begann, endete mit dem Tod der geliebten Schwester, die Friederike bis zur letzten Minute pflegte und der sie beim Sterben die Hand hielt. Danach brach sie zusammen und lag monatelang zwischen Leben und Tod, sodass die Geschwister befürchteten, auch sie zu verlieren.

Bis 1815 lebte Friederike mit ihrer Familie beim Vater in Neustrelitz. Von Anfang an beteiligte sie sich an den Vorbereitungen für den Befreiungskrieg gegen Napoleon, dem sie die Schuld am Tod der Schwester gab. Ihr Schwager, der amtierende Fürst zu Solms-Braunfels, vertraute ihr das Schicksal seines Landes an, indem er sie als Fürsprecherin beim König einsetzte, wie Friederike schrieb: »... und hat die Geschäfte meines Hauses fürs Erste in meine Hände niedergelegt, da er durch eine Unterwerfungs-Akte, die er hat ausstellen müßen, das Recht, öffentlich für sich zu handeln, verloren hat.«[21] Auch am Wiener Kongress nahm sie

Aufbau eines eigenen Lebensraums

teil, zusammen mit dem Vater und ihrem Bruder Georg, der zu der Zeit bereits die politischen Geschicke in Mecklenburg-Strelitz inoffiziell in der Hand hatte.

Friederike konnte zu allen Zeiten nur indirekt Einfluss nehmen, vor allem über ihren Bruder Georg, dem sie Ratgeberin war. Bei ihm beklagte sie sich über den ansonsten sehr verehrten Vater: »Papa schwieg, denn er mag von einer Frau und vorzüglich von jemand, der nicht privilegiert ist, mittwochs im Council zu sein, keinen Rat annehmen.«[22]

Die Befreiung von Napoleon lief parallel zu ihrer ganz persönlichen Befreiung vom Prinzen Solms. Für beide Seiten ging eine Beziehung zu Ende, die nur noch belastend war. Bruder Georg hatte schon lange vor dem tatsächlichen Tod des Prinzen an seine älteste Schwester Charlotte geschrieben: »Soeben erhalten wir Nachricht, dass Prinz Solms in Töplitz an der Rose am Kopf gefährlich krank liegt. Ich wünsche niemand den Tod, aber [betrauern] kann ich ihn nicht, wenn er stirbt.«[23]

»Habe ich Dich beleidigt, so vergieb mir; ich habe es auf Ehre nicht gewollt und habe es nicht verstanden, Dich glücklich zu machen, wie ich's gern gewünscht hab«, schrieb Prinz Solms zum Abschied an Friederike.[24] Bevor die Scheidung, die im Dezember 1813 vollzogen wurde, publik werden konnte, starb er in Slawentschütz in Schlesien an einem Schlaganfall. Friederike schrieb über den Mann, von dem sie vierzehn Jahre zuvor noch geglaubt hatte, er sei der ideale Partner fürs Leben, an ihre Freundin Caroline Friederike von Berg: »Leider war es soweit gekommen, daß dieser Tod für ihn und für mich ein Glück ist … aber es wäre besser gewesen, er wäre ein Jahr eher gestorben.« Er hat »ein Leben verlassen, das ihm zur Last war wie die ganze Welt es ihm war«.[25] Noch viele Jahre später riet sie ihrem Neffen Max von einer Ehe gegen den elterlichen Willen ab mit den Worten: »O, möchte doch Gott sich seiner erbarmen und ihn einsehen lassen lernen, daß in einer Ehe, die gegen den Willen der Eltern und also ohne ihren Segen geschlossen wird, kein Glück und keinen Segen zu hoffen ist, daß der erste Rausch der Befriedigung, der als Glück erscheint, nur bloße Täuschung ist, und daß der Unsegen hingegen diese Ehe fürs ganze Leben verfolgt.«[26]

Glück in der dritten Ehe

>Ich kann wahrlich sagen, daß dies der schönste und glücklichste Augenblick meines Lebens war.«

So hatte Ernst August von Cumberland die erste Begegnung mit seiner Cousine Friederike am 20. Mai 1813 in Erinnerung.[27] Während sie für Ernst August die große Liebe seines Lebens war, fühlte Friederike ein wenig verhaltener. Zwei Tage nach ihrer offiziellen Verlobung schrieb sie im August 1814 an Caroline Friederike von Berg, dass bei all dem, was sie schon erlebt habe, »mein Glück, mein Gefühl nicht so unbefangen [ist], wie das eines jungen Menschen, der das Leben noch vor sich hat«. Sie war sechsunddreißig Jahre alt, hatte bereits zwei Ehen hinter sich, zehn Kinder geboren, von denen sechs noch lebten, und sah der Zukunft leicht melancholisch entgegen: »Wenn man ein Buch gelesen hat und ist nun zu dem letzten Teil des Buches gekommen, fühlt man alles, was man gelesen hat, im Zusammenhang, so ist es mir. Sie wissen, ich glaube immer, daß mir nicht viele Blätter mehr zu lesen übrig bleiben.«[28]

Aber diesmal, beim dritten Anlauf, war das Glück ihr tatsächlich hold. Die Verbindung hielt siebenundzwanzig Jahre lang bis zu ihrem Tod, und das, obwohl auch diesmal die äußeren Bedingungen alles andere als erfreulich waren. Während Friederikes Familie und auch der preußische König diese Ehe begrüßten, sah das Friederikes Schwiegermutter, ihre Tante Charlotte Sophie in England, ganz anders. Zur Scheidung hatte sie Friederike noch gratuliert, und auch zu Beginn der Beziehung hatte sie nichts gegen

Aufbau eines eigenen Lebensraums

eine Hochzeit einzuwenden, lud beide sogar zu sich nach England ein. Kurz bevor sie aber in London ankamen, erhielt sie durch ihre Tochter Charlotte Auguste, der Königin von Württemberg, Kunde von den Vorgängen des Jahres 1799. Ihre Nichte Friederike wurde in diesem Brief als Frau ohne Tugend und Moral dargestellt und war daraufhin bei der englischen Königin nicht mehr willkommen. Da nützten auch Versuche von Georg nichts, der persönlich bei seiner Tante vorsprach und sich für die Schwester einsetzte.[29] Die Weigerung der Königin, die Ehe ihres Sohnes in aller Form anzuerkennen, nahm dann auch das britische Unterhaus verfassungswidrig zum Anlass, den nicht sehr beliebten Ernst August die ihm zustehende Erhöhung der Apanage nicht zuzuerkennen, sodass Friederike auf die Bezüge als preußische Prinzessin, die Friedrich Wilhelm III. ihr weiterhin auszahlen ließ, angewiesen war.

Friederikes Leben spielte sich nun bis 1837 zwischen Berlin und London ab. Ihr Mann, der einen Sitz im Oberhaus des britischen Parlaments hatte, musste während der Sitzungsperioden in England anwesend sein. So folgte sie ihm für Monate, manchmal Jahre nach England, schweren Herzens, vor allem deshalb, weil sie ihre Kinder dorthin nicht mitnehmen konnte. Carl war gerade erst drei, als sie ihn 1815 das erste Mal bei ihrem Vater und Bruder Georg, der sich besonders um ihn kümmerte, zurückließ.

Im Sommer 1816 erkrankte ihr Vater, der schon seit Jahren aus gesundheitlichen Gründen die Regierungsgeschäfte von seinem Sohn und Nachfolger Georg erledigen ließ. Ängstlich verfolgte Friederike aus England die Berichte über seinen Gesundheitszustand; als die Nachricht von seinem Tod am 6. November eintraf, brach sie zusammen. Sie flüchtete sich in Träume und Erinnerungen an gemeinsam mit dem Vater verbrachte Stunden, versuchte den Tod zu verdrängen, »daß sein lebendes Bild vor mir steht, und so viele lebende Szenen an meinen Augen vorübergehen, und desto schrecklicher und ergreifender sind denn auch die Stunden, wo ich mir die schreckliche Wahrheit eingestehen muß«.[30] Georg hatte ihr »Haare des geheiligten grauen Hauptes« geschickt. Sie trauerte um einen Vater, der ihr und ihrer Familie in Neustrelitz über viele Jahre eine Heimat geschaffen hatte, um einen Vater, der – ziemlich ungewöhnlich für die damalige Zeit – einer der wenigen Menschen in ihrem Leben gewesen war, der in jeder Phase, ohne zu zögern, zu ihr gehalten und sie unterstützt hatte.

Auch in seinem Testament hatte er noch für ihre Kinder aus der Ehe mit dem Prinzen Solms gesorgt. »Täglich bitte ich Gott, daß er dem ewig teuren unvergesslichen Vater alles das Gute lohnen möge, welches er mir erwies, dessen ganzes Leben nur eine Reihe von Wohltaten war.« Der Todestag ihres Vaters wurde für sie, solange sie lebte, ein »Tag des Jammers«, was nur diejenigen verstehen könnten, schrieb sie an ihren Bruder, »die einen Begriff deßen hatten, wie unaussprechlich ich diesen teuren Vater liebte«.[31] Ausgelöst durch den Schock der Todesnachricht, erlitt Friederike, die im siebten Monat schwanger war, eine Fehlgeburt und lag lange Zeit schwer krank danieder. Im März 1818 kam dann die Nachricht über den Tod ihrer geliebten Großmutter. Dies trauten sich ihre Brüder nicht mehr direkt zu schreiben, Ernst August musste es ihr behutsam beibringen. Zwei Monate später folgte der Großmutter die Schwester Charlotte. Da aber konnten Friederike und ihr Mann wenigstens bei der Beerdigung dabei sein.

Neben London wurde vor allem Berlin wieder zum Lebensmittelpunkt für Friederike. Hier lebten nicht nur Freunde und Verwandte aus alten Tagen, sie konnte auch den Kontakt zur Königsfamilie wieder enger pflegen, denn nicht nur Friedrich Wilhelm III., sondern auch seine Kinder, namentlich der Kronprinz, hatten ein sehr enges Verhältnis zu Friederike, die die Erinnerung an die Mutter wie keine andere mit ihnen teilte. »In geselliger Beziehung war damals vielleicht das bedeutendste Haus das des Herzogs von Cumberland. Ohne viele große Feten zu geben bil-

Aufbau eines eigenen Lebensraums

dete es den Sammelplatz für die fürstliche Jugend. Der Herzog Carl, Bruder der Herzogin, brachte Leben hinein und alle bedeutenden Persönlichkeiten aus dem literarischen, künstlerischen und Staatsleben fanden dort Zutritt ebenso die interessantesten und angenehmsten der übrigen Gesellschaft. Lektüre sowie Diskussionen über allerhand Gebiete des Lebens verliehen diesen Vereinigungen meist erfreuliche Beliebtheit, ohne daß die Herzogin viel dazu beitrug. Sie hatte viel erlebt und wußte auch von ihren Erfahrungen zu erzählen«, schreibt eine Zeitzeugin.[32] 1819 wurde im Palais Unter den Linden auch Sohn Georg geboren, Friederikes letztes und ihr einziges überlebendes Kind aus der dritten Ehe – sie war immerhin schon einundvierzig Jahre alt.

Zu ihren drei noch lebenden Geschwistern hielt sie weiter engen Kontakt. Carl, der in Berlin lebte, traf sie bei Familienfesten und den zahlreichen von ihm inszenierten Aufführungen. Therese schrieb sie Briefe nach Regensburg oder Dischingen, Besuche fanden kaum noch statt. Die größte Nähe bestand weiterhin zu ihrem Bruder Georg, der sie häufig in Berlin besuchte. Er war es auch, dem auf ihre Bitten hin vom König die Obligationen und damit die finanzielle Fürsorge für Friederikes Kinder übertragen wurden und der Friederikes Kinder immer wieder in Neustrelitz aufnahm, wenn sie zur Kur musste oder in England weilte. »Was Du meinen Kindern tust, tust Du mir«, schrieb sie ihm voller Dankbarkeit.[33]

Der rege Gedankenaustausch mit ihrem Bruder umfasste auch die literarischen und philosophischen Themen, mit denen sie sich zeit ihres Lebens intensiv auseinandersetzte: Gedichte wie Goethes *Prometheus* oder Christoph Willibald Glucks Oper *Iphigenie auf Tauris* oder Goethes *Faust*. Friederikes Interesse zielte dabei auf die Kernthemen dieser Werke, die sie immer wieder ansprach: der Mensch im Zwiespalt zwischen Pflicht und Gefühlen, der Mensch auf der Suche nach dem Sinn des Lebens – oder, wie Faust es formuliert, nach dem, »was die Welt im Innersten zusammenhält«. Die Antwort, die sie für sich fand, lautete, dass das Leben auf der Erde nur eine Vorstufe für das Jenseits sei und dass der Mensch bei allen Fehlern und Irrungen, die er mache, stetig danach streben solle, tugendhafter zu werden. Eine Antwort, die Luise sofort unterschrieben hätte.

Zum Todestag von Luise schrieben sich die Geschwister regelmäßig und schickten einander am Grab oder in Hohenzieritz gepflückte Vergissmeinnicht, eine Rose oder auch ein getrocknetes Lorbeerblatt. Auch über Luises Tod hinaus blieb das Kleeblatt das Symbol für die Einigkeit der Geschwister: Am 22. Juli 1820 ging Friederike um neun Uhr morgens zum Grab. »Im Hingehen pflückte ich drei Winden, die am Stengel gewachsen waren, als Symbol der 3 Geschwister, die das Kleeblatt bildeten … Und ich sagte zu der Berg: ›Sehen Sie, daß ich an George denke, das ist für ihn, es bedeutet uns Drei.‹« Und am 23. März 1821: »Ach, das Kleeblatt!! Ich beteure Dir, mein Engels George, so lange noch das eine Blatt neben dem anderen lebt, soll es auch immer so treu an Deiner Seite stehen wie bisher.«[34]

Am 20. Juni 1837 endete mit dem Tod des englischen Königs Wilhelm IV. die Personalunion zwischen den Königreichen Hannover und England, da Wilhelm keine männlichen Nachkommen hatte und in England seine Nichte, die Tochter seines Bruders Eduard, als Königin Viktoria den Thron bestieg, das Erbfolgegesetz für das Königreich Hannover aber eine weibliche Thronfolge ausschloss. Der Herzog von Cumberland, der sich zum Zeitpunkt des Todes in England befand, wurde damit König in Hannover – und Friederike mit neunundfünfzig Jahren Königin. Sie bezog mit ihrem Mann und Sohn Georg das Alte Palais gegenüber dem Leineschloss, das Haus, in dem Friederike geboren wurde. »… ich wohne im Hause meiner geliebten Eltern, da wo auch sie einst Glück und Unglück erlebten und teilten; mein Bett steht an der Stelle, wo ich und die Geschwister geboren wurden und wo meine teure Mutter – 29 Jahre alt – starb.«[35] Wirklich genießen konnte sie diese Zeit aber nicht mehr, denn sie war oft krank, lag in ihrem Bett, in dem Zimmer, in dem sie alles »an die Vergänglichkeit alles Zeitlichen« erinnerte. An dem offiziellen Pflichtprogramm am Hof mit Cour und Bällen, Soupers im Schloss, Konzerten und Tanzveranstaltungen im Rittersaal konnte sie nur selten teilnehmen.

Am 29. Juni 1840 feierte Friederike mit ihrem Mann ihre silberne Hochzeit im Familienkreis, aber schon mit Rücksicht auf Friederikes angegriffene Gesundheit ohne die sonst üblichen repräsentativen Festlichkeiten. Zur Feier des Tages schrieb Friederike ein Gedicht für ihren Mann, in dem sie die Bilanz ihrer Ehe zieht:

Es ist nicht mehr die Braut im rosigen Gewande,
Nicht mehr das jugendliche Weib,
Das heut', Du Theuerster, Dir naht.
Fünf mal fünf Jahre sind dahingeschwunden
Seit jenem Tag, als am Altare Gottes
Ich Lieb' und Treue Dir gelobt.

Die Jahre sind dahin im Strome der Vergangenheit
Mit Jugend und mit Schönheit,
Mit Freud und allem,
Was ein weiser Gott
Auf uns'rer Lebensbahn uns hat beschieden.

Doch eine Gabe hat kein Zeitstrom fortgerissen,
Die bring' ich heute unversehrt Dir dar.
Sie hat nur stärker, fester noch als damals sich gestaltet,
Das ist die treue Liebe, die mein Herz Dir stets bewahrte,
Die Liebe, die in Ewigkeit besteht.[36]

Am 29. Juni 1841 starb Friederike. »Sie war für mich alles in der Welt, für mich ist alles verloren, denn ich kann wohl sagen, daß ich nur für sie lebte«, schrieb Ernst August nach dem Tod seiner Frau Friederike an ihren Bruder Georg am 29. Juli 1841. »Ich habe mit dieser Welt nichts mehr zu schaffen ... Ich fand in ihr die zärtlichste Frau, die aufrichtigste Freundin, die ich um alles befragte, mit der ich über alles sprach, und die mir immer die besten Ratschläge gab, denn sie war ohne Eigennutz.«[37]

Johann Wolfgang von Goethe

Obwohl alle sechs Geschwister – bis auf Luise, die sich Friedrich von Schiller näher fühlte – große Goethe-Verehrer waren, war es Friederike, die ihn am häufigsten traf: in Karlsbad und Teplitz bei ihren Kuraufenthalten, wo sie Heilwasser schlürfend am Brunnen standen und sich später zum geselligen Beisammensein trafen. Häufig las Goethe ihr aus noch unfertigen Manuskripten vor. Auch Goethe schätzte die schöne und kluge Friederike, der er 1820 ein von ihr gewünschtes Exemplar des *Prometheus* besorgte. Er schrieb dazu an seinen Freund Carl Friedrich Zelter: »... muß es aber erst noch binden lassen, daß es durch die schönsten aller Hände durchzugehen einigermaßen würdig sey.«

1815 besuchte Friederike ihn zusammen mit ihrem dritten Ehemann, dem Herzog von Cumberland. Zur Erinnerung an den Besuch in der Gerbermühle, dem Landsitz des Bankiers Johann Jakob von Willemer in Frankfurt am Main, schrieb Goethe ihnen das folgende Gedicht:

> *Wohlerleuchtet, glühend-milde*
> *Zog der Strom im Abendschein,*
> *Über Brück' und Stadtgebilde*
> *Finsternisse sanken ein.*

> *Doch am Morgen ward es klar,*
> *Neu begann's umher zu grünen,*
> *Nach der Nacht, wo jenes Paar*
> *Sternengleich uns angeschienen.*

Georg, Großherzog von Mecklenburg-Strelitz (1779–1860)

Vergebliche Brautschau

> »Gott gebe indeßen, daß endlich einmal keine Hiobspost komme«,

schrieb Großherzog Georg von Mecklenburg-Strelitz am 30. Januar 1817 etwas frustriert an seine älteste Schwester Charlotte und ergänzte, dass er dann keine mehr wüsste, die er nehmen könnte, »ich müßte also neue Bekanntschaften suchen, was in meiner jetzigen Lage und in meinem jetzigen Alter äußerst schwierig wäre«. Während seine vier Schwestern bereits mit fünfzehn beziehungsweise siebzehn Jahren verheiratet wurden, war Georg mit siebenunddreißig Jahren immer noch auf Brautschau, »weil es nun ... meine unwiderrufliche Bestimmung ist, mich zu vermählen«.[1]

Auch die Hauptaufgabe eines Prinzen war festgelegt: Unabhängig davon, ob man die Nachfolge auf einem Fürsten-, Herzogs- oder Königsthron antrat, es wurde ein Erbe benötigt, um die jeweilige Dynastie zu sichern. Im Unterschied zu den Prinzessinnen hatte ein Prinz in den meisten Fällen lediglich ein größeres Mitspracherecht bei der Auswahl. Und so war Erbprinz Georg jahrelang erfolglos auf der Suche nach der geeigneten Frau gewesen, wobei er seine Ansprüche an eine Ehe »aus Pflichtgefühl und Klugheit« inzwischen so heruntergeschraubt hatte, dass er von seiner zukünftigen Gemahlin weder Schönheit noch Geist, sondern nur noch das Jawort erwartete. Dabei hatte es nicht an Kandidatinnen gefehlt. Bei seinem Italienaufenthalt hatte Georg sich in die verheiratete jüngere Schwester Napoleons verliebt, was 1804 selbst Luise noch mit Humor nehmen konnte. Sie entschuldigte sich bei Georg, dass sie wegen des Karnevals in Berlin nicht geschrieben hatte, was er sich eigentlich hätte denken können, »wenn Dir die göttlichen Südwinde und die Reize der Prinzessin Borghese das Gedächtnis nicht ganz geschwächt haben«.[2]

Die Suche nach einer geeigneten Braut für ihren Bruder nahm Luise ab 1800 persönlich in die Hand. Auguste von Bayern schien eine geeignete Kandidatin zu sein: »Apropos, lieber George, ich bitte dich, nehme doch ja deine Rückreise über München, die Schönheit, die Liebenswürdigkeit A's macht solchen Lärm, solche epoque, daß ich fürchte, sie wird gekapert. Unser neuer französischer Gesandte und seine Frau sprechen nicht von ihr, sondern *brüllen* von ihr ... Sie ist 15 sicher vorbei, *elle est grand fille depuis 2 mois*, also das wäre richtig.«[3] Zunächst sah die Werbung vielversprechend aus. »Gott gebe, daß sich alles zu deiner Zufriedenheit wende, und daß du das Glück in dieser Verbindung unwiderruflich finden möchtest ... Ich träume mich oft schon in der Zukunft, wie du glücklich mit Auguste, und wie du oft bei mir sein wirst.« Luise fürchtete nur den Altersunterschied von zwölf Jahren, der einem wirklichen Vertrautwerden mit Georgs Frau entgegenstehen könnte. »... und wenn deine beste Freundin nicht auch die meine werden kann, so erhänge ich mich.«[4] Anfang August 1804 schien die Hochzeit nur noch eine Frage der Zeit zu sein. Luise war, wie die ganze übrige Familie auch, außer sich vor Freude: »Lieber George, hättest du nur die Freude, das Geschrei, das Geheul, das Gelache, das Herumtraben sehen können, welches Dein Brief mit der so erwünschten Nachricht hervorbrachte ... Freude, Wünsche für dich und für Auguste, für euer Wohl, Euer Glück, waren wohl die Hauptempfindungen ... Papa ist auch ganz außer sich vor Freude, und hat so eine herzliche Freude darüber innerlich. Er denkt so für

Aufbau eines eigenen Lebensraums

sich nach, und dann kömmt wohl wieder so eine ganze bou-
tarde von Empfindungen heraus, und ein recht zufriednes
Lächeln überströmt sein Gesicht.«[5]

Das Haus Mecklenburg-Strelitz, das seine politische Bedeutung im Europa der damaligen Zeit vor allem seinen
familiären Verbindungen mit dem preußischen und dem
englischen Königshaus verdankte, schickte sich an, eine weitere bedeutsame Verbindung hinzuzufügen: Maximilian IV.
Joseph von Bayern, der Vater der fraglichen Braut und ein
Onkel Georgs und Luises, war Kurfürst und einer der ange-
sehensten und mächtigsten Fürsten im Reich. 1806 sollte er
durch Napoleons Gnaden König von Bayern werden.

Aber schon zwei Wochen später war Georgs Traum ge-
platzt. Auguste aus dem katholischen Bayern bestand
offenbar völlig unerwartet darauf, dass die Töchter aus einer
Ehe mit Georg katholisch erzogen werden sollten. Das war
nichts anderes als das gleiche Prinzip, das sich auch Therese bei ihrer Heirat ins konfessionell verschiedene Haus
Thurn und Taxis ausbedungen hatte: Ihre Töchter sollten in
der Religion der Mutter erzogen werden. Damals eine unab-
dingbare Forderung der Familie für eine Zustimmung.

Und nun zeigte sich Luise erneut von einer unerwartet
intoleranten Seite. Sie schrieb an ihren Bruder einen Brief,
in dem sie mit vielen Unterstreichungen ihre Meinung, die
sie mit der der ganzen Familie gleichsetzte, kundtat. Sie
habe den Brief mit der »Hiobspost« erhalten und den ganzen Tag darüber gegrübelt: »… erstens wird *Papa*, das *Land*,
Du und *alle*, die Anteil an Dir nehmen, *nie*, *nie* zugeben,
daß Deine Töchter *katholisch* werden, daraus wird nichts,
darauf wird von keiner Seite, d. h. von unserer, nachgege-
ben, es entstehe daraus, was da will. Sie ist und bleibt untun-
lich und unmöglich.« Und nachdem sie bislang über Auguste
und den Hof in Bayern nur Lobendes gesagt hatte, kommen
ihr jetzt auch Bedenken, ob Auguste überhaupt die Richtige
für ihren Bruder sei und in die Familie passen könnte: »Sage
mir aufrichtig, ist Auguste so anspruchslos und so ohne Ge-

Georg, Großherzog von Mecklenburg-Strelitz

danken über großen Hof, Großtun, Etikette, usw. usw., *wie wir* es waren, oder hat der kurfürstliche Papa mit seinem Großtun und die kurfürstliche Mama mit ihrem Stolz etwas Eingang gefunden? Das wäre nicht gut, denn dieses alles können *wir* in keinem Sinn gebrauchen.«[6] Die endgültige Absage aus München kam im Oktober 1804, vor allem wohl aus dynastischen Gründen, denn für die Prinzessin interessierten sich auch der Erbprinz von Baden und Erzherzog Joseph von Österreich, zwei Prinzen, die gesellschaftlich höher gestellt waren als Georg von Mecklenburg-Strelitz. Später heiratete sie den Stiefsohn Napoleons, Eugène de Beauharnais, und verhalf damit ihrem Vater zur Königskrone. Luise wandte nun ihre Bemühungen um eine geeignete Braut Richtung England zu ihren Cousinen Maria, Sophie und Amalie, Töchter ihrer Tante Charlotte Sophie, der englischen Königin. Aber auch daraus wurde nichts. Luise erlebte die spätere Hochzeit ihres Bruders, die erst sieben Jahre nach ihrem Tod stattfand, nicht mehr.

Erst ab 1814 mit fünfunddreißig Jahren unternahm Georg, gedrängt von seinem inzwischen dreiundsiebzigjährigen Vater, der die Erbfolge vor seinem Tod gesichert sehen wollte, verstärkt neue Versuche, sich zu vermählen. Er sprach in Anhalt, Hessen-Kassel und Württemberg vor, vergeblich. In Meiningen habe die Prinzessin zwar eine herrliche Gestalt, aber ein »unangenehm wirkendes Gesicht«, versuchte er sich selber in einem Brief an seine Schwester Friederike zu trösten, die ihm weitere Hinweise gab, wo er nach einer geeigneten Frau suchen könnte. Auf keinen Fall dürfe er resignieren. Sie wünschte ihm Glück bei seiner neuen Brautschau in Kirchheim und dass sich die Braut dann so entwickelte, »wie unser unvergeßlicher ewiger Engel sich an der Seite unseres herrlichen Königs weiterentwickelt hat. Amen!«[7]

Aber auch in Kirchheim hatte er keinen Erfolg. Seiner Schwester Charlotte, die seine Brautschau ebenfalls aus der Ferne begleitete, schrieb er: »Was wirst Du aber nun sagen,

Aufbau eines eigenen Lebensraums

beste Lollo, wenn ich gezwungen bin, Dir die nun wenigstens nächst seltsame Nachricht zu geben, dass ich auch in Kirchheim nicht für würdig bin anerkannt worden!!!« Diese erneute Absage hatte ihn schwer getroffen, und er beklagte sich bitter über die »jetzige Art von Prinzessinnen«, denen bei der »fehlenden Vernunft« die Männer ausgehen könnten.[8]

Er sei nicht mehr sehr jung, noch weniger schön, und sein Reichtum gehöre auch nicht zu den Attraktionen, die er anbieten könne, meinte dagegen ganz vernünftig Prinzessin Luise von Nassau-Oranien über Georg, und darum möge er seine Ansprüche besser herunterschrauben.[9] Georg war in der Tat keine Schönheit wie seine Schwestern, er konnte auch keine militärischen Heldentaten vorzeigen wie so viele seiner Standesgenossen, da er aus gesundheitlichen Gründen nie Soldat sein durfte. Er war kein Frauenheld, vielleicht ein wenig langweilig und zu schwärmerisch. Aber er hatte andere Tugenden, die erst auf den zweiten Blick erkennbar waren: Er war von einer liebenswerten Freundlichkeit, seinen Freunden treu ergeben, pflicht- und verantwortungsbewusst. Er war ein biederer Mensch, im guten Sinn des Wortes: konservativ, anständig, ehrlich, integer und beschützend. Der Dichter Jean Paul schrieb über ihn: »Grüßen Sie den liebenswürdigsten und würdigsten Prinzen, an dessen vortreflichem Kopfe das das Geringste ist, was er darauf setzt, nämlich den Herzogshut.«[10] Wie Luise urteilte Georg weniger vom Verstand her, sondern ließ sich von seinem Gefühl leiten, sodass auch er immer wieder in tiefe emotionale Krisen fiel, sobald sein allzu optimistischer Glaube an das Gute im Menschen an der Realität zu scheitern schien. Die Familie ging ihm über alles, und wenn die ihn abweisenden Prinzessinnen seine Briefe an seine Schwestern gekannt hätten, die von Fürsorge und Verständnis geprägt waren, dann hätten sie ihn vielleicht so manchen Draufgängern, die nicht unbedingt die besten Ehemänner wurden, vorgezogen.

Auch Prinzessin Marie von Hessen-Kassel hatte ihm zuerst einen Korb gegeben. Vielleicht war es die neue Großherzogswürde, die ihn seit dem Tod des Vaters im November 1816 schmückte, die bei ihr und ihren Eltern dann doch einen Sinneswandel hervorrief.

Nach dem Tod Luises übernahm vor allem Friederike die Rolle als Beraterin. Zu ihr hatte er so großes Vertrauen, dass er ihr sogar die Briefe zu lesen geben wollte, die Marie ihm schrieb, damit seine Schwester sie besser kennenlernen könne. Bei aller Liebe zu ihrem Bruder ging ihr das aber doch zu weit, und sie schrieb ihm aus London: »... die Zartheit eines solchen Verhältnisses ist schon entweiht, wenn ein Dritter es berührt. Gewiss schließt sie sich mit Vertrauen an *Dich* an, an *Dich*, aber nicht an eine unbekannte Schwester.« Zwar habe sie auch früher schon Briefe gewisser Damen gelesen, aber das sei etwas ganz anderes gewesen. Sie warte auf das Tagebuch über seine Reise. Sie freue sich für ihren Bruder, dass er in Marie endlich die richtige Braut gefunden habe. »... mir wird sie eine liebe Schwester sein, da sie dir angehört.«[11]

Marie von Hessen-Kassel war einundzwanzig Jahre alt, siebzehn Jahre jünger als ihr Mann, als sie am 12. August 1817 in Neustrelitz heirateten. Vier Kinder brachte sie in den nächsten sechs Jahren zur Welt: Die erste Tochter Luise (1818) benannte Georg nach seiner geliebten Schwester. Es folgten 1819 Friedrich Wilhelm, nach seinem Schwager, Luises Mann, benannt, Karoline Charlotte 1821 und Georg 1824. Inwieweit die Ehe glücklich verlief, darüber schweigen die Quellen, auf jeden Fall verstand sich Marie sehr gut mit Georgs Schwester Friederike, die allerdings jede Frau ihres Bruders mit offenen Armen aufgenommen hätte, so wie die anderen Schwestern, vorausgesetzt, die Braut wäre standesgemäß und nach Möglichkeit protestantisch.

Seit 1806 übernahm Georg verstärkt Repräsentationsaufgaben für das Herzogtum Mecklenburg-Strelitz im Namen seines Vaters. Sein fester Wohnsitz war die Residenzstadt Neustrelitz, wo er im November 1806 den Einmarsch der französischen Truppen miterlebte. Während seine Schwestern Luise und Friederike mit ihren Familien vor Napoleon in den Osten Preußens flohen und die Franzosen als Abgesandte der Hölle verteufelten, führte Georg im Namen des Vaters die Verhandlungen mit Frankreich und reiste wiederholt nach Paris, um wie Therese im Zentrum der feindlichen Macht die Interessen seines Landes zu vertreten. Er konnte aber nicht verhindern, dass auch Mecklenburg-Strelitz 1807 dem Rheinbund beitreten und Soldaten für Napoleon bereitstellen musste. Seit 1809 versuchte er, unterstützt von Friederike und Luise, den preußischen König zum bewaffneten Kampf gegen Napoleon zu ermuntern. Er pendelte als Kurier seines Vaters zwischen Berlin und Neustrelitz. 1813 trat Mecklenburg-Strelitz als eines der ersten Länder dem vom preußischen König ausgerufenen Befreiungskrieg bei. »Deutschland ist gerettet!«, schrieb er jubelnd an eine Freundin nach dem Sieg bei Leipzig am 18. Oktober 1813.[12]

Auf dem Wiener Kongress 1814/15 führte er, unterstützt von den Strelitzer Hofräten, die Verhandlungen für das Land, konnte aber im Gegensatz zu den großen Ländern außer dem Titel des Großherzogs keinen nennenswerten Gewinn erzielen. Vor allem sein großes Ziel, die nationale Einheit aller Deutschen unter einem Kaiser, scheiterte zu seiner Enttäuschung am Eigennutz der großen Mächte Preußen, Österreich und Russland.

Fürsorge für Land und Familie

> »... wenn dein Weg immer eben, mit Rosen bestreut, Dein Horizont immer ruhig, ohne Wolken wäre, kurz, wenn ich Dich vollkommen glücklich sehen könnte, inmitten erstrebenswerter Genüsse, die Glück spenden, indem sie die Seele erheben, so würde auch für mich hier unten noch ein Glück vorhanden sein«,

wünschte Luise ihrem Bruder.[13] Sie erlebte es nicht mehr, wie Georg nach dem Tod des Vaters am 6. November 1816 mit siebenunddreißig Jahren seine Nachfolge antrat. Er übernahm ein Land, das international durch seine verwandtschaftlichen Beziehungen eine bedeutendere Rolle spielte, als die geografische Größe es eigentlich vermuten ließ. Georgs Aufgabe bestand in den nächsten Jahren außenpolitisch darin, die Balance zu halten, damit sein kleines Land nicht zwischen den Großen des Reiches, Preußen und Österreich, aufgerieben wurde.

Innenpolitisch sah er sich mit den zunehmenden Forderungen nach mehr Demokratie konfrontiert. Erzogen und aufgewachsen in der Vorstellung vom Gottesgnadentum des Fürsten, war er fest verwurzelt in der Ständegesellschaft. Mitspracherecht des Volkes, Parlamente, die mit entscheiden wollten, und demokratische Prinzipien wie Freiheit und Gleichheit waren für ihn Unworte. Die Freiheit, für die die Menschen gegen Napoleon in den Krieg gezogen waren, bezog er auf die äußere Freiheit von den französischen Besatzern. Zwar fielen in seine Regierungszeit durchaus Reformen, wie zum Beispiel die Verbesserung des Volksschulwesens und die Aufhebung der Leibeigenschaft. Auch war er bei seinen Untertanen sehr beliebt, weil er bescheiden auftrat und für seine Wohltätigkeit bekannt war. Er verstand sich als Vater seiner Landeskinder, die er zu leiten hatte und für deren Wohlbefinden er sich Gott gegenüber verantwortlich fühlte.

Aber jede Durchbrechung der Legitimität durch liberale Entwicklungen zum Beispiel im Zuge der Revolutionen von 1830 oder 1848 unterdrückte er schon im Ansatz, da sie seinem Verständnis nach nicht nur eine Gefahr für seine Regentschaft, sondern darüber hinaus für das Prinzip der gottgegebenen Herrschaft aller Fürsten darstellten. Als in Mecklenburg-Schwerin 1848/49 Reformen eingeleitet wurden mit dem Ziel, aus Mecklenburg einen modernen Verfassungsstaat zu machen, brachte er diese durch den Freienwalder Schiedsspruch zu Fall. »Rückfall und Verharren beider mecklenburgischer Landesteile auf der Stufe eines spät-

Aufbau eines eigenen Lebensraums

feudalen Ständestaats in den folgenden Jahrzehnten gehen maßgeblich auf die Politik Georgs zurück«, wie Carl August Endler urteilt.[14]

Da Georg selber erst im Jahre 1817 eine eigene Familie gründen konnte, war bis dahin seine Ursprungsfamilie der Dreh- und Angelpunkt seines Lebens. Vor allem zu seinen vier Schwestern, die sich alle mit Eifer und häufig auch mit Eifersucht um die Zuneigung ihres kleinen Bruders bemühten, hatte er eine ungewöhnlich enge Beziehung. Die Korrespondenz, die er mit ihnen führte, umfasst mehrere Tausend Briefe, die in Schwerin, Berlin, Regensburg und Altenburg lagern. Zur Freude seiner Schwestern schrieb er zu besonderen Anlässen Tagebuch, eine Tradition, die nur Luise übernahm. Als Lektüre haben aber alle vier Schwestern die Tagebücher genossen, weil sie einen noch unmittelbareren Einblick in das Leben des Bruders gaben. »Lieber Georg«, schrieb Luise aus Amsterdam am 30. August 1791 an den Zwölfjährigen, »wie hast Du nur alle die Zeit gefunden, Dein ganz reizendes und manchmal ganz rührendes Tagebuch zu schreiben? ... Ich schreibe auch eins, das sehr lang wird, aber das wirst Du erst nach unserer Rückkehr nach Darmstadt bekommen.«[15] Dreiundzwanzig Jahre später bedankte sich eine entzückte Therese für das »herrliche delicieuse Tagebuch«. Schon der Anblick des dicken Pakets versetzte sie in »frühere glücklichere Zeiten zurück. Der Inhalt interessierte mich unaussprechlich, zuweilen lachte ich zugleich – zuweilen standen mir die Augen voller Tränen und die wehmütige Stimmung, die in Berlin doch immer bei Dir die herrschende ist und die sich unwillkürlich blicken läßt – ging auch ganz in meinem Herzen über.«[16] Seine Schwestern waren seine besten Freundinnen. »Geliebte und treffliche Schwester und Freundin meines Herzens«, schrieb er an Charlotte und unterzeichnete mit »Dein bester, zärtlichster und treuester Freund«.[17]

So oder ähnlich lauten auch die Anreden in den Briefen an die anderen drei Schwestern. Und seine Schwestern bezeugten ihre Zuneigung auf ähnlich intensive, wenn auch manchmal skurrile Weise, wie schon die Kinderbriefe zeigen: Seine jüngste Schwester Friederike schickte mit sechs Jahren ihrem ein Jahr jüngeren Bruder zu seinem Geburtstag Blumen, sie malte ihre Ohrringe auf und schickte ein Paket mit Büscheln ihrer Haare, die mit einem roten Band zusammengehalten wurden und noch ein wenig bepudert waren. Luise schrieb ihm zu seinem vierundzwanzigsten Geburtstag: »Teuerster, liebster, bester George ... und Gott ewig dafür danken werde, der mir meinen Bruder gab, den ich mit allen starken und zarten Empfindungen meines Herzens und meiner Seele lieben kann. Ja, lieber George, es ist eine außerordentliche Wohltat, einen Freund in der Welt zu haben, wie Du bist, auf den man bauen kann, ohne irgendetwas zu befürchten ...«[18]

Aus den Briefen sprechen die große Sehnsucht nach einem Wiedersehen, die Sorge, wenn lange keine Nachrichten kamen, die Übernahme von Verantwortung und Pflichten, sobald eine der Schwestern in Not war. »Ach, welch ein erbärmliches Hilfsmittel ist doch in vielen Fällen die kostbare Feder!«, schrieb Georg mit sechsundzwanzig Jahren seiner Schwester nach Regensburg und sandte ihr: »Meine ganze herzliche teure Liebe und alle die feurigen Wünsche, die bei einer solchen Familie so natürlich entstehen.«[19] Und Therese antwortete: »Unsere Gefühle sind die selben, allein mir fehlt die schöne Gabe des Ausdrucks, die Dir in so hohem Grade eigen ist.«[20]

Auch Luise fiel der Abschied vom Bruder jedes Mal schwer. »Ich kann dir die Empfindung nicht beschreiben, lieber George, als ich dich noch einzuholen hoffte, in der größten Geschwindigkeit die Treppe hinunter eilte und eben deinen Wagen über die Brücke rasseln hörte; ich dachte, dich noch einmal an mich drücken, dachte, dir das letzte Lebewohl zu geben und nun sah ich dich auf einmal so ganz von mir gerissen«, schrieb Luise 1795 und empfand den Abschied vom Bruder elf Jahre später noch genauso stark:

Aufbau eines eigenen Lebensraums

»Der Abschied! Ach, der Abschied ist in der Hölle erfunden worden.«[21]

Eifersüchtig wachten die Schwestern darüber, dass Georg seine Briefe und seine Besuche gleichmäßig unter ihnen verteilte, auch wenn sie immer wieder zugunsten der anderen verzichteten. Luise schrieb: »Ich bin die letzte der Schwestern, die dich sehen wird – und doch bitte ich dich, lieber George, verkürze deinen Aufenthalt ja nicht bei keiner, um mich früher wiederzusehen, du kannst nicht wissen und begreifen, wie alle dich lieben, aber wir werden auch alle geliebt, wie man nicht alle Tage liebt.«[22]

Freude und Leid, Hochzeiten, Krankheiten und Trauerfälle. Georg nahm am Familienleben seiner Schwestern mit einer Intensität teil, die ihn seelisch oft an die Grenze seiner Kraft brachten. Als 1796 Friederikes erster Mann starb und auch Luises Mann sterbenskrank daniederlag, eilte er nach Berlin, um Friederike beizustehen. »Ich kann Dir nicht viel sagen, mag Dir nicht viel sagen. Die Szenen, die ich seit vier Tagen, da ich hier bin, erlebt habe, mag ich selbst in Worte nicht meinem Feinde erzählen«, schrieb er an seine Schwester Therese. »Nur soviel, daß ich gleich hereilte, den Tag des Begräbnisses ankam – und nun seit vier Tagen in einem Trauerhause lebe, das schrecklich ist. Zusammen Vernünftiges kann ich nichts hervorbringen, nur noch, daß die Ika wohl ist … Gottlob, jetzt hat sie Tränen. Einen Tag war sie vor Erschöpfung ganz weg und saß stur und starrend da, daß einen schauerte.«[23] Zwei Monate blieb er in Berlin, wohin auch die Großmutter zur Unterstützung gekommen war, denn auch Luises Mann war schwer krank, und niemand wusste, ob er nicht ebenfalls sterben würde.

In den Tausenden Briefen, die ich insgesamt ausgewertet habe, habe ich keine kritischen Bemerkungen über seine Schwestern gefunden, auch wenn es immer mal kleinere Missverständnisse gegeben hat, wie 1796 mit Therese. Luise schaltete sich dann jedes Mal behutsam als Vermittlerin ein und freute sich, wenn es ihr gelang, die Geschwister zu versöhnen, »und ich sehe euch einig so gut zusammen, wie wir übrigen Geschwister, und ich werde nun keinen losen Ring mehr in der Kette unserer Eintracht sehen«.[24]

Insgesamt gesehen stand Georg bedingungslos und mit aller Konsequenz hinter ihnen, selbst wenn sie den vorgeschriebenen Pfad der Tugend verließen. So ließ er auch ab 1806 ohne Protest zu, dass man ihn verdächtigte, der Vater Georg von Stockaus zu sein. Ohne auf die zahllosen Spekulationen eingehen zu wollen, lässt allein die Tatsache, dass der Junge seinem richtigen Vater zuliebe katholisch getauft wurde, eine Vaterschaft Georgs als ausgeschlossen erscheinen. Der Junge war der uneheliche Sohn seiner Schwester Therese mit Maximilian Emanuel Graf von Lerchenfeld, wie es auch das Adelsverzeichnis aussagt; er hat auch jahrelang in Regensburg gelebt. Thereses Mann hatte man zunächst gesagt, es handle sich um einen Sohn Georgs, der, damit Georg keine Schwierigkeiten mit seinem Vater bekäme, bei ihnen unterkommen müsse. Georg, der seit 1805 von dem Verhältnis wusste und es tolerierte, hat sich seiner Schwester zuliebe um den Jungen, dessen Vater 1809 starb, immer wieder gekümmert, ohne Rücksicht auf seinen eigenen Ruf. Dies passt auch eher zum Charakter Georgs als andere Spekulationen.

Während Therese mehr die Rolle einer guten Freundin einnahm, mit der man auch heikle Dinge besprechen konnte, hat seine Schwester Charlotte, die zehn Jahre älter war als er, immer ein wenig die Mutterrolle bei ihm vertreten. Die herzliche Beziehung zu ihr geht vor allem aus dem folgenden Brief des Jahres 1800 hervor, in dem er sich für ein Porträt bedankt, das sie ihm auf seinen Wunsch hin geschickt hat und das so gar nicht seinen Vorstellungen entsprach: »Ach liebe Lollo! Was soll ich sagen? Soll ich weinen oder soll ich lachen? Ich will Dir herzlich danken, das ist das beste, denn Deine Absicht war sehr gut, so herzlich gut. Allein – ähnlich finden! – Großer Gott, wie kannst du das von mir denken ... Liebe Lollo – noch mal, nimm meinen besten Dank dafür hin: denn deine gute Absicht ist zu unverkennbar deutlich – aber es sieht gräulich aus. Nein, und immer nein, muß ich auf deine Fragen antworten, so wie Du es vorauszusehen scheinst; wie gern würde ich nicht immer ja, und wieder ja antworten, denn wer läßt sich nicht von einer so guten Schwester freundlich anblicken, wer nicht von ihr die Rose reichen, die schon durch die Berührung alle Dornen verliert, wer liest endlich nicht gerne in ihrem Gesicht, daß sie den abwesenden Bruder stets liebt – allein, es hat nicht einmal ein ehrliches Gesicht ... und sieht mich so starr mit seinen ganz alten Augen und dem krankhaft lächelnden Munde an, daß man glauben möchte, der Zweifel wäre in der schönen Infantin ihre Kleider gefahren. Außer dem Obersten hat es darum auch keine Seele erfahren; denn ich möchte um alles in der Welt nicht, daß die Leute glauben, daß ich eine solche Schwester hätte, und wahrscheinlich wird es also ganz ruhig im Schrank liegen bleiben.« Er hofft, dass sie ein neues Porträt machen lässt. »– bis dahin werde ich recht oft an Dich denken, denn Dein Bildniß ist ganz deutlich in meinem Herzen, daß es eigentlich keines Portraits bedarf, um wieder erneuert zu werden.«[25]

Eine große Rolle spielte bei Georg wie bei allen Geschwistern seine Religiosität. Sein Vertrauen in einen Gott, der die Geschicke leitet und letztendlich alles zum Guten wendet, auch wenn der Mensch es nicht immer versteht, durchzieht alle seine Briefe. Krieg und Tod, alles bekommt einen höheren Sinn im Vertrauen auf die Vorsehung, auf einen Gott, der wie ein Vater die Geschicke seiner Kinder in der Hand hält.

Nur so konnte er den schlimmsten Schicksalsschlag im Sommer 1810 annehmen: den Tod seiner geliebten Schwester Luise, die er vergötterte und anderen gegenüber schon zu ihren Lebzeiten immer nur als »Engel« bezeichnete. »Gott, der früher mir so großes Glück gab, hat mir auch die Kraft gegeben, großes Unglück zu ertragen, – das größte, das er mir bereiten konnte«, schrieb er in sein Tagebuch. »Auch murre ich nicht und habe nicht gemurrt, bin sogar ruhig geblieben in den unsäglichsten Augenblicken, und dafür habe ich ihm schon vielfältig gedankt. Auch rufe ich oft und gerne aus ›Herr, Dein Wille geschehe‹ ... Aber mein Glück ist auf ewig dahin. Mein Herz gleicht einem Schlachtopfer voll Ergebung, das, von dem Messer nur halb getroffen, nicht sterben kann. Es zuckt in allen Teilen und, wenn auch ohne Klagen, doch nur aus Schmerz.«[26] Zeit seines Lebens hat er ihren Todestag zurückgezogen im Gedenken an sie verbracht, oftmals in Hohenzieritz, wo sie starb. Vor allem mit Friederike teilte er die große Trauer. Sie schrieben sich jedes Jahr am 19. Juli, dem Todestag der Schwester, einen Brief im Gedenken an den Tag: »... für den wir *nie* Worte finden, um unsere Gefühle ausdrücken zu können«, schrieb Friederike ihm.[27]

Die Jahre 1816 bis 1818 waren für Georg insgesamt Jahre des Umbruchs. Mit dem Onkel Georg von Hessen-Darmstadt, dem Vater, der Großmutter, die für ihn Mutterersatz gewesen war, starben in kurzer Zeit drei enge Familienmitglieder, mit denen er im Schloss zu Neustrelitz die letzten Jahrzehnte verbracht hatte. Am 14. Mai 1818 starb auch noch seine älteste Schwester Charlotte. Nach dem Tod des Vaters übernahm Georg die Verantwortung für die Großfamilie. Er engagierte sich in England, wo seine Tante und das Parlament Friederike und ihrem Mann Ernst August Probleme machten, er übernahm auf Bitten Friedrich Wilhelms III. die Aufgabe, der Familie die neue Heirat des Königs mit Auguste Gräfin Harrach im Jahr 1824 anzukündigen, er regelte Probleme, die seine zahllosen Neffen und Nichten hatten. Hilferufe trafen aus Berlin, London, Regensburg und Hildburghausen ein. Aus dem kleinen Bruder, um den sich die Schwestern sorgten und kümmerten, war der ruhende Pol der Familie geworden, der als zuverlässige, immer einsatzbereite Feuerwehr im Dienste der Großfamilie tätig war. Als Friederike 1841 starb, war Georg der letzte Überlebende der Geschwister. Sein jüngerer Bruder Carl war bereits 1837 gestorben, Therese 1839. Auch sein Schwager Friedrich Wilhelm III. lebte nicht mehr. Der Einzige aus der Generation seiner Geschwister, mit dem er Erinnerungen austauschen konnte, war König Ernst August von Hannover, der Mann Friederikes. Die Korrespondenz der beiden umfasst mehrere Hundert Briefe.

Georg von Mecklenburg-Strelitz starb am 6. September 1860 im Alter von einundachtzig Jahren. Im Schlosspark von Neustrelitz steht sein Denkmal aus Bronze. Das schönste, lebendige Denkmal aber wird ihm in den liebevollen Briefen seiner Schwestern gesetzt, für den der folgende Satz Luises stellvertretend stehen soll: »Nichts kann mir deine Abwesenheit ersetzen, unsere Seelen verstehen sich so ganz, ein Hauch belebt die Saiten und der Accord ist da und wird ewig da sein.«[28]

Johann Wolfgang von Goethe

1790 weilten die Geschwister Luise, Friederike und Georg in Frankfurt am Main zur Krönung Kaiser Leopolds II. und waren mit ihrer Großmutter und der Erzieherin Salomé de Gélieu bei Goethes Mutter in dessen Geburtshaus. 1806 schrieb die Mutter ihrem Sohn über diese Tage: Dein »Zusammentreffen mit der Prinzessin von Mecklenburg hat mich außerordentlich gefreut. Sie, die Königin von Preußen, der Erbprinz werden die jugendlichen Freuden in meinem Haus genossen, nie vergessen. Von einer steifen Hofetikette waren sie da in voller Freiheit. Tanzend sangen und sprangen sie den ganzen Tag; alle Mittag kamen sie mit drei Gablen bewaffnet an meinen Tisch, gabelten alles was ihnen vorkam, es schmeckte herrlich; nach Tisch spielte die jetzige Königin auf dem piano forte und der Prinz und ich walzten. Hernach musste ich ihnen von den vorigen Krönungen erzählen, auch Märchen.«

Georg, Großherzog von Mecklenburg-Strelitz

Zu Goethes siebzigstem Geburtstag hatte Georg, wie er selber schreibt, eine Uhr, »welche in Goethes Kinderzeit im elterlichen Haus gestanden hatte, sich zu beschaffen gewusst und ließ sie heimlich im Haus des Dichters aufstellen. Als Goethe sie zum ersten Male morgens um 5 Uhr schlagen hörte, rief er seinem Bediensteten zu: ›Ich höre eine Uhr schlagen, die alle Erinnerungen meiner Kindheit weckt; ist es Traum oder Wirklichkeit?‹ Dann stand er auf und vergoß beim Anblick Tränen der Rührung.«

1825 revanchierte Goethe sich, indem er Georg das folgende Gedicht zur Erinnerung an das Erlebnis 1790 schenkte:

An diesem Brunnen hast auch Du gespielt,
Im engen Raum die Weite vorgefühlt;
Den Wanderstab in's fernste Lebensland
Nahmst Du getrost aus frommer Mutter Hand,
Und magst nun gern verloschnes Bild erneun,
Am hohen Ziel des ersten Schritts Dich freun.

Eine Schwelle hieß in's Leben
Uns verschiedne Wege gehn;
War es doch zu edlem Streben,
Drum auf heitres Wiedersehn!

Carl, Herzog von Mecklenburg-Strelitz (1785–1837)

Das sechste Blatt des Klees

> »Ich wünsche aber jetzt nur, daß die Prinzeß Friederike ihre Einwilligung nicht versagen möge, dann ist das Glück vollständig, das Sie durch Ihre herrliche Zustimmung mir bereitet haben. Ja, Gottes Segen über die ganze Angelegenheit«,[1]

schrieb der dreißigjährige Carl von Mecklenburg-Strelitz am 6. November 1815 an seinen Vater, und man fragt sich unwillkürlich, ob er tatsächlich glücklich gewesen wäre, wenn die Prinzessin Friederike, die neunzehnjährige Tochter seiner Halbschwester Friederike, also seine Nichte, eingewilligt hätte. Denn eigentlich wollte Carl gar nicht heiraten. Anders als bei seinem Bruder Georg liegen auch keine Zeitzeugenberichte über irgendwelche Affären mit Frauen vor, was im höfischen Berlin sicher nicht verborgen geblieben wäre. Bei Friedrich Förster, einem zeitgenössischen Historiker und Hofrat am Königlichen Museum in Berlin, finden sich die folgenden Worte über Carl, nachdem er den Mephisto in Goethes *Faust* gespielt hatte: »Schwerlich aber dürfte jemals auf der deutschen Bühne ein vortrefflicherer Mephisto auftreten, als wir ihn vom Herzog Carl dargestellt sahen. Dieser wurde hierbei nicht nur durch sein Naturell unterstützt«, sondern auch durch seine »Verachtung des weiblichen Geschlechtes wegen anderer Gelüste«.[2]

War Carl homosexuell? Dies wäre zumindest eine Erklärung für sein Verhalten, auch für sein nach außen hin zurückgezogenes Leben in seinem Schloss Monbijou in Berlin. Wenn dem so wäre, versteht es sich von selbst, dass dieses Thema als Tabu natürlich nicht in Briefen der Geschwister oder Bekannten diskutiert wurde. Auch die zitierten Sätze Försters sind erst aus seinem Nachlass nach beider Tod veröffentlicht worden. Immerhin wurde bis zum Jahr 1794 Homosexualität in Preußen noch mit dem Tod, danach mit Gefängnis bestraft. Alle Beteiligten werden es naturgemäß wie ein Staatsgeheimnis behandelt haben. Der Historiker Förster hat die obigen Bemerkungen zu Carls Mephisto-Vorstellung ja auch nicht ohne Grund unveröffentlicht gelassen. Über den Schwager des Königs, den Präsidenten des preußischen Staatsrats und den Chef der Garden solche Behauptung zu seinen Lebzeiten in die Welt zu setzen wäre schon sträflicher Leichtsinn gewesen. Da hätte es auch nichts genützt, wenn er auf Heinrich, den Bruder Friedrichs des Großen, verwiesen hätte, dem auch besondere Vorlieben für das männliche Geschlecht nachgesagt wurden.

Falls Carl tatsächlich homosexuell war, wiegt sein Angebot an den Vater vom 3. November 1815 umso schwerer, denn er beabsichtigte, aus Pflichtgefühl der Familie gegenüber für einen Erben zu sorgen und seiner Nichte einen Antrag zu machen. Er bezog sich auf den Wunsch des Vaters, der im Frühjahr 1814 geäußert hatte, wenigstens einen seiner beiden Söhne verheiratet zu sehen. Eigentlich stehe diese Aufgabe ja Georg als dem Älteren zu, aber nun wolle er doch dem Wunsch des Vaters nachkommen und möchte Rat in einer »der wichtigsten Angelegenheiten, die es für mich gibt«. Er habe sich umgeschaut und glaube, dass eine Verbindung mit einer preußischen Prinzessin das Beste sei, und unter den Prinzessinnen scheine seine Nichte Friederike »diejenigen Eigenschaften zu besitzen…, die meiner Meinung nach zur Gründung meines künftigen Glückes erforderlich sind«. Der König, den er zunächst gefragt hatte, war einverstanden, da aus der angedachten Hochzeit Friederikes mit dem russischen Großfürsten Michael nichts wurde.

Aufbau eines eigenen Lebensraums

Allerdings wolle der König Friederike zu einer Eheschließung nicht zwingen, das habe er bei keinem seiner Kinder vor. Und Friederikes Großvater, also Carls Vater, müsse zustimmen.[3]

Karl von Mecklenburg-Strelitz stimmte in der Tat zu, wofür Carl ihm sehr dankbar war. Aber statt nun seine Nichte direkt zu fragen, verschob er seinen Antrag an Friederike zunächst, obwohl ihm klar war, dass Prinz Leopold von Anhalt-Dessau in Berlin weilte, um Friederike seinerseits einen Antrag zu machen. Carl wollte warten, ob sein Bruder Georg, der auf seinen Vorschlag hin auf Brautschau bei den sächsischen Prinzessinnen war, nicht doch Erfolg hatte. Denn, so schrieb er seinem Vater, der ganze Plan mit seiner eigenen Hochzeit sei doch nur entstanden, weil er geglaubt hatte, Georg habe seine Pläne zu heiraten aufgegeben und er müsse das nun für die Familie tun. Dann aber hätten sich die Brüder in Paris zusammengesetzt und potenzielle Bräute für Georg gesucht. Falls Georg nun verlobt zurückkomme, möge der Vater nichts von seinen Plänen erwähnen, »daß wenn George versprochen nach Hause kommt, er nichts von meinen Wünschen und Plänen erfahre, die ich dann als nicht gewesen und völlig gescheitert betrachte«.[4] Und obwohl Georg unverlobt zurückkam, schob Carl seinen eigenen Antrag immer weiter hinaus, bis seine Nichte Friederike, die vermutlich nichts von den Plänen ihres Onkels wusste, den Prinzen von Dessau heiratete. Zwei weitere Jahre lebte Carl mit dem Zwang, sein Versprechen dem Vater gegenüber doch noch einlösen zu müssen und zu heiraten. Trotzdem hatte er liebevolles Verständnis für den Bruder, wenn der ihm wieder einmal von einer Niederlage berichten musste, und schrieb ihm zum Beispiel, »dass ich Deinen Brief ganz fühle und verstehe, nun kein Wort weiter über den traurigen Gegenstand, denn Worte bedarf es ja nicht, wenn man sich versteht«.[5]

Als der Vater 1816 starb, war für keinen seiner Söhne eine Braut in Sicht. Erst 1817 war Georg erfolgreich. Wie groß

Carls Erleichterung war, kann man aus dem folgenden Brief erkennen. Geradezu überschwänglich gratulierte er seinem Bruder, der ihn von der schweren Last des dem Vater gegebenen Versprechens befreite. »Gott lob! Gott sei gedankt und gepriesen, daß wir soweit sind. Vivat die Kurprinzessin und die alte Palaseina hintendrein! – ich habe große Freude darüber. Gott laße Dich und Deine Zukünftige so glücklich werden, wie ich es wünsche und wie Du es in Wahrheit verdienst.« Als die Nachricht kam, lag er angeschlagen mit einer Erkältung auf dem Sofa. Aber dann fühlte er sich gleich gesund und ging noch am selben Abend auf einen Ball. »Da ging ich wie ein Posaunenengel von Prinzeß zu Prinzeß, von Prinz zu Prinz, und von Mecklenburgern zu Mecklenburgern, und streute meine frohe Nachricht aus.« Alle seien »schwer begeistert. Die Oertzen und Ratty sind fast hinüber, ich kriegte sie aber zu rechten Zeit bei der Hand… und wir freuten uns laut. Nun noch einmal Halleluja! Das aus voller Brust.« Carl wollte dann wissen, wann die Hochzeit sei, wer offiziell nach Kassel fahre. »Was soll ich in der Eigenschaft als Maria tun? Du sagst, ich frag wie ein altes Weib, aber ich will auch eine geschäftige Martha sein, nur Dein Haus scheuern und fegen und Blumen streuen, denn es soll ja Gottlob endlich die Braut einziehen.«[6] Da sein Bruder Georg später mit zwei Prinzen für die Nachfolge im Hause Mecklenburg-Strelitz sorgte, war das Thema Ehe für Carl abgeschlossen.

Carl war somit der Einzige unter den sechs Geschwistern, der nicht verheiratet war, und irgendwie passt das sehr gut zu der Sonderrolle, die er auch sonst im Familienleben spielte. Da war zunächst die Tatsache, dass er in Charlotte von Hessen-Darmstadt eine andere Mutter hatte als seine Geschwister, selbst wenn es die Schwester ihrer Mutter war. Und so bedurfte es auch eines bewussten Aktes, wie ihn Friederike 1805 in einem Brief an Georg formuliert, um ihn in die Familie voll zu integrieren: »… und da Carl jetzt gewiß die sechste in den Kammern unseres Herzens ausmacht, dachte mein Herz ihm das 6te Blättchen [des Klee-blatts] zu.«[7]

Bei seiner Geburt hatte seine Schwester Charlotte, sech-zehn Jahre älter als er, die Familie bereits verlassen. Als Therese 1789 heiratete, war Carl vier Jahre alt und lebte erst seit zwei Jahren in Darmstadt. Ein normales Familienleben mit seinen Eltern und allen Geschwistern hat er nie ken-nengelernt. Seine Ersatzmütter waren die Großmutter in Darmstadt und die Erzieherin Salomé de Gélieu, die auch ihn unterrichtete und ihn betreute, wenn die anderen Ge-schwister auf Reisen gingen. Von ihr existieren die genaues-ten Beschreibungen aus seiner Kindheit: über seine »bezau-bernde Fröhlichkeit, die alle amüsiert«. Onkel Georg »liebt ihn wie sein eigenes Kind und fährt ihn im offenen Wagen überall hin. Unsere Damen [Luise und Friederike] machen ihn zu ihrem Spielzeug und setzten ihm gestern eine Nacht-mütze auf – alle riefen aus, das ist PT [Prinzessin Therese] in Person.«[8] Während der monatelangen Abwesenheit der Großmutter und des Vaters wegen der Hochzeit von Frie-derike und Luise zog Salomé de Gélieu in das Haus an der Rheingasse, wo Carl mit seinem Vater und Georg lebte. Zwar hatten Therese und Charlotte ihn eingeladen, aber der kleine Carl, der befürchtete, ohne seine geliebte Erzie-herin reisen zu müssen, hatte abgelehnt. »Aber mein klei-nes Juwel von acht Jahren kennt den Wert der Zeit und hat seinem Vater, welcher es ihm vorgeschlagen hat, geantwor-tet, dass er vorziehen würde, zu lernen und bei mir zu blei-ben, da ich im Winter nicht reisen könnte, um ihn dort zu unterrichten. Das hat jeden überrascht, denn er liebt seine Schwestern sehr.«[9] Nachdem Vater Karl 1794 Herzog ge-worden war, zog er mit ihm, seiner Großmutter und seinem Bruder Georg, zu dem er in diesen Jahren die engste Ver-bindung hatte, nach Neustrelitz. »Ewig getreu«, schrieb er unter seine Briefe an ihn.

Aus seinen Kinderbriefen an Georg schimmern die Prin-zipien und die Interessen hervor, die sein Leben auch in späteren Jahren bestimmten. Da war zunächst die Erziehung zur Familie und zur Religiosität, die alle Geschwister intensiv durchlaufen hatten. Vom Erzieher angehalten, ist sicher der folgende Brief an Georg im Alter von elf Jahren entstanden: »Ich benutze die Gelegenheit, Dich nach Deiner Gesundheit zu fragen, die wie ich hoffe recht gut ist wie die meinige.« Er erhalte in Hohenzieritz einen »schönen ziemlich großen Garten auf einem Berg vor dem Dorfe, wo ich eine Erimitage anlegen will, wozu ich schon ein Kruzifix, ein lateinisches Buch und einen Rosenkranz habe«.[10] Dann war da das für die Erziehung der Strelitzer Geschwister so wichtige Thema der Pflichterfüllung, zu der sich der zwölfjährige Carl so äußerte: »Ich suche, so gut ich kann, meine Pflicht bei ihm [Hofrat Reichenbach, Gouverneur Carls] zu erfüllen und überhaupt seinen guten Rat zu befolgen.«[11]

Und schließlich sein Interesse am Theater. Abgesehen von den Familienfeiern, bei denen er schon als Kind auftrat, besuchte er mit seinem Erzieher zahlreiche Veranstaltungen. Im Gegensatz zu seinen Geschwistern, vor allem zu Luise und Georg, für die Theateraufführungen ein rein emotionales Ereignis waren, analysierte Carl sie. »Die Mitspielenden kann man in drei Klassen teilen: einige spielten gut, andere mittelmäßig, und andere schlecht.« Oder: »Die Chöre sind nicht anders, als wenn Katzen heulten und Ochsen brüllten.«[12]

Getreulich berichtete er Georg mit einem Sinn für die kleinsten Details von Familienereignissen, wenn der Bruder nicht anwesend war, so vom Begräbnis Friedrich Wilhelms II. 1797, das er mit den Worten kommentierte: »In Berlin findet man sehr wenig traurige, desto mehr fröhliche Gesichter ...« Auch Luises erste Rede als neue Königin vor dem Magistrat der Stadt gibt er wörtlich wieder: »... denn die Lieb der Untertanen ist das süßeste Kopfkissen eines Königs und Königin. Ich werde jede Gelegenheit ergreifen, der hiesigen Bürgerschaft meinen Dank zu bezeugen«, habe sie gesagt. Ließ der Bruder lange nichts von sich hören, folgte sogleich ein besorgter Brief aus Neustrelitz: »Ich höre gar nichts mehr von Dir. Du bist doch nicht krank oder was ist die Ursache Deines Stillschweigens? Ich habe Dir doch wohl nichts zuleide getan? Wenn das so ist, so bitte ich Dich, mir zu verzeihen.«[13]

Im Gegensatz zu seinem Bruder Georg schlug Carl die für Prinzen vorgesehene Militärkarriere ein und besuchte mit sechzehn Jahren, ab 1801 bereits mit dem Titel eines preußischen Stabskapitäns versehen, die neu eröffnete Militärakademie in der Nähe des Schlosses zu Potsdam. Als Schwager des Königs spielte er dabei von Anfang an eine Sonderrolle, was für seine charakterliche Entwicklung wohl nicht von Vorteil war. »Man fühlte zu oft durch, daß die Eitelkeit die Triebfeder so mancher seiner Handlungen war; sie täuschte ihn auch zuweilen über die Tragweite seiner Fähigkeiten«, schrieb Marie de la Motte Fouqué später,[14] und ein anderer Zeitgenosse meinte: »... ein tapferer braver Soldat, aber die Schwäche des Fürstenstolzes macht ihn unbeliebt.«[15]

Er war ein begeisterter Soldat, zunächst allerdings nur in der Theorie. In einer Rede 1802 vor seinen Mitschülern rief er ihnen begeistert zu: »Bestimmt für die Rechte des Fürsten und seines Volkes zu kämpfen, laßt uns diese Männer [Friedrich der Große und andere Heerführer] zu Vorbildern uns erwählen! Wir wollen, gleich ihnen, unsern Geist bilden, unsere Liebe gegen unsern guten Fürsten entflammen, und wenn das Schicksal es will, freudig für ihn Blut und Leben opfern.«[16]

Am 2. Dezember 1805 wurde aus der Theorie bittere Praxis. »Der arme Carl gehet heute auch dem Schicksal entgegen, was ich dabei fühle, überlasse ich Deinem zart fühlenden Herzen zu entscheiden«, schrieb seine Schwester Friederike an ihren Bruder Georg.[17] Sie hatte gemeinsam mit Luise den Auszug der preußischen Truppen vom Schloss aus beobachtet. Am 14. Oktober 1806 fanden die entscheidenden Schlachten bei Jena und Auerstedt statt. Sie endeten mit einem Sieg Napoleons. Fast 35 000 Soldaten fielen auf beiden Seiten, wurden verwundet oder gerieten in Gefangenschaft. König Friedrich Wilhelm III. ordnete den Rückzug an, der insgesamt zu einem Fiasko geriet. Ein großer Teil der Truppen desertierte. Der chaotische Rückzug und die Desertion von weiten Teilen der Truppen waren eine der Ursachen für den schnellen Verlust der Schlacht.

Während sich Luise und Friederike mit ihren Familien auf die Flucht nach Osten machten und Luise ihren Mann aufforderte, weiter zu kämpfen: »Um Gottes willen keinen schändlichen Frieden«, und ihm versicherte, das Volk stehe nach wie vor hinter ihm und warte nur darauf, sein Leben für den geliebten König zu opfern,[18] hatte sich ihr Bruder Carl wie so viele seiner Kameraden vom flüchtenden Heer abgesetzt und befand sich auf dem Weg nach Hause. In Neustrelitz, das inzwischen auch von französischen Soldaten besetzt worden war, ließ er sich freiwillig von einem französischen Offizier gefangen nehmen, wurde aber gegen sein Ehrenwort ins Schloss entlassen. Das, was man bei einem einfachen Soldaten als »Desertion« bezeichnet hätte und worauf die Todesstrafe stand, hieß bei ihm als Kompaniechef »Beurlaubung«. Caroline von Rochow schreibt in ihren Erinnerungen:»Wir erlebten es selbst, daß, unter dem Prätext einer Konfusion von Auerstädt nach Strelitz zurückgekehrt (er ging aber alle Tage ganz munter spazieren), er den ersten dorthin kommenden französischen General ganz ruhig erwartete, um sich in volle Uniform zu setzen und ihm seinen Degen zu überliefern; alles unter dem Vorwande, seinen Vater und das Ländchen damit zu retten.«[19]

Dass er zum Gespött der Menschen geworden war, ärgerte Carl ganz ungeheuerlich, sah er doch in seinem Verhalten nichts Ungehöriges. Er regte sich über Hamburger Zeitungsberichte auf, die schrieben, er sei sogar bis England geflüchtet, um »mir vom Herzog von Cumberland eine glänzende Fete geben« zu lassen. Aber er sei kein »Deserteur des Continents!«, schrieb er seinem Bruder empört nach Paris.[20]

Aufbau eines eigenen Lebensraums

Im Gegensatz zum preußischen König, der seinem Schwager die Flucht noch Jahre später sehr übel nahm, steht in Luises Briefen kein Wort des Vorwurfs. Im Gegenteil, sie setzte ihren ganzen Einfluss bei ihrem Mann daran, ihrem Bruder eine Rückkehr in die Armee zu ermöglichen. Im August 1807 hatte sie es geschafft, musste aber erleben, dass Carl keinesfalls sofort nach Königsberg eilte, um seinen neuen Posten anzutreten. Immer wieder schrieb Luise flehende Briefe nach Neustrelitz, bat den Vater, Carl doch zu schicken, denn der König ließ seine schlechte Laune über Carls Verhalten zunehmend heftig an ihr aus. In einem Brief an ihre Freundin Caroline Friederike von Berg schrieb Luise: »Wenn er [Georg] doch nur mit Carl kommen könnte! Ich muß es Ihnen sagen, der König empfindet sehr das Fernbleiben seiner nächsten Verwandten d. h. Carls. Er sieht darin ein Versäumnis, das ihn betrübt... Ich leide darunter sehr oft. Die Vorwürfe richten sich an mich, die ich, wie Atlas die Welt, eine schwere Last auf meinen schwachen Schultern trage. Was kann ich antworten? Ich seufze und schlucke meine Tränen hinunter.«[21] Einen Monat später schrieb sie an ihren Bruder Georg: »Komme oder schicke wenigstens Carl so schnell als möglich; der König ist wirklich empfindlich, daß er nicht hier ist. Um Gottes willen, er komme. Das Entfernen seiner nächsten Verwandten kann er nicht überwinden und spricht öfters mit mir auf das Unangenehmste darüber.«[22] Dabei übersahen Luise und wohl auch der König, dass Carl ja französischer Kriegsgefangener war und nur auf sein Ehrenwort, nicht zu flüchten, weiter im Schloss wohnen durfte. Auf dem Weg nach Königsberg wimmelte es von französischen Truppen, die ihn kein zweites Mal hätten entkommen lassen. Und so erlaubte Vater Karl seinem Sohn die Reise erst im November 1808.

Carl, Herzog von Mecklenburg-Strelitz

Karriere zwischen Militär und Theater

»Der Prinz von Mecklenburg ist der Held des Tages«,[23]

kommentierte General August Graf Neidhardt von Gneisenau die Leistung Carls am 3. Oktober 1813 bei dem Gefecht bei Wartenburg, im Vorfeld der großen Schlacht bei Leipzig, in der Napoleon besiegt wurde. Feldmarschall Hans Graf Yorck von Wartenburg zog seine Mütze, eine Geste des höchsten Respekts, als die von Carl kommandierte Brigade unter ihrem Führer nach dem Gefecht an ihm vorbeizog. Dabei war er zunächst gar nicht erfreut gewesen, dass der König ihm seinen Schwager zugeordnet hatte.

Am 1. November 1808 war Carl endlich zu Luises Erleichterung in Königsberg angekommen und hatte seinen Platz in der neu organisierten Armee eingenommen. Carl sollte Karriere machen – trotz seiner eigenmächtigen Flucht von der Truppe. 1812 wurde er zum Oberst befördert, im Juni 1813 zum Generalmajor und Kommandant der 1. Brigade des 1. Armeekorps unter dem Oberbefehl von Feldmarschall Yorck, der aus mehreren Gründen wenig begeistert war. Zum einen befürchtete er, der König habe ihm seinen Schwager als Spion beigegeben, damit »ja alles an die richtige Quelle berichtet werde«.[24] Zum anderen war es der Ruf Carls als Fahnenflüchtiger. In einer Zeit, in der Tapferkeit und Patriotismus großgeschrieben wurden und von allen Opfer gebracht werden sollten, um das Vaterland vom Feind zu befreien, wurde ein Offizier, der desertiert war, als Brigadechef wieder aufgenommen. Außerdem hatte der König ihm 1812 den höchsten preußischen Orden, den Hohen Orden vom Schwarzen Adler, verliehen, kein Verdienstorden im eigentlichen Sinn wie der »Pour le Mérite«. Trotzdem wurde die Auszeichnung zu diesem Zeitpunkt als nicht angemessen betrachtet.

Aufbau eines eigenen Lebensraums

Am 16. Oktober 1813 wurde Carl zu Beginn der Völkerschlacht bei Leipzig so schwer verletzt, dass er für weitere Gefechte ausfiel. An seinen Beförderungen zum Generalleutnant beziehungsweise zum Brigadechef der preußischen Garden hatte diesmal niemand etwas auszusetzen. Caroline von Rochow kommentierte im Rückblick auf das Jahr 1806: »Ein unleugbares Talent, ein brennender Ehrgeiz und genug Charakter ... führte ihn indessen dahin, diesen Fehler gleich mit dem Beginn des Jahres 1813 durch ausgezeichnete Tapferkeit und militärische Führung zu sühnen, und befähigte ihn jedenfalls zu der bedeutenden Stellung, die er bis zu seinem Lebensende einnahm.«[25] Im Juni 1815 zog er dann als Chef des Garde- und Grenadierkorps mit den siegreichen Truppen der Alliierten in Paris ein. Bis zu seinem Lebensende blieb er Kommandant des Gardekorps.

Die zweite Karriere Carls, der sich durch die auf dem Wiener Kongress erfolgte Anhebung von Mecklenburg-Strelitz zum Großherzogtum nun Herzog nennen durfte, begann 1817, als er Mitglied im neu geschaffenen Staatsrat in Berlin wurde, ab 1825 auf Wunsch des Königs dessen Präsident. Nun hatte der Staatsrat zwar lediglich beratende Funktion, konnte Empfehlungen geben, während König und Kabinett die Entscheidungen trafen. Aber auch hier war Carls Stellung als Schwager des Königs nicht zu unterschätzen, zumal er mit diesem die erzkonservative Einstellung zu Reformen und zu jeglichen liberalen Tendenzen teilte. Für Carl wie für seine Geschwister gab es keine Alternative zum monarchischen Staat, in dem der gerechte und gütige Fürst wie ein Vater über seine Kinder herrschte. An seinem politischen Bekenntnis, das er in seiner Rede als Schüler der Militärakademie 1802 formuliert hat, änderte sich zeit seines Lebens nichts: »... ein solcher Fürst ist Vater seines Volkes; der schließet nie dem Bittenden sein Ohr; der heilet die Wunden des verheerenden Krieges und hilft dem Elende überall mit wahrer Vaterhuld ... Erblickt der Unterthan so in seinem Fürsten den Beschützer seiner Rechte, den gütigen Beförderer seines Woles, so ergreift ihn innige Liebe; er giebt ihm seine Habe ohne Aufopferung, sein Blut mit Freuden hin; seine Freude ist die seines wohltäthigen Fürsten, sein Glück, sein Vortheil sind mit dem seinigen innig verbunden – ... Ein solcher Fürst hat unzerstörbare Mausoleen in den Herzen seiner Unterthanen.«[26]

Genau wie die meisten Adligen verdrängte auch Carl erfolgreich, dass die Untertanen mit den Franzosen eigentlich auch die herrschende Feudalordnung vertreiben wollten. Für die Freiheit zu kämpfen hieß für sie etwas anderes als für die Fürsten: nämlich Freiheit vom Untertanendasein, Selbstbestimmung. Es waren die Fürsten und Adligen, die zurück zum alten System der Privilegien wollten und glaubten, das Motto der Französischen Revolution »Freiheit, Gleichheit, Brüderlichkeit« ließe sich mit der Vernichtung Napoleons in die Mottenkiste der Geschichte zurückdrängen. Ein geflügeltes Wort über ihn lautete:

Als Mensch, als Fürst, als Held – nur schofel;
Einzig aber als Mephistofel![27]

War es Neid über seine Vorrangposition, die Carl weniger seiner Leistung als seiner adligen Geburt und der Verwandtschaft zum König verdankte, Hass wegen seiner erzkonservativen Haltung, mit der er alle liberalen Strömungen verfolgte? Carl von Mecklenburg-Strelitz, der kleine Bruder der von allen verehrten und längst zum Mythos gewordenen Königin Luise, polarisierte die Menschen. Marie de la Motte Fouqué beschreibt ihn in ihren Aufzeichnungen so: »Eine hagere, feine Gestalt, ein sehr kleiner Kopf auf dunklen, früh ergrauten Haaren, die grell gegen eine jugendlich rote und weiße Gesichtsfarbe abstachen, breite und gedrückte Züge. Ein großer Mund, der bei häufigem Lächeln zwei Reihen starker, weißer Zähne sehen ließ, gab dem Gesicht leicht einen höhnenden Ausdruck, während die klugen Augen den Worten einen zweideutigen Sinn zu verleihen schienen.«[28]

Aufbau eines eigenen Lebensraums

Wahr ist auf jeden Fall, dass seine eigentliche Leidenschaft dem Theater galt. Aufgewachsen in einer theaterbegeisterten Familie, die zu jeder Gelegenheit zum Teil selbst verfasste Theaterstücke aufführte, taucht er zum ersten Mal am 12. August 1795 zum sechzehnten Geburtstag seines Bruders Georg in einer Rolle auf. In den kommenden Jahren war es Carl, der die meisten Familienfeste, Geburtstage und Hochzeiten organisierte, auch für die Kinder seiner Schwestern, wie ein Brief des Sohnes von Luise, Prinz Karl von Preußen, an seinen Vater König Friedrich Wilhelm zeigt: »Lieber Vater … am 30sten wurde Friederikens Geburtstag noch in Charlottenburg und Berlin folgendermaßen gefeiert. Um 10 Uhr fuhren wir Brüder und Cousin [Sohn von Carls Schwester Friederike] nach Charlottenburg; dort zogen wir uns als Ritter an, und Cousin bekleidete sich mit seiner Rüstung. Man wollte nehmlich das Leben von Friederike darstellen … Onkel Carl als Zauberer erklärte Friederike alles.«[29] Vor allem beim beliebten Bohnenfest, das in der Familie seit Darmstädter Zeiten gefeiert wird, ließ er sich von Jahr zu Jahr großartigere Mottofeste einfallen.

Ab Ende 1809 organisierte er in Berlin auch die offiziellen Hoffeste als sogenannter »Vergnügungsintendant«. Zu den bekanntesten Festen gehörten »Lalla Rukh«, in dem seine Geschwister, Neffen und Nichten tragende Rollen spielten. 1829 führte man als letztes und größtes Hoffest *Der Zauber der Weißen Rose* auf, zu Ehren der Zarin Alexandra Fjodorowna, der Tochter Luises.

Als seine größte schauspielerische Leistung wird die Darstellung des Mephisto in Goethes *Faust* gewertet, der von der Familie immer wieder aufgeführt wird. Auch Goethes Sohn August, der 1819 während seines Aufenthalts in Berlin eine Aufführung im Theatersaal von Carls Wohnsitz Schloss Monbijou miterlebte, schrieb begeistert an seinen Vater: »… der Herzog Carl von Mecklenburg spielte ihn ganz vortrefflich.«[30]

Dabei war die Rolle des Mephisto wohl mehr als nur eine Rolle für Carl, wenn man Friedrich Förster, der seine Vorstellungen sehr schätzte, glauben kann: »Schwerlich aber dürfte jemals auf der deutschen Bühne ein vortrefflicherer Mephisto auftreten, als wir ihn von dem Herzog Carl dargestellt sahen. Dieser wurde hierbei nicht nur durch sein Naturell unterstützt: Überlegenheit durch satanischen Humor, Verachtung des weiblichen Geschlechtes wegen anderer Gelüste, Freisein von jeder Verlegenheit durch Geistesgegenwart, Schadenfreude, Heuchelei, allerunterthänigster Sclavensinn nach oben, rücksichtslose Tyrannenseele nach unten, – sondern auch das eingelernte, da eingeübte feine Benehmen des vornehmen Hofmannes, die Gewandtheit des Weltmannes, der sich immer und in jedem Verhältnisse obenauf zu halten wusste (obschon es auch ihm nicht an offenen Gegnern und heimlichen Feinden fehlte), kamen ihm in dieser Rolle zu Statten ...«[31] Zusammen mit Caroline de la Motte Fouqué schrieb er Romane, unter den Pseudonymen C. Weisshaupt und J. E. Mand erschienen Erzählungen, in den Dreißigerjahren verfasste er mehrere Theaterstücke, darunter das Lustspiel *Die Isolirten* und das Trauerspiel *Der ewige Jude*.[32]

Je älter Carl wurde, desto mehr übernahm er auch innerhalb der Familie Verantwortung, wenn auch seine Beziehung zu den Geschwistern immer rationaler war als die der anderen untereinander. »Carl schreibt, wie er immer ist, voller Verstand und Wahrheit und voller Vorurteil und daraus entstandenen Irrtums«, beklagte sich Georg 1814 bei Therese.[33] Aber genau wie Luise hatte Georg für alles, was seine Geschwister anbetraf, Verständnis und entschuldigte Carls Wesen damit, dass ein Soldat wohl so sein müsse. In dieser Familie der überschwänglichen Gefühlsäußerungen fiel Carl natürlich aus dem Rahmen. Seine Briefe sind sachlicher im Ton, wenn auch in der Sache herzlich und warm. Er war fester Teil des geschwisterlichen Kleeblatts und wurde es im Laufe seines Lebens immer mehr. Wann immer er konnte,

Aufbau eines eigenen Lebensraums

besuchte er seine Schwestern, so 1815 auf dem Weg nach Paris, als er in Hildburghausen vorbeischaute und dem Vater berichtete, er habe »zwei glückliche Tage mit meiner guten Schwester verlebt, die ich gottlob gesund und recht fand, auch der Herzog ist es so ziemlich«.[34]

Zu seinem Vater hatte er ein besonders gutes Verhältnis, da er anders als Georg in seine militärischen Fußstapfen trat. »… welche Arznei ist besser als Frohsein und Glück über die Ankunft eines solchen Vaters, der ich mit Sehnsucht entgegensehe und die ich kaum erwarten kann«, schrieb er 1803, als er krank war und den Besuch des Vaters erwartete.[35] Er diente in den späteren Jahren häufig als Vermittler zwischen dem Vater und seinen Schwestern. Als dieser im November 1816 starb, war Carl als Einziger von den Geschwistern anwesend. Ihm fiel die Aufgabe zu, nicht nur die Beerdigung zu organisieren, sondern auch die Geschwister zu benachrichtigen. »Laß uns aufrichtig zusammenhalten und wahre Freunde sein, dann erfüllen wir gewiß den letzten Willen des Verblichenen«, schrieb er an Georg, der nun neuer Großherzog wurde.[36]

Auch für seine eigene Beerdigung hatte Carl genaue Anweisungen gegeben: In einem einfachen Soldatengrab wollte er beerdigt werden. Er habe sich immer als Soldat gefühlt, der Tod auf dem Schlachtfeld wäre ihm das Liebste gewesen. Er starb am 21. September 1837 nach langer Krankheit in seinem Schloss Monbijou in Berlin.[37]

»Gewiß läßt er eine Lücke, die nicht leicht auszufüllen ist«, urteilte Marie de la Motte Fouqué über den Mann, mit dem ihre Mutter eng zusammengearbeitet hatte. »Sein feiner, schneller Verstand, der sich behend in Verhältnisse und Menschen fand, im Verein mit unermüdlicher Tätigkeit und dem Eifer, etwas Großes zu leisten, hatten ihm eine Stellung gegeben, wie sie selten zu finden ist.« Sie würdigte seinen Rang als Chef der Garden und als Staatsratsvorsitzender, aber sie stellte auch fest: »Bei allen seinen ausgezeichneten Eigenschaften ist er indeßen nicht geliebt worden.«[38] Außer

Königin Luise von Preußen. Das wenig bekannte Gemälde des Mecklenburg-Strelitzer Hofmalers Anton Zeller entstand 1801.

Georg Wilhelm von Hessen-Darmstadt und Luise von Leiningen (Prinzessin George) mit ihren Kindern. Das Familienporträt von Johann Christian Fiedler zeigt eine heiter-familiäre Atmosphäre, unbelastet von steifer Etikette.

Das Palais der Großeltern, Georg Wilhelm und Luise. Besonders die temperamentvolle Großmutter wurde für ihre Enkel zur wichtigen Bezugsperson. Gouache von Ernst August Schittspahn, 1857.

Die Eltern: Friederike und Karl von Mecklenburg-Strelitz. Nur Carl, das jüngste der Geschwister, stammt aus Karls zweiter Ehe mit Friederikes Schwester Charlotte.

Das Geburtshaus der Geschwister: das Alte Palais in der Leinestraße in Hannover. Fotografie von 1928.

Friederike, Prinzessin von Preußen, spätere Fürstin von Solms-Braunfels und Königin von Hannover. Die jüngere Schwester stand Luise von all ihren Geschwistern am nächsten. Gemälde von Johann Friedrich August Tischbein, 1796.

Unten links: Charlotte, Herzogin von Sachsen-Hildburghausen. Die älteste Schwester musste ihren jüngeren Geschwistern schon früh die Mutter ersetzen. Pastellgemälde von Carl August Keßler, um 1800.

Unten rechts: Therese Fürstin von Thurn und Taxis galt als die Klügste und Wissbegierigste der Schwestern. Gemälde von François Gérard, um 1810.

Die innige Beziehung zwischen Luise und Friederike inspirierte den Bildhauer Gottfried Schadow 1796 zu seiner berühmten Marmorstatue.

Georg, Großherzog von Mecklenburg-Strelitz, stand bedingungslos hinter seinen Schwestern und nahm intensiv an deren Leben Anteil.
Anton Zeller zugeschrieben, ca. 1800.

Carl, Herzog von Mecklenburg-Strelitz. Seine Leidenschaft galt dem Theater: Er inszenierte nicht nur Hof- und Familienfeste, sondern auch Theateraufführungen und verfasste selbst dramatische Stücke. Lithografie von Carl Hübner nach einer Zeichnung von Franz Krüger, 1827.

Napoleon empfängt das preußische Königspaar (rechts) und Zar Alexander I. (Mitte) im Juni 1807 in Tilsit. Gemälde von Nicolas Gosse, 1837.

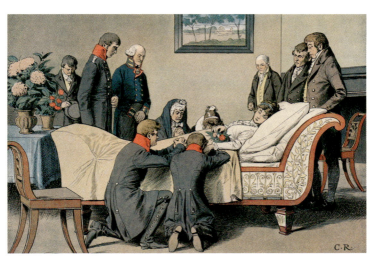

König Friedrich Wilhelm III. mit seinen Söhnen am Sterbelager Luises. Chromotypie nach Carl Röchling, 1896.

Die königliche Familie im Park von Charlottenburg. Vorne links die Kinder Wilhelm, Charlotte, Friedrich Wilhelm, Alexandrine und Karl. Neben Marianne von Preußen (ganz rechts) sitzt ihre Schwägerin Königin Luise. Dahinter König Friedrich Wilhelm III. und seine Brüder Heinrich und Wilhelm (v.r.n.l.). Kupferstich von Friedrich Wilhelm Meyer nach Heinrich Anton Dähling, 1805/06.

von denen, für die er ein treuer Freund war, so wie für den Bildhauer Christian Daniel Rauch. »Er war mir seit 30 Jahren Freund und ein recht theilnehmender in allen Beziehungen, seine Bildung, sein reger thätiger Geist verlieh ihm eine Umsicht außer dem Kreise seiner Stellung und eigentlichen Bestimmung, die schwerlich einem anderen in demselben eigen ist.«[39] Seine Schwester Friederike trauerte um ihn als unersetzlichen »Freund und Ratgeber«.[40]

Carl von Mecklenburg-Strelitz – anerkannt, verachtet, gehasst, geliebt. Ein Mann, der die Meinungen der Menschen seiner Umgebung spaltete, vielleicht weil er selbst ein Gespaltener war, sein musste. Am besten trifft es wohl sein Neffe, Prinz Wilhelm von Preußen, der spätere deutsche Kaiser: »Seine eminenten Eigenschaften, sein Takt, seine savoir faire in allem, seine Leichtigkeit im Umgang und im Geschäft sind gerade zu unersetzlich. Fehlerfrei ist niemand hienieden. So war bei ihm Eitelkeit und Egoismus seine Klippe. Es war mir ein Rätsel, wie derselbe Mann oft zwei Naturen zu haben schien.«[41]

Carl von Mecklenburg-Strelitz

Carl ist der Einzige unter den Geschwistern, der von keinem Dichter besungen wurde. Vielleicht weil sein etwas sprödes Wesen zu poetischen Ergüssen wenig Anlass gab. Außerdem war er ja selber Dichter. Stellvertretend für seine literarischen Werke steht der folgende Auszug aus dem wohl bekanntesten Stück, das 1829 zu Ehren Charlottes, der Tochter Königin Luises, unter Mitwirkung des ganzen Hofes zur Aufführung kam: *Der Zauber der Weißen Rose*. Die Verse, von der Gestalt der Erinnerung gesprochen, kennzeichnen sehr gut die etwas wehmütige Einstellung Carls zum Leben in seinem letzten Lebensjahrzehnt. Dabei war sich Carl bei alledem bewusst, dass seine Hoffeste und seine Dichtungen keinesfalls den Anspruch auf irgendeinen literarischen Wert hatten. Das war auch nicht ihr Zweck oder, wie er es selber in seinen *Erinnerungen an Berlin* formuliert: »Was die Laune des Augenblicks erzeugte, gehört nur dem Augenblick; es macht weder auf eine Zukunft Anspruch, noch vermag es die Kritik derselben zu ertragen; denn solche Erzeugnisse haben, wie alle Gelegenheits-Gedichte, für denjenigen, der sie nicht mit dem Blick der Erinnerung betrachten kann, einen faden Nachgeschmack, weil ihm der Maßstab des Augenblicks fehlt, der sie hervorrief.«[42]

Rückwärts in vergang'ne Zeiten
Führt Erinnerung den Blick;
Laßt getrost Euch von mir leiten,
Denn ich rufe nur zurück

Jenen Duft, der überlebet,
Wenn die Blume auch vergeht,
Der, als Hauch, er einst entschwebet.
Alles And're bleibt verweht,
Was dem Staub der trüben Erde
Und der Erden-Noth gehört;

Selbst Schmerz, frei von Beschwerde,
Seh' ich rein nur und verklärt.
Ich vermähl' vergang'ne Freude
Mit dem Glück der Gegenwart,
Und vereinigt werden Beide
Doppelt reich und doppelt zart.
Blicke dann am Wiegenfeste
Auf die Wiege selbst zurück!
Es umsteh'n willkomm'ne Gäste,
Liebe sie, und Treu' und Glück!
Höre ihren Chor erklingen
Neige ihm ein günstig Ohr;
Was sie um die Wiege singen
Ist noch Heut der Treuen Chor.

Zusammenhalt in schweren Zeiten

*Querschnitt durch die
Jahre 1799–1800*

Überblick

Eines der turbulentesten Jahre in der Familiengeschichte Luises und ihrer Geschwister war das Jahr 1799. Dabei kamen die Unruhen nicht so sehr von außen wie in späteren Jahren, denn in Norddeutschland war es nach dem Regierungsantritt des preußischen Königs Friedrich Wilhelm III. im Jahr 1797 zunächst verhältnismäßig ruhig. Der Schriftsteller Paul Bailleu nannte sie sogar die »stillen Jahre«, als er Luises Geschichte schrieb. Auch im übrigen Europa war die politische Lage nach dem Frieden von Campoformio zwischen Frankreich und Österreich zwar angespannt, aber große Schlachten und Landnahmen fanden 1799 nicht statt. Über die linksrheinischen Gebiete, die Frankreich besetzt hielt, verhandelten vom Dezember 1797 bis zum März 1799 die Gesandten der europäischen Fürsten in Rastatt, allerdings ohne ein Ergebnis zu erzielen.

General Napoleon war mit einer französischen Armee seit dem Mai 1798 in Ägypten im Kampf gegen die Engländer. Erst am 9. Oktober 1799 kehrte er nach Paris zurück, um kurz darauf einen Staatsstreich zu inszenieren: Er stürzte das Direktorium in Paris und führte eine Konsulatsverfassung ein, wobei er sich selbst zum Ersten Konsul wählen ließ. In Süddeutschland gab es 1799 Truppenaufmärsche, nachdem Österreich im Februar eine russische Armee nach Oberitalien hatte durchmarschieren lassen, Frankreich ihm daraufhin den Krieg erklärte und seine Truppen über den Rhein führte. Entscheidendere Schlachten wurden aber erst 1800 in Italien geschlagen, wie die von Marengo, wo am 14. Juni Napoleon die Österreicher besiegte. So musste sich zunächst, da Preußen noch neutral war, von den Geschwistern nur Therese Gedanken machen um ihre Besitzungen im Westen des Landes und um die Poststationen im linksrheinischen Teil des Reiches.

Im häuslichen Leben der Schwestern war es ein Jahr wie viele davor und danach auch: Schwangerschaften, Geburten und der frühe Tod ihrer Kinder. Luise war seit Anfang des Jahres 1799 wieder schwanger, ihre Tochter Friederike kam am 14. Oktober zur Welt, sie wurde nur ein halbes Jahr alt. Friederike hatte im Februar 1799 ihre Tochter Karoline geboren, die aber im Oktober desselben Jahres starb. Therese, die in einer schweren Geburt eine Tochter mit Namen Luise Friederike bekommen hatte, die schon im Dezember 1798 gestorben war, lag wochenlang krank danieder. An allen Schicksalsschlägen nahm die ganze Familie von nah und fern tröstenden Anteil. Freude und Leid wurden miteinander geteilt. Nichts schien das harmonische Miteinander trüben zu können. Und doch war das Jahr 1799 eines, in dem der Zusammenhalt der Familie mehrfach auf eine harte Bewährungsprobe gestellt wurde.

Leidenschaft und Verbannung

> »... er [Gott] flößt uns tugendhafte Gefühle ein, die ich mein ganzes Leben zu bewahren hoffe, weil ich erkenne, daß ohne sie nie ein Glück bestehen kann«,[1]

schrieb Luise 1792 zu Beginn ihres Konfirmandenunterrichts bei Pfarrer Johann Wilhelm Lichthammer in Darmstadt in ihr Tagebuch. Zunächst erfüllten die früh verheirateten Schwestern die in sie gesetzten Erwartungen zur Freude von Vater und Großmutter und den angeheirateten

Querschnitt durch die Jahre 1799–1800

Familien. Doch dann kam das Jahr 1799 und mit ihm der größte Skandal, den die Hauptstadt des preußischen Reiches seit Jahren erlebt hatte, verursacht durch Luises Lieblingsschwester Friederike: »Bester Vater! Ich habe schrecklich gefehlt! Ich habe meine Pflicht verletzt, ich habe mich sehr schuldig gemacht. Ich habe das heiligste Band geknüpft ohne Ihren Segen, ohne Ihre Einwilligung. Gott, könnte ich Ihnen nur einmal mein Herz öffnen, damit Sie darin Verzweiflung und Reue, ja die innigste Reue lesen. Aber nur einen Augenblick dürften Sie hineinsehen, denn es würde Ihr Vaterherz betrüben, wenn Sie sehen, wie mordend die Vorwürfe sind, die ich mir mache. – Sie wissen, bester Vater, wie stark die Gewalt der Liebe ist, Sie fühlen es besser wie keiner; Sie wissen, wie haltbar ihre Fesseln sind, wenn es wahre Leidenschaft ist.«[2] Es war Friederike, die diesen Brief am 3. Januar 1799 an ihren Vater schrieb, bevor sie auf Befehl ihres Schwagers Friedrich Wilhelm III. Berlin verlassen musste, um mit ihrem Mann in die Verbannung nach Ansbach zu gehen. Ereignisse, die die Familie kopfstehen ließen.

Was war geschehen?

Friederike lebte nach dem Tod des Prinzen Ludwig als achtzehnjährige Witwe mit ihren drei kleinen Kindern abseits vom Hof auf Schloss Schönhausen, elfeinhalb Kilometer vom Zentrum Berlins entfernt. Seit dem Tod ihres ersten Mannes hatten sich schon verschiedene Männer um Friederike bemüht. Immerhin war sie nicht nur eine wunderschöne Frau, sondern als Schwägerin des preußischen Königs auch eine besonders gute Partie auf dem Heiratsmarkt. Im Sommer 1798 war Friederike inoffiziell noch mit ihrem Cousin verlobt, dem englischen Prinzen Adolf von Cambridge, obwohl sie selber dieser Verbindung keine Chance mehr gab. Zum einen hatte der Vater des Prinzen, der englische König Georg III., seinem Sohn befohlen, nicht vor dem Ende des Krieges gegen Frankreich zu heiraten. Zum anderen hätte Friederike bei einer Ehe mit Prinz Adolf ihre Kinder, die als preußische Prinzen beziehungsweise Prinzessinnen galten, in Berlin zurücklassen müssen. So traf sie für sich bereits während der schweren Krankheit ihres Sohnes Karl Georg eine endgültige Entscheidung. An ihren Vater schrieb sie nach dem Tod von Karl Georg: »Bedenken Sie, teurer Vater, die Schuldgefühle, die ich gehabt hätte ... wenn ich vielleicht meine Kinder aus Sorge um die eigene Person verlaßen hätte ... Auch wenn ich Prinzessin bin, eine Mutter bleibt eine Mutter, und die Natur fordert ihre Rechte. Es ist bei diesem Anlaß, teurer Vater, daß sich mein Gewissen meldet und zu mir sagt, wie sehr ich fehle, wenn ich jemals meine Kinder verlaße ... Gott hat sie mir nicht gegeben, um sie zu Waisen zu machen, sondern um meine Pflicht als Mutter zu erfüllen. Gott weiß auch, wie tief ich das Glück, Mutter zu sein, empfinde, und wie ich wünsche, meine Pflicht zu erfüllen. Ich lebe ganz in ihnen und möchte mich aufopfern zu ihrem Glücke.«[3]

Im Mai 1798 musste Luise, die ein halbes Jahr zuvor preußische Königin geworden war, ihren Mann auf die lange Reise nach Königsberg zur offiziellen Krönung begleiten. Sie machte sich große Sorgen, ihre Schwester, die um ihren kleinen Sohn trauerte, alleine zu lassen. Daher beauftragte der König den Prinzen zu Solms-Braunfels, Friederike während der Abwesenheit ihrer Schwester ein wenig aufzumuntern. Was niemand wusste: Friederike kannte diesen jungen Mann schon lange, hatte sich 1792, vierzehn Jahre alt, auf einem Ball in Frankfurt in ihn verliebt und ihn danach aus den Augen verloren, weil die finanziellen und gesellschaftlichen Verhältnisse des Prinzen eine Hochzeit nicht zuließen. Nun trafen sie sich wieder, und Friederike verliebte sich zum ersten Mal – nach einer Ehe voller Demütigungen. »Ich vergaß der Pflicht, die ich einer noch unsicheren zukünftigen vom Krieg und Umstände abhängenden Verbindung schuldig war [gegenüber Prinz Adolf], gab einer Leidenschaft Gehör, wie ich sie noch nie fühlte, und knüpfte heimlich ein Band der Ehe, welches ich der Umstände des Prinzen wegen, der mein Herz so ganz, so ganz besitzt, nie

Querschnitt durch die Jahre 1799–1800

hätte zugeben dürfen.«[4] Pflicht versus Neigung – ein Konflikt, der sich durch das Leben der sechs Geschwister wie ein roter Faden zieht. Erwartet wurde von ihnen, dass sie natürlich immer und zu allen Zeiten sich der Pflicht beugen würden, so wie Luise es vorbildlich tat. Friederike dagegen entschied sich für die Neigung. Auch Prinz Solms war von Leidenschaft erfasst, wie er dem Vater Friederikes zu seiner Rechtfertigung später schrieb: »Innige heiße Verehrung der seltenen Reize und Vorzüge von Euer Durchlaucht Prinzessin Tochter fachten in meiner Seele eine Leidenschaft an, die zu überwinden ich zu schwach war. Meine unbegrenzte Liebe zu ihr wuchs mit jedem Tage, je mehr ich sie kennenlernte und je mehr ich sie überzeugte, daß unsere Gesinnungen und Meinungen wechselseitig waren.«[5]

Prinz Friedrich Wilhelm zu Solms-Braunfels war der zweite Sohn der in Braunfels an der Lahn residierenden Fürstenfamilie und schlug traditionsgemäß die militärische Laufbahn ein. Friedrich Wilhelm III. hatte ihn bei einem Besuch am Hofe in Den Haag kennen und schätzen gelernt und als Major in sein Garderegiment nach Berlin geholt. Häufig wurde er auch zum Essen und zu abendlichem Zusammensein im Kreise der Familie eingeladen, denn Luise hatte von Beginn an eine ähnlich gute Meinung vom Prinzen wie ihr Mann. Im Dezember 1798 aber musste Friederike ihrer Schwester beichten, dass sie schwanger war. Äußerungen in Friederikes Briefen legen es nahe, dass dies geplant war, um den König zur Zustimmung zu einer Heirat zu zwingen. Keinesfalls aber musste sie heiraten, wie selbst heute noch in Biografien zu lesen ist. Im Gegenteil: Königin Luise wollte ihre Schwester ursprünglich nur bis nach der Geburt aus Berlin fortschicken, damit niemand etwas bemerkte. Sie war vor allem dadurch getroffen, dass Friederike ihr die Schwangerschaft so lange verschwiegen hatte.

König Friedrich Wilhelm III. dagegen, der die Frauengeschichten seines Vaters miterlebt hatte, an seinem Hof keine derartigen Skandale duldete und einen solchen nun

ausgerechnet in seiner eigenen Familie erlebte, regte sich
über das Verhalten seiner Schwägerin und den Vertrauens-
bruch seines Freundes so sehr auf, dass er krank wurde.

Oberhofmeisterin Sophie von Voß beschreibt die Stimmung im Königshaus um Silvester 1798 herum so: »Die Königin beklagte sich über rheumatische Schmerzen; der König
hat ein Brechmittel genommen; er blieb den ganzen Tag im
Bett ... Gott weiß, was los ist. Die Pzin Louis [Friederike],
glaube ich, ist hiervon die Ursache.«[6] Luise musste ihren
ganzen Einfluss einsetzen, damit er die Hochzeit erlaubte
und die Schwester und ihren Mann nicht nach Schlesien in
die tiefste Provinz verbannte. »Bloß aus Liebe zu mir erhörte
er mein sehnlichstes Flehen, sie nicht nach Lüben in Schlesien zu schicken, und mein Weinen, meine unaussprechliche
Leiden bewogen ihn, meinen Bitten Gehör zu geben.«[7] Von
Luise gibt es nur eine Stelle, in der sie sich kritisch zu Friederikes Verhalten äußerte. Sie hoffte, dass die Schwester Charlotte, die in Hildburghausen und damit näher an Ansbach
wohnte, einen guten Einfluss auf Friederike haben würde:
»... der ihr Lob, der ihre Tugenden werden vielleicht tief in
das Herz der armen Gefallenen wirken. Ihr Herz ist gut;
aber Leichtsinn, Hang zur Eitelkeit, beständige Schmeicheleien, kein Freund, der ihr Führer war, dieses sind wohl die
Ursachen, die ihren Fall bereiteten; und von der Seite betrachtet, ist es ein wahres Glück, daß sie Berlin verläßt.«[8]
Dass Luise, wie bis heute immer wieder behauptet wird, ihre
Schwester verstoßen und monatelang den Kontakt mit ihr
abgebrochen habe, sind falsche Gerüchte, die durch die vorliegenden Briefe eindeutig widerlegt werden. Sie verabschiedete die Schwester sogar mit den Worten: »Wenn du glücklich wirst, wird es niemanden geben, der nicht glücklicher
darüber ist als ich. Wenn du unglücklicherweise nicht das
findest, was du dir wünscht ... komm zurück in meine Arme,
die niemals geschlossen sind und die dich mit der Zärtlichkeit empfangen werden, die du von mir kennst.«[9] Luise fiel
die schwere Aufgabe zu, ihrem Vater von den Schwierigkei-

Querschnitt durch die Jahre 1799–1800

ten zu erzählen, in die ihre jüngere Schwester geraten war. Karl von Mecklenburg, der seiner Tochter zwar sehr bald verzieh, war naturgemäß nicht sehr glücklich über diese Ereignisse. Letztendlich gab er aber seinen väterlichen Segen. Am 7. Januar 1799 heiratete Friederike ihren Prinzen.

Der Botschafter von Mecklenburg-Strelitz in Berlin berichtete dem Vater am 13. Januar 1799, dass Friederike in Tränen aufgelöst abgefahren sei. Er schrieb aber auch, dass es durch die »unglückliche Affaire« einen »furchtbaren eclat« gegeben habe und man Friederike deswegen verurteilte. Schuld an diesen bis heute nicht ausgeräumten falschen Behauptungen hat natürlich auch der Mantel der Geheimhaltung, der von Luise ganz bewusst zum Schutz der Schwester über die Vorgänge dieser Zeit gelegt wurde. »Es gibt hier nur drei Personen, die informiert sind, und niemand muß jemals die Wahrheit herausfinden«, schrieb sie an ihren Vater, der diese Vorsicht teilte und alle Briefe, die mit diesem Geschehnis zusammenhingen, in einen Pergamentumschlag stecken und versiegeln ließ. »Nur zu öffnen mit Erlaubnis des herzoglichen Hauses.« Erst 2002 wurden die Briefe im Archiv zu Schwerin neu entdeckt.

Neben dem Arzt und dem Adjutanten des Königs wussten nur noch Luise, ihr Mann und ihr Vater von dem Verhältnis, und so sollte es auch bleiben. Weder die Großmutter noch die Geschwister oder die Onkel sollten eingeweiht werden, eine schwere Entscheidung, weil die Familienbande doch sehr eng waren und man sich sonst alles mitteilte. Zum ersten Mal musste auch Bruder Georg außen vor bleiben. Aber es ging nicht anders, wie Luise immer wieder betonte, die den Vater anflehte, sich auch daran zu halten, um Friederikes Ehre willen und um ihre Chance, glücklich zu werden. Die Öffentlichkeit sollte bewusst getäuscht werden, indem man das Gerücht ausstreute, die beiden seien bereits im April des Jahres 1798 heimlich getraut worden. Damit wäre auch das Problem der vorehelichen Schwangerschaft gelöst gewesen.

Wie wichtig es war, dass Luise die Wahrheit, so gut es ging, geheim halten wollte, zeigt ein Auszug aus dem Entwurf, den der Kanzleichef Karl von Mecklenburgs für seinen Vorgesetzten entworfen, den der Vater aber nie abgeschickt hat. Der Kanzleichef war entsetzt über die Vorgänge in Berlin und vermutete eine Verschwörung gegen Friederike, die durch »jugendlichen Leichtsinn und zu rasches Blut« anfällig für die Schmeicheleien des »verdienstlosen Verführers« gewesen sei, um das Glück der Schwester und damit der Königin zu untergraben. Ähnliche Gerüchte habe es wohl auch in der Öffentlichkeit gegeben.[10]

Auch vonseiten der Verwandten des Prinzen Solms wurde die Geheimhaltung mitgetragen: So wurden die Verleger des dortigen genealogischen Handbuchs von der fürstlichen Regierung zu Braunfels sogar angewiesen, die Hochzeit laut Weisung aus Berlin im Jahr 1799 gar nicht zu erwähnen, sondern den April 1798 als Datum anzugeben, denn das war der offizielle Termin, den Luise herausgab, um die Ehre ihrer Schwester zu schützen. Da man aber bereits den Artikel gedruckt hatte, musste umgedruckt werden.

Schon einen Tag nach der geheimen Hochzeit vom 7. Januar 1799 schrieb der Kriegsrat Dietrich Heinrich Ludwig von Ompteda an den Geheimen Justizrat Wilhelm August Rudloff in Hannover, dass die achttägige Verschiebung des Karnevals wegen einer angeblichen Unpässlichkeit des Königspaares ihm sehr verdächtig gewesen und er sehr bald dahintergekommen sei, dass eine »Familien Angelegenheit die Hauptursache dieser angeblichen Unpässlichkeit sei«. Der Kriegsrat gibt dann eine Zusammenfassung aller in Berlin herumschwirrenden Gerüchte, die der Wahrheit schon sehr nahekamen. Er wusste sogar, dass der Prinz Solms eine alte Jugendbekanntschaft Luises und Friederikes war. Luises Annahme, dass nur drei Personen von dem Vorfall wussten, war zumindest, was ihre Zeit angeht, sehr naiv. Wer auch immer geplaudert hatte, der Kriegsrat wusste genau, wann Friederike wem zuerst von ihrer Schwangerschaft erzählt hat,

Querschnitt durch die Jahre 1799–1800

wann es begonnen hatte – und sogar mit seiner Vermutung des Hochzeitsdatums liegt er fast richtig. Er wusste, dass sie 20 000 Taler Jahresgehalt bekam, für die Reise ein zusätzliches Geschenk von 2000 Dukaten und dass der König Friederikes Hofstaat weiter unterhielt. Und er wusste auch, dass Friederike am 10. spätabends, »um kein Aufsehen unter den Einwohnern zu erregen, heimlich fortgereist ist und dass der Prinz Solms sie bei Potsdam erwartet hat«.[11]

Die Gerüchteküche brodelte ungezügelt und mit bisweilen absurden Zügen bis in unsere Zeit hinein: Friederike soll ihr Kind noch in Berlin geboren und dann vor der Tür der Fürstin Luise Radziwill abgelegt haben, bevor sie Berlin verließ. Bis heute hat sich offenbar niemand die Mühe gemacht, die auf Französisch geschriebenen Memoiren der Fürstin Radziwill genauer durchzulesen. Dort wird auf den Seiten 164 bis 166 zwar beschrieben, dass sie am 17. Januar vor ihrer Haustür ein Baby gefunden hatte, aber das war im Jahr 1801, zwei Jahre nach den oben beschriebenen Vorfällen des Jahres 1799. Auch alle anderen Gerüchte sind nach den neuesten Erkenntnissen nicht haltbar.[12] Fakt ist, dass es eindeutige Belege für Friederikes Ankunft in Ansbach gibt, ein Taufregister, in dem die kleine Karoline erwähnt wird, einen Brief des preußischen Gesandten von Schwarzkopf, der berichtet, dass Königin Luise die Patenschaft übernommen hat, und Briefe der anderen Geschwister, die sich über die Geburt der kleinen Karoline freuen. Es hatte alles seine Ordnung, nachdem die voreheliche Schwangerschaft Friederikes durch ihre Heirat in die vorgeschriebenen Bahnen gelenkt worden war.

Die ganze Wahrheit aber steht nur in einem Brief Luises, alle anderen, auch die Briefe Friederikes und des Prinzen Solms, enthalten die offizielle Version. Insgesamt schrieb Luise in diesen Januartagen drei Briefe an ihren Vater, dem sie immer wieder berichtete, wie groß die Reue ihrer Schwester und auch die des Prinzen Solms sei. »Nichts gleicht der Hoffnungslosigkeit meiner Schwester, Ihnen Kummer gemacht zu haben.«[13] Immer wieder bat sie den Vater um Verzeihung für die Schwester. »Höre mich und versuche zu verzeihen.«

Auch Friederike hatte den Vater um Verzeihung gebeten. »O, ich flehe Sie, verweigern Sie Ihre Vergebung nicht Ihrem Kinde zu gestehen, die ohne der Ruhe, daß sie wieder ausgesöhnt mit ihrem Vater und ihren nächsten Blutsverwandten ist, kein Glück genießen kann, wenn ihr auch die Liebe ihres Mannes gegeben ist. – Verzeihen Sie aber auch dem Mann, den ich über alles liebe, sonst ohnedem sind wir nicht glücklich.«[14] Aus den ersten Januartagen liegt kein Brief des Vaters an Friederike vor, aber aus dem Schreiben, das Karl von Mecklenburg an seinen Schwiegersohn schickte, geht hervor, dass er doch relativ schnell die neue Situation als unabänderlich akzeptiert hatte und seine größte Sorge dem Glück seiner Tochter galt: »Mein zerrißenes Vaterherz blutet, aber es will dennoch Verzeihung für mein armes verführtes Kind. Auch für Sie, mein Prinz, als Schwiegersohn, wenn sie dieses Namens sich künftig würdig erweisen.« Er versprach Verzeihung und seinen väterlichen Segen, wenn Prinz Solms sein Versprechen halte und seine Tochter glücklich mache.[15] Damit hatte Luise eines ihrer Hauptziele erreicht. Was immer Friederike in ihrer neuen Ehe erwarten würde, der Rückhalt der Familie war ihr sicher, denn wenn der Vater ihr verziehen hatte, würden es auch die Geschwister tun.

»Sie ist fort! Ja ist auf ewig von mir getrennt. Sie wird nun nicht mehr die Gefährtin meines Lebens sein. Dieser Gedanke, diese Gewissheit umhüllen dermaßen meine Sinne, dass ich auch gar nichts anderes denke und fühle. Ach Gott! Helfe mir diese schwere Trennung tragen.« Das schrieb Luise über den Tag des Abschieds, der für sie einer der »grausamsten« Tage ihres Lebens war. »Ich bin untröstlich, daß ich von Friederike getrennt bin ... Ich war niemals in meinem Leben von meiner Schwester getrennt, das längste waren 5 Wochen und nur Gott weiß, wie ihre Zukunft sein wird.«[16]

Querschnitt durch die Jahre 1799–1800

Von Friederike gibt es keinen Brief, aber sie wird ähnlich
wie Luise empfunden haben. Schwangerschaften, Geburten, Trauer und die Launen ihrer Ehemänner – alles hatten
sie bislang gemeinsam getragen. Und jetzt verließ Friederike fünf Jahre nach dem triumphalen Einzug in Berlin spätabends um zehn Uhr unter Ausschluss der Öffentlichkeit
die Stadt, ließ ihre Schwester, ihren ältesten Sohn zurück.
Für beide Schwestern ging am 8. Januar 1799 der Traum vom
gemeinsamen Leben zu Ende. Während Friederike zum Abschied immerhin sagen konnte: »Ich habe immer das Glück
gesucht und ersehnt zu lieben und geliebt zu werden«, blieb
Luise in grenzenloser Einsamkeit und großer Sorge um das
Schicksal ihrer Schwester zurück. »Wenn ich mir vorstelle,
daß Friederike unglücklich werden könnte, so recht elend
und gequält, so kann ich Augenblicke haben, wo ich ganz
verzweifelt und trostlos bin. Ach, gütige Vorsehung, ver-
hindere dies. Es wäre mein Tod, das fühl' ich, so wahr ich
lebe.«[17]

Sorge und Verständnis statt Verachtung und Verurteilung

> »Aber bin ich erst wieder mit den Verwandten
> ausgesöhnt, die mir am Herzen liegen, verstehe
> ich darunter, und mit mir selbst, so wirst du Dich
> auch einmal an meinem Leben freuen«,

teilte Friederike kurz vor der Geburt ihrer Tochter Karoline ihrem Bruder Georg mit.[18] Das Thema Aussöhnung mit
ihrer Familie zieht sich wie ein weiterer roter Faden durch
ihre Briefe. »Gott allein kann es wissen, wie wehe es meinem
Herzen tut und wie durchbohrt es von dem Gedanken ist,
daß ich die Urheberin alles dessen Kummers bin, der Sie, der
unsere ganze Familie traf«, schrieb sie ihrem Vater im Februar 1799. Wie würde die Familie reagieren: die Großmutter, die Schwestern, die Brüder, die alle zum ersten Mal in

Zusammenhalt in schweren Zeiten

einer so wichtigen, ein Familienmitglied betreffenden Angelegenheit nicht beziehungsweise falsch informiert wurden?[19]

»Die Heirat, obgleich sie wahrlich nicht das ist, was sie sein sollte, wollte ich doch gerne zugeben, wenn sie dadurch glücklich wird«, schrieb Therese Mitte Januar 1799 an ihren Bruder Georg und fuhr fort: »Aber die Art! – Es ist nicht recht, das fühle ich tief, das fühle ich tief, und das bringt mich darnieder.«[20] Unzählige Briefe gingen in den ersten Monaten des Jahres 1799 zwischen den Geschwistern hin und her, die alle nur ein Thema hatten: Friederikes Hochzeit und die Umstände, die dazu führten. Noch vor der Abfahrt hatten Friederike und Luise die Schwestern informiert, allerdings wie verabredet nur über die offizielle Version. Georg erfuhr es durch einen Brief seiner Großmutter beim Tee an seinem Studienort in Rostock: »Reden konnte ich nicht, aber ich fühlte, wie das Blut mir zu Kopfe stieg.« Eine halbe Stunde dauerte es, bis er sich etwas gefasst habe. Er sei aber bis zum nächsten Tag wie betäubt gewesen. »Ich dachte vergehen zu müssen!«[21]

Vor allem die Korrespondenz zwischen Georg und Therese zeigt das ganze Ausmaß der Erschütterung über die für sie unfassbaren Vorgänge in Berlin: Eines von den Geschwistern hatte sich so benommen, dass es in die Verbannung geschickt werden musste, eines von ihnen war vom Weg der Tugend, den sie doch alle gehen wollten, abgewichen. Die Briefe zeigen aber auch, wie die Beziehung der Geschwister auf gegenseitigem Verständnis auch für die Fehler und Schwächen der anderen aufgebaut war. »Lieber, lieber Georg!«, schrieb Therese, die bereits einen Brief von Friederike erhalten hatte, am 17. Januar 1799. »Könnte ich doch nur eine Stunde mit dir zubringen, mein beklommenes Herz in das deine ausschütten! Gäbest Du mir Trost? Kaum wage ich es zu fragen. Unsere Ika! Ach, unsere Bangigkeit war nur zu begründet! – Was sagst Du, was hoffest Du? Allein diese tödliche Entfernung von allen denjenigen, die mir Auskünfte geben könnten, ist unbeschreiblich peini-

Querschnitt durch die Jahre 1799–1800

gend ... Der Brief enthielt die ganz unerwartete Nachricht, bei jeder Zeile schlug mein Herz stärker, 3–4 mal mußte ich wieder anfangen, ehe ich verstehen und glauben konnte. Endlich blieb kein Zweifel, und da ergriff mich ein solches Zittern, daß ich umgefallen wäre, hätte ich mich nicht gehalten. – Heute ist sie ihrem Brief nach abgereist. Gestern den ganzen Abend war ich [in Gedanken] in Berlin – welch ein Abend, der letzte in Gesellschaft des Engels Luise, der letzte mit ihrem Erstgeborenen. Die ganze Nacht, heute den ganzen Tag folgte ich ihr von Post zu Post. In 8 Tagen ist sie in Ansbach, 2 kleine Tagesreisen von hier – und dennoch wüßte ich sie lieber in Berlin ... Um Gottes Willen, lieber, lieber Georg, schreibe mir bald alles, was Du weißt, wie, wann sich die Sache entdeckt hat, was Vater und Großmutter sagen. – Sage mir, wie es Dir zumute war, zumute ist?«[22]

Der kollektive Zorn der Geschwister aber galt dem Prinzen Solms, der die Schwester verführt hatte: »Noch habe ich den Prinzen Solms gar nicht lieb«, schrieb Therese. »Delicatesse muß ihm nicht viel zuteil geworden sein. Könnte er unsere arme Ika täuschen, wahrhaftig ich könnte eine zweite Charlotte Corday werden.« Sie bezog sich auf die französische Republikanerin, die Jean Paul Marat erstochen hatte.[23] Eigentlich gehöre der Prinz vor Gericht gestellt und ins Gefängnis in Berlin-Spandau eingesperrt.[24] Das sah Georg ganz genauso. Er hatte den Prinzen, den »Unwürdigen«, wie er ihn nennt, bereits in Berlin bei Luise kennengelernt und sich gewundert, warum alle ihn protegierten. Sein Erzieher und er mochten ihn von Anfang an nicht, durften sich das aber nicht anmerken lassen.[25] Georg machte sich Vorwürfe, die schwierige Situation seiner Schwester nicht erkannt zu haben, als sie alleine in Schönhausen mit der Trauer um ihren kleinen Sohn saß. »Hätte man uns ... damals gesagt, daß der König selbst aber den pöbelhaften Prinzen bat fast täglich ... hinzukommen und der Kranken Gesellschaft zu leisten ... statt daß Friederiken ihre Damens da geblieben wären, sie nun oft stundenlang allein waren ...

mit einer dieser Jungen zur Seite, hätte ich das voraussehen können, frage ich.«[26] Georg wünschte sich verzweifelt, dass man die »dumme Heirat« verhindert, den Prinzen mit Geld abgefunden und Friederike an einen stillen Ort geschickt hätte, wo sie in Ruhe ihr Kind zur Welt gebracht hätte. Nach einem Jahr hätte sie so nach Berlin zurückkehren können. »Prinzessin von Preußen nach wie vor geblieben – und alles wäre vergessen gewesen, sowohl in ihrem Herzen als im Publikum, denn durch die Heirat ist nichts, aber gar nichts, gut gewesen, denn daß sie erst nach Priestersegen in seine Arme gekommen, glaubt deswegen doch kein Mensch, der Schaden bleibt also derselbe. Nun frage ich Dich, ob es vernünftig war ... zu heiraten, daß sie dafür nun lange alles aufgegeben?«[27]

Und dann folgt eine interessante Diskussion zwischen Georg und Therese über die Begriffe, die die Entscheidung zwischen Pflicht und Neigung, die sie alle immer wieder treffen mussten, so schwer machte: Liebe, Leidenschaft und die Suche nach Glück. »Du wirst mir sagen, die Liebe, die Liebe! Wie hätte sie es ausgehalten, wie ohne ihn leben können?«, schrieb Georg. »Ach, liebe Therese, möchte Gott, ihr Herz wäre so, dann ließe sich eine heitere Zukunft hoffen, aber wie veränderlich dieses Herz ist, haben wir erfahren, und daß diese Liebe gerade keine der Alles übersteigenden Art ist, dies zu glauben haben wir Grund – ... Aber ob sie nun glücklich wird? Es kommt dabei aber soviel auf den Mann an, den ich so wenig wie Du kenne, der aber, der Familie nach, nichts weniger als der zärtliche Liebhaber ist, den Friederike so sehnlichst verlangt.«

Georg befürchtete, dass neben den finanziellen Problemen, die Friederike haben würde, es vor allem die »verfluchten, schrecklichen Gerüchte« seien, die »alles überspannen gleich Streifen von Unflat«. Gerüchte, die trotz oder gerade wegen Luises Geheimhaltungsversuchen überall kreisten und der Familie Sorgen machten. Gerüchte, dass Friederike sich vorher anderen Männern hingegeben hatte, »daß er nicht der erste Glückliche gewesen sei oder daß sie ihn gar nicht liebe, sondern nur den Prinzen in ihm sah. Gott, wenn das so wäre, wie würde er sie dann behandeln? Ach, liebe Therese, und wenn sie nun anfängt, unglücklich zu sein, und ihr nun einfällt, was sie verlaßen hat: ihre göttliche Freiheit, ihre Nähe zum engelgleichen Weib Luise, ihr glänzendes Los und alle die tausend aprenons, die damit verbunden waren. Nein, so wahr Gott lebt, von Sinnen könnt ich werden, wenn es einträfe, zur Furie könnt ich werden, wie Du es auch sagst, und doppelt verzweiflungsvoll, weil sie selbst sich dann beständig ... anklagen müßte.«[28]

»Wenn der Mensch so liebenswürdig ist und sie immer aufrichtig liebt, so gestehe ich Dir, lieber Georg, habe ich doch Hoffnung auf ihre Beständigkeit«, antwortete Therese ihrem Bruder. »Alles, was Du vom Gegenteil anführst, ist sehr wahr, sie ist leichtsinnig, veränderlich, weil sie nur die allgemeinen Pflichten zu erfüllen hatte, keine, die ihr persönlich schien und sie festhielte. Jetzt, da ihr neue Pflichten obliegen, wo sie einen hohen Begriff von Gott hat, und die ihr durch Liebe geworden sind, denke ich, soll es ganz anders werden. Es ist doch wahr, daß solange Prinz Louis lebte und sie wohl einsah, wie sehr er erkaltet war, sie doch immer dieselbe blieb und es mir 100mal sagte, ›Mir soll nichts vorzuwerfen sein.‹ Mir dünkt, auch aus Eigenliebe dürfte sie sich es selbst nie gestehen, daß sie nicht glücklich wäre, denn so ein Schritt wie dieser kann nur durch Beharrlichkeit einigermaßen gerechtfertigt werden. So nach menschlichem Ansehen, dünkt mir, wäre es recht glücklich gewesen, hätte ich Friederike meine Art zu sehen und zu fühlen eintrichtern können, und sie hingegen, mir etwas von ihrem warmen Herzen, von ihren Bedürfnissen und Ideen vom Glück abgeben können. – Ja, Bester, uns beiden wäre dann geholfen, wäre die Mutter bei den Kindern und die Schwester bei der Schwester geblieben.«[29]

Sowohl Georg als auch Therese schrieben mit sehr viel Verständnis direkt an die Schwester. In einem Brief vom

29. Januar 1799 antwortete eine dankbare Friederike: »Tadeln willst Du mich nicht, gute sanfte Schwester, aber sagen, Du hast ganz recht getan, kannst Du auch nicht! Guter Engel, wer nicht als ich selbst, sieht es vollkommen ein, wie sehr ich Tadel verdiene – sonst hätte ich wohl nicht so lange vergeßen, euch meine Handlung, meinen Schritt zu entdecken. Ich sehe ganz eure Großmut in eurem Betragen, vorzüglich Du, liebe Rosa, weil Du nicht die Gefühle so in Dir findest, und es einem daher schwerer fallen wird, an dem zu entschuldigen, wenn man sich prüft und gar nicht die Möglichkeit in sich fühlt, aus Liebe zu handeln... In Deinem Brief erkannte ich die zärtliche gute Schwester, die vernünftige Frau, mit reichem Verstand. Ich wünsche in Deinem Umgang dazu zu gelangen.« Friederike war glücklich, dass die Geschwister zwar das Unrecht sahen, ihr aber doch von Herzen Glück wünschten.[30]

Dieser Brief versöhnte Therese und Georg endgültig mit der Schwester: »Dann nahm ich Friederikes Brief in die Hände. Der Brief trägt ganz den Stempel des sanften liebenden Weibes, der reuenden Tochter, der liebenden Schwester, der gut werdenden Mutter und endlich des frommen Kindes, das gute Vorsätze für die Zukunft faßt. – Ich kann Dir nicht beschreiben, lieber Georg, was für ein Streit der Empfindungen in mir vorging – Ich mußte dies Weib lieb haben, und doch hatte sie unserem holden, reinen Engel Luise so ihr Leben verdorben.«[31] Therese schrieb dem Vater und bat ihn wie Luise um seine Verzeihung für Friederike. Die war überglücklich, dass der Vater ihr daraufhin tatsächlich den lang ersehnten Brief schickte. »Gott wird Dich dafür segnen, Du holder lieber Schutzengel!«,[32] bedankte sie sich bei Therese.

Letztendlich war es weniger das Abweichen vom Weg der Tugend, das man Friederike vonseiten der Geschwister vorwarf. Es war vielmehr die Tatsache, dass Friederikes Verhalten zur Trennung von Luise geführt hatte, die Einheit der beiden Schwestern zerstörte: »Ich hatte mich so daran ge-

Querschnitt durch die Jahre 1799–1800

wöhnt, Luise und Friederike in einem Gedanken zu denken. Alles fordert dazu auf – jetzt getrennt, auf diese Art getrennt! –«[33]

Bereits im Januar des Jahres 1799 aber plante die Familie ein Treffen und einen Besuch bei Friederike in Ansbach. »... ich kann nicht an eine Vereinigung, an ein Wiedersehen denken, ohne vor Freude zu zittern; die gute Luise begleitet den König auf seiner Reise diesen Sommer und kommt hierher, da werden wir gewiss alle vier vereint sein! Gott, wie glücklich!«[34] Auch die Geschwister waren glücklich über die Aussicht auf ein baldiges Familientreffen, um sich auszusprechen, »und da, will es Gott, knüpfen wir alle aufs neue ein festes, festes Band«, schrieb Therese an Georg. »Moralität, hohe Tugend seien die Worte des Bundes, wer sie bricht, sei seiner nicht mehr wert.«[35] Es ist schon eine Ironie des Schicksals, dass diese Worte ausgerechnet aus der FederThereses stammen, die sich nur kurze Zeit später als verheiratete Frau in einen anderen Mann verliebte, mit diesem offen zusammenlebte und mit ihm fünf Kinder in die Welt setzte. Zu diesem Zeitpunkt ahnte sie aber noch nicht, was ihre Schwester Friederike schon erlebt hatte: dass alles Streben nach Tugend und gute Vorsätze oft zum Scheitern verurteilt sind, wenn man sich verliebt. Dies galt auch für Georg, denn dieser hatte zu diesem Zeitpunkt eine nicht standesgemäße Geliebte in Rostock, von der aber wohl noch niemand in der Familie etwas ahnte.

Von dem Treffen, das dann im Juni tatsächlich in Hildburghausen bei Charlotte mit allen Geschwistern, dem Vater und der siebzigjährigen Großmutter stattfand, berichtete Therese in einem Brief an eine Freundin und beschreibt darin die Ankunft des Vaters: »Welch Augenblick, dies Wiedersehen, es gibt keinen liebevolleren und geliebteren Vater als ihn und mit Recht, es ist ein trefflicher, so ritterlicher Mann. Jedes seiner fünf Kinder und neun Engelkinder verlangte nach einem Blick, nach einem Kuß, wenigstens nach einem Händedruck. Er konnte nicht allen genügen. Wir zerflossen sämtlich in Tränen.« Luise kam als Letzte am 2. Juni an. »Ich weiß nicht, wie ich das Leben nennen soll, das wir seit der Ankunft der Königin führen. Sie ist die Seele eines Kreises, der auch ohne sie sich schon auf dem Gipfel des Glückes glauben würde. Auf dem Antlitz dieser unvergleichlichen Frau sind die Göttinnen der Anmut, des Spiels, des Lachens vereinigt. Ihr heiterer unschuldiger Blick belebt und beglückt alles.«[36] Ein Jahr später erinnerte sich Friederike in einem Brief an ihren Bruder an diese Tage: »Heute feiert mein Herz einen großen Tag, heute am Sterbetag unserer verklärten Mutter schlossen wir den schönen Bund, den der Tugend und Gott treu zu sein; heute vor einem Jahr in Hildburghausen umfangen wir vier Schwestern und du uns, und einig und fest eure Herzen kamen dem meinigen wieder nahe, und durch Tränen besiegelten wir alles, was wir uns sagten, was wir uns versprachen. Ewig wird mir dieser Tag unvergesslich bleiben.«[37]

Fast fünf Wochen bis zu ihrer Rückkehr nach Berlin Anfang Juli durfte Luise mit ihren Geschwistern verbringen. Gemeinsam reisten sie von Hildburghausen über Kassel, Eisenach nach Ansbach, wo Friederike lebte. Für die Geschwister, denen sich zeitweise immer wieder Friedrich Wilhelm anschloss, wurden die Wochen auch zu einer Reise zurück in die gemeinsame Vergangenheit. In Darmstadt durchstreiften sie glücklich das Haus ihrer Jugend: »Ganz Darmstadt empfing uns in rührender Weise und jedes Zimmer im Palast unserer Großmama erhielt einen besonderen Besuch«, schrieb Therese.[38] In Frankfurt plauderten sie im Thurn und Taxis'schen Palais mit Goethes Mutter über die Tage im Sommer 1790, als Luise, Friederike und Georg anlässlich der Krönung von Kaiser Leopold II. bei ihr gewohnt hatten. In Wilhelmsbad wurde dann Friederike verabschiedet, Charlotte verließ die Gruppe in Eisenach, die anderen reisten weiter nach Weimar, wo sie sich gemeinsam *Wallensteins Tod* von Schiller ansahen, den sie danach persönlich trafen, ebenso wie Goethe, Wieland und Herder. Dann ging es für Luise zurück nach Berlin. Den Abschied von ihr beschreibt Therese so: »Die Himmlische, sie schloß mich so fest in ihre Arme, ich drückte sie so warm an mein Herz, und doch vermochte man uns zu trennen.«[39]

Erbprinz Georg und die Illuminati

> »Therese, sammle deine Kräfte, mich zu hören!
> Bosheit und Unverstand haben gesiegt. – Und
> dein Bruder ist zertreten!«,

schrieb Georg von Mecklenburg-Strelitz am 15. April 1799 seiner Schwester und umschrieb damit sehr treffend die zweite große Krise des Jahres 1799. »Und mit der letzten Trennung meines edlen Freundes [Georgs Erzieher] erlöscht auch der letzte Funke von Achtung und Liebe für den Vater, der so seinen Sohn zertrat; einen Mann so schändlich mißhandeln konnte, der mich so gebildet hat, den man auf Händen tragen möchte – was aus mir werden wird, weiß Gott. – ... ich haße Alles – und sehe deshalb auch Niemand. Hoffen darf ich nichts, aber fühlen tue ich, daß, wenn der Herzog mir nicht meinen Freund wieder gibt, ich ihn nie wieder lieben und sehen kann.«[40] Ganz ungewohnte Töne sind das, die sich gegen seinen Vater richten, einen Mann, den Georg noch Wochen vorher als versöhnlich, seinen Kindern alles verzeihend beschrieben hatte.

Was war passiert?

Herzog Karl hatte den langjährigen Erzieher seines Sohnes, den Obristen August Ludwig von Graefe, fristlos entlassen, nachdem es an der abendlichen öffentlichen Tafel im Schloss Neustrelitz zwischen dem Herzog und Graefe zu einem lauten Meinungsaustausch gekommen war, der Georgs Vater so erzürnte, dass er aufstand und den Speiseraum verließ. Über den konkreten Anlass schweigen die Quellen, aus Briefen Georgs geht aber hervor, dass er mit den Vorgängen um den jüdischen Buchhändler Salomo Michaelis im

Zusammenhang steht. Die Wellen über diesen Eklat schlugen so hoch, dass Luise in Berlin und auch Therese im fernen Regensburg, noch bevor Georg sie unterrichtete, durch »wild fremde Leute« davon erfuhren. Luise war zunächst nur ärgerlich über den Erzieher, der ihren geliebten Vater so erzürnt hatte, dass er in der Öffentlichkeit die Beherrschung verlor. Die Auswirkungen auf den Bruder sah sie zwar auch, hielt sie aber nicht für so weltbewegend, denn schließlich war Georg zwanzig Jahre alt, und auch Prinzen mussten sich irgendwann von ihren Erziehern trennen.[41]

Nur »eine Kleinigkeit«, wie Luise meinte, war das Geschehen für ihren Bruder jedoch nicht. Für ihn brach eine Welt zusammen. Er, der zweimal die Mutter durch Tod verloren hatte, seine Schwestern durch Heirat über ganz Deutschland verstreut sah, war bis zu seiner eigenen Heirat mit achtunddreißig Jahren immer auf der Suche nach Bezugspersonen, die nicht plötzlich aus seinem Leben verschwanden. Oberst Graefe war so eine Person, seit über fünf Jahren war er Georgs ständiger Begleiter, hatte ihn auch in den drei Jahren in Rostock während seiner Studienzeit betreut. Für Georg war er längst vom Erzieher zum Freund geworden. Auch für die Schwestern war Graefe ein väterlicher Freund, dessen Urteil sie einholten, der bei allen Familientreffen dabei war und an Freud und Leid der Familie Anteil nahm. Nie fehlten in ihren Briefen an den Bruder Grüße an den Erzieher.

Die Entscheidung des Vaters wurde Georg vom Neustrelitzer Geheimratspräsidenten Otto Ulrich von Dewitz mitgeteilt, der eigens nach Rostock reiste. Außerdem kündigte er ihm das Ende seiner dortigen Studienzeit an. Georg war verzweifelt. Er flehte den Vater in Briefen an, fuhr persönlich nach Neustrelitz zurück, hoffte auf ein Einlenken des Vaters, der ja sogar Friederike verziehen hatte. Vergebens.

Bei Luise fand Georg in diesem Fall nur wenig Verständnis; sie war froh, auch um ihres Mannes willen, dass keine weiteren Skandale die Familienehre belasteten. Es war The-

Querschnitt durch die Jahre 1799–1800

rese, der Georg sich anvertraute, denn es war keinesfalls nur die »Kleinigkeit« des Streites an der väterlichen Tafel, die zur Entlassung seines Erziehers geführt hatte. »Du wirst Dich erinnern, daß ich Dir schon lange von den Kabalen sprach – sie gingen alle gegen den Oberst, gegen den Mann, dem ich alles, alles zu verdanken habe«, schrieb er seiner Schwester.[42] Was aber bewog Herzog Karl, so hart zu reagieren, wo er doch bekannt dafür war, die Wünsche seiner Kinder nach Möglichkeit zu erfüllen? Was verbirgt sich hinter der »Michaelischen Geschichte«?

Michaelis war ein junger jüdischer Buchhändler, der in Berlin studiert und den es nach Neustrelitz verschlagen hatte, wo ihn Herzog Karl, der – als Freimaurer mit den neuen Ideen der Aufklärung wohlvertraut – an der Bildung seiner Untertanen interessiert war, zum Hofbuchhändler machte. Daneben gründete Michaelis einen Verlag, in dem 1796 sogar Schillers *Musenalmanach* erschien. Auch andere berühmte Schriftsteller der Zeit wie Goethe und Adolph Freiherr von Knigge hatten Kontakt zu ihm. Schon kurze Zeit nach seiner Ankunft geriet Michaelis in finanzielle Schwierigkeiten und bekam auf seine Bitten hin vom Herzog Bürgschaftsverschreibungen über mehrere Tausend Taler. 1797 erbat sich Michaelis, der eine reiche Braut in Hannover in Aussicht hatte und Gerüchten über Finanzschwierigkeiten einen Riegel vorschieben wollte, ein Zeugnis, in dem der Herzog bestätigen sollte, dass Michaelis ein rechtschaffener Mann sei und das volle Vertrauen seines Herzogs besitze, der ihm weiter Schutz gewähre. Die Gerüchte aber waren stärker, aus der Hochzeit wurde nichts, die erhoffte Sanierung seiner Finanzen fand nicht statt. So erbat sich Michaelis Ende 1797 erneut Bürgschaften des Herzogs über Tausende von Talern.

Während der Herzog ihm ohne Zögern eine mündliche Zusage im Beisein eines Zeugen, des Bruders von Michaelis, machte, rieten seine Berater, allen voran Geheimratspräsident Dewitz, aber ab. Erst sollten die alten Kredite zurückbezahlt werden. Herzog Karl, der seinen Beratern in der Sache recht gab, fühlte sich aber an sein Wort gebunden: »Ein ehrlicher Mann hält sein Wort«, schrieb er Dewitz am 15. Oktober 1797. Und so wurde Michaelis ein letztes Mal geholfen, wenn ihn das auch nur vorübergehend aus seinen Finanzproblemen rettete.[43] Im Januar 1798 wurden von Michaelis begangene Fälschungen aufgedeckt, und Präsident Dewitz, der unter anderem für die herzöglichen Finanzen zuständig war, drängte darauf, die Bürgschaft von Michaelis zurückzufordern. Der Hofbuchhändler unterhielt aber auch gute Beziehungen zum Erzieher des Erbprinzen Georg, der sich nebenbei als Autor von politischen Schriften betätigte und seine Werke anonym bei Michaelis veröffentlichen ließ. Oberst Graefe hatte also ganz persönliche Gründe, einen Ruin seines Verlegers zu verhindern. Nachdem der Herzog eine weitere finanzielle Unterstützung abgelehnt hatte, versuchte Oberst Graefe über Georg, Geld zu beschaffen.

Georg, der sehr leicht zu begeistern war, hatte sich furchtbar darüber aufgeregt, dass Michaelis »in Hannover das Opfer der schändlichsten Cabalen« geworden war, und nun sollte ihm auch noch die finanzielle Unterstützung des Herzogs entzogen werden.[44] Er selber verfügte nicht über eigenes Geld, wie Graefe Michaelis mitteilte. »Indessen werden wir beyde – Er und ich – heute noch an die Prinzeß Louis [Friederike] nach Berlin schreiben, um diese zu bewegen, das zu thun, was der Prinz leider nicht thun kann.« Graefe setzte einen Brief an Luise und Friederike auf, den Georg als seinen abschickte und in dem beide Schwestern gebeten wurden, bei ihrem Vater für Michaelis zu bitten und selber finanzielle Unterstützung zu leisten. Auch Graefe selbst schrieb einen Brief, in dem er die Situation Michaelis' eindringlich schilderte. Friederike war auch sofort bereit, einen Kreditbrief aufzusetzen, allerdings verweigerte der König seine Unterschrift. Am 1. Mai 1798 schrieb sie an ihren Bruder, dass sie untröstlich sei, nicht helfen zu können, weil der König nicht nur seine Unterschrift verweigerte, sondern er »hat ... mich zugleich sehr deutlich und dringend gebeten, mich ganz und gar nicht einzumischen«. Aus ihrem Brief geht hervor, warum nicht nur Georg, sondern auch beide Schwestern in Berlin sich so engagierten, obwohl sie beide gar nicht über viel eigenes Geld verfügten. In einem Brief erklärte Friederike Michaelis, wie leid es ihr tue, dass sie »ihre Pflicht meines Vaters Ehre und eines Ehrlichen Mannes Ehre zu retten« nicht erfüllen konnte. »Ich habe heute schon geheult, daß ich nicht retten konnte.« Unter dem Einfluss der leidenschaftlichen Briefe ihres Bruders versetzte sie kurze Zeit später einige Ringe, um Michaelis zu helfen. Auch Luise setzte sich in einem Brief an ihren Vater für eine neue Bürgschaftsverschreibung ein, sodass Georg stolz verkünden konnte: »Beyde Schwestern ... haben nur ein Gefühl mit mir in dieser Sache.«[45]

Auch Georg ging es vor allem um die Ehre des Vaters, die er durch die einmal erteilte und dann wieder zurückgenommene Bürgschaft beschädigt sah. In einem Brief an die Hofdame seiner Großmutter, die Freiin von Bose, schrieb er: »Ich würde über mein Gefühl erröten, wenn die Ehre meines Vaters – sein Ruhm als Fürst und Mensch mir weniger am Herzen läge als der Zustand seiner Finanzen; ich würde über mein Gefühl erröten, wenn ich mich über eine Ersparnis freuen könnte, die das Unglück eines Menschen machte!« Georg regte sich vor allem über den Geheimratspräsidenten Dewitz auf, der nur an die Finanzen dächte. »Die Pflicht der Treue und Gerechtigkeit« dürfe nicht außer Acht gelassen werden. Für Georg war die Rücknahme der Bürgschaft durch den Vater »die offenbarste Verletzung seines Fürstenwortes«. Den Präsidenten forderte er auf, dass, »wenn Er die geringste Achtung für mich hat, wenn Er den geringsten Werth auf meine Achtung setzt, so eilt Er diesen Menschen zu retten«.[46]

Präsident Dewitz versuchte Georg vergeblich zu erklären, dass es nicht um die Ehre des Vaters gehe, sondern darum, dass der Hofbuchhändler ein Betrüger sei und sogar private Briefe der Königin und ihrer Schwester, die er zum Teil heimlich kopiert hatte, benutze, um sich das Vertrauen anderer Menschen zu erschleichen und so zu Krediten zu kommen, für die die Familie dann geradestehen musste. Er wolle nur den Herzog vor weiteren finanziellen Schäden retten. Georg war den Argumenten nicht zugänglich, entschuldigte selbst den kompromittierenden Einsatz der Briefe mit der Verzweiflung, in der Michaelis stecke, und beklagte sich auch bei seinen Schwestern über das Verhalten von Dewitz. Die aber waren inzwischen nicht mehr von Michaelis überzeugt. Luise versuchte vor allem das Geld, das Friederike verloren hatte, ersetzt zu bekommen. Anfang Juni 1798 schrieb Luise ihrem Bruder: »Noch ehe ich ende, muß ich sagen, daß Du, der Oberst, ich und Friederike uns sehr in Michaelis geirrt haben, und er nicht der Mann ist, der er scheint.«[47]

Am 26. Mai berichtete Dewitz an Georg, dass er auf Befehl der Königin nach Berlin gehe, um Friederike die »Augen über Michaelis zu öffnen und die in ihrer Guthmütigkeit versetzten Ringe mit 6000 Thaler Gold einzulösen, mir die Cautions Notul des Herzogs und die der Prinzeß Louis, die die Königin noch in den Händen des Juden zu seyn glaubt, einliefern zu lassen, und mich zu überzeugen, dass Ihro Majestät die Königin, nachdem Sie auch mich als den beklagten Theil gehöret, völlig meine Verfahrungs Art billigen und mich bäten so fortzufahren, ohne mich durch irgend jemand irre machen zu lassen«.

Georg, der weiterhin Michaelis verteidigte und immer noch die Ehre seines Vaters retten wollte, musste sich am Ende sagen lassen, dass er nicht ohne Prüfung Michaelis hätte vertrauen dürfen. »Sie, gnädiger Herr, mussten, durften dieses nicht glauben, sondern prüfen, genau untersuchen, ehe Sie Ihr Urtheil fällten, ehe Sie handelten.«[48] Michaelis wurde des Betrugs angeklagt und wegen Urkundenfälschung in mehreren Fällen zusammen mit seinem Bruder zu einer Gefängnisstrafe verurteilt.

Querschnitt durch die Jahre 1799–1800

Bei der Durchsuchung der Wohn- und Geschäftsräume Michaelis' wurde aber noch etwas anderes gefunden: der Briefwechsel Graefes mit Michaelis. Und man fand Exemplare der von Graefe anonym verfassten Stücke. Neben einer politischen Flugschrift vom 16. Januar 1798, *Schreiben an Buonaparte*, in der Graefe gegen den bevorstehenden Frieden mit Frankreich wetterte und die er sogar anonym an den preußischen König geschickt hatte, fand sich ein Schauspiel in fünf Akten mit dem Titel *Die Jakobiner in Deutschland*. Graefes Anliegen war es, dass die Leute »auf den schädlichen Missbrauch der heutigen Democraten-Inquisition aufmerksam gemacht werden sollten«. Geschrieben war dieses Werk in der ersten Euphorie von Freiheit, Gleichheit und Brüderlichkeit nach der Französischen Revolution. Durch eine Verzögerung beim Druck kam das Werk aber erst 1797 heraus, zu einem Zeitpunkt, wo sich Dichter wie Goethe und Schiller und die meisten deutschen Intellektuellen bereits mit Abscheu über die Gräueltaten in Frankreich von der Revolution abgewandt hatten und wo »jeder Gedanke an Jakobiner und Frankreich nur Mißmut und Unwillen erregt«, wie Graefe selber erkannte.[49]

Schlimmer noch war, dass in den meisten deutschen Staaten jede Verbindung zu den Jakobinern aus Furcht vor einem Übergreifen der Revolution verfolgt wurde, Geheimbünde wie die Illuminati und mancherorts sogar die Freimaurer verboten wurden, da man hier revolutionäres Potenzial vermutete. Erschwerend kam hinzu, dass Michaelis bereits 1795 Kontakt zum Freiherrn von Knigge aufgenommen hatte, der Mitbegründer der Illuminati war. Michaelis plante eine Zeitschrift *Die Flüchtlinge. Ein Oppositionsjournal* mit Artikeln über Flüchtlinge und Verfolgte und über das Fehlverhalten der Obrigkeit. Er empfahl sich Knigge, indem er Kontakte zu Prinz Heinrich von Preußen und zum preußischen Kronprinzen angab. Was Michaelis nicht wusste: Knigge stand längst unter Beobachtung durch die Behörden, die ihn verdächtigten, er wolle einen weiteren Geheimbund gründen. Knigge seinerseits suchte einen Verleger, mit dem er Propaganda für seine oppositionellen Schriften machen konnte. Dies war schwierig wegen der Pressezensur in den meisten Staaten. In einem Brief schrieb Knigge, dass der Herzog von Mecklenburg-Strelitz »einen sehr helldenkenden Juden, Namens Michaelis, zu seinem Hofbuchhändler ernannt« habe. »Dieser hat dann sein Zutrauen so sehr erworben, dass ihm der Herzog die uneingeschränkte Pressfreiheit zugestanden hat.«[50] Zu einem Druck der Schriften kam es nicht mehr. Aber es reichte aus, dass der Hofbuchhändler des Herzogs mit einem der führenden ehemaligen Illuminati Kontakt gehabt hatte. Und so geriet auch Graefe in den Verdacht, ein »Illuminist« zu sein, wie Georg an Therese schrieb, voller Empörung über die »ausgestreuten Gerüchte, als wären in des Oberst Briefen an Michaelis Stellen gefunden worden, die ihn als Illuminist zeigten. Gerüchte, die hier laut gebrüllt werden, um das schändliche Benehmen zu decken, – das könnte der Herzog nicht glauben, oder er müsste selbst so frigide sein, wie die anderen.«[51]

Diese gedruckten Schriften, einschließlich der sauber in der Handschrift seines Sohnes abgeschriebenen Texte, gelangten am 25. Februar 1799 an den Herzog. Der Erzieher des zukünftigen Herzogs von Mecklenburg-Strelitz Mitglied eines verbotenen Geheimbundes? Ein Autor, der anonym revolutionäres Gedankengut verbreitete? Ein Skandal! Der Herzog entließ den Erzieher seines Sohnes auf der Stelle. Schließlich hatte er nicht nur seine Töchter und seinen Sohn in Michaelis' Betrugsgeschäfte verwickelt, sondern Georg auch noch dazu benutzt, seine Texte abzuschreiben. »Die anonymische Autorschaft ist bei einem Führer des Erbprinzen, den er zum Copisten seiner anonymischen Producte braucht, mindesten bedenklich, wenn nicht gefährlich«, schrieb Geheimratspräsident Dewitz.[52]

In diesem Zusammenhang muss man auch Georgs Beendigung seiner Studien in Rostock sehen, denn der Nachweis einer wie auch immer gearteten Verbindung zu einem

Querschnitt durch die Jahre 1799–1800

Geheimbund konnte bei einem Studenten zu einer sofortigen Entfernung von der Universität und dem Verbot führen, an einer deutschen Universität seine Studien fortzuset-
zen. Und so schrieb Luise an ihren Bruder: »Als Student
kannst Du wohl nirgends mehr hinziehen.«[53] Georg indessen versöhnte sich schon nach kurzer Zeit mit seinem Vater,
was ihn viel Überwindung kostete, von Luise aber immer
wieder eingefordert wurde: »... und dann bleibt Papa Vater,
und als dieser hat er das Recht, von dir Gehorsam zu fordern, und besonders, wenn dieser zärtliche Vater besorgt
für dich und deine Gesundheit ist, müssen aller Eigensinn
und Gewohnheiten aufhören.«[54] Gehorsam, eine der Tugenden, die Luise bis zur Selbstaufgabe ausübte und die sie von
anderen in gleicher Weise verlangte. Und so schrieb Georg
Ende April an seine Schwester Therese, die die ganze Geschichte aus der Ferne begleitet hatte: »... aber er ist und
bleibt Vater ... den Menschen, den Teufeln, die mir und meinem edlen Freunde das alles vorbereitet hatten – denen mag
Gott verzeihen – ich kann es nicht.« Allerdings hielt er es
zu Hause nicht mehr aus und flüchtete für die nächsten Monate zu seiner Schwester Charlotte nach Hildburghausen,
»um dem Tode zu entgehen, der hier sicher auf mich war-
tete, wenn ich fürs erste hier bliebe und die Menschen vor
Augen sehen müßte«.[55]

Probleme zwischen Liebe und
Ausbildung

> »Es darf nicht geschwärmt sein; in der wirklichen
> Welt müssen wir bleiben, uns durcharbeiten, so
> will es das Schicksal«,[56]

schrieb Luise im Juli 1799 an ihren Bruder Georg in Rostock,
der dort während seines Studiums seine große Liebe gefunden hatte, die er zum Entsetzen seiner Schwester Luise auch
heiraten wollte. Fräulein von Grebe war nicht nur einige

Jahre älter, sondern vor allem nicht standesgemäß. Und Luise, die gerade erst die Mesalliance ihrer Schwester Friederike einigermaßen organisiert über die Bühne gebracht hatte, konnte es nicht fassen, dass ein weiteres Geschwister die Leidenschaft dem Pflichtgefühl vorzuziehen schien. Sie riet Georg, die Beziehung zu beenden, denn er könne dauerhaft nicht glücklich werden: »Bedenke es recht, wie viel millionen Gründe dafür sind. Unterschied des Alters – des Standes, deine große Jugend und Unerfahrenheit, wärest du älter geworden, hättest mehr liebenswürdige Gegenstände gesehen, so wäre sie als Frau tausendmal vergessen, tausendmal dir ... unausstehlich geworden.«[57] Beschwörende Briefe gingen zwischen Berlin und Rostock hin und her: »Die erste Pflicht des Menschen ist, Herr über seine Leidenschaften zu werden«, schrieb Luise ihm. »Mit deiner ganzen Familie brouilliert, wo wirst du Ruhe finden?«[58] Georg beugte sich schließlich dem Wunsch der Schwester, die er um nichts in der Welt enttäuschen wollte. Seine schwärmerische Art, die Menschen und die ganze Welt zu betrachten, sahen alle seine Schwestern mit großer Sorge. Selbst Luise, die ihm vom Wesen am nächsten stand und häufig zwischen Gefühlsextremen hin und her schwankte, warnte ihn: »... du bist ein gefühlvoller Mensch, nur zu gefühlvoll, das ist Dein Fehler, manchmal schwärmerisch.«[59]

Luise schrieb sogar persönlich an die Geliebte ihres Bruders und schickte ihr zum Dank, dass sie den Bruder freigab, einige Haare von ihrem Kopf. Was Fräulein Grebe von diesem Geschenk gehalten hat, ist nicht überliefert, Luise jedenfalls war überzeugt, dass es die gewünschte Wirkung haben würde: »Um Ihnen einen rechten Beweis zu geben, wie sehr ich Sie schätze und achte, welchen Anteil ich immer an Ihrem Schicksal nehmen werde ... bitte ich Sie, ein Andenken von mir anzunehmen; es ist zwar sehr einfach, aber es muß von Wert für Sie sein, wenn ich hinzusetze, daß nur meine besten und liebsten Freundinnen von meinem Haare bekommen.«[60] Ihren Bruder mahnte sie gleichzeitig, »dei-

Querschnitt durch die Jahre 1799–1800

nem Herzen nie mehr den Zügel ruhen zu lassen, wie du es unbedachtsam und ordentlich tollkühn tatest ... Du folgtest blos deinen überströmenden Jünglingsgefühlen und dein Verstand hatte keinen Teil an diesem unbesonnenen Schritt.«[61]

Im selben Brief warnte sie ihn aber schon vor der nächsten Torheit, der Freundschaft zur ebenfalls nicht standesgemäßen neunzehn Jahre älteren Caroline Friederike von Berg: »... ich bitte dich, lieber George, lege Maß und Ziel in deine Liaison mit der Berg, tue dir Zwang an, aber laufe nicht so oft zu ihr, man spricht sonst wahrhaftig darüber.« Auch wenn ihm die Frau gefalle, solle er doch Zurückhaltung üben: »Deshalb nicht aber zum Morgen, abends, nachmittags hingegangen. Il n'y a que yeux pour Elle et sw. Dieses, lieber Freund ist wirklich nicht gut. Sei Freund als Mann, aber laß dich nicht zu sehr gehen.«

Auch hier war Georg gehorsamer Bruder. Es wurde zwar eine lebenslange Beziehung daraus, in der Caroline Friederike von Berg aber nur die Rolle der mütterlichen Freundin besetzte, so wie Georg sie auch bezeichnete. Diese Rolle übernahm sie später auch für Luise, der sie unentbehrliche Ratgeberin und Gesprächspartnerin wurde: »Du weißt, welchen Genuß eine Viertelstunde der Unterhaltung mit einer Frau von Geist und Gemüt bietet, die noch obendrein Deine Freundin ist«,[62] schrieb Luise 1808 an ihren Bruder. Caroline Friederike von Berg lebte später lange Zeit am Hof in Neustrelitz, pflegte Luise zusammen mit Friederike in den Tagen vor ihrem Tod und war bis zu ihrem eigenen Tod 1826 Oberhofmeisterin bei Friederike.

Aber nicht nur Georgs Liebesprobleme beschäftigten Luise in diesen Monaten. »Deine Zukunft ist es, lieber George, die mir so unaussprechlich am Herzen liegt, die ich wünsche so viel als möglich ins Reine zu bringen.« Mitte des Jahres 1799 stand der zwanzigjährige Georg, der irgendwann einmal die Nachfolge seines Vaters antreten musste, ohne Aussicht da, wie es denn nun weitergehen sollte. Die Militärkarriere war ihm wegen seiner schwachen Gesundheit – er war unter anderem von Geburt an schwerhörig – nicht möglich. Nun war er auch in seiner akademischen Ausbildung gescheitert, nicht nur wegen der Geheimbundaffäre. Georg hatte nicht den klaren analytischen Verstand, den sein Bruder Carl und auch Therese besaßen, sodass er bei den theoretischen Studien offenbar nicht so erfolgreich gewesen war, wie sich das alle gewünscht hatten.

Ungewohnt deutlich sagt die dreiundzwanzigjährige Luise ihrem vier Jahre jüngeren Bruder die Meinung: »... es wurden Studien für dich ausgewählt, die dich geschickt zu deiner Bestimmung machen sollten. Diese, wie man sagt, sollst du nicht erlangt haben in Rostock; ob dieses begründet ist, weiß ich nicht. Doch erwarte ich von dir, lieber Georg, daß du in einer so äußerst wichtigen Sache aufrichtig sein wirst, Eigenliebe beiseite setzen wirst, um gerade zu sagen, wie es mit deinem Wissen steht. Steht es mit diesem wirklich nicht so gut, wie es sollte, so mußt du notwendigerweise versuchen, es noch zu erlangen in den Zeiten, wo es noch ein leichtes ist.« Luise wusste, wovon sie sprach. Sie selber lief zeit ihres Lebens hinter den versäumten Lernchancen ihrer Jugend her. »So wie es jetzt ist, kann es nicht bleiben, denn du nützest niemandem und hängst an nichts«, fährt sie fort. »Beschäftigung, diese muß dir werden, diese muß jedes denkende Wesen sich machen, um nicht ohne Nutzen in der Welt zu stehen, wo doch ein jedes Ding seine Bestimmung hat. Der eine hat eine große Bestimmung, der andere eine kleine, dem einen ist ein großer Wirkungskreis gegeben, dem andern ein kleiner«, tröstete Luise ihn, forderte ihn aber gleichzeitig auf, aktiv sein Schicksal in die Hand zu nehmen, denn »um zu wirken, müßen wir handeln. Also ist das Resultat, daß ich wünsche, du möchtest jetzt anfangen zu handeln.«[63]

Die ganze Familie beteiligte sich bei der Suche nach einem neuen Aufgabenfeld für den Bruder. Luise empfahl ihm zunächst, sich einen klugen Lehrmeister zu suchen, der

Querschnitt durch die Jahre 1799–1800

ihm das Nötigste beibringen konnte. Er sollte sich mit Therese beraten, es eventuell in Weimar versuchen. Die Idee Georgs, nach Regensburg zu gehen, verwarf sie aber später, ein wenig eifersüchtig bei dem Gedanken, dass er Therese ihr vorzöge. Ihr Plan war daher, dass er nach Berlin kommen sollte, weil es hier gute Lehrer gab, und »wenn du den Tag über recht gearbeitet hast, erholst du dich den Abend in unserer Gesellschaft«. Vielleicht dürfte er ja sogar im Ludwig'schen Palais wohnen, »die Nähe würde auch sehr angenehm sein, es wäre so gut, als wohnten wir in demselben Hause«.[64]

Luise setzte sich durch, vor allem weil sie dem Vater klarmachte, dass es billiger sei, von Berlin nach Strelitz zu fahren als von Regensburg, und dass in Berlin genügend Botschaften wären, um Georg praktische Erfahrungen im Umgang mit Diplomaten und Regierungsgeschäften zu geben, denn schließlich sei Sinn und Zweck seiner Ausbildung die Übernahme der Regierung in Neustrelitz. Ihr Lieblingsbruder in Berlin, Tür an Tür – für Luise konnte es nach dem schmerzvollen Weggang von Friederike ein knappes Jahr zuvor nichts Schöneres geben. Aber sie warnte den Bruder auch, nach den Erfahrungen mit Friederike vorsichtig geworden: »Aber eins, lieber George, und dieses lege ich dir sehr zu Herzen, hoffe und fordere ich von dir, daß Du keine Ausschweifung keiner Art begehest; dieses wäre das sicherste Mittel, uns auf ewig zu entzweien, und Du würdest in mir die kälteste, fremdeste Person finden, so wie Du jetzt keine wärmere Freundin hast.«[65]

Querschnitt durch die Jahre 1805–1807

Überblick

Die ersten Jahre des 19. Jahrhunderts waren für Preußen und seine Bevölkerung verhältnismäßig ruhige Jahre. König Friedrich Wilhelm III. wollte um jeden Preis den Frieden erhalten. Der Historiker Paul Bailleu meint: »Während im Westen und im Süden [Europas] das Völkermeer wie in einem Wirbelsturm schäumte und brandete, ging des Königs unablässiges Bemühen dahin, die Gegensätze auszugleichen, unruhige Nachbarn durch verbindliche Worte zu beschwichtigen und den Zustand Mitteleuropas, wie er aus den Revolutionskriegen hervorgegangen, möglichst unveränderlich festzulegen.«[1]

Der »Wirbelsturm« betraf einmal die Umkrempelung der politischen Landschaft des Reiches durch die Beschlüsse des Reichsdeputationshauptschlusses vom Februar 1803, durch den über zweihundert kleinere Gebietseinheiten, überwiegend geistliche Territorien, Reichsstädte und Grafschaften, aufgelöst und Fürsten übereignet wurden, die linksrheinisches Gebiet an Frankreich verloren hatten – für die dort wohnenden Menschen eine erhebliche Veränderung und Umstellung. Zum anderen baute Frankreich in diesen Jahren seine Vormachtstellung aus: 1804 wurde Napoleon »Kaiser der Franzosen«, 1805 »König von Italien« – er schien das Reich Karls des Großen in noch größerem Rahmen wiederherstellen zu wollen, ein Reich, in dem für Preußen kein Platz mehr sein würde.

Querschnitt durch die Jahre 1805–1807

Für Luise und ihre Familie ging das Leben zunächst weiter wie gewohnt: mit protokollarischen Verpflichtungen, mit ihrem persönlichen Glück und Leid, mit Schwangerschaften, Geburten und der Erziehung der Kinder. Luise brachte drei Kinder zur Welt (Karl 1801, Alexandrine 1803, Ferdinand 1804), Friederike ebenfalls drei (Wilhelm 1801, Sophie 1803, Auguste 1804) so wie Charlotte (Friedrich 1801, Maximilian Adolf 1803, Eduard 1804), bei Therese waren es zwei (Maximilian Karl 1802 und Friedrich Wilhelm 1805).

Im Jahr 1804 wurde die politische Lage für Preußen immer schwieriger. In England kam die Regierung William Pitt wieder an die Macht, sie traute Napoleon nicht und baute an einer neuen Koalition mit Österreich und Russland. Auch Zar Alexander I., der sehr persönliche Beziehungen zur königlichen Familie in Berlin anstrebte, drängte Friedrich Wilhelm III. zu einem Bündnis. Während der König aber noch zögerte, nahm ihm der französische Marschall Jean-Baptiste Bernadotte die Entscheidung ab; er besetzte mit seinen Truppen ohne Rücksicht auf Preußen die Markgrafschaft Ansbach, um eine bessere Aufmarschposition gegen die Koalitionstruppen zu bekommen. Dies war das Ende der preußischen Neutralität: Erbost forderte Friedrich Wilhelm III. den Abzug der französischen Truppen.

Napoleon schlug die Truppen der Russen und Österreicher am 2. Dezember 1805 in der sogenannten Dreikaiserschlacht bei Austerlitz, an der die Preußen noch nicht teilnahmen. Die preußischen Truppen wurden in der Doppelschlacht von Jena und Auerstedt Mitte Oktober 1806 vernichtend geschlagen, der preußische Staat schien zu zerbrechen.

Max von Schenkendorf

Unsrer Königin (1807)

In diesem Lande haust und waltet
Ein fremder, kalter Schreckensgeist,
Der Alles theilt und Alles spaltet
Und jede schöne Form zerreißt.

Verderben brütet auf der Erde,
Am höchsten Leben zehrt der Tod,
Der auch der Glut auf Vesta's Herde
Den Untergang im Sturme droht.

Soll auch das Heil'ge von uns weichen?
Wird unser Köstlichstes ein Raub?
Kann nichts der Götter Ohr erreichen,
Und sind sie jedem Flehen taub? –

Da fühlt ein überirdisch Wehen
Der frommen Beter kleine Schaar:
Es naht, erzeugt in Aethers Höhen,
Ein Götterbild sich dem Altar.

Die Heil'ge, die des Herdes pfleget,
Wann in den Krieg die Götter ziehn,
Die Herz und Seele sanft beweget,
In neuen Flammen zu erglühn –

Sie ist es, die ein junges Leben
Den schon erstarrten Formen beut,
Sie ist es, der sich jedes Streben
Für's Heiligthum der Menschen weiht.

Querschnitt durch die Jahre 1805–1807

Luise und Napoleon

>»Wir lebten wie im Himmel; wie kann es anders
>sein, wenn man mit Luise ist?«,

schrieb Friederike am 24. Juni 1805 an ihren Bruder Georg
aus dem Kurort Alexanderbad, wo Luise und Friederike
nach zwei Jahren der Trennung die »göttlichste Wieder-
vereinigung« feierten. »Aber außerdem ist alles göttlich
hier, d. h. die Laune und die Lebensart – ganz sens gene,
einen Tag um den anderen machen wir Landpartien; neu-
lich waren wir an der böhmischen Grenze, morgen fahren
wir incognito nach Eger, um wenigstens den Fuß auf böhmischen Grund und Boden zu setzen, wir freuen uns rasend
auf die Partie.«[2] Auch Luise war ausgelassen vor Freude und
überglücklich, die Schwester wiederzusehen: »Wie glücklich mich diese Vereinigung macht, kann ich dir gar nicht
sagen. Unser Aufenthalt ist durch die Kur des Königs gottlob, Gott sei gedankt und gepfiffen, verlängert worden, und
ich und Friederike sind unbeschreiblich glücklich.«[3]
Niemand ahnte zu dem Zeitpunkt, dass mit diesem Jahr
eine Zeit beginnen würde, in der der Zusammenhalt der Geschwister erneut auf eine harte Probe gestellt wurde. Ursache waren diesmal die Kriegsereignisse, die sie über ganz
Europa zerstreuen und Familientreffen unmöglich machen
sollten. Briefe, bis dahin zuverlässige Hauptinformations-
quelle darüber, wie es den anderen in ihrem jeweils neuen
Zuhause ging, Briefe, über die zumindest alle zehn bis vierzehn Tage Nachrichten zwischen Berlin, Neustrelitz, Regensburg, Hildburghausen und Triesdorf herumgeschickt
wurden, bekamen Seltenheitswert, vor allem, wenn sie
ungeöffnet beim Empfänger ankamen.
Während sich Österreich, Russland, Großbritannien und
Schweden zum dritten Koalitionskrieg gegen Napoleon
rüsteten, setzte Friedrich Wilhelm III. zunächst weiter auf
Neutralität und ließ seinen Chefminister Karl August Fürst

von Hardenberg immer neue Familienausflüge in die Umgebung von Alexanderbad organisieren, zur großen Freude seiner Frau und ihrer Schwester. »Wir haben diesen Abend fürchterlich getobt und kleine Spielchen gespielt, wir sind müde und wollen schlafen«, schrieb Friederike an ihren Bruder. Zwei ausgelassene Kinder, neunundzwanzig und siebenundzwanzig Jahre alt, die sich freuten, wieder zusammen sein zu dürfen, während rundherum die Mächte Europas ihre Soldaten aufmarschieren ließen.

Die einzigen Sorgen, die sich Luise in diesen Wochen machte, waren privater Natur und drehten sich um Friederike. Da war ihr Mann, Prinz Solms, der im Juni seinen Dienst im Ansbacher Regiment aus gesundheitlichen Gründen bis zu einer eventuellen Heilung aufgegeben hatte, was den König sehr verärgerte. Zum einen sah er die Gründe als nicht stichhaltig an, zum anderen war er genauso wie Luise besorgt, dass seine Schwägerin Friederike, für die er sich immer besonders verantwortlich gefühlt hatte, nun die Kosten für den Familienunterhalt alleine tragen musste. Und da war die Erzieherin von Friederikes Tochter, für deren Entlassung Friederike die Zustimmung des Königs brauchte, worum Luise sich auf Bitten Friederikes auch erfolgreich kümmerte. Zurück in Berlin, gingen die fröhlichen Feste weiter, Luise lud ihre Brüder zur Feier des königlichen Geburtstags am 3. August ein, mit den folgenden Worten in ihrem geliebten Darmstädter Dialekt, den sie immer benutzte, wenn sie vor lauter Glück überschäumte: »Hertemahl, ihr lieben Brider, Beede kann ich nit me schreibe. Aber ihr derft kimme! Rex hat ja gesagt und ich habe Ja gebrüüühhlltt, wollte sagen gebrüllt. Also ihr kommt den 27. O große Freud. Ich bedarf ihrer, den die Trennung von Friederike liegt mir noch in den Knochen ... ich bin Samebini dero Schwester. Lofice.«[4] Gefeiert wurde auf Schloss Charlottenburg. Der Geburtstag ihres Bruders Georg, den Luise immer mit großem Aufwand in Berlin ausrichtete, sobald er sich in der Stadt befand, schloss sich am 12. August an. Es waren heitere, fröhliche Feste, die Schlossterrasse geschmückt mit Orangenbäumen, die Gäste tanzten vergnügt als Bauern verkleidet – die Illusion eines idyllischen Landlebens, das von der bedrohlichen Realität ablenkte.

Friederike und Therese, die bei diesem Geburtstagsfest des Bruders nicht dabei sein konnten, schickten Briefe und gedachten seiner zusammen mit dem Vater und Onkel Ernst, die bei Friederike in Triesdorf bei Ansbach zu Besuch waren. Georg fuhr anschließend nach England, um dort nach einer passenden Braut zu suchen, begleitet von den Segenswünschen seiner Schwestern. »Ich bin zwar wie immer mit einem Gebet für Dich aufgewacht, aber nie war es so inbrünstig wie heute, wo mir der Aufschluß Deines Schicksals vor Augen steht, an welchem dann doch wohl niemand mehr Anteil nehmen kann als Deine treue Ika. Be happy! Dies soll von neuem meine Devise für dich sein. Und diese begleite dich übers Meer, wo Du wählen wirst. Unbeschreiblich schlägt mir mein Herz, wenn ich daran denke. O dear God, make them happy! Ich habe ein glückliches Vorgefühl, und ich hoffe, es soll mich nicht trügen.«[5] Auch Luise förderte die Verbindung, nachdem Georg in Bayern mit seiner Werbung gescheitert war. Leider wurde auch aus diesem Heiratsplan für den Bruder nichts.

Einen Monat später im September sollte ein Erntefest in Paretz stattfinden, zu dem Friedrich Wilhelm III. alle Verwandten einlud, auch Friederike, die zum ersten Mal seit ihrer Verbannung 1799 zurückkehren durfte, wenn auch ohne ihren Mann, denn den wollte Friedrich Wilhelm immer noch nicht in seiner Nähe haben. »Quatsch! Ich bin toll, toll, ganz schlitter rasend toll vor Freude, Dich zu sehen«, schrieb Friederike an Georg, »obgleich ich recht betrübt bin, daß mein guter ehrlicher Solms das Glück nicht mit mir teilen kann.« Was sie dabei besonders freute, war, dass sie endlich einmal nicht schwanger war: »Gott Lob und Dank! Halleluja!«[6]

»Man denkt an nichts als die Redoute, während die Könige von Sardinien und Neapel auf der Flucht sind ... Gebe der Himmel, daß die Reihe nicht an uns kommt!«, bemerkte die Oberhofmeisterin Voß der Königin Luise im Herbst 1805 und betrachtete besorgt das fröhliche Treiben der Königsfamilie und ihrer Verwandten aus Mecklenburg-Strelitz beim Erntefest auf Gut Paretz.[7] Niemand schien sich Sorgen zu machen, dass weiter südlich Napoleon zum Angriff auf die Österreicher bei Ulm ansetzte. Friedrich Wilhelm wollte keinen Krieg und hoffte, sich und sein Land gegen alle Bedenken seiner Berater aus den herannahenden Konflikten heraushalten zu können.

Und dann kam Anfang Oktober die Nachricht, dass Napoleon seine Truppen unter Bernadotte aus strategischen Gründen durch das Gebiet von Ansbach-Bayreuth hatte marschieren lassen, ohne sich daran zu stören, dass es zu Preußen gehörte und damit neutral war. Es war ein böses Erwachen für den König, der sich nicht ernst genommen fühlte. Und es war der Moment, wo aus der bis dahin unpolitischen Luise, die nur um ihren Mann, ihre Familie und ihr persönliches Weiterkommen kreiste, eine Frau wurde, die sich vehement für einen Krieg gegen Napoleon einsetzte. Das Motiv für Luises Politisierung war aber wie ihre Einstellung zu den meisten Dingen des Lebens rein emotional. In der preußischen Enklave Ansbach-Bayreuth hatte ihre Schwester Friederike ihr neues Zuhause gefunden. Sie und ihre Familie wurden durch die Politik Napoleons, der nach seinem Sieg über die Österreicher Preußen zwang, Ansbach an Bayern abzutreten, erneut heimatlos.

Aber auch im übrigen Berlin schlugen die Wogen hoch. Die Stimmen, die einen sofortigen Krieg gegen Frankreich wollten, wurden lauter. Friedrich Wilhelm III. ließ immerhin seine Truppen mobilmachen und nahm Kontakt zum russischen Zaren Alexander auf, der Ende Oktober Berlin besuchte. Am Grab Friedrichs des Großen schworen er, der preußische König und Luise sich bei Nacht ewige

Querschnitt durch die Jahre 1805–1807

Freundschaft. Der Potsdamer Vertrag vom 3. November sah vor, dass Friedrich Wilhelm III. Napoleon auffordern sollte, seine Truppen zurückzuziehen. Als er das tat, lachte Napoleon ihn aus.

Im Dezember 1805 und im Januar 1806 weilte neben Friederike auch Therese in Berlin. Sie alle waren vom Kriegsgeschehen betroffen, für das Luise allein Napoleon verantwortlich machte: Charlotte, deren Heimat Hildburghausen mitten im Deutschen Reich zum Aufmarschgebiet aller Truppen geworden war. Therese, die seit zwei Monaten amtierende Fürstin des Hauses Thurn und Taxis war, das seine Postrechte verloren hatte, und die verzweifelt versuchte, zu retten, was zu retten war. Sie alle suchten Hilfe bei Luise als preußischer Königin, die zumindest zu diesem Zeitpunkt noch glaubte, Preußen sei Napoleon gewachsen.

Gemeinsam standen die Schwestern auf dem Balkon, um ihren zwanzigjährigen Bruder Carl mit seiner Kompanie ausrücken zu sehen. »Carl führte seine Kompagnie mutig und fest, und nachdem er seiner Königin salutiert hatte, winkte er der Schwester und den Schwestern herrlich zu und nahm die herzlichsten Gegengrüße mit ebenso viel Segensgrüßen mit auf die dornige Bahn; beim traulichen Abschied konnte er sich der Tränen nicht erwehren, bei diesem aber machte ihn der gewonnene Kampf blaß, und er sah uns noch an, solange er konnte«, schrieb Friederike ihrem Bruder Georg am 4. Dezember 1805 aus Berlin,[8] wo man zu diesem Zeitpunkt noch nicht wusste, dass die entscheidende Schlacht bei Austerlitz bereits geschlagen war, Napoleon auf der ganzen Linie gesiegt hatte und ihre Verbündeten, die Russen, auf dem Rückzug waren. »Die Schlacht von Austerlitz ist die allerschönste von allen meinen Schlachten: 45 Fahnen, mehr als 150 Geschütze, die Fahnen der russischen Garde, 20 Generale, 30000 Gefangene, mehr als 20000 Tote; ein furchtbares Schauspiel!«, schrieb Napoleon an seine Frau Joséphine aus Austerlitz.[9]

Zusammenhalt in schweren Zeiten

Preußen, das zwar nicht aktiv in die Schlacht eingegriffen, aber immerhin doch seine Truppen mobilisiert hatte, musste im Vertrag von Schönbrunn beziehungsweise dem Pariser Traktat Ansbach an Bayern abgeben im Tausch gegen Hannover und außerdem alle seine Häfen gegen England schließen und bei Bedarf Hilfstruppen gegen Russland stellen. Dieser Vertrag, den Minister Christian Kurt Graf von Haugwitz im Alleingang aushandelte, stieß in Berlin auf große Empörung. Außenminister Karl August Fürst von Hardenberg versuchte den König von einer Unterzeichnung abzuhalten, musste aber auf Druck Napoleons im März 1806 gehen, obwohl Luise sich vehement für ihn und seine Politik des Nichtnachgebens eingesetzt hatte, wobei sie auch Auseinandersetzungen mit ihrem Mann riskierte, der froh war, seine Truppen wieder abrüsten zu können.»Ich verlebe harte Augenblicke, aber mein Häußliches leidet nicht darunter im Ganzen. Verschiedene Meinungen ziehen Wortwechsel nach sich, und das ist alles.«[10]

Während Therese zu ihrer Familie nach Regensburg zurückkehrte, blieb Friederike noch in Berlin und genoss mit Luise zusammen das Berliner Gesellschaftsleben, das trotz der politischen Probleme Preußens unverändert weiterging. Beide Schwestern warteten ungeduldig auf Charlotte, die mit ihren Kindern beim Vater in Neustrelitz zu Besuch war. Luise hatte sie nach Berlin eingeladen, und Friederike wollte sie auch unbedingt vor ihrer Abreise noch sehen. Niemand wusste, wann das nächste Wiedersehen stattfinden konnte. Luise zögerte die Abfahrt Friederikes zunächst immer wieder hinaus, sie hatte Angst, die Schwester könnte in die Kriegswirren im Süden geraten. Während ihre Kinder in Sicherheit bei Vater, Großmutter und Bruder Georg in Neustrelitz blieben, machte sich Friederike dann doch auf den Weg nach Süden. Schließlich musste sie ihre Angelegenheiten in Triesdorf klären.

Luise nahm nun immer stärker Anteil am politischen Geschehen. Hatten auch schon vorher Minister und Politiker versucht, sie für ihre Zwecke einzuspannen und den zögerlichen König in Richtung Krieg zu drängen, so waren sie bis zum Einmarsch in Ansbach bei Luise auf taube Ohren gestoßen. Erst jetzt, wo ihre Familie direkt bedroht war, zeigte sie sich bereit zuzuhören. Friedrich Wilhelm III. aber war froh, einer kriegerischen Auseinandersetzung aus dem Weg gegangen zu sein, er unterzeichnete, wenn auch mit Verzögerung, am 15. Februar 1806 den Vertrag mit Napoleon und ließ seine Truppen wieder abrüsten. Schon zu diesem Zeitpunkt aber waren Preußen und sein König nur noch Schachfiguren im Mächtespiel Napoleons. Der nahm ihn zwar nicht ernst, konnte es sich aber nicht leisten, dass sich Preußen mit England oder Russland verband. Mit der Unterschrift des Königs unter den Vertrag wurde Preußen zum Gegner Englands und für Russland ein unzuverlässiger Verbündeter.

Luise war verzweifelt und tröstete sich damit, dass ihre Schwester Charlotte diese Tage mit ihr verbringen konnte: »Noch bin ich glücklich, die gute Lotte bei mir zu haben; Gott weiß, daß die Einigkeit im Innern doch das Einzige ist, was Glück zu nennen ist; übrigens ist auch alles so affreux um und über mir, der Horizont so schwer und grau, weil die Teufel Macht haben und die Gerechten untergehen sollen, daß ich mehr als jemals das Glück erkenne, einen solchen Mann und solche Geschwister zu haben. Ach ja, bester George, das Diadem ist schwer, wenn man gut und ehrlich bleiben will, wenn man nicht schlecht mit Schlechten werden will, wenn einem nicht alle Mittel recht sind, um das Beste zu erlangen und zu erhalten. Ich bin wieder einmal recht herunter an Leib und Seel' und gerne gäbe ich 20 Jahre meines Lebens hin, und hätte ich nur noch zwei zu leben, wenn dadurch die Ruhe in Teutschland und Europa zu erlangen wäre.«[11]

Hier zeigt sich bereits in ersten Ansätzen Luises fataler Umgang mit der kriegerischen Situation. Es war für sie eine moralische Auseinandersetzung zwischen Gut und Böse und nicht zwischen feindlichen Armeen, die unterschiedlich gut ausgerüstet und vorbereitet waren. Und darum stand der Sieg für sie unstreitig fest: So wie sie das in ihrem Religionsunterricht gelernt hatte, konnte nur das Gute, also Preußen und seine Verbündeten, siegen und das Böse, also Napoleon und die Franzosen, verlieren, denn Gott war auf der Seite der Guten. Jede verlorene Schlacht wurde darum zu einem Angriff auf ihr Selbstverständnis. Daher reagierte sie auf jede schlechte Nachricht, jede Niederlage mit körperlichen Beschwerden: Kopfschmerzen, Nervenleiden, Depressionen. Für Luise war der bewaffnete Kampf gegen Napoleon der einzige Weg, um das Böse auszuschalten, und ihre Briefe aus dieser Zeit fordern ihren Mann daher immer wieder auf, stark zu sein und zu kämpfen. »Je mehr Nachgiebigkeit man ihm zeigt, um so mehr spottet er derer, die so dumm sind. Gewalt gegen Gewalt, das ist meiner Meinung nach das einzige«, schrieb sie am 2. April 1806, einen Tag nachdem ihr anderthalb Jahre alter Sohn Ferdinand gestorben war.[12] Napoleon, der seine Spione natürlich auch in Berlin hatte und zudem immer öfter Briefe Luises an ihre Geschwister abfing, hielt Luise für die eigentliche Kriegstreiberin gegen ihn. Er schrieb kurz vor der entscheidenden Schlacht am 7. Oktober 1806 an seinen Außenminister Charles Maurice de Talleyrand: »Ich hoffe, daß in vier Wochen große Ereignisse geschehen werden und dann der König merken wird, wie verhängnisvoll die Ratschläge der Weiber sind!«[13]

Die preußischen Minister, die genau wie Luise im Krieg gegen Napoleon die einzige Chance sahen, den preußischen Staat zu retten, benutzten ihren leidenschaftlichen Hass auf Napoleon, den sie als »Teufel« und »Ausgeburt der Hölle« bezeichnete. Über die Königin zum König, so lautete das Motto. Zu mehr als gefühlvollen, moralisierenden Beschwörungen, die zum Teil sehr naiv waren, war sie aber nicht in der Lage, dazu fehlten ihr die Kenntnisse. Sie setzte wie der König den preußischen Staat mit der Dynastie gleich;

Querschnitt durch die Jahre 1805–1807

was für ihre Familie gut war, war für das Volk und sogar die ganze Menschheit gut.»... und ich hoffe, dass unsere Vereinigung das Zeichen der Ruhe und des Glücks für das menschliche Geschlecht sei. Ich rechne, dass man in sechs Wochen viel tun kann; vielleicht wird dann Friede herrschen«, schrieb sie kurz vor der preußischen Kriegserklärung an Napoleon an ihren Mann.[14] Gegen den König hat sie sich aber zu keinem Zeitpunkt gestellt. Auch die verschiedenen Pamphlete dieser Jahre, in denen der preußische König zu umfassenden Staatsreformen als einziges Mittel, um konkurrenzfähig zu sein, aufgerufen wurde, nahm sie zwar zur Kenntnis, aber unternahm nichts, was Friedrich Wilhelm III. erzürnen könnte.

Im Sommer, als der Krieg beschlossen und vorbereitet wurde, war Luise gar nicht in Berlin. Sie hatte am 1. April 1806 ihren Sohn Ferdinand verloren, und ihre Gesundheit war so angegriffen, dass sie zur Kur nach Pyrmont fahren musste. Hier traf sie auf ihren Vater und ihren Bruder Georg. Und während ihre Schwester Therese bereits die direkten Auswirkungen der Siege Napoleons zu spüren bekam und verzweifelt an ihren Bruder Georg schrieb: »Neues schreibe ich Dir nicht; es ist alles scheußlich. Mit unseren Angelegenheiten geht es überall schlecht«,[15] plauderte Luise in ihren Briefen an Friedrich Wilhelm von gesellschaftlichen Ereignissen im Kurbad und über das Wetter: »Das schlechte Wetter ist für heute auf dem Höhepunkt und bekümmert mich für Dich und mich. Ich habe heute morgen Brunnen getrunken, den Regenschirm über dem Kopfe, die Röcke in der Hand und trotzdem beschmutzt bis zur Wade. Nein, das ist ein vollkommenes Mißgeschick.«[16] »Gottlob, daß es unserer Louise gut geht und daß sie froh und schön und elegant ist; ich sehe sie von hier und bin glücklich, wenn ich sie froh und gesund weiß«,[17] kommentierte Therese die Berichte aus Pyrmont. Es ist auffallend, wie sich die Geschwister vor allem um das Wohlergehen Luises Sorgen machten. Wie geht es Luise? Was macht sie? Kein Brief ohne die bange

Frage nach der physischen oder psychischen Befindlichkeit der Schwester.

In Pyrmont traf Luise ab und zu prominente Kurgäste wie den König von Schweden und den Kurfürsten von Hessen-Kassel – und sie hielt es für ihre Pflicht, den König über die Gespräche zu informieren: »Ich rede mir ein, seine Truppen im Bunde mit den unseren werden Wunder vollbringen, um die verdammten Franzosen zu schlagen, die über die ganze Erde Unglück verbreiten.«[18] Napoleon wäre wahrscheinlich verwundert gewesen, wenn er Luise gehört hätte, denn er hatte sich eine ganz andere Mission auf seine Fahnen geschrieben, wie er es in seiner berühmten Rede vom 10. Dezember 1797 nach dem Frieden von Campoformio an das französische Direktorium darlegte: »Um frei zu sein, mußte das französische Volk die Fürsten bekämpfen. Um eine auf vernünftigen Grundsätzen basierte Verfassung zu erhalten, hatte es Vorurteile zu besiegen, die seit achtzehn Jahrhunderten eingewurzelt waren. Die Verfassung des Jahres III und Sie haben alle diese Hindernisse überwunden. Seit zwanzig Jahrhunderten ist Europa nacheinander von der Kirche, dem Lehnswesen und dem Königtum regiert worden; mit dem Frieden aber, den Sie geschloßen haben, beginnt die Aera der repräsentativen Regierungen… Der Frieden sichert die Freiheit, das Gedeihen und den Ruhm der Republik. Wenn das Glück des französischen Volks auf den besten Grundgesetzen aufgebaut ist, wird ganz Europa frei sein!«[19]

Hätte Luise Napoleon mit anderen Augen gesehen, wenn sie gewusst hätte, welch wunderschöne Liebesbriefe dieser »Teufel« an seine Frau Joséphine schrieb? »Seit ich Dich verlaßen habe, bin ich stets traurig gewesen; glücklich bin ich nur in Deiner Nähe. Fortwährend denke ich im Geiste an Deine Küsse, Deine Tränen, Deine reizende Eifersucht, und der Zauber der unvergleichlichen Josephine entfacht immer von neuem die wildglühende Flamme meines Herzens und meiner Sinne. Wann werde ich endlich, frei von

Querschnitt durch die Jahre 1805–1807

Sorgen und Geschäften, all meine Zeit bei Dir verbringen können, nichts anderes zu tun haben, als Dich zu lieben, an nichts anderes zu denken brauchen, als an das Glück, es Dir zu sagen und zu beweisen?«[20]

Napoleon und Luise – sie waren sich vor allem in ihrer Liebe zur Familie so ähnlich. »Du weißt, mein Freund, ich lebe nur in der Freude, die ich den Meinen bereite.« Das sind nicht etwa Luises Worte, sondern die von Napoleon aus einem Brief an seinen Bruder Joseph.[21] Ob sie mit einer sachlicheren Einstellung zu Napoleon, wie ihre Geschwister sie hatten, das Schicksal Preußens wesentlich hätte verändern können, ist zu bezweifeln, aber ihr persönliches Leben wäre wahrscheinlich anders verlaufen.

Luise wäre auch verwundert gewesen, hätte sie gewusst, wie begeistert Napoleon und die französischen Truppen vielerorts empfangen wurden: als Befreier vom Joch der Fürsten. Selbst die Berliner jubelten ihm zu, als er Ende Oktober 1806 als Sieger in die Stadt einzog. Luise aber, die sich immer mehr in ihren Hass gegenüber Napoleon hineinsteigerte, forderte von Pyrmont aus, wo sie sich zur Kur aufhielt, den König zu mehr Standfestigkeit auf. »Überhaupt ist mehr Selbstvertrauen das einzige, was Dir fehlt, hast Du es erst einmal gewonnen, wirst Du viel schneller einen Entschluß fassen, und hast Du den Entschluß gefaßt, so wirst Du viel strenger darauf halten, daß man Deine Befehle befolgt. Gott hat Dir alles gegeben, richtigen Blick und eine einzigartige Überlegung, denn die wird immer von Kaltblütigkeit beherrscht, und Deine Leidenschaften verblenden Dich nicht oder selten, welch ein Vorzug! Benutze ihn, und laß Deine Diener Deine Überlegenheit spüren. Gott sei Dank, hast Du sie allen gegenüber.«[22] Leider fehlte dem König bis zum Schluss dieses Selbstvertrauen; seine mangelnde Entschlussfreudigkeit ließ seine Berater verzweifeln, so manche Schlacht hätte vielleicht sonst gewonnen werden können.

Luises Engagement für die preußische Sache blieb immer auf der Gefühlsebene. Ihre Schwester Therese unterhielt sich mit Georg kompetent und ausführlich über den Untergang des Reiches und den Rheinbund und seine Folgen für die Situation der einzelnen Geschwister.[23] In Luises Briefen kommen Begriffe wie Rheinbund und Reich überhaupt nicht vor, und sie erwähnt auch mit keinem Wort die Folgen, die das für ihre Schwestern im Süden des Landes haben könnte. Es scheint, als ob die politische Entwicklung des Sommers 1806 in ihrem ganzen Ausmaß an ihr vorübergegangen wäre. Als in Berlin bekannt wurde, dass Napoleon mit England geheime Verhandlungen führte über eine Rückgabe Hannovers, das doch seit Dezember 1805 zu Preußen gehörte, hatte Friedrich Wilhelm endlich genug. Er ließ am 10. August 1806 mobilmachen, um den ständigen Demütigungen durch Napoleon ein Ende zu setzen, was diesen zu dem Kommentar veranlasste: »Der Gedanke, Preußen könnte sich allein mit mir einlassen, erscheint mir so lächerlich, daß er gar nicht in Betracht gezogen zu werden verdient. Ich kann mit keiner einzigen Großmacht Europas eine wirkliche Allianz haben; die mit Preußen ist nur auf der Flucht begründet. Sein Kabinett ist so verächtlich, sein Souverän so schwach und sein Hof dermaßen von jungen Offizieren beherrscht, die alles wagen möchten, daß man auf diese Macht gar nicht zählen kann. Sie wird stets so handeln, wie sie es bereits getan hat, nämlich rüsten, abrüsten, rüsten, dann, während man sich schlägt, untätig bleiben und sich mit dem Sieger verständigen!«[24]

Luise aber war so vom Sieg überzeugt, dass sie mit ihrem Mann am 20. September an die Front ins Hauptquartier der preußischen Armee nach Nauheim zog, was bei ihrer Umgebung Entsetzen und Unverständnis auslöste. Wenige Minuten vor der Abfahrt kam ihre Schwester Friederike in Charlottenburg an, die vor den französischen Truppen geflüchtet war. Es blieb kaum Zeit zur Begrüßung. »Der Schmerz, den ich empfunden habe, als ich Dich sah, um Dich im gleichen Augenblick zu verlieren, lässt sich nicht beschreiben«, schreibt sie der Schwester später aus Magde-

Querschnitt durch die Jahre 1805–1807

burg und bat sie im selben Brief, ihr »einen oder zwei Näpfe Salbe für den Teint von Thime und eine Flasche [Kölnisch] Wasser zu schicken«.[25]

Und während Luise sich Kosmetikartikel ins Hauptquartier nachschicken ließ, überlegte ihre Schwester Therese, die, wie auch Charlotte und Friederike, seit Monaten durch den Krieg ihr bisheriges Leben zusammenbrechen sah, nach Italien auszuwandern, und versuchte, auch Bruder Georg zu überreden: »Gehe nach Italien, ich gehe mit Dir, dort wird uns wohl werden. Glaube nicht, daß ich träume, es ist mein ganzer Ernst, in Teutschland ist es so scheußlich; wer weiß, was im Norden werden wird? Laß uns in ein milderes Klima ziehen; Du kennst das Land, dahin, dahin, gehe unser Ziel! Ach, wenn Du kannst, antworte mir bald, ich gehe, dann öffnet sich mir der Himmel.«[26]

Auch im nächsten Brief spricht Therese wieder vom Auswandern nach Italien: »Im ersten Augenblick hast Du wohl gedacht, ich hätte das in der Fieberhitze geschrieben, aber diese Meinung wird nicht dauern, wenn Du das Peinigende meiner Lage hier bedenkst. Hier ist Rheinischer Confederation Grund und Boden. Die Leute, die ihn bewohnen, soll ich schonen. Wahrscheinlich kommen französische Truppen hierher. Ich bin teutsch und das Heer gegenüber, wem gehört das? Nun denke Dir die Konsequenzen von dem allen! Weder Freude noch Klage darf über meine Lippen und ebenso wenig in meinen Zügen erscheinen. Du kennst meine Verstellungsgabe. Nun frage ich Dich: Kann ich unter diesen Umständen hier bleiben? Ach, und dann die Hoffnung, jenes Land, an Deiner, an seiner [ihres Freundes Maximilian] Seite zu sehen. Oh, es wäre der Himmel auf Erden! Ach, entscheide bald, laß uns ziehen ins Orangenland! … In dieser Woche sind gewiß 25 000 französische Truppen hier durchmarschiert. Am 30. war Napoleon in Würzburg… Wie beklage ich die arme Charlotte, welche Lage ist jetzt die ihrige? Überhaupt wie viel Verdruß hat sich wieder über ihr Haus gehäuft. Arme Frau!«[27]

Für Therese und Georg wurde in diesen Monaten Italien, das Land der Orangen, zum verheißenen Paradies, in dem man die Sorgen der Gegenwart abschütteln konnte. Luise dagegen, überzeugt davon, dass der Sieg des Guten unmittelbar bevorstünde, stürzte sich mit ihren Kammerfrauen mitten ins Schlachtgetümmel. Dass die Preußen nach jahrzehntelanger Neutralität, mit überalterten Offizieren, ungeübten Soldaten und schlechtem Material – ihr Mann hatte, da er kein Interesse am Kriegswesen hatte, überall gespart – diesen Krieg verlieren könnten, dieser Gedanke kam ihr überhaupt nicht, denn das Gute würde siegen. Das glaubte auch Napoleon, allerdings mit umgedrehten Vorzeichen. Er war, wie ein Brief an den französischen Senat zeigt, von der Richtigkeit seiner Mission überzeugt, sah in Luise den »Geist des Bösen«, der seine Friedens- und Glücksmission für Europa hintertrieb.[28]

In den ersten Tagen beim Heer schrieb Luise noch begeisterte Briefe von der Front. Erst in der Nacht, in der die Soldaten in Vorbereitung auf die Schlacht hin und her zogen, wurde Luise klar, dass sie hier fehl am Platze war. Überall Truppen, die mit großem Lärm vorbeizogen: »Es steigerte die Angst, die ein jeder hatte, weil man sich der echten Gefahr bewußt wurde, besonders wir Frauen, ich selbst, meine Hofdamen und meine Kammerfrauen, die wir nicht hatten ahnen können, auf was wir uns da eingelassen hatten.«[29] Luise wäre beinahe direkt in die Kampfhandlungen von Jena und Auerstedt geraten, da sie mit ihren Hofdamen hinter dem Heer herzog, wenn nicht der Herzog von Braunschweig, der Oberkommandierende des preußischen Heeres, sie entdeckt hätte. Entsetzt forderte er sie auf, nach Berlin zurückzukehren, was der König dann auch genehmigte.

Napoleon forderte unterdessen vergeblich noch einen Tag vor der entscheidenden Schlacht Friedrich Wilhelm III. auf, doch Frieden mit ihm zu schließen: »Aber Sire, Eure Majestät wird besiegt werden! Sie werden die Ruhe Ihrer Tage, das Leben Ihrer Untertanen preisgeben, ohne auch nur den kleinsten Grund zu Ihrer Entschuldigung vorbringen zu können!... Sie befinden sich in einem gereizten Zustand, den man künstlich berechnet und hervorgerufen hat... Wenn Sie auch in mir niemals mehr einen Bundesgenossen, so werden Sie doch stets einen Mann in mir finden, der nur solche Kriege zu führen wünscht, die für die Politik seiner Staaten unumgänglich notwendig sind, dessen größter Wunsch es ist, niemals im Kampfe mit Fürsten, die seiner Industrie, seinem Handel und seiner Politik nicht entgegen sind, Blut zu vergießen.«[30]

Familienbande trotz Flucht und Besetzung durch feindliche Truppen

>Schreibt mir oft Briefe. Ich bitte Euch, meine lieben Freundinnen, laßt mich wissen, daß Ihr und Eure Familien in Ruhe lebt und es Euch gut geht, daß ihr mich liebt, und daß Eure Freundschaft so beständig ist wie Euer Gedenken ...«,

flehte Luise aus dem fernen Königsberg ihre Schwestern an.[31] Ihre Hoffnung auf einen Sieg der preußischen Truppen über Napoleon war in weite Ferne gerückt. Die Nachricht von der verlorenen Schlacht bei Jena und Auerstedt vom 14. Oktober 1806 war vor ihr in Berlin eingetroffen, wo sich die königliche Familie und viele Adlige zur Flucht bereit machten. »O Gott, welche Zeiten, welches Schicksal!«, schrieb Friederike am Tag ihrer Abreise nach Osten an ihren Bruder Georg. »Von meinem Mann habe ich seit dem 7.ten keinen Brief, am 10ten war er noch wohl, wie es jetzt mit ihm steht, das weiß Gott!«[32]

Luise erfuhr von der Niederlage, als sie in Berlin ankam. Das ganze Ausmaß wollte sie aber nicht wahrhaben. Sie schob die Schuld auf den Herzog von Braunschweig, der das Heer nicht führen könne. Dass ihr Mann den Oberbefehl zwar abgegeben, aber, trotzdem im Hauptquartier anwesend, dadurch für Verwirrung gesorgt hatte, solche Überlegungen lagen ihr fern. Schuld hatten immer die anderen, die man dann nur austauschen musste, um für eine Wende zu sorgen. Und so empfahl sie ihrem Mann dann auch aus Berlin: »Möge Gott Dich erleuchten für die Ernennung eines Generals, der würdig wäre, diese herrliche Armee zu führen.«[33] Dabei gab es die »herrliche« Armee zu diesem Zeitpunkt gar nicht mehr, die Soldaten flüchteten in alle Richtungen auseinander, unter ihnen auch ihr Bruder Carl, der seine Einheit verließ und sich nach Neustrelitz durchschlug.

Am 24. Oktober 1806 erreichte Napoleon Potsdam, am 26. Schloss Charlottenburg, am 27. zog er in Berlin ein. Luise und ihr Mann flohen über Graudenz nach Königsberg, wo ihre Kinder und die übrige Familie sie erwarteten, später weiter nach Memel, wo sie bis Ende 1809 bleiben sollten. Ihre Schwester Friederike, die als preußische Prinzessin nach wie vor Teil der Königsfamilie war, flüchtete mit; ihre Brüder und der Vater blieben in Mecklenburg, das von den Franzosen besetzt wurde, ihre älteren Schwestern Charlotte und Therese in unsicherer Lage im Süden des auseinandergefallenen Deutschen Reiches.

Für Luise und ihre Geschwister begannen nun drei Jahre, in denen ihr sorgfältig ausgebautes System, Nähe zu bewahren trotz geografischer Ferne, nahezu zusammenbrach. Es war nicht nur die Schwierigkeit, Briefe sicher von einem Ort zum anderen zu bringen, es war auch die Gewissheit, dass die Briefe geöffnet und die Inhalte vom Feind benutzt werden könnten und man daher nicht alles, was einem auf dem Herzen lag, so wie früher schreiben durfte. Außerdem häuften sich durch die Unkenntnis vom jeweiligen Aufenthalt des anderen und seinem seelischen und körperlichen Zustand Missverständnisse zwischen den Geschwistern.

»... wie fängt man es an, jetzt in diesem Augenblick von sich, von seinen privaten Interessen zu sprechen? Man vermag es kaum mehr sich zu gedenken in diesem Gewühl, in diesem Chaos von Unglück«, schrieb Therese an Georg

Querschnitt durch die Jahre 1805–1807

am Tag der Schlacht von Jena und Auerstedt verzweifelt.
»Dein Brief vom 18. ist das letzte Lebenszeichen, das mir
von so vielen Lieben im Norden geworden ist. Nichts weiß
ich von ihnen, nicht ob der Unmut ihre Kräfte aufgerieben
hat, nicht wo sie leben und wie sie leben. Dies zu den gescheiterten Hoffnungen ist beinahe zu viel für mein Herz.
Wie es Dir zumute ist, das fühle ich ganz. Wie wird es
unserem friedlichen Mecklenburg ergehen? Jede Frage, jede
nahe Aussicht bringt Schrecken mit sich ... Und mit jedem
Tag nimmt meine Unruhe um Euch zu. Wo soll ich diesen
Brief hinschicken? Wo bist Du? Wo seid Ihr alle? Daß keiner soviel Zeit hat an mich zu denken, mir mit einer Zeile
zu sagen: Wir sind wohl und gehen hier oder dorthin. Das
ist unbegreiflich, vielmehr grausam und hart. Wenn ich mit
dem Tode ränge, so würde ich doch noch an die denken, die
mir lieb sind und ihnen zu wissen tun: ich sterbe. Allein
man rechnet immer falsch, wenn man von sich auf andere
urteilt. Dich trifft dies alles weniger, aber die Schwester mit
12 Damen und Kammerfrauen!! Oh du Zeitalter der Ichheit,
daß Du auch die Besten ergreifst! Ich verzeihe ihnen, wenn
sie es sich selber verzeihen. Dich beschwöre ich aber, Lieber, laß mir schreiben, wenn Du nicht kannst, nur wenige
Zeilen, ob unser Vater geblieben ist und wo alle, alle Lieben
sich befinden.«[34]

Zu diesem Zeitpunkt befand sich Luise aber noch auf der
Flucht und hatte wohl kaum Zeit zu schreiben. Erst Wochen
später schrieb sie aus Ostpreußen an Therese: »Wir sind alle
wohl vom ersten bis zum letzten, meine Kinder und die
Schwester alle zusammen in Ostpreußen und wohl.« Ihre
Tochter Alexandrine war schwer an Ruhr erkrankt, aber
wieder gesund. Luise bat Therese, diese Nachricht an Charlotte und die Brüder weiterzugeben. »Gott weiß, ob Du
diese Zeilen je erhältst, denn ich muß sie anders befördern
als die letzten. Doch dürfen alle Menschen wissen, daß ich
unaussprechlich an euch meine Lieben hänge und daß der
Gedanke, daß ihr ruhig und ohne Gefahr seid, mir wahre

Freude verursacht... Ich vergaß Dir zu sagen, daß Dein letzter Brief so wie der erste geöffnet war; ich bin sicher, daß dieser Brief ebenfalls geöffnet wird, das ist mir einerlei!« Verzweifelt versuchte Luise, den Kontakt zu den Geschwistern durch das Tragen von Erinnerungsstücken nicht zu verlieren: »Schicke mir eine Nadel, die Du getragen hast. Ich werde sie auch tragen, und sie wird mich an meine geliebte Therese erinnern. Ich trage ein Erinnerungsstück an Charlotte, ich werde sie auch um eine Nadel bitten.«[35]

Aus Neustrelitz beschrieb Georg seinen Geschwistern die trostlose Lage. Die Stadt war von französischen Truppen unter General Bernadotte besetzt, überall hatten sich Soldaten einquartiert, das Land wurde ausgeplündert, denn Napoleon führte, anders als die preußischen Truppen, keine Versorgungstrosse mit, sondern ließ seine Soldaten durch das jeweilige Land, durch das sie zogen, ernähren. »Unsere Stadt und unsere Personen sind aber verschont geblieben.« Zwar habe es auch Einquartierungen von Soldaten gegeben, aber man sei noch gut weggekommen im Vergleich zum übrigen Land, »denn was das gelitten hat, lässt sich *leider, leider* mit Worten nicht ausdrücken. Alles, was ich Dir hier gesagt habe, kann Dir mit aller Einbildungskraft nur zu einem Schatten der Wahrheit verhelfen.« Im Gegensatz zu Luise setzte Georg seine ganze Hoffnung auf Napoleon, dem er geschrieben hatte, damit die Lage des Landes verbessert würde. »Des Kaisers Wille, Schonung und Ordnung walten zu lassen, ist nämlich längst bekannt... Dürfen wir als ein neutrales und in jeder Hinsicht so unschuldiges Land nicht umso mehr auf seine Gerechtigkeit und Güte rechnen?«[36] Gerechtigkeit und Güte, zwei Eigenschaften, die Luise einem Napoleon von vornherein absprach. Sie hat wohl nie erfahren, dass man andernorts Napoleon mit dem griechischen Halbgott Prometheus verglich, der den Göttern das Feuer stahl, um es den Menschen zu bringen, so wie Napoleon ihnen die Errungenschaften der Revolution bringen wollte. Auch auf Goethes Schreibtisch stand selbst noch nach der Kaiserkrönung Napoleons dessen Büste in Marmor.

Familientreffen, die vorher ein- bis zweimal im Jahr alle zusammengeführt hatten, gab es nicht mehr, Reisen wurden durch die umherziehenden Soldaten zu gefährlich. Von ferne begleiteten die Geschwister sorgenvoll alle Nachrichten, die von oder über Luise und Friederike aus dem Osten kamen. Dabei war das Hauptproblem der Transport solcher Nachrichten quer durch die feindlichen Linien. Briefe dauerten monatelang, wurden abgefangen, gingen im Kriegsgetümmel verloren oder wurden bewusst vernichtet: Es gab keine zuverlässigen Postwege mehr, die meisten Briefe gingen über Kopenhagen. Sie schrieben die gleichen Briefe mehrmals, ließen sie dann über verschiedene Wege transportieren in der Hoffnung, einer würde ankommen. »Ich habe das Glück gehabt zweimal Nachricht von Louise zu bekommen. Gott stärke ihren Mut! Wie es in Hildburghausen aussieht, wirst Du wissen. Das arme Land! Was wird es werden, überhaupt wie wird es werden?«,[37] schrieb Therese an Georg. Oft waren es preußische Offiziere, die die Briefe mitnahmen. »Ich schicke diese Briefe an den General L'Estocq, der sie durch einen Parlamentär an die Vorposten schickte, und der französische General, der ihm gegenüberstand, wollte die Güte haben, sie zu besorgen; ich hoffe also, daß Sie alle diese Briefe erhalten haben«, schrieb Friederike an ihren Vater, wohl wissend, dass die Einbeziehung von französischen Offizieren in die Nachrichtenübermittlung immer die Gefahr barg, dass die Briefe geöffnet wurden oder ganz verschwanden.[38] »Auch versprach der General Blücher heilig, die Briefe schnell zu besorgen, so wie es heute Graf von Allersleben verspricht, der diesen Brief nach Stralsund mitnimmt. Und im Fall, daß er unvorhergesehenes Unglück haben sollte … so wirft er alles über Bord.« Briefe von Königsberg nach Neustrelitz benötigten circa drei Wochen, ansonsten blieben den Angehörigen nur das Studium der Zeitungsberichte oder die Kontakte zu führenden Politikern.

Zusammenhalt in schweren Zeiten

Oftmals kamen aber falsche Nachrichten in die Zeitungen, die bei den übrigen Familienmitgliedern Entsetzen auslösten: Therese hatte zum Beispiel die Nachricht gelesen, dass Luise tot sei; überglücklich hielt sie eine Woche später einen Brief von ihr in der Hand: »Es war ein Engelsgesicht, das mir erschien. Denn seit dem 13. enthielten die Zeitungen folgende Zeilen: ›Die Königin von Preußen ist an den Folgen einer zu frühen Entbindung gestorben.‹ Ich wollte es nicht glauben, dennoch verfolgten mich die Worte unaufhörlich. Mir schien alles möglich, und urteile, ob diese Möglichkeit mich nicht zur Verzweiflung bringen sollte. Auch wurde in jenen Tagen in allen hiesigen Kirchen ein öffentliches Dankfest für den glücklichen Krieg angestellt. O himmlisches Zitronenland, wie wurde deiner gedacht! Endlich erschienen zur Belohnung einige Worte, ein Lebens- und Gesundheitszeichen unserer Louise.«[39]

Und immer wieder wurde das Vertrauen auf Gott beschworen. Alle sechs Geschwister glaubten fest daran, dass sie, da sie unschuldig in diese Situation geraten waren, auf Dauer gerettet werden würden, weil keiner von ihnen ein solches Schicksal verdient hatte. »Gott wird helfen! Ich vertraue ihm treu und warm; wie es Dein Engelsgesicht tut, Du geliebte, treffliche Schwester«, schrieb Georg im November 1806 an seine älteste Schwester Charlotte. »… bei so gutem Gewissen, den lässt er nicht zu schanden werden, Amen!«[40] »Und man lebt und kann die Schmach nicht ändern!«, schrieb Luise am 13. November 1806 aus Graudenz, wo sie mit dem König weilte, nach Königsberg an ihre Oberhofmeisterin Gräfin Sophie von Voß. »Bonaparte speit Gemeinheiten und Beleidigungen gegen mich aus. Seine Flügeladjutanten haben sich mit ihren Stiefeln auf den Sophas in meinen Gobelinsalons in Charlottenburg breitgemacht. Das Palais in Berlin ist noch respektiert worden; er wohnt im Schlosse.«[41]

In ihrem Schreibtisch in Charlottenburg hatte Napoleon einige ihrer zahllosen Briefe gefunden, unter anderem die an

Querschnitt durch die Jahre 1805–1807

den Zaren Alexander, in denen Sätze standen wie: »Lieber als durch alle Briefe und Kuriere möchte ich Ihnen mündlich sagen, wie sehr ich Ihnen zugetan bin, wie sehr ich Sie liebe, weil Sie so gut sind, und wie unmöglich ich mich Ihnen gegenüber jemals wandeln kann. Ich werde mit Herz und Seele fürs Leben immer ganz die Ihre sein. Luise.«[42] Mit Genugtuung und als Antwort auf Luises Hetzkampagne gegen ihn veröffentlichte Napoleon diese Briefe und unterstellte der preußischen Königin ein Verhältnis mit dem russischen Zaren. Zu allem Übrigen kam jetzt auch noch die Peinlichkeit einer solchen Vermutung, ohne dass sie die Chance hatte, sich zu rechtfertigen. Sie, die Tugendhafte, geriet in den Verdacht einer Liebschaft mit Alexander, der daraufhin zu ihrem großen Kummer im Umgang mit ihr sehr zurückhaltend wurde. »Allerdings hasse ich intrigante Frauen über alles. Ich bin gute, sanfte und verträgliche Frauen gewohnt; diese liebe ich«, schrieb Napoleon am 6. November 1806 an seine Frau Joséphine, als Antwort auf ihren Vorwurf, er hätte Königin Luise in seinen Bulletins schlecht behandelt. Er gab ihr ein Gegenbeispiel, dass er sich gut verhalte und den Mann der Frau von Hatzfeldt auf deren Fürsprache hin begnadigt hätte. »Du siehst also, daß ich gute, naive und sanfte Frauen liebe, denn nur diese gleichen Dir.«[43]

Trost fand Luise im fernen Ostpreußen im Bewusstsein, dass ihre Geschwister an sie dachten und sie liebten. »Jenseits gibt es noch ein Leben, wo sich die Guten wiederfinden, dann sehen wir uns wieder, gewiß! … Vergeßt mich nie, ich bin immer bei Euch mit meinen Gedanken, und meine Zärtlichkeit und Liebe hören nur mit meinem Leben auf.«[44]

Während Charlotte mit ihrer eigenen Situation genug zu tun hatte, war es vor allem Therese mit ihren zahlreichen diplomatischen Beziehungen aus der Zeit vor 1806, die zusammen mit ihrem Bruder Georg die Schaltzentrale für Informationen wurde. »O Gott und wie wird es ferner gehen? Der König hat Gottlob den Waffenstillstand nicht unterzeichnet. Es war groß, recht und edel, aber wahr ist es, jetzt steht seine Existenz ganz aufs Spiel. Der Kaiser hat gesagt: Wenn er den Waffenstillstand nicht unterzeichnet, werde ich mit dem König von Preußen nicht mehr verhandeln. Unterliegen die Russen, so ist es um Europa geschehen. O mein bester George, welche Zeit, welch eine Lage die unserer Louise! Der Engel hat mir einen göttlichen Brief geschrieben; ihre Hoffnung ist jenseits. O, wer nur das Jenseits kennte. Gott weiß, mich hält auch noch wenig hier zurück, meine Seele ist in Schmerz aufgelöst.«[45]

Belastend für alle waren nicht nur die spärlich fließenden Nachrichten, sondern weiterhin vor allem die vielen Falschmeldungen, die aus dem fernen Königsberg über die Situation von Luise und Friederike zur Familie kamen. »Seit dem 21. November habe ich nichts mehr von unserem Engel gehört«, schrieb Therese Mitte Januar 1807. Auch Friederike gehe es sehr schlecht. Allerdings sei die Nachricht, sie habe ein totes Kind geboren, glücklicherweise falsch gewesen. »Denke mal, wie es ihnen in ihrer Lage sein muß, ohne Nachrichten von uns, an denen doch so ihr Herz hängt.« Dann meldeten die Zeitungen, dass Luises Sohn Karl gestorben und Luise an Nervenfieber erkrankt sei. »Ach, lieber George, welche Zeit und diese fürchterliche Entfernung! Wäre es denn nicht möglich, sich einmal directe Nachrichten zu schaffen? Könntest Du nicht jemand hinschicken? Ich will gerne die Hälfte aller Kosten tragen. Ach, es wäre so viel wert, nur einmal zu wissen: Sie lebt und wo sie lebt.« Sie bat Georg, kleine Andenken von ihr und Charlotte an Luise weiterzuschicken, und schloss ihren Brief mit dem Ausruf: »... ach um Himmels Willen, schicke jemand hin, ich vergehe vor Angst und Kummer. Ich schließe. Worte habe ich nicht mehr. Gott erhalte uns den Engel und der Himmel laße Euch ruhig! Lebe wohl, lebe wohl, wenn noch Wol auf dieser elenden Erde ist.«[46]

Das Schlimmste aber war, dass man untereinander nicht mehr offen sein konnte. Die Hasstiraden Luises über Napoleon in ihren Briefen an Therese hatten deren Verhandlungsposition in Paris erschwert. Also verschwieg sie Luise so manches, was diese sehr erzürnte. Es kam zu Missverständnissen, immer häufiger mischten sich ungewohnte kritische Töne in die Briefe: »Therese schrieb mir durch die Post einen Brief, der dieses stark bewies, daß man in Paris irre wird«, schrieb Luise an Georg, der ebenfalls in Paris weilte, »ein Brief, ihrer ganz unwürdig und mich bis in den Tod deshalb kränkend, der Strafe entgeht sie nicht, sobald ich sie in Regensburg weiß und eine gute Gelegenheit finde.« Wegen der unsicheren Postwege habe sie ihre »indignation« nicht äußern dürfen, aber »sie ist in meinem Herzen. So etwas tust Du nicht, und hinge das Schwert an einem Haar über Deinem Haupte; laß mich es nicht erleben, von Dir würde ich es nicht ertragen!«[47]

Trost fand Luise in dieser Zeit vor allem im Kontakt mit der Schwester, die ihr am nächsten stand: Friederike, die in Königsberg untergekommen war und mit der sich Luise immer wieder für einige Zeit traf, so im Mai 1807: »Unsere Tage verleben sich recht angenehm... Des Morgens lesen wir, d. h. ein alter kluger Mann macht die Lektüre. Ich schäme mich gar nicht, Dir zu sagen, daß es erst seit einigen Tagen ist, daß wir diese heilsame Idee ausgeführt haben; denn vorher lebten wir der glücklichen ungestörten Vereinigung ganz, das dolce far niente war ganz bei uns eingekehrt, und mit jedem Augenblick wollten wir uns nur recht und aufs neue versichern, daß nach so manchen kummervollen Tagen Gott uns diese Vereinigung wieder zum Trost und Belohnung für unsere Herzen zugelassen hatte.«[48] Auch Friederike genoss diese Wochen mit der Schwester, vor allem, wenn sie gemeinsam Briefe lesen konnten, die von der Familie kamen: »Unsere glückliche Vereinigung dauert noch an; und wie sehr erhöhte dies den Genuß, einen Brief von Ihnen [Vater] zu bekommen und zu lesen. Tränen der Liebe, der Dankbarkeit, der Erinnerung, der Trauer und der Freude, ach, ich möchte sagen, aller heiligen Gefühle, wurde darüber geweint.«[49]

Zusammenhalt in schweren Zeiten

In diesem Monat Mai 1807 hatte Luise neue Zuversicht, dass Preußen doch noch siegen würde, und so konnte sie ihrem Vater schreiben: »Doch die gute Jahreszeit, der Patriotismus, der sich mit der erwachenden Natur in jedes Preußen Brust wieder findet ... die Sendung des vortrefflichen Blücher nach Pommern, all dieses belebt mit neuen Hoffnungen. Mehr als all dies, die herrliche, ja wirklich göttliche Freundschaft des Kaisers [Alexander] und Königs, der feste Gang der Politik, die Wiedereinsetzung des guten Hardenbergs wird uns Freunde, Vertrauen und hohe Achtung verschaffen. Ja, bester Vater, ich bin überzeugt, es wird noch alles gut gehen und wir werden uns noch einmal wieder glücklich sehen.«[50] Vor allem vom Minister Hardenberg versprach sich Luise eine Wende: »Ich betrachte Ihre Rückkehr ins Ministerium als neue Epoche für die Monarchie.«[51] Diese frohe Stimmung verbreitete sie auch in den Briefen an ihre Geschwister, aber nur Georg ließ sich davon anstecken. Therese, die von den Geschwistern durch ihre Zeit als gastgebende Fürstin beim Immerwährenden Reichstag in Regensburg den besten politischen Durchblick hatte, blieb besonders skeptisch: »Darf ich es Dir gestehen, bester George, Dein mutvolles Hoffen begreife ich kaum. Was ist denn anders, was besser? Diese anscheinende Ruhe, welche Riesenpläne mag sie verbergen? Nein, ich bekenne es, mein Herz ist noch beklommen, und das ganz unabhängend von dem, was mich betrifft.«[52]

Luise begriff zu dem Zeitpunkt ebenso wenig wie der König, dass ohne tief greifende Reformen, die auch die Stellung der Monarchie verändern müssten, kein preußischer Sieg möglich war. Mit einer Armee, die auf dem Stand der Zeit Friedrichs des Großen stehen geblieben war, ließ sich kein Sieg gegen einen Napoleon erfechten, der nicht nur ein gut ausgebildetes Heer hinter sich hatte, sondern auch die neuesten technischen Errungenschaften einsetzte. Und so musste sich am 26. Mai 1807 auch die Festung Danzig Napoleon ergeben. »Danzig! Danzig! Ist dahin, seit gestern in

Querschnitt durch die Jahre 1805–1807

französischen Händen! In diesen verhassten, über alles grässlichen Händen. Meine schöne Hoffnung, vor 14 Tagen dem besten Vater so fröhlich mitgeteilt, dahin, auf das schrecklichste dahin!«, schrieb Luise an Georg und schimpfte auf die »Creatur Bonaparte«, den »Teufel in Menschengestalt«, »bei dem kein Gesetz heilig ist«. Der eigentliche Bösewicht war für sie aber der russische General Levin Bennigsen, dessen »Apathie« sie die Schuld an dem Desaster gab. Ohne jede Kenntnis vor Ort schildert sie ihrem Bruder in Einzelheiten, was man hätte machen müssen, um zu siegen, und unterstellt dem General, er habe aus »üblem Willen« gehandelt, weil ihm seine vorher gewonnenen zwei Schlachten und die Belohnung, die sie ihm eingebracht haben, reichen würden. »Das ist genug für den Menschen, der so heißt, weil er auf zwei Beinen geht, deshalb aber noch kein Mensch ist ... Der Sieger von Pultsuk und Preußisch-Eylau ist ein Esel.« In einem späteren Brief regt sie sogar an, ihn durch den Zaren erschießen oder mit der Knute züchtigen zu lassen. »Ich könnte ihn schlagen und seinen Freund und Beschützer [Großfürst Konstantin] bespucken.«[53]

Friederike, die zusammen mit Luise die Nachricht vom Fall Danzigs erhalten und durchgesprochen hatte, schrieb ebenfalls einen Brief an ihre Familie, in dem sie ihren Ärger auf den General zur Sprache brachte, deutliche Worte, mit Ironie gespickt, aber doch ohne Fanatismus, ohne Verteufelung dessen, den sie für schuldig an der Niederlage hielt: »Seit vorgestern sind wir auch hinsichtlich der politischen und Kriegs-Begebenheiten wieder in Trauer versunken. Danzig ist gefallen, wo kann das hinführen? Das traurigste aber ist, daß es fallen *mußte*, indem der General Bennigsen sein Talent, was er ausgemacht hat, schlummern läßt, und zwar so, seit dem 8. Februar, wo die Schlacht von Eylau gewonnen ward, daß es uns leider ganz klar wird, daß es böser Wille ist, der ihn führt und leitet!«[54]

Luises Brief an ihren Bruder Georg, der zur selben Zeit geschrieben wurde, enthielt vor allem Beschimpfungen und

Durchhalteparolen: »Was aus uns werden wird, weiß Gott. Doch gebe ich Dir die Überzeugung, daß gewiß nichts gegen die Ehre Preußens getan wird. Ein Separatfrieden ist ein Ding, was wir gar nicht kennen.« Denn wenn Gott »Verstand, guten Wille, Einsicht, Ausdauer und Erleuchtung« geben würde, dann könnte man immer noch siegen. Ihren Brief beendet sie mit einer sarkastischen Bemerkung über den Tod des vierjährigen Stiefenkels Napoleons, des Kronprinzen von Holland, der an Diphtherie gestorben war. »... ich will eine neue Farbe erfinden, um den holden Zweig der Hoffnung aller Käse zu betrauern.«[55]

Maßloser Hass, der selbst vor dem Tod eines Kindes und dem Schmerz der Angehörigen nicht haltmacht, spricht aus diesem Brief an ihren Bruder, obwohl Luise wusste, wie sich der Tod eines Kindes vor allem für eine Mutter anfühlt. Bei allen öffentlichen Veranstaltungen erweckte Luise den Eindruck der sanftmütigen Frau, die den Frauen Preußens zum Vorbild diente, ihren Geschwistern gegenüber kamen andere Züge von ihr zum Vorschein, unverstellt und manchmal erschreckend.

Während sie mit Friederike in »wattierten Mänteln« in Königsberg spazieren ging, forderte sie in ihren Briefen Alexander und ihren Mann auf, weiterzukämpfen und gegen die eigenen Minister in Memel vorzugehen, die schlechte Stimmung verbreiteten. »Sogar die Frauen denken nur an den Frieden und nochmals Frieden; die Frau des Ministers Voß ging vor einigen Tagen unter den Bäumen spazieren und rief jedem Vorübergehenden, vor Freude hüpfend zu: Der Frieden ist geschlossen, der Frieden ist geschlossen!«[56] Dabei wünschten sich auch ihre eigenen Geschwister nichts sehnlicher als den Frieden, allen voran Therese: »O, Friede, Friede, wann wirst du uns beglücken?«[57]

Am 13./14. Juni 1807 besiegte Napoleon die preußischen und russischen Heere in der entscheidenden Schlacht bei Friedland nahe Königsberg. Luise war verzweifelt, zumal ihre Schwester Friederike genau in diesem Moment ihrem

Querschnitt durch die Jahre 1805–1807

kranken Mann ins Kurbad nach Teplitz folgte, Luise von
da an ohne ihre Schwester ausharren musste. Aus der Ferne
beobachteten die anderen Geschwister die erneute Niederlage Preußens. Therese meinte: »In welch entsetzlicher Zeit
wir doch leben! Eine schmerzhafte Empfindung wird durch
eine noch schmerzhaftere verdrängt. So geht es mir, so ist
es mit Dir gegangen … Welch ein unbegreifliches Geschick,
welch ein Unglück, warum dies alles? Welche Folgen kann
und muss dieser Schlag haben? Sind die letzten Nachrichten wahr, so ist auch K[önigsberg?] über und was dann? Wo
ist sie, die einzige? Gott, wie kann F[riederike] sie jetzt verlassen? … Es scheint als ob das ganze Schicksal den ganzen
Kelch der Leiden über unserer Louise ausschütten wollte.«[58]

Leicht gefallen war es Friederike nicht, die Schwester in
dieser Situation zu verlassen. Ihrem Vater gegenüber begründet sie ihre Entscheidung: »Noch ist der König und
Luise hier, bald aber wird alles auseinander gehen, und das
schöne Band unserer schwesterlichen Eintracht und der
Mütter, welches unsere Kinder fesselt, zerrissen werden.«
Sie müsse ihren Mann begleiten, »denn er ist zu leidend als
daß ich ihn verlassen kann. Ich tue also nur meine Pflicht,
aber Gott weiß, wie schwer sie mir in diesem Augenblick
wird, denn was kann man nach diesen Ereignissen erwarten? Indessen muß man sich erneuern und nur den Willen
zur Ausdauer nicht sinken lassen und alle Mittel anwenden,
um dem Übel abzuhelfen, so muß doch endlich, wenn auch
nach schwerem Kampf die gerechte Sache siegen.«[59]

Vielleicht hätte Luise ihren Lebensmut nicht so komplett
verloren, wenn Friederike bei ihr geblieben wäre, denn die
Schwester sah die politische Lage viel realistischer. Für sie
war es immer noch ein Krieg zwischen Menschen und nicht
zwischen Idealen. Luise schrieb an ihren Vater, wie dankbar sie für die Monate des Zusammenseins mit der Schwester sei, aber sie habe immer die Ahnung gehabt, dass sie dies
Geschenk Gottes nur stark machen solle für neues Leiden.
»… und ich hab' mich nicht geirrt. Es ist wieder aufs Neue ein

ungeheures Unglück und Ungemach über uns gekommen, und wir stehen auf dem Punkt, das Königreich zu verlassen, – vielleicht auf immer –; bedenken Sie, wie mir dabei ist; doch bei Gott, verkennen Sie ihre Tochter nicht. Glauben Sie ja nicht, daß Kleinmut mein Haupt beugt. Zwei Trostgründe hab' ich, die mich über alles heben: der erste ist der Gedanke, wir sind kein Spiel des Schicksals, sondern wir stehen in Gottes Hand und die Vorsehung leitet uns; der zweite, wir gehen mit Ehren unter. Der König hat bewiesen, der Welt hat er es bewiesen, daß er nicht Schande, sondern Ehre will.«[60] Immer wieder beschwört sie die Werte, die ihr geblieben sind: ihren Glauben an Gott und an den Sieg der Tugend: »Ja, so lebt und fällt der edle Mensch, und so erhält er sich, wenn Königreiche untergehen, wenn das Laster siegt.«[61]

Russland schloss am 21. Juni einen Waffenstillstand mit Napoleon, und auch Friedrich Wilhelm blieb keine andere Wahl. Vor Schreck fiel Luise der Brief aus der Hand, in dem ihr Mann ihr aus Tilsit die Bedingungen des Waffenstillstands mitteilte. »Dahin also sind wir gebracht worden nach ungeheuren Verlusten an Tapferen, die gefallen sind für – nichts, durch Dummheit, Unfähigkeit und bösen Willen«, schrieb sie ihm verzweifelt zurück, erschrocken vor allem bei der Aussicht, Napoleon treffen zu müssen. »Dann die Aussicht, das Ungeheuer zu sehen, nein, das ist zuviel. Ihn sehen, den Quell des Bösen! Die Geißel der Erde! Alles Gemeine und Niederträchtige in einer Person vereinigt, und sich vor ihr noch verstellen und heiter und liebenswürdig erscheinen müssen!!! Wird der Himmel denn niemals aufhören, uns zu strafen?«[62] Mit einem Schlag war ihre Zuversicht der Verzweiflung gewichen, auch wenn sie dem Vater noch schreibt: »Mein Zutrauen soll nicht wanken, aber hoffen kann ich nicht mehr … Auf dem Weg des Rechts leben, sterben, Brot und Salz essen, nie, nie werde ich unglücklich sein. Nur hoffen kann ich nicht mehr. Wer so wie ich von seinem Himmel heruntergestürzt ist, kann nicht mehr hoffen … Kommt Unglück, so setzt es mich auf Augenblicke

Querschnitt durch die Jahre 1805–1807

in Verwunderung, aber beugen kann es mich nie, sobald es nicht verdient ist. Nur Unrecht, nur Unzuverlässigkeit des Guten unsererseits bringt mich zu Grabe.«[63]

Nach wie vor setzte sie alle Hoffnung auf den russischen Zaren Alexander, der sich längst aus realpolitischen Gründen mit Napoleon geeinigt hatte. Auf »dies Herz, dem alle Tugenden eigen sind, gründet sich alle meine Hoffnung für die Zukunft«, schreibt sie ihm.[64] Und immer noch hat sie das ganze Ausmaß der Niederlage nicht begriffen, als sie ihrem Mann rät: »Mag Napoleon Dir die Hälfte Deines bisherigen Besitzes nehmen, vorausgesetzt, daß Du das, was Dir zugebilligt wird, in vollem Besitz behältst, mit der Kraft das Gute zu tun, die Untertanen, die Gott Dir läßt, glücklich zu machen und Dich politisch dort anzuschließen, wohin die Ehre Dich ruft und wohin Deine Neigungen Dich führen.« In völliger Verkennung der Realität schlug sie dem König die Gründung eines eigenen Bundes für Norddeutschland vor, eine Idee, die Friedrich Wilhelm III. wohl schon vorher einmal gehabt hatte. »Ich mißtraue sehr diesem Tilsiter Aufenthalt; Du und der Zar, die Redlichkeit selbst, zusammen mit der Hinterlist, dem Teufel, Doktor Faust und sein Famulus das wird niemals gehen.«

»Ungeheuer«, »Ausgeburt der Hölle«, »Hydra«, »würdeloser, niederträchtiger Mörder« – die Beschimpfungen Luises gegen Napoleon lassen sich kaum noch steigern. »Seine unhöflichen Manieren setzen mich nicht in Erstaunen, denn dafür gibt es zwei Gründe: Mangel an gutem Willen oder Mangel an Lebensart und an Kenntnis der höfischen Gebräuche. Denn wie sollte wohl dieses höllische Wesen, das sich aus dem Kot emporgeschwungen hat, wissen, was Königen zukommt?«[65] Hat Napoleon diese Briefe gelesen? Wenn ja, wäre es kein Wunder, dass er Preußen gegenüber so gnadenlos war – angesichts einer Königin, die ihm schlechte Manieren vorwarf, selber aber mit verbalem Dreck um sich warf, sodass sogar ihre Geschwister sich wunderten.

Es fällt schwer, Verständnis für diese Luise aufzubringen, es sei denn, man berücksichtigt, dass es ihr in den Jahren in Königsberg und Memel auch körperlich sehr schlecht ging: Fieberschübe, ständige Schmerzen, oft für Wochen ans Bett gefesselt und dann natürlich immer wieder neue Schwangerschaften: Im April 1806 war ihr anderthalbjähriger Sohn Ferdinand gestorben, ein Jahr später war sie schwanger mit Luise, die im Februar 1808 geboren wurde, ein weiteres Jahr später war sie erneut schwanger mit Albrecht, der im Oktober 1809 geboren wurde. Kein Jahr ohne Schwangerschaft, Geburt oder Tod eines Kindes.

Friedrich Rückert

Stellvertretend für die zahllosen Gedichte rund um Königin Luise und ihre Bedeutung für den Kampf gegen Napoleon steht das folgende Gedicht von Rückert, das entscheidend mitgewirkt hat bei der Mythenbildung um Luise, die wie eine Heilige verehrt und mit der Mutter Maria verglichen wird. Dass die historischen Fakten andere waren, spielt für den Dichter keine Rolle.

Magdeburg

O Magdeburg, du starke,
Des Reiches fester Halt,
Ein Riegel vor der Marke
Der preußischen Gewalt.
Du Hort, uns einst genommen
Durch unseren Verrat
Und nun zurückgekommen
Durch Gott und unsere Tat!

Daß man dich recht bezeichne
Als unsern Edelstein,

Querschnitt durch die Jahre 1805–1807

Soll man dir eine eigne
Schutzheilige verleih'n.
Die Königin Luise,
Die reine Himmelsmagd,
O Magdeburg, sei diese;
Warum, sei hier gesagt.

Als, mit uns Friede machend,
Von unserm Gut ein Stück
Der Sieger gab verlachend,
Dich gab er nicht zurück.
Damals nach der Befehdung
In siegestrunknem Sinn,
Begehrt' er Unterredung
Mit unsrer Königin.

So sollst Du reine, treue
Vor dem nun stehen itzt,
Der jüngst noch ohne Scheue
Auf Dich auch Gift gespritzt?
Sie wollt' auch dies erdulden,
Die viel erduldet schon,
Und trat in ihren Hulden
Hin vor Napoleon.

Da ward der starre Kaiser,
Getroffen von dem Strahl
Der Anmut, zum Lobpreiser
Der Schönheit auch einmal:
»Ich hoffte, eine schöne
Königin hier zu schau'n,
Und finde, die ich kröne
Als schönste aller Frau'n.«

Er pflückte eine Rose
Vom nahen Stocke dort,

Sie Dir, o Makellose,
Darreichend mit dem Wort:
»So zu verdientem Ruhme,
Zum Zeichen ihres Rechts
Reich' ich die schönste Blume
Der Schönsten des Geschlechts.«

Hinnahm, ihr Herz bezähmend,
Die Königin das Pfand;
Wohl stach, die Rose nehmend,
Ein Dorn sie durch die Hand.
Daß er sie ehrend kränke,
Begehrt' er hochmutsvoll,
Daß sie noch ein Geschenke
Von ihm erbitten soll.

Sie sprach in hohen Sitten
Mit königlichem Sinn:
»Ich habe nichts zu bitten
Als Preußens Königin:
Als Mutter meiner Söhne
Tu ich die Bitt' allhie,
Zu geben mir die schöne
Stadt Magdeburg für sie.«

Da stand der Mann von Eisen,
Des Scheins der Anmut bar:
»Ihr seid«, sprach er, »zu preisen
Als schöne Kön'gin zwar,
Doch schöner Königinnen
Einhundert sind zu leicht,
Wenn man sie mit den Zinnen
Von Magdeburg vergleicht.«

O schönste von den Schönen,
Der Reinen reinste Du,

So hörtest Du das Höhnen
Und schwiegest still dazu;
Du hobest in die Lüfte
Den nassen Blick hinauf
Und wandtest über Grüfte
Bald selbst dorthin den Lauf.

Dort fandest Du gelinder
Für Deine Bitt' ein Ohr
Um die Burg Deiner Kinder,
Die unsre Schuld verlor.
Dort hast Du sie erbeten
Für uns von Gott zurück
Und freust Dich, zu vertreten
Im Himmel Preußens Glück.

Das Treffen in Tilsit und seine Folgen

> »Ich erleide Tod und Martyrium. Seine Zuflucht
> zu nehmen zum Herzen desjenigen, der keines
> hat, wer konnte diesen Rat geben?«,

schrieb Luise voll Entsetzen an ihren Mann, nachdem er ihr
mitgeteilt hatte, was er, seine Minister und Zar Alexander
als letzten verzweifelten Versuch ausgedacht hatten, um die
Situation für Preußen zu retten:[66] Die Königin sollte nach
Tilsit kommen, um Kaiser Napoleon um Gnade für Preußen zu bitten. An dieser Idee hatte Minister Hardenberg
einen ganz entscheidenden Anteil, wie Luise Fürstin Radziwill schreibt: Er glaubte, »soviel Sanftmut, soviel Anmut
und Schönheit würde Napoleon entwaffnen, der ein ganz
anderes Bild von ihr hatte«.[67] Hardenberg machte es ihr zur
Pflicht, dies Opfer für die Zukunft ihrer Kinder zu bringen.
   Luise war entsetzt, überwand sich aber, wie immer, wenn
die Pflicht rief: »Ich komme, ich fliege nach Tilsit, wenn Du
es wünscht, wenn Du glaubst, daß ich etwas Gutes bewir-

ken kann.«[68] Allerdings möchte sie offiziell eingeladen werden, am liebsten von Napoleon oder von Alexander, von dem sie wusste, wie sehr er die Einmischung von Frauen in die Politik ablehnte. Überhaupt verstand sie nicht wirklich, warum Russland auf einmal auf die Bedingungen Napoleons einging, sie sehe »nicht die Notwendigkeit ein, Sammetpfötchen zu machen, zu streicheln und von seiner Größe aufzugeben, während man die Möglichkeit hat, Gesetze zu geben und aufzuerlegen, statt sie zu empfangen«. Und an den General Ernst von Rüchel schrieb sie: »Warum diesen Napoleon zu gewinnen suchen auf alle Art, da, wo man [genau] so gut vorschreiben kann als er?«[69] Bemerkungen, die zeigen, wie wenig politisches Verständnis sie besaß: Wenn man eine Schlacht verloren hat, so wie Alexander I. und ihr Mann, dann war man eben nicht mehr in der Lage, dem Sieger etwas vorzuschreiben. Es trafen sich in Tilsit nicht drei Herrscher auf gleichem Niveau, sondern ein Sieger und zwei Besiegte. Luise dachte in anderen Kategorien. Für sie waren die eigentlichen Sieger die Russen und Preußen, weil sie in ihren Augen moralisch höher standen, Tugend und Redlichkeit auf ihrer Seite hatten.

Dabei übersah sie wie schon häufiger, dass Napoleon für andere durchaus als Befreier galt. Bevor der lange Krieg, die vielen Abgaben und Verluste die Menschen zermürbt hatten, war er von den Völkern Europas begeistert gefeiert worden, von Menschen, die nicht mehr Untertanen sein wollten. Napoleon und die Idee, für die er stand, war vor allem für die Fürsten und Adligen eine Bedrohung, weniger für die Untertanen. Napoleon hatte zu dieser Zeit, als er seinen Code civil entwickelte, die Vision, in die von ihm besiegten Länder ein Recht und eine Ordnung zu bringen, die gegen die Willkür von Fürsten und die Behandlung von Menschen nach Standesunterschieden die Gleichheit aller Menschen vor dem Gesetz vorsah. Man bedenke, dass das Rechtssystem in Frankreich und auch Teile unseres Rechtssystems heute noch auf seinem Code civil aufbauen. Natürlich musste Luise das französische System fürchten, denn mit ihm hätte sie ihre Privilegien verloren. Sie war erzogen worden für eine Rolle auf der Bühne der Ständegesellschaft. Sie lief nun Gefahr, diese Bühne ihres Lebens zu verlieren.

In dem Brief an General Rüchel beschreibt sie, was Napoleon bei einem Treffen mit ihrem Mann gesagt haben soll: »Es war sehr viel die Rede von mir, von meinem Haß für ihn (Lieben kann ich nur das Gute) wie sehr er hoffe, dass ich meinen Frieden machen würde ... Seine Höflichkeit ging soweit, daß er dem König meine verhaßte Gesundheit zutrank.« Und da täuschte sie sich ein weiteres Mal. Napoleon hasste sie nicht. Dafür war sie ihm gar nicht wichtig genug. Sie war nur ein wenig Sand in seinem Getriebe. In den Tagen vor ihrer Fahrt nach Tilsit steigerte sie sich in ihren Hass hinein: »Du wirst Dich erinnern«, schrieb sie an ihren Mann, »daß ich Dir früher sagte, ihr würdet die Gefoppten dieses Geschmeißes sein ... wir werden die Sklaven von M. N. sein; M. Laforest [früherer fanzösischer Gesandter in Berlin] und Konsorten, Präfekt von Berlin und Du der erste Angestellte ... Rußland hat schlecht getan, sein politisches System zu ändern, es wird nicht mehr die Kraft haben, Dich zu unterstützen, da sie selbst kriechen.«[70] Luise hatte Minister Hardenberg gebeten, eine »Rolle für mich vorzubereiten; ich werde sie auswendig lernen und hersagen, so gut ich kann«, da sie sich nicht zutraute, »von Herzen« zu Napoleon zu sprechen. Gegen fünf Uhr am 7. Juli 1807 kam Luise in Tilsit an. »Ich kann es nicht ausdrücken, wie widerlich mir der Anblick dieser Menschen war, die der ganzen Welt und zuletzt Preußen so viel Übles getan haben.« Aber sie hielt sich an das, was Hardenberg ihr geraten hatte, alles zu vergessen und nur an »den König, an die Rettung des Königreiches und an meine Kinder denken«.[71]

Wenn man bedenkt, dass ihre Schwester Therese und ihr Bruder Georg sich sogar nach Paris begeben wollten, um dort für ihre Familien etwas zu erreichen, so wirkt Luises Verhalten einer Königin wenig angemessen. »Niedergeschlagen über die Lage, faßte ich den festen Entschluss, zu reden und zu versuchen, Napoleon zu rühren.« Dieser Versuch musste scheitern, denn so eine gute Schauspielerin war sie nicht, dass sie ihre Gefühle für Napoleon verbergen konnte, und außerdem hatte der französische Kaiser, dessen bekannte Empfänglichkeit für schöne Frauen man ausnutzen wollte, die Taktik seiner Gegner längst durchschaut. Er schrieb an seine Frau Joséphine nach dem Treffen mit Luise: »Meine Freundin, die Königin von Preußen, hat gestern mit mir diniert. Ich mußte mich tüchtig wehren, da sie mich zwingen wollte, noch einige Zugeständnisse zugunsten ihres Mannes zu machen; aber ich war galant und hielt mich an die Politik! Sie ist sehr liebenswürdig.« Und während sich die Preußen zuversichtlich gaben, dass ihre Strategie aufgegangen war, schrieb Napoleon weiter an seine Frau: »Die Königin von Preußen ist wirklich bezaubernd; sie ist voller Koketterie zu mir; aber sei ja nicht eifersüchtig; ich bin eine Wachsleinwand, an der alles nur abgleiten kann. Es käme mich teuer zu stehen, den Galanten zu spielen.«[72] Auch Luises Freundin Radziwill kommentierte das Treffen mit den Worten, dass Napoleon Luise offenbar gar nicht ernst genommen habe. Er habe sich nur vage geäußert, über Mode, Literatur, Botanik und Musik mit ihr geplaudert.[73]

Das berühmte Bild von diesem Treffen ist in vielen Geschichtsbüchern abgebildet: die preußische Königin, die für ihr Volk den Bittgang zu Napoleon macht. Freiwillig war sie nicht gekommen, nichts lag ihr ferner. Sie gehorchte nur dem Befehl ihres Mannes, so wie sie das sonst auch tat. Im Historischen Museum in Berlin hängt dies Bild gegenüber dem, das den Tod des Prinzen Louis Ferdinand 1806 zeigt, in einer Ecke unter der Überschrift: »Preußens Niederlage«. Luise erreichte ihr Ziel nicht, die Bedingungen Napoleons für Preußen zu mildern. Einziges Ergebnis dieses Treffens: Napoleon stellte seine persönlichen Angriffe auf die preußische Königin in der Presse ein, und Therese konnte aus Paris berichten, dass der Kaiser sich jedes Mal, wenn er mit

Querschnitt durch die Jahre 1805–1807

ihr sprach, sehr positiv über Luise äußere. Luise Fürstin Radziwill kommentierte das Scheitern der Mission Luises so: Sie sei zu sehr ins Detail gegangen und habe sich zu sehr durch ihre einstudierte Rolle einengen lassen. Was sie als Frau und Mutter zu sagen gehabt hätte, das hätte Eindruck gemacht. Alles, womit man sie aber am Abend vorher beladen habe, was sie zu wiederholen hatte, passte überhaupt nicht zu ihrem Charakter, und darum konnte sie nur verlieren.[74]

Der Friedensvertrag, den Friedrich Wilhelm III. abschließen musste, änderte sich in keinem Buchstaben, »ein Friede, der für Preußen den Todesstoß bedeutete«, wie Luise in ihren Aufzeichnungen nach dem Treffen verzeichnete.[75] Außenminister Hardenberg trat zurück, da Napoleon sich weigerte, mit ihm zu verhandeln. Und Luise klagte ihrem Bruder: »Reich an Erfahrungen, arm an Glauben, leg' ich mein müdes Haupt an Deine Brust. Ach! George, welches Schicksal, welche Zukunft, welche Vergangenheit! Ist es möglich, daß solche Menschen von Gott geschaffen werden ...? Die Guten tun das Böse, die Teufel brüten es aus und lernen es ihnen; das ist, was ich gesehen habe von Angesicht zu Angesicht. Ganz erfüllt von dem großen Gedanken meiner heiligen Pflicht, flog ich nach Tilsit und sprach das, was mir Gott eingab; allein ich sprach nicht zu einem Menschen, sondern zu einem Wesen ohne menschliches Herz, und das Resultat ist denn auch so rein unmenschlich, daß Preußen vor der Welt gerechtfertigt dasteht!«[76]

Therese verfolgte aus Dischingen das Geschehen. »Ich hoffte soviel von der persönlichen Erscheinung und Freundlichkeit, allein ich hoffte sehr umsonst ... Gott, wenn ihre Gesundheit nun ausfällt!! Aus Barmherzigkeit schreibe mir etwas von ihr; sie schreibt leider seit Monaten nicht mehr.«[77] Therese versorgte weiterhin alle mit hilfreichen Tipps, ihre Lage zu verbessern. So teilte sie Georg im Juli 1807 mit, dass sie aus sicherer Quelle wisse, dass es nur ein Mittel gebe, um die Existenz des Herzogtums zu sichern: Beitritt zum

Rheinbund. »Ich halte es für meine Schuldigkeit, Dich davon zu unterrichten. Es wird Dich anekeln wie mir – doch steht es nunmehr mit Preußen anders, so wird es doch nunmehr für uns leichter und möglicher. Ich fürchte sehr, das Joch ist geschmiedet, und keiner entgeht mehr.«[78] Ihre eigenen Sorgen waren nicht minder groß: »Ich veranlasse nun an Kaiser Napoleon zu schreiben, ich flehe seine Gerechtigkeit und Güte an. Du weißt vielleicht schon den tödlichen Streich, der uns traf durch das K. K. Decret: ... Es sind keine Taxisposten mehr, weder in Hamburg, Bremen, Lübeck usw. Dieser Verlust ist mit mehr als 300 000 fl. zu berechnen. Wir sind sehr unglücklich dadurch, und viele hundert Menschen mit uns, das ist das Ärgste.«[79]

Während Luise sich nur auf Befehl ihres Mannes dazu durchringen konnte, Napoleon aufzusuchen, gingen Luises Geschwister Therese und Georg, ja selbst Charlotte, wenn auch schweren Herzens, ganz bewusst den Weg des Verhandelns, ohne Napoleon zu verteufeln, weil sie akzeptierten, dass er als Sieger auf dem Schlachtfeld die Regeln vorgeben konnte und weil sie von seiner persönlichen Integrität überzeugt waren. Zwei Wochen nach dem Treffen von Tilsit versuchte Therese, Napoleon in Dresden zu treffen, zu diesem Zeitpunkt noch mit ihrem Mann, »das man, was klug und schicklich ist, tun muss ... Ich durfte nur einem Gefühl Gehör geben und das tat ich bei Gott, weder Abscheu noch Freude leiteten mich, aber ich ließ entscheiden, was recht war, und so ging ich, Unrecht war es nicht, auch nicht untreu gegen unsere Louise, denn sie schlürfte ja aus diesem Kelch, doch samt meinem Gefühl beglückte mich der Ausruf Deines letzten Briefes: Tut das Euere!«[80]

Bis auf Luise kamen alle Geschwister mit der Situation zurecht, auch wenn sie immer wieder zwischen Hoffen und Verzweifeln schwankten. Luise dagegen erholte sich von den Ereignissen in diesen Wochen, dem Treffen mit dem »Bösen«, dem anschließenden Friedensschluss und seinen für Preußen vernichtenden Bedingungen nicht mehr.

Querschnitt durch die Jahre 1805–1807

»... daß mich nichts in der Welt so erschüttert, als gute Menschen untergehen zu sehen, Hoffnungen aufgeben zu müssen, die auf Tugend gebaut waren. Auf der anderen Seite aber das Böse, von dem man wußte, es lebt, es wirkt, es ist da, in der Nähe zu sehen, aber zugleich tausendmal fürchterlicher zu finden, als je der schwache Geist es ahnen konnte, das erschüttert auch... Eine Zusammenkunft dreier gekrönter Häupter! Kann man sich denken, daß diese ohne Folgen sein kann, die nicht von Größe und Milde zeugen, die nicht auf eine ausgezeichnete Art enden müsse? Stattdessen finde ich, als ich nach Tilsit kam, einen Götzen, der angebetet wird... und der die beiden Gekrönten geradezu mit Füßen tritt.«[81] Die vollständige Auflösung Preußens wird nur durch den russischen Zaren Alexander, der jetzt mit Napoleon verbunden war, verhindert. Luise verfiel zunehmend in Hoffnungslosigkeit und Verzweiflung, was auch mit dem schwankenden Verhalten ihres Mannes zusammenhing:»So will z. B. der König bei Nacht und Nebel in Berlin einschleichen, sich nicht zeigen, weil er sich schämt und so mit dem ersten Schritt alles wieder verderben«, schrieb sie an ihren Bruder.»Dann denke Dir nur, hat er die idée zu abdiquieren!, die ich dann mit aller Indignation zurückwies. Aber ich beschwöre Dich, verbrenne dieses gleich, damit außer Du und ich es niemand weiß.«[82]

Ab Ende 1807 hatte Luise auch mit der äußeren Situation in Memel zunehmend Probleme. Durch ihre Briefe an ihre Geschwister ziehen sich die Klagen über die dortige Zugluft, die einen im Bett töten könne,»wo die Häuser aus Papier und die Fenster nur zum Spott da sind... Wir, auch der König, haben nichts mehr, wir leben von der Luft. An der Tafel des Königs und in allen Verwaltungszweigen haben die schärfsten Einschränkungen stattgefunden. Alles stirbt vor Hunger und Hungersnot. Wir haben vier Schüsseln zu Mittag und drei zu Abend.«[83] Und an Therese und Georg schreibt sie nach Paris: »... ich versichere Euch... die Geschichte liefert kein Beispiel, das mit unserem Geschick ver-

gleichbar wäre, und nie hat man unschuldiger leiden sehen ...
Das Klima ertrage ich nicht, es ist unerträglich, feucht und
kalt, seit neun Wochen andauernd Regengüsse ... Gott be-
wahre alle Menschen vor solch einem Leben; es ist nicht zu
beschreiben, denn es hat noch nicht existiert. Ich fürchte,
ich habe zuviel davon geredet und bringe Euch zu Tränen.
Sie fließen wenigstens um Unglückliche.«[84]

Ihre Geschwister litten mit ihr, sie wussten, wie viel
Überwindung das Treffen mit Napoleon gekostet hatte:
»Auch mir ward ein Brief unseres Engels«, schrieb Therese
ihrem Bruder Georg, »er ist vom 16. [Juli], also wo alles bestimmt, alles überstanden war. Sie hat Wort gehalten, ihr
Mut, ihre Kraft ist nicht von ihr gewichen, sie ist tief gebeugt, empfindet tief und schmerzlich, aber keine Klage,
Stolz im Bewußtsein ihrer Pflicht bietet sie die Stirn dem
harten Schicksal dar. Ja gottlob, daß unser Engel ist erhalten worden. Einst geht doch wohl noch einmal eine bessere Sonne über uns auf. Die Gegenwart ist schrecklich,
das Schicksal läßt uns seine bittersten Schläge fühlen.« Und
doch: Wie so ganz anders beschreibt Therese ihr Treffen mit
Napoleon in Paris, wohin sie alleine fahren muss, ohne die
vielen Berater und Helfer, die Luise dabeihatte. »Aber dieses
Paris, es liegt vor mir wie ein offenes Grab. Es ist ein Los-
reißen von allem, wie allein werde ich dastehn.« Der Primas
Karl Theodor Freiherr von Dalberg riet ihr zu fahren. »Alles
schickte mich dahin ... Und so beschloß ich, das letzte zu
versuchen, was meinen Kindern vielleicht eine bessere Zukunft verschaffen kann.«[85]

Sie wurde in Saint-Cloud von Napoleon empfangen, war
nervös, »aber als der Kaiser mir mit einem sehr gütigen
Blick und Lächeln entgegenkam, da schwand alle Furcht.
Meine Audienz dauerte beinahe eine halbe Stunde, er sprach
mit vieler Teilnahme von unserer Luise, er hörte mich gütig
an, ging in alle Details meiner Lage ein und entließ mich
nicht ohne Hoffnung einiger Verbesserung. Die Kaiserin war auch sehr liebenswürdig und gütig ... Im Gesicht

des Kaisers liegt ein Gemisch von Ernst und Güte, welches äußerst angenehm und marquant ist. Ich habe ihm für die Auszeichnung gedankt, mit der er meinen Vater behandelt hat.«[86]

Und während auch Bruder Georg eine Reise nach Paris in Erwägung zog und in Königsberg Friedrich Wilhelm III. am 5. Oktober 1807 endlich einen Schritt in die richtige Richtung tat und dem Freiherrn Heinrich Friedrich Karl vom und zum Stein den Auftrag gab, eine umfassende Staatsreform in die Wege zu leiten, zog sich Luise immer mehr zurück: »... ich lese fleißig die Geschichte und lebe in der Vergangenheit, weil die Zukunft nichts mehr für mich ist.«[87]

Erfüllte und unerfüllte Träume vom Glück

> »Dann ist es schwer, vernünftig zu sein, doch wenn man durch Güte und engelhaftes Zartgefühl geleitet wird, dann ist alles möglich«,

schrieb die preußische Königin Luise im Mai 1807 an den russischen Zaren Alexander, mit dem sie seit nunmehr fünf Jahren eine zärtliche Freundschaft verband. Sie bedankte sich für seinen Brief, der ihr »göttliche Augenblicke« verschafft habe, und fuhr fort: »In Ihnen verwirklicht sich die Vollkommenheit, die man als schönes Wunschbild zweifellos immer sehr geliebt hat; man hat die Seele damit erfüllt, aber niemals geglaubt, es je verwirklicht zu sehen. Man muß Sie kennen, um an Vollkommenheit zu glauben; doch wer Sie kennt, läuft auch Gefahr, fürs Leben dem Sinnbild aller Tugend zugetan zu sein.«[88]

Auch Alexander war von Luise fasziniert. Später warfen ihm seine Gegner vor, er habe seit der ersten Begegnung mit der Königin in Memel 1802 »in Preußen nicht mehr den Staat im politischen Sinne gesehen, sondern eine Person, die ihm teuer sei«.[89]

Luise träumte sich in ihre romantische Liebe zum Zaren Alexander hinein, den sie mit Briefen voller Sehnsucht und Komplimente überschüttete, wobei sie gleichzeitig ihrem Mann ihre Liebe beteuerte. Alexander besaß all das, was ihr Mann nicht hatte: Er sah aus wie »Herkules«, war charmant und redegewandt. Aber Luise hätte diese Liebe nie ausgelebt, dafür war sie zu pflichtbewusst und ihrem Mann auch zu ergeben. Alexander verkörperte das Idealbild eines Mannes, dem sie sich in ihren Träumen hingab, und es tat weh, als sie ihn aufgeben musste. »Ihr Herz blieb stets edel und rein, nicht ohne dabei empfänglich zu seyn für Männerschönheit und Würde«, kommentierte Friedrich Wilhelm die Beziehung zu Alexander, von der er wusste, die er aber zu keinem Zeitpunkt als Gefahr für seine Ehe gesehen hatte: »Von einer Person könnte nur vielleicht gesagt werden, dass sie einen mehr als gewöhnlichen Eindruck machte, und auch einen mehr als gewöhnlichen hinterließ, der nur in den letzten Jahren etwa, nachgelassen haben kann. Wie dem auch sey so war auch dieses Gefühl rein und edel, und trat nie auf die entfernteste Weise ihren Pflichten in den Weg.«[90]

Auch das Liebesleben der übrigen Geschwister geriet in dieser Zeit durcheinander. Mitteilungen darüber finden sich vor allem in der Korrespondenz zwischen Therese und ihrem Bruder Georg. Dieser war immer noch auf der vergeblichen Suche nach der richtigen, das heißt standesgemäßen Gemahlin, verliebte sich immer wieder in Frauen, die nicht standesgemäß waren und darum auch vor der Öffentlichkeit versteckt werden mussten. Er hatte gerade die Zurückweisung durch Auguste von Bayern hinter sich und war auch in England nicht erfolgreich gewesen. Luise verfolgte vor allem Georgs Aufenthalte in Paris mit Sorge und schickte aus Königsberg die Ermahnung: »Unterhalte Dich gut, nütze Paris und die wirklichen Vorzüge aus, die es für Liebhaber der Künste und Wissenschaften hat, wie Du einer bist. Halte Dich fern von den Klippen und denke an Luise, die Dich wirklich zärtlich liebt und über die schlechte Anwendung Deiner Zeit betrübt sein würde.«[91]

Auch Friederike, deren Mann psychisch schwer erkrankt war, hatte sich offenbar neu verliebt beziehungsweise, wie Therese meinte, sich in ihre Gefühle hineingesteigert. Georg fing schon an, sich Sorgen zu machen, er sah den nächsten Skandal voraus, aber Therese beruhigte ihn: »Schone die Arme und verlange nicht zuviel von einem weiblichen Herzen! Was die Ika von den erwärmenden Strählchen sagt, ist freilich ziemlich deutlich und mir, ich gestehe es, ziemlich unbegreiflich. Doch sei nicht bange darüber, wenn nur Prinz Solms einigermaßen liebenswürdig gegen sie ist, so gibt sich das bald. Du weißt, ich liebe gewiß unsere Ika und ich kenne ihre guten Seiten, trotzdem aber glaube mir, sie ist keines bleibenden Eindruckes fähig, keiner wahren Liebe. Prinz Solms schmeichelt ihren Sinnen, sie hat ihm große Opfer gebracht, aber sie hat ihn nie wahr geliebt. Das habe ich immer behauptet und das erwärmende Strählchen, was so viel tat, beweist es aufs neue. Unsere gute kleine Ika ist schwach und ahmt gleich nach, was ihr gefällt, nun sah sie, wie ich unaussprechliche Liebe [erfuhr], wie ich zuweilen unglücklich war, das interessierte sie und sie dachte sich nun auch wieder in eine solche Lage hinein. Frage mal Louise, ob ich Unrecht habe; wir haben schon vergangenen Winter darüber gesprochen. Prinz Solms hat sehr unrecht nicht alle Kräfte aufzubieten um immer der zu sein, der ihr einst gefiel, und geht es schief, so ist er allein schuld daran. Aber das weiß ich auch, daß die Ika brav sein wird, lange, recht lange.«[92]

Dass Friederike in diesen Jahren mit ihrem Mann nicht mehr glücklich war, liegt auf der Hand. Dafür war der physische und psychische Gesundheitszustand des Prinzen Solms zu angegriffen und belastete die Beziehung zu sehr. Auch Luises Briefe sind voll davon. Und dass Friederike sich in dieser Situation genau wie Luise in eine romantische neue Beziehung hineinträumte, ist verständlich, aber mehr wurde nicht daraus. Das Jahr 1806 war für sie wegen der kriegerischen Zustände ein sehr unruhiges Jahr. Sie reiste von Neustrelitz nach Berlin, in den Sommermonaten war sie in Karlsbad, dann in Bayreuth, Ansbach, zurück nach Berlin und weiter nach Königsberg. Außerdem war sie schwanger, ihr Sohn Alexander wurde am 12. März 1807 geboren, für Liebesspiele kaum der richtige Moment. Friederike hielt tapfer an der mit so viel Kummer geschlossenen Ehe fest, und selbst 1814, als alle, selbst ihr Vater, ihre Geschwister und Friedrich Wilhelm III., ihr dringend zu einer Scheidung rieten, zögerte sie. Thereses Bemerkung, dass Friederike nicht wirklich tief lieben könnte, kann man wohl nur im Überschwang der eigenen Gefühle verstehen, dass ihre selbst empfundene große Liebe zu Graf Maximilian einmalig war und niemand Ähnliches empfinden konnte.

»Ich komme wieder zu meinem Satz zurück, dass ich die glücklichste bin«,[93] schrieb Therese im Oktober 1806 an ihren Bruder Georg. Diese Feststellung bedeutete nicht etwa, dass sich die politische Situation des Hauses Thurn und Taxis zum Positiven geändert hatte, sondern bezog sich allein auf ihre ganz private Situation. Therese hatte sich unsterblich in Graf Maximilian Emanuel von Lerchenfeld zu Köfering verliebt. »... wenn Du mich liebst, so liebst Du auch ihn, denn er ist der beste Teil meines Ichs«, schreibt sie an ihren Bruder.[94] Wann es begonnen hat, lässt sich nicht genau feststellen. Der Graf war der Sohn eines bayerischen Gesandten am Immerwährenden Reichstag in Regensburg und war selber auch des Öfteren als Gesandter dieses Staates eingesetzt. In einem Brief von 3. November 1806 schreibt Therese, dass sie seit Jahren einen Ring von ihm mit der eingravierten italienischen Inschrift trägt: »Priva di ti, priva di vita. (Fern von dir zu sein, bedeutet fern vom Leben.)«[95]

Spätestens Anfang des Jahres 1806 muss Georg davon erfahren haben, denn er begleitete sie im Februar nach Dresden, wo sie einen Sohn zur Welt brachte, für den Georg als Taufpate eingetragen wurde. Am 17. Mai 1806 wurde Georg

Querschnitt durch die Jahre 1805–1807

(geboren am 6. Mai) in der sächsischen Hauptstadt notgetauft. Eingetragen als Eltern waren: Maximilian Graf von Stockau (Deckname Lerchenfelds) und Theresia Amalia geb. Gräfin Stargard (Deckname Thereses). Als Pate erscheint unter anderen Georg, Erbprinz von Mecklenburg-Strelitz. Georg sorgte auch dafür, dass sein Patensohn durch eine verschwiegene Frau versorgt wurde. Komplikationen mit der Gefahr, dass alles aufflog, drohten immer wieder. Georg selber war besorgt, auch Friederike und Charlotte berichteten von Gerüchten, die eine Ähnlichkeit zwischen dem Kind, Georg und jener Frau sahen. Georg befürchtete, dass man ihm das Kind anhängen würde. »Du kannst für den Augenblick ruhig sein, es ist alles wieder im alten Gleis«, schrieb Therese Anfang 1807 an ihren besorgten Bruder. »Der Hauptpunkt, worin Deine Liebe so tätig war, ist weder berühret noch geahndet worden, dies ist sehr beruhigend.« Sehr geheimnisvoll, weil sie verschlüsselt schreiben musste, geht es weiter: »Unsere Freundin ist aber wohl und alle ihre Verhältnisse ganz dieselben. Dauernd können sie für die Zukunft aber erst werden, wenn man es wagt, sie durch einige üble Tage oder Monate zu erkaufen.«[96]

Ob Luise zu diesem Zeitpunkt von der Liebesbeziehung Thereses wusste, ist zu bezweifeln, denn in ihren Briefen finden sich keinerlei Andeutungen. Es war Georg, der für Therese zur Vertrauensperson und zum verschwiegenen Helfer wurde. In ihren Briefen beschwor Therese immer wieder die ewige Dankbarkeit und die Schuld, in der sie zeit ihres Lebens bei ihm stehen würde. »Dank bleibe ich Dir gewiß immer schuldig; denn Du gibst viel mehr als ich Dir je zurückgeben kann. Da, wo man recht liebt, hat dieser Gedanke nichts Peinliches, im Gegenteil, gerne bin ich Dir viel schuldig. Stören sollen gewiss weder Menschen noch Ereignisse. Dieses Gut, das zwischen uns besteht, und die Gefühle, die uns binden, sind bestimmt nicht an diese Endlichkeit gebunden.«[97] Georg hat aber nicht nur dies Geheimnis mit ihr getragen, er hat auch – und dafür war Therese ihm besonders dankbar – nicht verlangt, dass sie die Beziehung zu Graf Lerchenfeld aufgeben sollte:»O wie dank ich Dir, daß Du mit mir fühlest, daß Du Dich so in meiner Lage hereindenkst, daß Du da nicht Kraft, nicht Entsagung forderst, wo sie einem wunden Herzen noch unmöglich war. Die Entsagung des Glücks ist eine schwere Sache, sie macht mich stumpf und unfühlbar, denn zu der Höhe Deiner Resignation schwinge ich mich nie hinauf.«[98] Graf von Lerchenfeld lebte dreizehn Kilometer von ihr entfernt auf seinem Gut mit seiner Frau und seinem Sohn. Wenn Fürst Karl Alexander nicht in Regensburg war, sondern sich oft monatelang zur Jagd auf seinem Schloss in Dischingen in Schwaben aufhielt, besuchte Therese ihren Freund zweimal die Woche in Köfering, oder er kam zu ihr.»Wenn nur der Fürst jetzt in seinem Dischingen bleibt; die Gegenwart des besten Freundes ist jetzt mein liebster Trost… Ich verlebe abominable Tage, nur Er, der einzige, der immer gleich liebt, gleich um mein Glück besorgt ist, nur Er und meine Kinder machen mein Lebensglück aus.«[99]

Georg war der Einzige unter den Geschwistern, mit dem Therese sich so offen über ihre Beziehung zu dem Grafen austauschen konnte. Vor allem Luise und Charlotte, die besonders stark die Prinzipien eines tugendhaften Lebens hochhielten, mussten Thereses Lebenswandel missbilligen. Charlotte zeigte das, indem sie oft monatelang den Briefkontakt zu ihrer Schwester unterbrach, obwohl sie, wenn Therese Hilfe brauchte, für sie da war. So im Spätsommer, als der kleine Georg drei Monate alt war und Therese nach einer Möglichkeit suchte, ihn heimlich zu sehen. Während Georg die Reise des Kleinen organisierte, stellte Charlotte in Hildburghausen die Unterkunft für das Treffen:»Glaubst Du es auch tunlich, daß dein Bedienter, der immer auf die Post ging und auf den Du Dich verlassen kannst, wie Du mir sagtest, nach Leipzig gehen kann, um da mit dem kleinen Reisenden einzutreffen und ihn nach Hildburghausen zu begleiten?«, ließ Therese bei

Georg anfragen. »Daß die Kosten mir zufallen, versteht sich und ein Geschenk werde ich ihm auch machen, freilich nicht unter meinem Namen.«[100] Ende 1806 schrieb sie ihrem Bruder: »Das Jahr ist herum und ich bin reicher und glücklicher als zuvor. Wahrhaft, ich bin doch ein glückliches Geschöpf. Freilich, ich habe schreckliche Zeiten gehabt und ich wäre elend gestorben, wenn nicht das Schicksal das schreckliche Imperativ ›Entbehre!‹ in ›Genieße!‹ umgewandelt hätte. Aber was habe ich für Seligkeiten genossen, welchen Schatz besitze ich an Freund, Bruderfreund und an Mutterfreuden.«[101]

Immerhin hatten die Gerüchte aber dazu geführt, dass Fürst Karl Alexander sich von Therese scheiden lassen wollte. Erst Mitte März 1807 konnte sie ihrem Bruder mitteilen, dass diese Gefahr vorbei sei. Die Berater des Fürsten, Alexander Freiherr von Vrints-Berberich und Alexander Graf von Westerholt, hatten das »Wunder« vollbracht und ihren Mann überzeugt, dass er Therese brauchte, um das Thurn und Taxis'sche Vermögen zu retten. Und so erklärte er, »er gebe alle seine vorigen Pläne und Ideen auf, er brächte dies Opfer seinem Haus, das durch die Trennung seine Hauptstütze verlieren würde… Gottlob also, daß die Sachen wieder so weit sind und daß Vater und Bruder keine peinlichen Aufträge bekommen werden.«[102] Eine Scheidung, vor der Georg sie gewarnt hatte, wollte auch sie offenbar nicht. »Von meinen Kindern konnte und kann ich mich nicht freiwillig trennen. Und dafür gibt es keine Schadloshaltung.« Sie sei vierunddreißig Jahre alt und nicht mehr in dem »Fall, unserem Vater auch nur die leiseste Alteration zu verursachen. In jeder Rücksicht bin ich glücklich darüber.«[103]

Im Gegensatz zu Thereses Leben verlief das von Charlotte in ruhigeren Bahnen. Die Geschwister wussten von ihren Problemen mit dem Herzog, die aber zu diesem Zeitpunkt noch nicht Thema der Briefe waren. Mehr Sorgen machte den Geschwistern die unglückliche Ehe der ältesten

Zusammenhalt in schweren Zeiten

Tochter Charlottes, die mit Paul von Württemberg verheiratet war und kurz vor ihrer ersten Entbindung stand. »Die Lotte ist nach Stuttgart abgereist, Tochter entbindet. Man sagt, der liebliche Mann [Paul von Württemberg] soll bei der Taufe wieder erscheinen. Eine Wiedergeburt und Entsagung samt Abwaschung seiner Sünden könnte wirklich nicht schaden. Er ist ein abominabler Mensch. Gott mache nur die arme Lotte ewig blind. Daß Du ihm die Meinung gesagt hast, ist mir ein wahrer Trost … Der Herzog von Hildburghausen muß die Kaiserlichen Dienste verlassen und sein Regiment abtreten. Der Commissaire Villard war 3 Tage in Hildburghausen und die Lotte hat ihn so bezaubert und imponiert, daß er schon vor diesen Nachrichten viel nachgelassen hat. Du glaubst wohl nicht, dass ich solche Details von Charlotte weiß … weil sechs Monate vergingen ohne dass ich ein Wort von Hildburghausen hörte. Charlotte ihr Nichtbedürfnis sich mitzuteilen bleibt mir ewig unbegreiflich, auch schelte ich sie, wie sie es verdient.«[104]

In den Briefen zwischen den Geschwistern werden in dieser Zeit aber auch philosophische Themen angesprochen, so zum Beispiel die Frage des Alterns oder des Todes. Für Therese war jeder Tag ein Geschenk des Schicksals: »Ach, dieser Genuß ist mir und ihm wahrlich zu gönnen. Wer weiß, was die Zukunft für Opfer fordern wird und dann, meine Blütenzeit ist auch vorbei und der letzte Duft davon gehört doch ihm. Du glaubst nicht, wie ich verändert bin, seit dem Oktober bin ich um 10 Jahre älter geworden und meine Haare sind mehr grau als braun. Im vorigen Frühling, wenn Du Dich erinnerst, sah ich noch einem ziemlich hellen Herbsttag ähnlich oder viel mehr einer Herbstpflanze, die bei gelinder Witterung noch einige Dauer versprach. Aber der raue Nordwind ist zu früh gekommen und die Blätter fallen ab und selbst die Wurzel ist angegriffen … Adieu, adieu, ewig Deine alte Therese, leider wirklich mit grauen Haaren, die das Wort auch in physischer Hinsicht wahrmachen; das Herz ist aber noch unangetastet.«[105]

Querschnitt durch die Jahre 1805–1807

Auch Luise machte sich seit einigen Jahren Gedanken zum Thema Altern, wenn auch noch in sehr humorvoller Art. So schrieb sie an ihren Bruder Georg schon 1804, falls er seine Braut nach Berlin bringen sollte, »so wird eine gewisse Schwester im Hintergrund die dunkelgelbe Wolke vorstellen, wo der Rost nicht mehr zu leugnen ist. Bringe sie nur, ich habe große Schritte in der Weisheit gemacht und habe gelernt: Qui n'a pas l'esprit de son age, de son age a tout le malheur. Malheureuse will ich nicht sein, also habe ich Verstand.«[106]

Vor allem Therese philosophierte nach wie vor gerne ausführlich mit ihrem Bruder Georg: »Ach, wie viel lieber blieb ich im Verborgenen, in der Nähe des besten und edelsten Freundes, den ich hier fand, um mich nun desto schmerzlicher von ihm zu trennen. (nur zeitweise!) – Ach Georg, welche Toren, die das Glück in äußeren Gegenständen suchen. Aber Glück liegt in uns, in unseren Herzen, in der Verbindung mit einem edlen Wesen. – Es werde Dir das Glück, was Deine Therese in hohem Maße empfindet.«[107] Fast zeitgleich definierte Luise den Begriff Glück in Kombination mit der Erfüllung der jedem Menschen auferlegten Pflichten.[108] Zumindest Therese und Luise trennten inzwischen, was ihre Einstellung zum Leben anbetraf, mehr als die Tausende Kilometer zwischen Regensburg und Königsberg.

Krankheiten, Todesfälle, Schwangerschaften, auch das belastete die Geschwister in dieser Zeit, vor allem, weil die Nachrichten unregelmäßig, zeitlich verschoben und oft falsch ankamen. Therese schreibt: »Das ist das Peinliche dieser weiten Entfernung, in der wir leben, daß dieselben Gefühle so selten zusammentreffen können, das heißt augenblicklich über denselben Gegenstand. Unterdessen der eine Teil trauert, vielleicht mit dem Tode kämpft, ahndet der Freund, der Bruder nicht, selbst bei einer viel kleineren Entfernung als die, die uns trennt, und wenn die Ruhe und das Leben schon längst wieder zurückgekehrt ist, so stört man

erst die seines entfernten geliebten Verwandten.«[109] Zuverlässige Nachrichten kamen oft durch gemeinsame Bekannte
wie Caroline Friederike von Berg, die inzwischen so sehr
ein Teil der Familie war, dass Luise oder auch Georg keine
Hemmungen hatte, ihr die Briefe der Geschwister zu zeigen, so wie die meisten Briefe ja auch allen anderen Familienmitgliedern zugänglich gemacht wurden. Therese allerdings ging das nun doch zu weit. »Ich zürne nicht«, schrieb
sie an ihren Bruder Georg, »dass Du es Frau von Berg zeig-
test … Im ganzen aber laße mir die Überzeugung, daß ich
nur für Dich schreibe. Ich weiß nicht, ist es Eigenliebe oder
was sonst, aber ohne diese Überzeugung könnten meine
Briefe weder für Dich noch für mich das sein, was sie bisher waren.« Auch als Georg einen Brief, den sie an Luise gerichtet und ihm zur Weitergabe geschickt hatte, öffnete und
sogar mit eigenen Kommentaren versah, wurde er, was ganz
selten vorkam, behutsam, aber doch energisch zurechtge-
wiesen, das Briefgeheimnis zu wahren.[110]

Aber trotz aller Schwierigkeiten der Kommunikation
und aller Missverständnisse blieb die Familie auch in diesen
Jahren der einzige Zusammenhalt. »Gibt es denn noch ein
Glück auf der Welt?«, schrieb Luise an die Großfürstin Anna
von Russland. »Ich frage mich danach, und dann glaube ich
es, wenn ich die Schwestern ansehe, die das Schicksal mir
gegeben hat, um mich zu trösten und die furchtbare Last
zu erleichtern, die es uns manchmal auferlegt.«[111] Zwei
Jahre später, als sie in Memel weitab von allen Verbindungen als Einzige nur selten die Möglichkeit hatte, ein Familienmitglied zu treffen, schrieb sie Georg und Therese nach
Paris: »Ihr seid vereint, meine lieben Freunde, und dadurch
wenigstens zufrieden; wenn ich denke, welche Freude Euch
wieder werden muß durch diesen süßen Genuß, Euch zu
sehen, ganz offenherzig miteinander zu reden, kurz durch
die Überzeugung, daß Ihr vereint seid, dann glaube ich, daß
ich mich über etwas in der Welt freuen kann. Im übrigen ist
dieses Gefühl mir ganz fremd, und Tränen, düsterer Kum-

mer, zuweilen sogar Verzweiflung sind meine täglichen Begleiter.«[112]

Heinrich von Kleist

An die Königin von Preußen
Zur Feier ihres Geburtstages den 10. März 1810

Erwäg ich, wie in jenen Schreckenstagen,
Still deine Brust verschlossen, was sie litt,
Wie du das Unglück, mit der Grazie Tritt,
Auf jungen Schultern hast getragen,

Wie von des Kriegs zerrißnem Schlachtenwagen
Selbst oft die Schar der Männer zu dir schritt,
Wie, trotz der Wunde, die dein Herz durchschnitt,
Du stets der Hoffnung Fahn uns vorgetragen:

O Herrscherin, die Zeit dann möcht ich segnen!
Wir sahn dich Anmut endlos niederregnen,
Wie groß du warst, das ahneten wir nicht!

Dein Haupt scheint wie von Strahlen mir umschimmert;
Du bist der Stern, der voller Pracht erst flimmert,
Wenn er durch finstre Wetterwolken bricht!

*Querschnitt durch die
Jahre 1809–1810*

Zwischen Hoffnung und Verzweiflung

> »Auch von meiner Seite schreib ich nicht wahr, und es hat sich eine Falschheit etabliert, die gräßlich ist!«,

schrieb Luise aus Königsberg am 25. März 1809 an ihren Bruder Georg.[1] »Ich muß einmal über etwas klagen, welches ich nur vor das Bruder- und Schwestergericht bringen kann.« Es ging um ihre Schwester Therese und die »gänzliche Unmöglichkeit, ihr vertraut zu schreiben«, wie sie das mit den anderen Geschwistern konnte. Therese weilte in Paris, um erneut mit Napoleon über die Situation des Hauses Thurn und Taxis zu verhandeln. Einerseits schreibe Therese zuverlässig jeden Montag zur großen Freude Luises, »weil ein Zeichen von Euch, daß ihr lebt und webt, mich beglückt«. Und doch war Luise nicht zufrieden, denn »wenn etwas in diesen Briefen berührt wird, was mehr ist, als Wind und Wetter, so werden die lügenhaften Zeitungsartikel sozusagen fortgesetzt und das Lob [auf Napoleon] das allerlebhaftigste gesungen«.

Bis zu einem gewissen Punkt konnte Luise das verstehen, das machte sie selber auch, solange die Briefe über den unsicheren Postweg geschickt wurden, aber wenn Freunde oder Bekannte die Briefe mitnahmen und so vor dem Öffnen durch Napoleons Spione geschützt waren, dann wenigstens könnte Therese doch offen reden und deutlich machen, dass sie nicht freiwillig in Paris, in der Höhle des Löwen, lebte. Luise vermisste eine Erklärung, »die da sagt, ich folge dem Strom ungern, es ist gegen mein Gefühl, meine Neigung, dem verhassten Götzen zu opfern, aber meine Kinder legen mir Pflichten auf«.

Schließlich habe Georg ihr aus Paris genau solche Briefe geschrieben, »aber Therese nie ... Ich hoffe doch nicht, daß Therese wirklich etwas geblendet ist und ein gutes Haar an dem Allerinfamsten glaubt. Beruhige mich darüber, lieber George. Wenn ich ihren bitteren Tadel bedenke, den sie über Preußen und den König in ihrem Brief an mich aus Paris und Erfurt schrieb, wird mir manchmal bange um ihre Teutschheit.« In dieser Kritik an der Schwester wurde sie von Friederike unterstützt, die auch anfing, sich um »Theresens Teutschheit« Sorgen zu machen. »Ich bin desperat«, schrieb sie an Georg, »denn das ist bloß die Folge des Einflusses ihres abscheulichen L[Lerchenfeld]. Schade, wahrlich recht schade, daß ein so kraft- und geistvolles, teutsches Weib den Teutschen verloren geht.«[2]

Luise beklagte sich weiter bei ihrem Bruder: »Die Kuriers gingen spärlich, und die Post? Die ist wenigstens für unsere Art, zu denken und zu schreiben, nicht gemacht.«[3] Und damit hatte sie recht. Briefe, die so offen wie ihre waren, jede Gefühlsregung mitteilend, Ärger, Wut gegen den politischen Gegner völlig ungefiltert zu Papier gebracht, waren zu allen Kriegszeiten, in denen die Tätigkeit der Spione Hochkonjunktur hatte, gefährlich und drohten diplomatische Verhandlungen zunichtezumachen. Ihre Geschwister und auch Vater und Großmutter waren längst dazu übergegangen, ihre Briefe zu verschlüsseln, wenn auch manchmal so stark, dass der Adressat sie nicht mehr entziffern konnte, wie Luise sich bei ihrem Bruder über einen Brief der Großmutter beklagte, deren Bitten sie nicht erfüllen konnte, weil sie vor lauter Abkürzungen den Inhalt nicht verstand. »... so bring mir doch den Wunsch von der GM in betreff des O George klar mit, mit Namen der Orte, daß ich sie lesen kann und sie dem K. aller Reußen überschicken. Sie sprach des forces de mon fils, das kann freilich niemand verstehen, als der in die Mysterien eingeweiht ist.«[4]

In einem weiteren Punkt hatte Luise auch recht. Therese, die auf dem diplomatischen Parkett geübt war, hatte überall, wo sie sich zu offiziellen Verhandlungen mit den Franzosen aufhielt, in ihren viel besuchten Salons auch geheime Treffen mit den unterschiedlichsten Parteien: Der französische Außenminister Talleyrand, der zum Teil in Opposition zu Napoleon stand, gehörte ebenso dazu wie der russische Zar Alexander. Was dort besprochen wurde, verheimlichte Therese ihrer Schwester, weil sie ihren unkontrollierten Hass auf Napoleon kannte und in ihrer bekannten Spontaneität womöglich alles verraten hätte. Die Briefe Thereses an Georg aus dieser Zeit behandeln durchaus politisch brisante Themen, wurden jedoch über sichere Postwege, über die Therese natürlich verfügte, überbracht. Und das hätte wohl auch nach Königsberg funktioniert, wenn Therese zu Luises Verschwiegenheit Vertrauen gehabt hätte.

Was Thereses »Teutschheit« anbetraf, so muss man die Frage stellen, ob es so etwas wie Nationalgefühl damals überhaupt schon gab. Luise selber dachte und handelte allenfalls als preußische Königin und kämpfte für den Erhalt ihrer Dynastie in einem monarchisch ausgerichteten Preußen. Zu diesem Ziel beschwor sie Gefühle einer deutschen Nation, die es so gar nicht gab und erst Jahre später als tragendes Fundament einer Widerstandsbewegung geben würde. Im Jahr 1809 versuchte noch jeder Fürst irgendwie aus der Situation das Beste für sein Land herauszuholen, oft auf Kosten anderer Fürsten. Auch Luises Vater und ihr Bruder Georg bemühten sich, ihr kleines Herzogtum zu retten, indem sie jede Gelegenheit wahrnahmen, Napoleon oder einen seiner Verwandten zu treffen und für ihre Sache zu sprechen. So begab sich Georg nach Paris oder nach Kassel, wo Napoleons Bruder Jérôme als König von Westfalen residierte. Zufrieden über seinen dortigen Besuch, bei dem er mit aller Achtung empfangen wurde, berichtete er seiner

Schwester über das höflich-zuvorkommende Verhalten des Königs.[5]

Thereses Verhalten unterschied sich hinsichtlich der Motivation nicht von dem ihrer Schwester Luise im fernen Memel: Es ging ihr vor allem um die Zukunft ihrer Kinder. Der Unterschied war allerdings, dass Therese es mit Diplomatie versuchte und in ihren Briefen, von denen jeder abgefangen werden konnte, nur sehr behutsam und verschlüsselt über Napoleon redete. Und einen weiteren Unterschied gab es: Thereses Napoleon-Bild war nicht durch Vorurteile geprägt, sondern von unmittelbaren Begegnungen mit Napoleon und dessen Familie. Therese war befreundet mit Napoleons Frau Joséphine, in der Pariser Gesellschaft war sie anerkannt und fühlte sich wohl, zumal sie dort leichter mit ihrem Freund Graf von Lerchenfeld zusammenleben konnte. Therese zog daher ganz pragmatisch – zur Empörung ihrer Geschwister, allen voran Luise – sogar einen Wohnungswechsel nach Paris in Erwägung, denn ihre Heimatgefühle waren nicht an einen Wohnort gebunden. Sie war dort zu Hause, wo ihre Kinder waren, in den Jahren ab 1805 dort, wo Max von Lerchenfeld, ihre große Liebe, sich aufhielt. Und was die Kritik Thereses an Preußen betraf, so war sie zutiefst besorgt, dass das unkluge Verhalten des preußischen Königspaares dazu führen könnte, dass Napoleon Preußen komplett auflösen würde. Realpolitische Überlegungen, die bei Luise Empörung auslösten.

Sehr vielsagend ist auch, dass es keine Hinweise in irgendwelchen Briefen gibt, dass Luise die große Enttäuschung dieses Jahres mit ihren Geschwistern geteilt hätte: Sie musste sich von ihren Illusionen verabschieden, die sie sich von Zar Alexander als Inbegriff des Tugendhaften, über seine Gefühle für sie und sein unbedingtes Festhalten am Bündnis mit Preußen gemacht hatte. »Ich bin verzweifelt!«, ist ein Ausruf, der in den Briefen dieser Zeit an Caroline Friederike von Berg und an Marie von Kleist wiederholt vorkommt. In den Briefen zwischen Therese und Georg, die freimütig über alle ihre Beziehungen und die ihrer Geschwister sprachen, fehlt jede Andeutung über den Zaren und seine Beziehung zu Luise. Vielleicht hat Luise es bewusst verschwiegen, denn ihren Geschwistern gegenüber hat sie zu oft den tugendhaften Zeigefinger gehoben, als dass sie jetzt hätte zugeben können, dass auch sie nicht frei war von tiefen Gefühlen für einen anderen Mann.

Es war die mütterliche Freundin Caroline Friederike von Berg, der sie ihr Herz ausschütten und auf deren Verschwiegenheit sie sich verlassen konnte. »Ich bin ruhiger als ich Ihnen schrieb vor einigen Tagen, weil ich mich schon gewöhne an den Gedanken, daß alles Gute untergehen muß, wenn das böse Prinzip nur noch etwas lebt… Ich bedaure nun nicht mehr, alle Illusion verloren zu haben, denn ein Mensch, der nur Form und Farbe liebt, ist sehr wenig. Aber mein Glaube an das Edle und Gute ist etwas gesunken. Auch das ist nicht der Ausdruck, sondern die Wahrheit, die da sagt, daß nichts Schrecklicheres sei, als die gute Meinung, die man von einem Menschen hatte, zurückzunehmen, die hat recht. Es schmerzt fürchterlich. Dennoch glaub' ich mehr als je, daß Tugend allein beglücke.«[6]

Das Jahr 1809 war für alle sechs Geschwister ein Jahr zwischen Hoffnung und Verzweiflung und immer wieder Warten. Warten, ob Napoleon nicht endlich eine Schlacht verlor, Warten darauf, dass Luise mit ihrer Familie und auch Bruder Carl endlich nach Berlin zurückkehren konnten. Große Schlachten waren in diesem Jahr im Norden nicht zu erwarten. Der größte Teil Europas gehörte ohnehin zu Napoleons Reich, Russland galt als Napoleons Verbündeter, wenngleich Alexander I. die Ruhephase wohl zur Vorbereitung seiner Armee auf die endgültige Abrechnung mit Napoleon nutzte, die dann beim Russlandfeldzug 1812 erfolgte. Der preußische König war abhängig von Napoleons Gnaden, versuchte vergeblich die Bedingungen des Waffenstillstands zu mildern und hielt sich aus allen kriegerischen Handlungen heraus. »Über uns ist noch nichts entschieden«,

Querschnitt durch die Jahre 1809–1810

schrieb Luise an ihren Bruder Georg, »wann wir gehen, denn wir erwarten Kuriers aus Petersburg und Paris und Wien. Ach Gott, was wird es noch werden, wenn das Untier leben bleibt! Seit die spanischen Mönche nichts auf ihn vermocht, habe ich alle Hoffnung verloren, dass er zu vertilgen ist.«[7]

Und dann ereignete sich doch etwas, was neue Hoffnung gab: Im April 1809 marschierte Napoleon mit seinen Truppen nach Süddeutschland, hatte mehrere kleinere Siege gegen die Österreicher (bei Arensberg, Landshut) und zog am 12. Mai 1809 in Wien ein. Aber zehn Tage später verlor er eine Schlacht und 16 000 Mann bei Aspern an der Donau gegen die Truppen des Erzherzogs Karl, die erste Niederlage in einer offenen Feldschlacht. Zum ersten Mal wurde der Nimbus des Unbesiegbaren angekratzt. Da die Österreicher ihm aber Zeit ließen, seine Armee aufzufüllen und zu organisieren, konnte er zurückschlagen und am 6. Juli bei Wagram entscheidend gewinnen. Der Diktatfrieden vom 14. Oktober 1809 machte aus der Großmacht Österreich eine Mittelmacht. Trotzdem hatte die Schlacht bei Aspern allen gezeigt, dass Napoleon nicht unbesiegbar war.

Luise hatte die Operationen aus Königsberg mit besorgtem Blick verfolgt: »Aber was wird das Ende dieses Krieges sein? Wenn die Franzosen siegen, sind wir vernichtet, wenn die Österreicher siegen und wir gegen sie, so vernichten uns diese oder plündern uns aus. Ach lieber Gott. Oft mach ich die Augen zu und sage, so oft ich nur kann: Wir alle stehen in Deiner Hand, Gott verlaß uns nicht.«[8] Nach dem Teilsieg der Österreicher schöpfte Luise Hoffnung, wenn sie auch zum ersten Mal anerkannte, dass Napoleon als Feldherr kaum zu schlagen war: »Wir müßen hoffen, daß es so weitergeht; denn eine Schlacht rettet die Welt noch nicht, und der größte Feind dieser tapferen Österreicher ist nicht die Zahl der französischen Soldaten, sondern das Genie Napoleons; er zieht sich aus allem heraus, er ist reich an Hilfsquellen und groß in Kombination ...«[9] Im Umkreis des Königs diskutierte man wie schon 1805, ob Preußen in den Krieg aufseiten Österreichs eingreifen sollte. Stein war dafür, Luise ebenfalls, obwohl dies einen Konflikt mit Russland und Alexander bedeutet hätte. Und doch hielt sie sich diesmal offiziell zurück: »Ich weiß, was ich will, doch es kömmt nichts mehr über meine Lippen, da mein Rat [1806] solch fürchterliche Folgen gehabt hat.«[10]

Luises Geschwister Carl und Friederike dagegen, die ungeduldig auf eine Entscheidung Friedrich Wilhelms für einen Krieg gegen Napoleon warteten, waren genervt vom erneuten Zögern des preußischen Königs. Während Friederike sich nur vorsichtig äußerte – »Von Königsberg ist nichts gekommen als indirekt ein Strahl der Hoffnung«[11] –, machte Carl, der wie die meisten Offiziere im preußischen Heer die militärische Auseinandersetzung mit Napoleon suchte, um die Niederlage von 1806 auszulöschen, seiner Enttäuschung in einem Brief an Bruder Georg Luft. Er sei »von der Höhe meiner Wünsche, meiner stolzen Hoffnungen ... in einen tiefen Sumpf gestürzt. – ... Mein ganzes Innerstes empört sich gegen jene Person, der eine Krone und einen Kirschstein nicht zu unterscheiden vermag, und ich bin voller Indignation und Verachtung, böse auf ihn zu werden, ihn zu hassen, dazu ist er zu dumm, dessen ist er nicht würdig. Wäre er allein, nun so lachte ich ihn aus, aber der Engel, der neben ihm steht, der so unverdient mit ihm herabgezogen wird, und die Zukunft Deutschlands, das ergreift meine Seele mit unnennbarem Ungestüm.« Er fragte seinen Bruder zornig, ob das Unglück 1806 alle Ehre und Würde in Preußen hinweggeschwemmt habe. Der Weg, den Preußen aus Pflicht und Notwendigkeit einschlagen müsse, sei »der des Ruhms, der leichten und brillanten Siege«, und die könne man jetzt haben, denn in Westfalen warte man nur noch auf die preußische Hilfe, andernfalls würde man sich den Österreichern in die Arme werfen.[12] Auch in Berlin seien alle genervt, schrieb Sophie von Voß in einem Brief an Georg, weil der König immer noch zögerte, in seine Hauptstadt zurückzukehren, was längst von allen Seiten erwartet und empfohlen wurde. Die Stimmung sei so gereizt, dass sogar ein Umsturzversuch nicht ausgeschlossen sei, »falls nur einer da wäre mit ein wenig Ehrgeiz und einem energischen Kopf, dann wäre keine Rede mehr von Friedrich Wilhelm«. Vor allem die teure Reise nach Petersburg habe für Unmut gesorgt. »Der letzte Anker, woran sich der Glaube hielt, die Königin, sinkt nun auch; denn man ist überzeugt, daß sie unter russischem Einfluss stehe. Ich glaube, sie steht ganz unter dem Einfluß des Königs und ist ihrem Prinzip getreu, nie wider ihn zu sein.«[13] Georg war entsetzt über die Folgen des zögerlichen Verhaltens seines Schwagers, den er am liebsten als König abgesetzt hätte. »O meine arme, arme, arme Schwester, nun auch dieser Engel, dieser so wahrhafte Engel verkannt! Und dadurch der letzte Trost ihr geraubt! – ... O, könnte ich der Welt nur einen, nur einen einzigen Brief von den vielen zeigen, die sie uns in dieser furchtbaren Zeit schrieb, höher wie je würde der Enthusiasmus für sie steigen ... Natürlich würde sie nie mehr sein wollen, als die Gemahlin des Königs und die Mutter seiner Kinder, und wahrlich, so wie die Stimmung und die Spannung jetzt ist, so könnte solch ein Brief leicht bewirken, daß ihr endlich die Martyrerkrone vom blutigen Haupt genommen würde, um ihr die Königskrone ungeteilt aufzusetzen, die sie dann freilich, wenn sie es wollen dürfte, auch ungeteilt sehr edel zu tragen vermöchte.«[14]

In Deutschland kam es in diesen Monaten zu ersten Aufständen. War Napoleon anfangs noch von vielen bejubelt worden, so sehnten sich doch immer mehr Menschen nach Frieden, gerade im Herzen Deutschlands, denn dort zogen seit zehn Jahren permanent Truppen durchs Land, die versorgt werden mussten, Plünderungen, Einquartierungen, kaum eine Familie, die nicht einen oder mehrere Söhne in Napoleons Heer hatte stellen müssen, und ein Ende war nicht abzusehen.

Luise sprach in einem Brief an die Zarenmutter über die »allgemeine Gärung« in Deutschland, für die sie die »maß-

Zusammenhalt in schweren Zeiten

lose Tyrannei Napoleons« verantwortlich machte, befürchtete aber zu Recht, dass Napoleon hinter den Aufständen den preußischen König vermutete, der jedoch unschuldig sei. »Aber wird Napoleon, so wie er Preußen und den König haßt, an diese Unschuld glauben? Er, der nur Böses und Bösartiges tut?«[15] Im Juni 1809 hieß es sogar, dass eine erneute Invasion der Franzosen in Berlin bevorstand. Luise gab dem Hofrat Lentz, der in Berlin weilte, den Auftrag, in einem solchen Fall »mein gesamtes Mobilar von Wert zu retten und es bei verschiedenen Gutgesinnten unterzubringen. Meine Bronzen, Alabastervasen, der große russische Spiegel, die Tische von Malachit etc., alles was von Wert ist, mit einem Wort, zu retten.« Und das so, dass »Berlins Einwohner nicht einmal ahnen, eine solche Idee sei in mir aufgestiegen. Weil die Desperation ohne Grenzen dann sein würde ...«[16]

Die Geschwister verfolgten zunehmend besorgt das Schicksal Luises, aus deren Briefen tiefe Hoffnungslosigkeit sprach. Sie überlegten, wie man »dem Engel nützlich sein kann«, wie Therese in einem Brief an Georg schrieb. Therese hatte zu ihrem Entsetzen erfahren, dass die Stimmung gegen Preußen in Paris so negativ sei, dass Napoleon über seine endgültige Auflösung nachdenke. »Die Gründe: Das fortdauernde, unvorsichtige und nicht gute Benehmen von Preußen. Das gleich bleibende schmollende Verhalten des Königs, sein Verbleiben in Königsberg, das für jeden Souverän, der seinen Gesandten nach Berlin schicke, eine Beleidigung sei.« Außerdem werfe man Friedrich Wilhelm vor, durch seine mangelnde Kooperationsbereitschaft die antifranzösische Stimmung im Land zu schüren und damit Aufstände gegen Napoleon zu begünstigen. »Jedes dieser Worte war ein Todesurteil, das auf mein Herz fiel«, schrieb Therese. Sie habe versucht, die Anklage gegen Preußen abzumildern, aber vergeblich, was nicht verwunderlich sei, denn die Vorwürfe seien ja im Grunde gerechtfertigt. Das Schlimmste aber war, dass man dem König das alles berichtet habe, und seine Antwort lautete, er hätte jetzt keine Zeit,

Querschnitt durch die Jahre 1809–1810

beim Frieden könne man darüber nachdenken. Die dann folgenden Sätze in Thereses Brief enthalten wohl die härteste Kritik an Luise und ihrem Weltbild, die vonseiten der Geschwister jemals zu Papier gebracht wurde: Das starre Festhalten an Prinzipien und Idealen könne man sich nur leisten, wenn man keine Verantwortung anderen Menschen gegenüber habe, oder mit Thereses Worten: »Kann die Meinung und die Stimmung nicht geändert werden, so bleiben die Folgen nicht aus, und das Bewußtsein kann einen jenseits der Sterne selig machen, allein hier auf der Erde, wo man doch nicht allein lebt, ist es, düngt mir, nicht hinlänglich. Erschrecke nicht über meine Moral! Ein isolierter Mensch kann und soll vielleicht seiner Überzeugung und seinem Zartgefühl alles aufopfern, wenn man aber auf einer höheren Stufe steht, wenn man Kinder und ein Volk hat, so muß man sich nicht isolieren, sondern jeder ihrer Existenz viele und große Opfer bringen. Das ist mein Glaubensbekenntnis.«

Trotz aller Kritik bemühte sich Therese in Paris weiter, die Stimmung gegen Preußen zu verbessern. Sie bekam schließlich die Antwort, das einzige Mittel zur Rettung, was aber wohl zu spät komme, sei »Vertrauen, Hingebung in die Hand des Mächtigeren, Versicherung derselben und ein Betragen, was diesem entspricht. Und strenge Maßregeln gegen alle Ruhestörer und gegen den aufrührerischen Geist in der Armee.« Der König solle an den Kaiser schreiben, empfahl Therese, ihm die Lage schildern, »ihn um Rat fragen, alles von ihm hoffen und erwarten«. Am besten wäre es noch, wenn Russland die Sache unterstützte. Georg solle dies an Luise weiterleiten, er könne ihren Namen nennen oder nicht. Therese ahnte offenbar, dass diese Ratschläge, verbunden mit der Kritik an dem preußischen Königspaar und ihrem realitätsfremden und für ihr Land schädlichen Verhalten, von ihrer Schwester nicht freundlich aufgenommen werden würde. So betont sie immer wieder, dass sie es für ihre Pflicht halte, dies zu sagen. »Gott schaffe diesen

Zusammenhalt in schweren Zeiten

Brief sicher in Deine Hände und er erleuchte das Betragen des Königs! Möge er mein Vertrauen in den großen Helden [Napoleon] teilen, es liegt tief in meiner Seele und es wird mich gewiß nicht trügen. Ich schien dazu prädestiniert, Dir nichts als Unangenehmes zu schreiben, habe mich deswegen nicht weniger lieb! Ich bin sehr traurig, das begreifst Du. Gott schenk uns allen eine frohe Zukunft!«[17] Therese war es am Ende zu verdanken, dass Freiherr von Hardenberg 1810 wieder in den preußischen Staatsdienst eintreten durfte, wofür Luise ihrer Schwester sehr dankbar war.

Ende September 1809 lud Napoleon alle Fürsten nach Erfurt ein, um dort zu verhandeln. Luises Geschwister Georg, Therese und auch Charlotte nutzten die Gelegenheit, um dort gemeinsam für ihre Interessen aufzutreten. Luises ganze Hoffnungen lagen wieder einmal bei Alexander, der nun als Verbündeter Napoleons die kaum zu erfüllenden Bedingungen für Preußen zu mildern versuchen sollte. Ihr Brief zeigt, wie unbelehrbar sie in ihrem Hass blieb, den sie nicht einmal, wie Therese empfohlen hatte, aus Verantwortung für ihr Land unterdrücken konnte. »Sie werden also Napoleon wieder sehen, diesen Mann, der Ihnen, wie ich weiß, ebensolchen Schrecken einflößt wie mir, diesen Mann, der die Sklaverei aber will; und die er nicht knechten kann, die will er zu Schritten verleiten, um ihnen das Gute abwendig zu machen, das er nie besessen hat: die öffentliche Meinung.« Sie warnte ihn vor »diesem gewandten Lügner« und bat ihn, sich nicht mit den Franzosen gegen Österreich zu wenden. »Folgen Sie Ihrem Herzen, Ihren Neigungen; ich rufe immer wieder dieses Herz an, das alle Tugenden von Natur übt, das das Gute will und das Böse und Ungerechte verabscheut. Lassen Sie ihn mit Festigkeit und Energie diese Tugend sehen. Sie sind mächtig, Sie müßen, Sie können noch, Gott sei Dank, Absichten und Gedanken haben, die Sie verwirklicht sehen wollen.«[18] Alexander besuchte das Königspaar auf seinem Weg nach Erfurt in Königsberg, und Luises ganze Hoffnungen begleiteten ihn. Und Alexander erreichte wirklich eine Herabsetzung der Kontributionszahlungen für Preußen. Dankbar schrieb Luise ihm nach Erfurt, sie freute sich auf seinen Besuch »... mit unbeschreiblicher Ungeduld erwartet von dem König und mir mit etwas, was zarter ist als Ungeduld.«[19]

Trotz dieses Entgegenkommens Napoleons und der bevorstehenden Rückkehr nach Berlin, die für Ende Dezember vorgesehen war, erreichte Luises Stimmung Ende November einen Tiefpunkt. An die russische Zarin schrieb sie einen Brief, der zeigt, wie sehr Luise in ihrem Selbstverständnis getroffen war: »Ich frage Sie, wie soll ich ruhig sein, solange dieser Mann lebt? Kennt er Billigkeit und Gerechtigkeit? Ist ihm irgendetwas heilig? ... Sie wissen auch, teure Kaiserin, daß das Sprichwort ›Ehrlich währt am längsten‹ nicht mehr gilt.«[20] Trost fand sie wie ihre Geschwister nur noch im Vertrauen auf Gott: »Es ist eine schwere Zeit der Prüfung über uns aufgegangen, und nur der Gedanke ›Es ist Gottes Hand, die alles leitet‹, und die Überzeugung, daß wir nur durch Prüfung veredelt und gebessert unserer Bestimmung entgegenreifen, kann uns emporhalten in jetziger Zeit.«[21]

Sehnsucht nach der Nähe der Geschwister

>»Diesen Ersatz für so viel Entbehren, so viel Leiden darf ich mit Recht vom Himmel erhoffen und von Papa«,

schrieb Luise im August 1808 an ihren Bruder Georg[22] und hoffte, dass nun endlich der ersehnte Besuch ihrer Geschwister in Königsberg vom Vater genehmigt würde. Vor allem an Geburtstagen der Geschwister fühlte sie sich einsam und von den Feiern der übrigen Familie abgetrennt, auch wenn sie zum Beispiel am 12. August 1808 den Geburtstag von Georg in dessen Abwesenheit ganz groß mit ihrer Familie in Königsberg feierte: Sie lag morgens im Bett, als ihre Kinder »hereinstürmen, mit Blumen in den Händen, mein Bett bewarfen und schrieen: Ich gratuliere, liebe Mama, zu Onkel Georgs Geburtstag«. Alle frühstückten gemeinsam, dann hatten die Kinder Unterricht – und sie blieb alleine »mit all meinen Gedanken und meiner Liebe zu Dir. O, bester Georg, welche Sehnsucht hab' ich nach Dir!« Abends wurde zu seinen Ehren gefeiert, und Luise ging sogar so weit, dass sie für ihn ein Kleid anlegte, das er bei seiner großen Liebe in Paris gesehen und ihr beschrieben hat: ein Kreppkleid mit blauem Band und auf dem Kopf eine Girlande aus blauen Winden: »... und dieses hab ich alles so gewählt, weil Du Sie einmal so sahest, und daß ich glaubte, es würde Dir angenehm sein, zu wissen, daß ich mich in Ihre Farben gekleidet habe, die Dir an ihr gefielen, und gerade an Deinem Geburtstag!« Sie fragt Georg, wie es seiner Freundin gehe und wie er ihr schreibe, möchte ihr selber gerne schreiben. »Kommt sie denn nie heraus aus Frankreich? Wenn wir wieder in Berlin sind, so mußt Du es machen.« Wer die »sie« war, kann man nur raten. Es handelt sich wohl um die Herzogin von Chevreuse, eine Hofdame der Kaiserin Joséphine, in die Georg zu diesem Zeitpunkt verliebt war.

Immer wieder schickte Luise Briefe an ihren Vater mit der Bitte, Friederike und Georg kommen zu lassen. »Ich bedarf der Erholung und der Belohnung.«[23] Seitdem Friederike Königsberg im Juli 1807 verlassen hatte, beschränkte sich der Kontakt Luises zu ihrer Familie auf Briefe. Sowohl der König als auch Vater Karl hielten zu dem Zeitpunkt eine Privatreise von Neustrelitz nach Königsberg, einmal quer durch französisch besetztes Land, für zu gefährlich. Nur ihr jüngster Bruder Carl machte sich nach zweijähriger Abwesenheit von der Armee und vielen eindringlichen Mahnungen Luises auf den langen Weg. Er traf am 1. November 1808 in Königsberg ein, wo ihm Luise entgegenlief. »Und ein Strom von Tränen ... versagte unserer Empfindung jede andere Sprache.« Bei Luise waren es allerdings nicht nur Tränen der Freude, nach zweijähriger Trennung endlich ihren Bruder wieder in die Arme schließen zu können, es waren auch Tränen der Erleichterung, denn sie hatte so manchen Streit mit dem König über ihren Bruder gehabt, der längst wieder bei seiner Truppe hätte sein müssen. In jedem Brief nach Neustrelitz hatte sie den Vater angefleht, den Bruder endlich zurückzuschicken. Und Carl bekam den Ärger des Königs auch zu spüren, der ihn bei seiner Ankunft »mit sehr ausgezeichneter Kälte« behandelte. Am nächsten Tag machte er ihm die bittersten Vorwürfe: Die Gründe, die der Vater und er ihm geschrieben hatten, ließ er nicht gelten. Immerhin konnte Carl dem Vater über Luise berichten: »Dieser Engel Luise ganz unveränderlich, stärker vielleicht, aber nicht minder schön. Mit einem Wort, die alte ganz und gar.«[24]

Acht Tage später hatte sich der König, nachdem er »seine erste Galle« über Carl ausgeschüttet hatte, wieder beruhigt und übergab Carl erneut das Kommando über eine Kompanie der Garde. Carl wohnte im Schloss und nahm am königlichen Familienleben teil. »Das Mittagsmahl selbst bei den höchsten Gelegenheiten besteht nur aus 4 Schüsseln mit der Suppe, des Abends aus 2 Schüsseln, wo ebenfalls die Suppe mitgerechnet wird, so daß öfters des Abends kein Fleisch zur Tafel kommet … Und doch ist jeder zufrieden«, berichtete er nach Neustrelitz,[25] wo man dankbar über jede Nachricht aus Königsberg war und sie postwendend an die Schwestern in Regensburg und Hildburghausen weiterleitete. Auf den Besuch weiterer Geschwister musste Luise dagegen noch warten. Während sich die übrigen Geschwister öfter trafen – Therese und Georg in Paris, beim Kongress in Erfurt auch mit Charlotte, Charlotte von November 1808 bis April 1809 in Neustrelitz beim Vater mit Friederike und Georg –, blieben Luise nur sehnsuchtsvolle Briefe. Schließlich waren es nicht nur die weite Entfernung, sondern auch die Kosten einer solchen Reise, die den Vater zögern ließen, zumal er, der immerhin siebenundsechzig Jahre alt war, in diesen unsicheren Zeiten ohne Unterstützung durch eines seiner Kinder hätte zurückbleiben müssen.

Anfang 1809 hoffte Luise, dass ihre Rückkehr nach Berlin bevorstand, und so schrieb sie: »Und Du, liebe Lotte, die Du nur bis zum 18. April in Strelitz bleiben kannst, an Dich darf ich gar nicht denken, denn, wenn es möglich wäre, daß wir bald nachher kämen, so wäre es doch gräßlich. Und Du, liebe Friederike, die du nach Schlesien kömmst, denke nicht dahin abzugehen, bis wir in Berlin sind, denn vermutlich wird das [Kriegstheater] da auch sein. Und du, lieber George, dauert es noch lange, so komm, ich glaube es beinahe, Friederike könnte mit, warum nicht auch die Lotte. Ich versetzte mein Letztes um Euch ... Adieu, ich liebe Euch alle innig. Wenn ich Euch nur wieder an mein Herz drücken könnte.«[26] Aus der Rückkehr nach Berlin und dem großen Familientreffen wurde nichts. Charlotte fuhr nach sechsmonatigem Aufenthalt in Neustrelitz mit ihrer Tochter Therese nach Hildburghausen zurück. Zurück blieben zwei Geschwister, die unendlich traurig waren, vor allem wegen der Ungewissheit, wann man sich wiedersehen würde. Friederike und Georg verbrachten jeden Abend in dem Zimmer im Schloss, in dem Charlotte gewohnt hatte. Und so sinnierte Georg: »Was ist das Leben? So möchte man antworten, eine dunkle stürmische Nacht, die sich durch einige Blitze erhellt, die Freude oder Glück genannt werden.« »Du fehlst uns überall«, schrieb auch Friederike an Charlotte, »und jeden Augenblick wünschen wir Dich zurück. Es geht doch nichts über das Beisammensein.«[27]

Im April 1809 bekam Georg endlich die Genehmigung vom Vater und vom König, Luise in Königsberg zu besuchen. Die Freude war groß, obwohl die Erlaubnis nicht für Friederike galt, denn es war für eine preußische Prinzessin zu gefährlich und auch zu auffällig. Die »Berliner hätten es als Flucht und Gott weiß was ausgelegt«, schrieb Luise, dafür solle Georg so schnell wie möglich »»Kutscher spann

Querschnitt durch die Jahre 1809–1810

an‹ sagen, ein klein Laufzettelchen 4 Stunden vorher zu rou-
lieren, dich dann einsetzen und trott trott trott in meine
Arme«.[28] Es sind nur ganz wenige Briefe aus dieser Zeit, in
denen Luises frühere Lebensfreude durchschimmert, und
diese Momente stehen immer in Zusammenhang mit ihren
Geschwistern. In einem Brief an Charlotte schildert Georg
seine Freude bei der Ankunft in Königsberg. Er hatte, wie
von Luise gewünscht, einen Kurier vorgeschickt, Luise eilte
ihm mit dem König entgegen. »Oh liebe Lotte! Welche En-
gelszunge könnte diesen Moment schildern!« Nach drei Jahren sahen sich die beiden wieder und umarmten sich unter
Tränen. In drei Worten, die er dick unterstrich, fasste Georg
das Ereignis zusammen: »Wir sind beisammen!« Zu seinem
Glück wünschte er sich auch Charlotte herbei. »Warum
haben unsere Wünsche keine Kraft? Dann sogleich, dann
wärest Du tausendmal in unserer Mitte.«[29]

Drei Monate lang blieb der Bruder in Königsberg. Luise
war überglücklich. Ihrem Vater schrieb sie voller Dankbarkeit, dass sie mit dem Bruder vor der traurigen Gegenwart
geflüchtet sei – in »Erinnerungen der Vergangenheit, besonders unserer glücklichen Kindheit, wobei Ihr Bild, bester Vater, als belebender Genius jener schönen Bilder und
Zeiten uns immer dankbar erschien«. Im selben Brief bat
sie den Vater darum, Friederike kommen zu lassen. Die Situation in ihrer Umgebung war alles andere als aufbauend:
Sie hatte Angst vor der Entbindung, ihre Vertraute Marianne von Preußen hatte gerade erst ein totes Kind zur Welt
gebracht, und ihre Freundin, die Fürstin Radziwill, musste
nach Berlin abreisen. »Ich gestehe, dass ich die Vereinigung
mit Friederike über alles wünsche.«[30]

Da auch die Berater des Königs keine Bedenken hatten,
durfte Friederike am 12. September 1809 fahren, kurz nach
der Rückkehr ihres Bruders nach Neustrelitz. Bis zur Rückkehr nach Berlin Anfang Dezember blieb sie in Königsberg
und stand ihrer Schwester bei der Geburt ihres Sohnes Albrecht am 4. Oktober 1809 bei – beide Schwestern überglück-

lich, dass dies wieder möglich war. Bruder Carl berichtete seinem Vater am 17. Oktober 1809, dass die »Gesundheit unseres Engels« fast wiederhergestellt war, die Strapazen der Geburt überstanden: »... sie blüht schon fast wie früher.«[31] Und so konnte Luise am 24. November 1809 ihrem Bruder melden: »Mein Glück, Friederike hier zu besitzen, den Carl durch des Königs Liebe, ein gesundes Kind mehr, Luisens Engelsgestalt [ihre Tochter war eindreiviertel Jahre alt], Friederikens ganzes Sein, das so herrlich fortgeschritten, mit einem Wort alles, wenigstens vieles habe ich, worüber ich mich freue und worüber ich Ursache habe, Gott mit kindlichem Herzen und kindlicher Freude zu danken.«[32]

Rührende Anteilnahme am Schicksal der anderen Geschwister stand auch in diesem Jahr 1809 im Mittelpunkt ihrer Beziehung. Das galt bei den verschiedenen Krankheiten, den physischen und psychischen Leiden, auch der jeweiligen Kinder, die bis ins kleinste Detail geschildert wurden. Sie bangten gemeinsam bei Schwangerschaften und Geburten, bei Problemen in ihren Ehen. Die Gesundheit und der seelische Zustand von Luise war in nahezu jedem Brief der Geschwister ein Thema. Was für einen Außenstehenden heute oft als belanglos erscheint, wird in einer Zeit der weiten Entfernungen und der vielen Falschmeldungen zum wichtigen Tagesereignis: »Ich schreibe Dir in der größten Geschwindigkeit nur zwei Worte, beste Lollo, damit Du Dich nicht aufregst, wenn Du erfährst, daß unsere geliebte Luise ein leichtes Fieber bekommen hat. Diese nämlich ist ganz ruhig, und das Fieber ist so leicht und überhaupt von so guter Art, daß Gottlob kein Augenblick für Besorgnis sich eignete und die Krankheit eigentlich so gut wie vorüber ...«, schrieb Georg aus Königsberg an Charlotte über eine ganze Briefseite.[33]

Der Zusammenhalt der Familie wurde auch von Zeitgenossen als außergewöhnlich angesehen. Wilhelm von Humboldt, der im August 1809 in Königsberg an der Feier teilnahm, die Luise für Georgs Geburtstag organisiert

Querschnitt durch die Jahre 1809–1810

hatte, schrieb seiner Frau Caroline: »Es ist ... ein wunderbar bewegendes Schauspiel, eine so zahlreiche Familie, Brüder, Schwägerinnen, blühende und hübsche Kinder, die sich alle lieben und wirklich gemacht sind, einfach und glücklich miteinander zu leben, einen ganzen Tag auf einem einsamen Landsitz gleichsam sorglos zubringen sehen, da in den wunderbaren Krisen dieser Zeit jede solche Familie jetzt neben und über den Abgründen wandelt.«[34]

Aber auch kompliziertere Probleme wurden von den Geschwistern immer noch gemeinschaftlich am besten bewältigt. Selbst nach Jahren der Trennung und so manchem Missverständnis funktionierte das Familiensystem. Da war zunächst einmal Georg, der immer noch nicht die richtige Frau zum Heiraten gefunden hatte, der sich zwar des Öfteren verliebte, aber dann doch enttäuscht wurde. In Rom hatte er Pauline, eine Schwester Napoleons, kennengelernt und war von ihr entzückt. Therese war entsetzt und hielt es für ihre schwesterliche Pflicht, ihm die Augen zu öffnen für die Frau, die er für »rein« hielt. Auch wenn ihr eigenes Zusammenleben mit Graf Maximilian in Paris für Aufsehen sorgte, war der Skandal, den Pauline verursacht hatte, in ihren Augen um einiges größer: Pauline hatte sich nackt malen lassen.[35] In Paris traf Georg die Herzogin von Chevreuse, in die er sich verliebt hatte ohne Aussicht auf mehr, was ihn in tiefste Depressionen warf, die auch seine Schwestern mitbekamen. So beklagte sich Luise über seinen völlig unmöglichen Brief, in dem er ihr vorwarf, dass sie nicht geschrieben hatte: »Dein Brief hat mich zernichtet. Ist es möglich, daß Du an mir verzweifeln kannst? Kennst Du Deine Luise nicht mehr? Nein, diesen Brief hätt' ich nimmermehr von Dir möglich geglaubt. Meine Tage sind schon bitter genug, als daß ich dies von Dir hätte zu erleben geglaubt ...« Sie zählte auf, was sie alles erledigen musste. »Und doch Vorwürfe? Dieser Brief wird Dich um nichts weiterbringen, es ist ein Rätsel, das nur ich lösen kann; daß ich Dich liebe, das wußtest Du doch schon vorher, daß Du aber zweifeln konntest, macht mich glauben, daß Dein Brief in einem von den Augenblicken geschrieben ist, wo alles schwarz um und in uns ist.«[36]

Luise erklärte sich sein Verhalten mit seiner unglücklichen Liebe zu der Chevreuse, wie sie Caroline Friederike von Berg anschließend schrieb: »... und in einem melancholischen Augenblick hat er den unglücklichen Gedanken, daß alle ihm teuren Wesen gegen ihn erkalten könnten; deshalb dieser Brief an mich, eine Geburt der schwärzesten Stunde seines Lebens. Ich schicke Ihnen seinen Brief zurück, damit ich nicht von George besitze, was seiner unwert ist.«[37] Am meisten Verständnis für Georgs Traurigkeit zeigte Therese, die immer wieder von ihrem Freund Maximilian aus beruflichen Gründen getrennt leben musste. »Getrennt – auf lange unbestimmte Zeit! Man begreift kaum, wie und warum man lebt. Ohne Zukunft, von Vergangenem zu leben, das ist eine Kost, die dem Hungerstod nahe führt ... Nicht wahr, es gibt Zeiten im Leben, die uns wie schlimme Träume scheinen, wenn die schmerzliche Entbehrung des Liebsten, was wir haben, nicht jeden Augenblick fühlbar wäre und uns so durch den Schmerz an unsere Existenz erinnerte.« Therese tröstete ihn, dass er doch viele liebe Briefe aus Paris bekam. »Ach, ein Brief ist so viel und dann wieder so wenig! Aber in der Trennung ist er alles. Meta Klopstock schrieb einmal ihrem Mann, den sie über alles liebte: Ein Brief ist doch etwas von einem Kuß.«

Im selben Brief fragte sie Georg nach dem Namen und nach Details aus Hildburghausen, die er ihr versprochen hatte. Georg hatte wohl erwähnt, dass auch dort eine Frau war, in die er verliebt war. »Da ich weiß, daß es eine wohltuende Beschäftigung ist, die parlar del caro ogetto, so erneuere ich meine Bitte.«[38] Bei Gesprächen über Fragen der Liebe bevorzugte Therese das Italienische, das auch Georg durch seine Romreise vertraut war. In Hildburghausen hatte Georg 1808 eine Beziehung zu Charlottes Tochter Therese, seiner Nichte, aufgebaut: »... mein holdes gutes Röschen umarme ich zärtlich«, das »liebliche, freundliche, sanfte Wesen«, heißt es in Georgs Briefen.[39] Die Familie wusste Bescheid und billigte es.

Aber es gab ein Problem: Charlottes Tochter Therese, Georgs »Röschen«, stand auf der Heiratsliste Napoleons, der sich, um in ein angesehenes Fürstenhaus einheiraten zu können, alle heiratsfähigen Mädchen auflisten ließ, unter ihnen Therese von Sachsen-Hildburghausen, fünfzehn Jahre jung, aus einem alten, wenn auch nicht reichen Fürstengeschlecht. Therese als Frau Napoleons, für die Geschwister um Luise eine Katastrophe, abgesehen von Georgs persönlichem Interesse. Auch der bayerische Kronprinz befürchtete, Napoleon wolle ihn in eine Ehe mit einer seiner Verwandten drängen. Um dem zuvorzukommen, suchte er möglichst rasch eine andere Braut und fand sie in Therese. Schwester Therese, die in Paris weilte und von Georgs Interessen an seiner Nichte lange nichts mehr gehört hatte, hielt das Kapitel für abgeschlossen und bestätigte auf Anfrage Napoleons, dass die Heirat mit dem bayerischen Thronfolger beschlossene Sache sei. Sie sagte es, um ihre Nichte vor dem Interesse Napoleons zu schützen, nicht ahnend, dass sie damit Georgs Glück zerstörte. »Dein Wort über Röschen ist mir durchs Herz gegangen. Ist sie dem Deinen wirklich so nahe gekommen, so erröte ich über der momentanen Freude, die ich über ihre brillanten Aussichten empfand. Ich gestehe, ich sitze auf Kohlen. Und ich kann mit Recht für das falscheste Geschöpf passieren [gelten].« Sie beklagte sich, dass Charlotte ihr nichts erzählt hatte. Nun sei ihr fürchterlich zumute, weil sie gedacht habe, die Sache sei eindeutig, und »jetzt muss ich fürchten, Du und sie seid unglücklich«.[40]

Es bestand für Georg aber noch Hoffnung, da man in Bayern wollte, dass Therese ihren Glauben wechselte, und schon die Hochzeit Georgs mit Ludwigs Schwester Auguste 1805 an der Glaubensfrage gescheitert war. Luise sprach sich wieder vehement gegen einen Konfessionswechsel aus und lobte das umsichtige Verhalten ihres Bruders: »Georg benimmt sich in der ganzen Hildburghauser Affaire wie ein Engel; er spricht darüber mit einer wirklich achtbaren Offenheit und geht allen Gründen dafür und dagegen in der Tiefe nach, obwohl er recht interessiert daran ist, daß das nicht geschieht.«[41]

Und dann kam der große Schlag für Georg. Therese entschied sich für den Kronprinzen, nachdem ihr zugesichert worden war, dass sie ihren Glauben weiter ausüben könne. In einem ungewohnt kurzen Brief schrieb Georg seiner Schwester Charlotte und bat sie um Verständnis, dass er mehr nicht schreiben könne: Er sei froh, »nichts versäumt zu haben, um seine Pflicht zu tun, daß ich aber noch nicht unbefangen genug bin, um Dir wie gewöhnlich vom Hundertsten ins Tausendste zu schreiben. Du begreifst das gewiß auch.«[42] Luise hatte von Charlotte, die wohl auch ihren Bruder als idealeren Heiratskandidaten für ihre Tochter angesehen hatte, durch Eilboten Nachricht von der bevorstehenden Heirat mit dem bayerischen Kronprinzen erhalten: »Die Überraschung machte sie [Charlotte] krank und leidend«, schrieb Luise an den Vater.[43] Auch Therese kommentierte die Hochzeitsbestätigung mit Mitleid für ihren Bruder: »… dass er die Therese als Ketzerin nimmt«, begreife sie nicht, da »ich mir einbildete, sie liebte Dich und würde nach dem festen Charakter, den ich ihr zudachte, ihrer ersten Wahl getreu bleiben. Wie doch alles so anders kömt, als man es sich denkt. Erinnerst Du Dich, wie Du mir das erste Mal von Deinem Wohlgefallen an Therese und von Deinen Plänen sprachst, wie ich Dir sagte, gebe Gott, daß es nicht wieder eine Täuschung sei? Leider bin ich an Dir zur Cassandra geworden.«[44]

Gleichzeitig lief erneut ein Plan, Georg sollte eine Tochter seiner Tante Charlotte Sophie aus England heiraten, was in diesen Zeiten der englisch-französischen Feindseligkeiten nicht unproblematisch gewesen wäre. Therese sprach wegen einer Heirat Georgs mit einer Prinzessin des englischen Königshauses sogar mit Napoleons Außenminis-

Querschnitt durch die Jahre 1809–1810

ter Talleyrand; der hatte nichts dagegen, wenn Georg behaupten würde, die Verbindung bestünde schon sehr lange. Am Ende wurde auch aus dieser Verbindung nichts. Therese zog die traurige Bilanz seiner erfolglosen Bemühungen mit den Worten: »Eins bleibt wahr, das ist, daß Du ein eigenes Schicksal sowohl in der Liebe als auch in Deinen Heiratsplänen hast. Deine Lage ist wahrhaft ganz eigen und höchst fatal, die Jahre sind da, wo Du heiraten sollst und Du bist weder frei noch versprochen.«[45]

Auf anderen Gebieten war Georg jedoch in jener Zeit wesentlich erfolgreicher. Er übernahm viele Aufgaben, die dem inzwischen fast achtundsechzigjährigen Vater zu viel wurden. In Hildburghausen bei Schwester Charlotte gab es ein zunehmend schwierigeres Problem, das dringend gelöst werden musste und den ganzen Einsatz der Familie erforderte: Seit Jahren schon hatten sich Charlotte und ihr Mann auseinandergelebt. Nun eskalierte die Situation. Gerade war Charlotte von ihrem sechsmonatigen Aufenthalt bei der Familie in Neustrelitz nach Hildburghausen zurückgekehrt. Sie war krank und sollte nach Meinung der Geschwister und auch des Leibarztes des Vaters Hieronymi dringend zu einer Kur fahren, die der Herzog aber nicht finanzieren wollte. Er bestand darauf, dass seine Frau zunächst zu Hause blieb. Aus Königsberg schalteten sich Luise und Georg ein, in großer Sorge um die Schwester.[46]

Natürlich war die Reaktion des Herzogs verständlich, da seine Frau bereits monatelang unterwegs gewesen war, aber er unterschätzte wohl die Krankheit seiner Frau. Luise bat den Vater, nach Hildburghausen zu fahren, um die Sache persönlich zu klären. »Das Benehmen des Herzogs [ist] planmäßig schlecht … Die bösen Geister zu bannen, die die Ruhe dieser herrlichen Frau stören, wird die Bruderhand nicht kräftig genug sein. Ihr väterliches Eingehen allein halte ich für fähig, mit Kraft und großem Erfolg durchzugreifen.«[47] Da der Vater aus gesundheitlichen Gründen nicht fahren konnte, wurde Georg als Vermittler eingesetzt, der sich »keine schönere Bestimmung« vorstellen konnte, »als für Wesen wie Dich tätig zu sein«. Charlotte hatte ihm alle Unterlagen geschickt, Georg versprach eine Antwort an den Herzog zu verfassen. Er würde den Vater einweihen, weil »ich im Falle der Not auch des Vaters Namen werde nennen müssen«. Er versprach so schnell wie möglich nach Hildburghausen zu kommen, auch wenn Luise ihn lieber noch länger in Königsberg behalten hätte. »Ich hoffe, diese Eile wird dem Herzog beweisen, daß ich noch immer der alte Schwager bin, der nicht allein Dich, sondern auch ihn liebt, und der diese freundschaftlichen Gesinnungen wahrlich nur dann verlieren könnte, wenn er selbst dazu gezwungen.« Der Bruder schaffte es tatsächlich, den Frieden zwischen dem Herzog und seiner Frau wiederherzustellen. Den Dank Charlottes wies er mit den Worten zurück, dass seine Hilfe selbstverständlich gewesen sei. Für Georg war Charlottes »Familienkreis der einzige, wo ich wahres häusliches Glück empfinde, und dem ich daher wahrhaft meinen Familienkreis nennen kann«.[48]

Trotzdem konnte die Familie nicht verhindern, dass in dieser Zeit öffentlich behauptet wurde, »der Herzog wolle sich von Dir scheiden«, schrieb Georg an seine Schwester am 12. Dezember 1809. Die Berliner, die sich für Charlotte und ihre Ehe allein deshalb interessierten, weil sie die Schwester der Königin sei, hätten ausführlich und »nicht ganz sanft über den Herzog geurteilt«. Caroline Friederike von Berg, die treue Freundin der Familie, habe versucht, den Skandal einzudämmen, und geraten, dass Charlotte mit ihrem Mann nach Berlin kommen solle zum Empfang der Königin, um diesen Gerüchten ein Ende zu setzen. »Der Herzog sei es sich und Dir schuldig, alles zu tun, um diesen herzlich unausstehlichen Gerüchten ein Ende und zwar ein schleuniges zu machen.« Sosehr Georg ein Wiedersehen mit Charlotte in Berlin wünschte, riet er ihr trotzdem aufgrund der gerade wiederhergestellten Ruhe in der Ehe seiner Schwester davon ab, »und überdieß würde ich ja, bei Gott, recht

Querschnitt durch die Jahre 1809–1810

wohl ein Maul im Kopfe haben, wenn ich jetzt nach Berlin kann, um ungewaschenen Mäulern damit die Stirn bieten zu können, und damit tröste ich mich«.[49]

Und dann war da Friederike, die Schwester, die Luise am nächsten stand und um die sie sich am meisten kümmerte. Am liebsten hätte sie Friederike, die nach dem Ende des Krieges ein neues Zuhause brauchte, wieder in Berlin in ihrer Nähe gehabt, und sie bedrängte ihren Mann pausenlos, aber der wollte unter gar keinen Umständen den Prinzen Solms in Berlin sehen. Und so lehnte er die Bitte Luises ab, die darüber sehr unglücklich war. »Daß F[riederike] doch nicht in Berlin etabliert wird, ist auch eins von denen Sachen, die mich recht tief betrüben«, so Luise an Georg, und an ihre Freundin von Berg schrieb sie: »Friederike ihr Schicksal liegt mir wohl sehr am Herzen; ich tue alles mögliche, ich bitte, ich flehe, ich stelle vor und bekomme immer abschlägige Antwort. Das ist hart und wieder einer der harten Schläge des Schicksals.«[50] Immerhin schenkte Friedrich Wilhelm III. ihr zum Geburtstag, dass ihre Schwester nach Breslau gehen durfte, denn dort sollte Prinz Solms Kommandant eines Regiments werden. »Ach wäre es in Berlin!«, seufzte Luise trotzdem, freute sich dann aber doch, dass Breslau immerhin nur vierzig Meilen von Berlin entfernt war. »Diese 40 Meilen lassen sich schnell und mit leichten Kosten machen und wir können uns sehen, wenn wir wollen.«[51] Aber dann entschied sich Friederikes Mann, »durch Kränklichkeit gezwungen, den König um seinen Abschied zu bitten. Schon drei Monate kämpfe ich mit ihm darüber«, schrieb Friederike an ihren Vater. Sie wolle genau wie Luise und der König, dass Solms erst noch eine Badekur mache, um dann den Posten weiter auszuüben – aber vergeblich.[52] Der geplante neue Wohnsitz in Breslau war damit hinfällig. Aber wohin sollte sie mit ihrer Familie gehen? Ohne den Verdienst des Mannes war sie auf die Apanage des Königs weiter angewiesen, von der sie sich aber keinen Wohnsitz leisten konnte.

Als das alles passierte, war Friederike noch in Königsberg bei Luise, und zusammen mit ihrem Bruder Carl, den sie als Vermittler beim Vater einsetzten, wollten die Geschwister für »das Glück der guten Ika« sorgen. Sie erinnerten sich daran, dass der Vater schon einmal angeboten habe, dass Friederike mit ihrer Familie in Neustrelitz wohnen könne. »Da fiel die einstimmige Wahl von Friederike, König und Königin auf Strelitz.« Sie könne doch im Palais beim Schloss wohnen, schrieb Carl dem Vater. »Es würde sie [Friederike] sehr beglücken, wenn Sie zuweilen des Mittags zu ihr und sie zu Ihnen kommen dürfte, und der Tee Ihnen manchmal bei ihr schmecken würde, und sie und die Kinder manchmal die Abende im Schloß verbringen dürften.« Die Geschwister hätten auch überlegt, wie man am besten Friederikes Mann zur Annahme eines solchen Angebots brachte. Carl bat den Vater, Solms einen Brief zu schreiben. Was der auch postwendend tat, und zwar so formvollendet, dass Prinz Solms das Angebot zur Freude der Geschwister annehmen konnte.[53] Keine vier Wochen nach dem Brief Carls an den Vater aus Königsberg hatte die vereinte Aktion der Familie es geschafft, Friederikes Zukunft und die ihrer Familie zu sichern. Dankbar meldete Carl dem Vater: »... das hiesige Trio Ihrer Kinder empfindet in gleichem Maße das Glück, und segnet dafür den besten Vater und den Himmel, der uns diesen Vater gab.«[54]

Und dann war da Therese, die Schwester, die den Übrigen das meiste Kopfzerbrechen bereitete. Sie lebte weiterhin, obwohl verheiratet, mit einem ebenfalls gebundenen Mann zusammen, die Gerüchteküche kochte, jeder fragte sich, wie lange Karl Alexander, ihr Mann, das noch mitmachen würde. Trotzdem gab es, soweit mir die Briefe der Geschwister vorliegen, kein böses Wort über Thereses Verhalten. Immerhin hatten sie 1799 doch alle den Tugendbund gegründet und sich geschworen, ein tugendhaftes Leben zu führen. Wenn Charlotte Thereses Briefe nicht beantwortete, war das sicherlich ein Zeichen für unausgesprochene Missbilligung. Schließlich lebte Charlotte auch seit Jahren in einer unglücklichen Ehe, hielt aber durch. Später war sie die Einzige der Geschwister, die Friederikes Scheidung missbilligte. »Wie soll ich da an Freundschaft glauben? Da, wo man liebt, ist Mitteilung so notwendig!«, beklagte sich Therese immer wieder bei Georg, da die Schwester ihr in solchen Schweigephasen auch wichtige Familienmitteilungen vorenthielt – wie die bevorstehende Hochzeit ihrer Tochter, immerhin der Patentochter Thereses. »Wie ist es möglich, mir auch nicht eine Silbe in dieser ganzen bayrischen Angelegenheit zu sagen. Nun, es sei drum, jeder hat seine Art zu fühlen und wohl auch zu lieben«, schrieb Therese an Georg.[55]

Was Luise gedacht und gefühlt hat, wird nur durch kleine Stiche deutlich, die sie austeilte, wenn sie zum Beispiel erwähnte, dass Therese ihr in allem überlegen sei – nur nicht in der Tugend. Oder ihre Antwort, als Therese sie fragte, ob sie die neuen Romane der Madame de Genlis kenne. Die Lektüre von Romanen, die Luise früher auch leidenschaftlich gerne gelesen hatte, ohne sich darum zu kümmern, dass diese Lektüre für Frauen als nicht geeignet galt, weil zu leidenschaftlich, wies sie nun zurück. »Nein, liebe Therese«, schreibt sie mit süffisantem Unterton, »und zwar deswegen, weil ich so wenig Zeit habe, so daß ich mich begnüge mit den Brosamen, die von des Herrn Tisch fallen und weil ich fürchte, daß der Eindruck, den ein Roman hervorruft mich von meinem ernsteren Geschmack abziehen würde ...«[56] Als aber Thereses Geliebter am 19. Oktober 1809 starb, da stand Luise wie die anderen Geschwister hinter ihr und trauerte mit ihr. »Alles erträgt man; aber was das Herz bricht, wenn man es überlebt, so steht man doch als seine eigene Ruine da, wenn man aus der ersten Betäubung erwacht«, schrieb sie ihr. »Ich fühle Deinen Schmerz treu mit, ich ehre ihn, ich begreife, er heiligt Dich und die Sache! Doch besser einen Edlen beweinen, als einen Schwachen pour n'en pas dire davantage bedauern zu müssen oder verachten.«[57] Es wird sich wohl kaum beantworten lassen, wen sie damit meinte, Thereses Mann Karl Alexander, ihren eigenen Mann oder eher den russischen Zaren.

Therese brach nach dem Tod des geliebten Mannes zusammen. Vor allem bei Georg schüttete sie ihr Herz aus: »Mit mir geht es jeden Tag schlechter, das heißt, dass ich mit jedem Tag neu fühle, wie unglücklich ich bin, wie allein ich stehe. Ich war krank, aber es geht wieder. Ach Gott, daß alles so fortgeht und mein Glück im Grabe ruht.« Und: »Aber Tod, ach, der Tod ist doch das Schrecklichste. Alles aus, unwiderruflich vorbei, oh es ist entsetzlich, zuweilen noch für mich unfaßlich ... Einem wunden Herzen ist alles Gift. Ich war zu glücklich, mein ganzes Dasein war in diesem Verhältnis und ich habe es überlebt.«[58]

Die Jahre 1808/09 gaben durch die langen Zeiten der Trennung Raum für viele Missverständnisse, was bei der Verschiedenheit der Charaktere auch nicht verwunderlich war, aber, so zog Luise das Fazit, »die Liebe, die in uns ist und uns vereinigt, kann er [Napoleon] doch nicht hintertreiben noch erobern noch verbieten«.[59] Besonders eng fühlte sie sich nach wie vor mit Georg und Friederike verbunden, ihre Briefe adressierte sie oft an beide, »denn ihr seid ja doch ein Herz und eine Seele, wenn es mir gilt«.[60]

Einig waren sich alle aber in ihrer Verehrung für Luise: »Jeder Brief, den sie mir schreibt, erhebt meine Bewunderung, ich möchte ihn der ganzen Welt bekannt machen, damit sie wüßte, wie weit sie über alle Größen und über alle Leiden dieser Welt hinweg ist«, schrieb Therese.[61] Und doch gab es gerade zwischen ihr und Luise immer wieder Probleme – am Beispiel der folgenden Situation kann man das gut aufzeigen: Das Herzogtum Hessen-Darmstadt, mit Luise verwandtschaftlich verbunden, musste, da zum Rheinbund gehörig, Napoleon ein Truppenkontingent von vierhundert Soldaten stellen, schickte aber achthundert, also freiwillig doppelt so viele, wie Napoleon gefordert hatte. Dies empfand Luise als Affront und schrieb an die Großherzogin nach Darmstadt einen bitterbösen Brief, dem sich Friederike anschloss. »Die Darmstädter haben sich wie Schweine gegenüber den Preußen benommen«, erklärte sie ihren Brief, nachdem Therese von der verstörten Großherzogin nach der Ursache für Luises Brief gefragt worden war. Therese war entsetzt, wie erbittert und ungerecht Luise urteilte. »Wie ist es möglich, daß sie bei ihrer sonstigen Gerechtigkeit und ihrem rechtlichen Urteil die Schuldigen so mit den Unschuldigen verwechseln kann?«, schrieb sie leicht irritiert an Georg. Die arme alte Großherzogin, die »das ganze Jahr nicht aus ihren vier Wänden herauskömt«, könne doch gar nichts dazu, wenn sich die Darmstädter Regierung so verhalte. Sie bat Georg, Luise die Situation der Großherzogin noch einmal so darzulegen, weil sie befürchtete, Luise würde auf sie nicht hören. Therese schloss ihren Brief mit dem Wunsch, dass es Zeit würde, Luise endlich wiederzusehen, denn seit »mehreren Jahren sind wir uns beinahe fremd geworden«.[62]

Schon Ende 1808 hatten Luise und ihr Bruder Carl gehofft, zurück nach Berlin zu gehen, aber immer wieder verschob sich der Termin: »Die selige Hoffnung, Sie bald wieder zu sehen, ist also abermals geschwunden und Gott weiß auf wie lange«, schrieb Carl an den Vater und bat ihn, auf jeden Fall Charlotte so lange in Strelitz zu halten, bis sicher war, ob die Rückkehr nicht doch schon Anfang Dezember passieren könnte.[63] Luise äußerte sich ähnlich. Auch ihr war der Gedanke schrecklich, die Schwester könnte zurück in den Süden fahren, ohne dass man sich vorher noch gesehen hatte. Aber erst ein ganzes Jahr später war es mit der Rückkehr nach Berlin so weit: Am 10. Dezember 1809 reisten Friederike und Carl gemeinsam aus Königsberg ab, Luise und ihre Familie folgten einige Tage später. Die Ankunft in Berlin glich einem rauschenden Fest. Junge Mädchen überreichten ihr zur Begrüßung folgendes Gedicht auf einem grünseidenen mit goldenen Flittern gestickten und goldenen Fransen besetzten Kissen:

So kehrst Du, Allgeliebte; endlich wieder
Zu Deinem Volk, zu Deiner treuen Stadt?
Vom Himmel strahlt ein neu Gestirn uns nieder!
Ein Rosenlicht erhellt der Zukunft Pfad,
Und freiaufathmend tönen Jubellieder
Die Brust, die Wonnen nur, nicht Seufzer hat.
Der schön erfüllten Hoffnung schmerzlich Sehnen
Es löst sich auf in Freudenthränen.[64]

Für Luise zählte aber vor allem, dass sie wieder mit der ganzen Familie vereint war: »Gott sei Dank, daß ich in Berlin bin. Mein guter, verehrungswürdiger Vater war zu unserm Empfange hier und hat acht Tage mit uns verbracht. Nur in seinen Armen konnte ich die Tränen zurückhalten; übermäßig flossen sie, als ich mich von der Familie von Preußen und einem großen Teil der Mecklenburger umgeben sah.«[65] Wirklich glücklich aber ist Luise auch in Berlin nicht mehr geworden. »Indessen ist das Leben hier in Berlin erträglicher als in Königsberg. Es ist wenigstens ein glänzendes Elend mit schönen Umgebungen, die einen zerstreuen, während es in Königsberg wirklich ein elendes Elend war.«[66] Charlotte und Therese, die beiden Schwestern, die nicht in Berlin beim großen Wiedersehen dabei sein konnten, waren es zumindest in Gedanken: »Gottlob, daß unser Engel in Berlin ist und Du bei ihr bist! O, könnte ich helfen, ja, ich will das äußerste dazu wagen und unternehmen.« Und als hätte sie geahnt, dass sie ihre Schwester nie wieder sehen würde, schrieb Therese Anfang 1810 aus Paris an ihren Bruder Georg: »Ach Gott, wenn ich nur einmal an unseren Engel ohne Jammer, ohne Furcht denken könnte! Wer weiß es besser wie ich, daß man das Schwert, was an einem Haar über dem Haupt hängt, vergißt, wenn das Herz genießt, wenn es hat, was es liebt.«[67]

Auch Luise hatte schon vor der Abfahrt aus Memel, bei aller Vorfreude auf die Rückkehr nach Berlin, böse Vorahnungen gehabt: »Aber kannst Du dir denken, mein vielgeliebter George, daß mitten in der unaussprechlichen Freude, mich bald wieder im lieben Berlin zu befinden, mit einem großen Teil meiner Familie vereint zu sein, ein Herzkrampf mich befällt, eine Herzbeklemmung, und mich vor oder gleich nach diesem glücklichen, so erwünschten Augenblicke Unglücksfälle ahnen läßt?«[68]

Max von Schenkendorf

Auf den Tod der Königin (1810)

Rose, schöne Königsrose,
Hat auch dich der Sturm getroffen?
Gilt kein Beten mehr, kein Hoffen
Bei dem schreckenvollen Loose?

Lippen, welchen Trost entflossen
Augen, die wie Sterne funkeln,
Muss euch Grabesnacht umdunkeln,
Hat Euch schon der Tod beschlossen

Seid ihr, hochgeweihte Glieder,
Schon dem düstern Reich verfallen?
Haupt, um das die Locken wallen,
Sinkest du zum Schlummer nieder?

Sink' in Schlummer, aufgefunden
Ist das Ziel, nach dem du schrittest,
Ist der Kranz, um den du littest,
Ruhe labt am Quell der Wunden.

Auf, Gesang, vom Klagethale!
Schweb' empor zu lichten Hallen,
Wo die Siegeshymnen schallen,
Singe Tröstung dem Gemahle!

Sink' an deiner Völker Herzen,
Du im tiefsten Leid Verlorner,
Du zum Martyrthum Erkorner,
Auszubluten deine Schmerzen.

Herr und König, schau' nach oben,
Wo Sie leuchtet gleich den Sternen,
Wo in Himmels weiten Fernen
Alle Heilige Sie loben.

1810: Tod Luises

»Opfer und Aufopferung ist mein Leben«,

schrieb Luise am 14. März 1810 aus Berlin an ihren Vater.[69] Obwohl sie unter dem Jubel der Bevölkerung im Triumph nach Berlin zurückgekehrt war – Luise von Radziwill beschreibt sie beim Neujahrsempfang in ihrem violetten Samtkleid, nur mit einer Perlenkette geschmückt, und schwärmt: »Ich habe sie nie so schön gesehen«[70] –, war es doch keine Rückkehr in ihr altes Leben. Die horrenden Kontributionen an Frankreich, die Preußen nach dem verlorenen Krieg zahlen musste, machten ein sorgloses Leben unmöglich, denn niemand wusste, wie Preußen diesen Verpflichtungen nachkommen sollte und was Napoleon tun würde, wenn sie nicht zahlten: Verlust von Schlesien, Einziehen des Besitzes der geistlichen Orden, die preußischen Finanzexperten, auch Hardenberg, der immer noch bei Napoleon in Ungnade war, suchten verzweifelt nach einer Lösung. Als »glänzendes Elend« bezeichnete Luise Anfang 1810 ihre Gesamtsituation. Friedrich Wilhelm schrieb später, dass Luise in ihren letzten Jahren nur noch selten fröhlich gelacht habe, aber wenn, dann »schäkerte und kälberte« sie wie ein siebzehnjähriges Mädchen, »und bei ihrem Wesen kleidete ihr dieß ganz allerliebst, da alles Natur, nirgends Verstellung war«. Bei Hofe aber sei sie mit Würde und entsprechendem Benehmen nach wie vor »la Reine de la fete« gewesen.[71]

Eigentlich hatte Luise vorgehabt, sich nicht mehr in die Politik einzumischen. Aber Therese, die wieder in Paris weilte, riet ihr, sich direkt an Napoleon zu wenden, um ihn zu bitten, die Kontributionen zu senken. Nach außen hin erweckte Luise in dieser Zeit den Anschein, als habe sie Napoleon verziehen. Sie hatte in Königsberg die baltische Pietistin Juliane Barbara von Krüdener kennen und schätzen gelernt. Nach vielen Gesprächen mit ihr meinte Luise nun, sie sei in der Lage, Napoleon »zu verzeihen, und ich habe ihm von Herzensgrund alles persönliche Leid, das er mir angetan und gegen mich beabsichtigt hat, verziehen. Mit Freuden nahm ich wahr, daß man dem Bösen verzeihen könne, ohne an Herzensgüte zu verlieren, ohne für die Tugend zu erkalten, die ewig das Ziel meines Strebens sein wird.«[72] Dass sie ihre Meinung gegenüber Napoleon nicht wirklich geändert hatte, zeigt aber ihr Brief, den sie an ihren Vater schrieb und in dem sie ihn aufforderte, mit ihr Gott zu danken, dass ihre Tochter vor fünfzehn Jahren tot zur Welt kam und dadurch heute keine Heiratskandidatin für Napoleon sein konnte.[73]

»Mein Herr Bruder«, redet sie Napoleon am selben Tag – in ihrem Brief vom 20. Februar 1810 – an, und schon diese Anrede muss ihr schwergefallen sein. »Der Blick Ihres überragenden Genies ist so durchdringend, daß er im gleichen Augenblick das Ereignis, seine Ursachen und seine Wirkungen sieht ... ich wende mich an Ihre große Seele; ich bitte nur um etwas, was man von einem so großen Manne erbitten darf, dessen edelmütige Gefühle seinen Ruhm nur vermehren können.« Sie bittet ihn, das Werk Friedrichs des Großen nicht zu zerstören, und vertraut das Schicksal ihres Volkes dem »wohltätigen Genie des großen Napoleon« an.[74] Ihr Schreiben ist eine einzige Schmeichelei und wird wohl genau so bei Napoleon angekommen sein, der zwar seine öffentlichen Sticheleien gegen sie eingestellt hatte, aber zu klug war, um sich von so offensichtlichen Übertreibungen einwickeln zu lassen. Luise – »Ich muss an Nöpel [Napoleon] schreiben!«[75] – hat ihn nicht ernst genommen, und das durchschaute Napoleon. Erreicht hat sie mit ihrem Brief daher auch nichts, was ihre melancholisch-depressive Stimmung in dieser Zeit nur verstärkte. Friedrich Wilhelm III. berichtet in seinen Aufzeichnungen über einen gemeinsamen Spaziergang im Charlottenburger Garten, wo sie besonders die dunkle Tannenallee wegen ihres »eigenthümlichen Schwermütigen Charakters« liebte. Dort errichtete er später ihr Mausoleum. »Meine Seele ist grau geworden durch Erfahrungen und Menschenkenntnis«, schreibt sie in ihrem letzten Brief an ihre Schwester Therese sechs Wochen vor ihrem Tod. »Könnte ich Dich doch noch einmal sehen, um mit Dir zu weinen, wie Du so richtig sagst, welch ein Wiedersehen nach so unaussprechlichen Leiden.«[76]

Dazu kam es nicht mehr. Luise, die sich seit Monaten gewünscht hatte, ihre Familie in Neustrelitz zu besuchen, bekam Mitte Juni die Erlaubnis des Königs: »Bester Päp! Ich bin tull und varucky.« Mit diesen Worten kündigte sie dem Vater den Besuch am 19. Juni 1810 an. »Gott, wie freue ich mich. Nein, ich kann es gar nicht beschreiben … Sagen Sie doch der Großmama, Frederike, George, Carl und Oncle Ernst, wie sehr ich mich freue, sie alle bald zu sehen … Der George tut brill, Carl fährt als Martin im Schloß und in Hohenzieritz herum, Frederike tut springen und ist außer sich …«[77] So malte sie sich die Freude ihrer Geschwister aus, die es kaum erwarten konnten, dass sie endlich kam. Aus diesen letzten Briefen, die sie in ihrem Leben schreiben sollte, schimmert noch einmal die fröhliche, unbeschwerte Luise hervor. »Euch auch, Ihr Lieben, ein Wort der Freude, die mein Herz durchströmt«, schrieb sie fünf Tage vor ihrer Abreise an Friederike, Georg und Carl. »Ich bin so glücklich, wenn ich daran denke, daß ich euch beinahe acht Tage in Strelitz sehen werde und die gute Großmama, daß ich ordentlich Krampoli kriegen könnte … Halleluja! … Heute

Querschnitt durch die Jahre 1809–1810

ist es warm und windig, und in meinem Kopf sieht es aus wie in einem illuminierten Guckkasten. Alle Fenster mit gelben, roten und blauen Vorhängen sind hell erleuchtet. Hussa Teufelchen! Adieu! Nun will ich der Großmama vernünftig schreiben.«[78] Auch Friedrich Wilhelm bemerkte, dass Luise schon lange nicht mehr so glücklich und vergnügt gewesen sei wie in diesen Tagen vor der Reise zu ihrer Familie.[79]

Fünf Tage lang erlebten sie in Neustrelitz ein fröhliches Familienfest, vom 25. bis 29. Juni 1810, an dem auch Friedrich Wilhelm III., der etwas später nachkam, teilnahm: Ausflüge, Tee unter Eichen, Spaziergänge, die Fahrt nach Hohenzieritz, wo sie mit Ehrenpforten und Girlanden von der begeisterten Bevölkerung empfangen wurden. Der Mittelpunkt dieses Familientreffens war Luise, die sich aber zunehmend schwach und elend fühlte, nachts sehr unruhig schlief, sodass schließlich die geplante Abfahrt zurück nach Berlin verschoben wurde, auch wenn die Ärzte noch keinen Grund zur Beunruhigung sahen. »Von Gefahr war nicht die Rede, und ich war keinen Augenblick besorgt, so wehe es mir auch that, sie krank zurücklassen zu müssen«, schrieb Friedrich Wilhelm, der nach Berlin zurückreisen musste, wo er selber erkrankte.[80] Erst am 17. Juli, fast drei Wochen später, ließ Hieronymi, der Arzt von Luises Vater, aus Berlin den Hofarzt Ernst Ludwig Heim holen, zum ersten Mal war von Gefahr für ihr Leben die Rede. Aus Regensburg schrieb Therese einen Tag vor ihrem Tod, das ganze Ausmaß der Krise noch nicht wissend: »Gott, bester Georg, welche Nachricht und in welcher tötenden Angst lebe ich seit Sonnabend. Die Gräfin Voß schrieb mir am 5ten von der schrecklichen Krankheit, die unseren Engel befallen hat.« Luise habe ihr zwar bestellen lassen, dass sie sich nicht ängstigen soll. »Wie aber ist dies möglich und wie grausam ist es, mir nicht jeden Tag nur mit 2 Zeilen Nachricht von der Krankheit zu geben. Jeder Tag, den ich durchlebe, ist eine Ewigkeit. Gott, wann werde ich erfahren, wie es ihr geht. Mein Herz ist voll banger Sorgen.«[81] Am 18. Juli wurde der

König aufgefordert, sofort nach Hohenzieritz zu kommen. Er reiste mit seinen beiden ältesten Söhnen, das Schlimmste befürchtend, wie er in seinen Erinnerungen festhält: »Es ist nur ein Gegenstand hiernieden, an dem mein Herz hängt, ich stehe auf dem Punkt ihn zu verlieren ... Sie ist mein Alles! Mein ganzes, einziges Glück auf Erden ... Ich habe nur den einen Gedanken an Ihr, mit Ihr alles, ohne ihr nichts!«[82]

Am 19. Juli 1810 starb Luise an einem Lungentumor. Ihr letzter Wunsch, den sie ihrem Mann anvertraute, lautete: »Dein Glück und die Erziehung der Kinder.« Nicht nur für ihren Mann war es »der Unglücklichste Tag meines Lebens«. Unmittelbar nach ihrem Tod ging er mit den Kindern in den Garten, den Luise so geliebt hatte. Sie pflückten weiße Rosen, für jedes Kind eine, Friedrich Wilhelm eine mit drei Knospen für die abwesenden drei Kinder. Diese Blumen legten sie »mit tausend Thränen« auf das Sterbebett. »Alle meine Gefühle waren auf sie konzentriert, was bleibt mir jetzt, wo ich sie verloren habe?«, schrieb Friedrich Wilhelm einige Wochen später. Nur im Zusammensein mit Luise »herrschte ... allein, ganz allein, innige Liebe und Glück und Zufriedenheit für mich, alles übrige, was mir bleibt, theilt sich in Wohlwollen und Pflichterfüllung ... O daß ich nur die Hoffnung habe, sie dort, dort wieder zu sehen, wo sie mir voran gegangen ist, und daß ich ihrer würdig bleiben möge!«[83]

Georg und Friederike fiel die schwere Aufgabe zu, die Schwestern in Hildburghausen und Regensburg zu informieren. »Umsonst sitze ich hier und suche Dir zu schreiben«, schrieb Georg an Charlotte. »Je länger ich mich bemühe, je mehr krampft sich mein Herz zusammen ...«[84] Friederike, die ihrer Schwester in jenen Tagen kaum von der Seite gewichen war und sie ohne Rücksicht auf ihre eigene Gesundheit gepflegt hatte, schrieb an ihre Schwester Charlotte: »Oh Gott, o Gott, was hast Du über uns beschlossen? Gute Charlotte, hättest Du gedacht, daß ein solches Unglück uns treffen würde. Wir schwammen im Glück des

Querschnitt durch die Jahre 1809–1810

glücklichsten Wiedersehens, hofften 8 glückselige Tage zu
verleben, aber am 4.ten Tage schon kam die schreckliche
Krankheit. Wir hofften Genesung, statt dessen kam der
Tod. Tod – denke das Schreckliche dieses Wortes. Unsere
Luise, unser Engel, unser Liebstes und Bestes tot. O Gott,
begreifst Du es, daß man leben kann, wenn man das Liebste
sterben sieht ... manchmal glaube ich, den Gedanken noch
nicht ganz gefaßt zu haben, weil ich noch lebe, und doch
sehe ich sie in ihrem Bette, Luisen ihre Hand haltend, verschieden. Das waren drei schreckliche Wochen, und was für
Leiden! Oh Gott, o Gott, und mit welcher Geduld, sie war
ein Engel bis im letzten Augenblick, oft haben wir von den
abwesenden Schwestern gesprochen in dieser fürchterlichen
Krankheit, sie frug, wer schreibt denn den Schwestern, daß
ich krank bin? Ich konnte nicht schreiben, denn ich hatte
die unaussprechliche Beruhigung, sie vom ersten Augenblick an pflegen zu dürfen, und, einige Nächte ausgenom-
men, war ich stets an ihrem Bette und um sie herum. Noch
am letzten Morgen dankte sie mir und sagte: ›Ach, liebes
Ickschen, was pflegst Du mich so gut, ach, gutes Ickschen,
wie dank ich Dir.‹ – Sie ahnte den Tod nicht eher als 2 Minuten vorher und sprach: ›O Jesus Christus, mach es kurz‹
und gleich darauf verschied sie.«[85]

Am 27. Juli 1810 kam Luises Leichnam in Berlin an, von
den Geschwistern war nur Carl dabei, der den Trauerzug
von Neustrelitz an begleitet hatte. Wilhelm von Humboldt
schrieb an seine Frau: »Das überaus zahlreiche Gefolge war
auf dem Exerzierplatz versammelt und erwartet die Königin. Der Augenblick der Ankunft war sehr rührend ... Prinz
Carl ... folgte mit. Er war so betrübt, daß er wirklich nur
schwankte. Nun bildete sich der Zug und ging in der Mitte
der Linden, ganz zu Fuß, bis auf die von Strelitz mitgekom-
menen Damen vom Hofe, die fuhren, bis zum Schloß. Zu
beiden Seiten waren Reihen Soldaten, an einigen Orten Sän-
gerchöre, an den anderen Militärmusik und Trommeln, die
gedämpft und etwas in der Ferne melancholisch klingen.

Zusammenhalt in schweren Zeiten

Auf dem Brandenburger Tor, wo sonst die Viktoria stand, wehte eine große schwarze Fahne, alle Glocken gingen. Der Zulauf der Menschen war unglaublich, aber eine Stille, die man sich kaum vorstellt, man hörte nicht einmal das sonst bei großen Haufen fast unvermeidliche dumpfe Gemurmel.« Der König mit dem ganzen Hof habe den Sarg unten an der Schlosstreppe empfangen und dann ins Thronzimmer begleitet, wo er aufgestellt wurde. »Es hatte etwas Schauerliches, die Prinzessinnen alle in tiefer Trauer mit Krepp und langen Flören, die meisten weinend und sehr angegriffen in dieser halbdunklen Abendzeit zu sehen. Sie waren im Spiegelzimmer versammelt, das die Trauergestalten noch schauerlicher vervielfältigte.« Humboldt schließt seine Beschreibung mit den Worten: »Die Königin war, auch bloß als Frau betrachtet, von einer seltenen Harmonie in ihrem ganzen Wesen; sie hatte wirkliche Größe und alle Sanftmut, die nur aus den herzlichsten häuslichen Verhältnissen hervorgehen kann.«[86]

Therese schrieb eine Woche nach Luises Tod erschüttert an ihre Geschwister: »Louise, Louise – Du Engel, Du unser Stolz, unser Glück! Die hienieden schon ein Engel war – ist es möglich, daß sie uns entrissen ist. – Ach George, ach Friederike – welch ein Verlust! Hätte ich doch auch Eure Pflege teilen können! Etwas noch diesem holden Engel sagen können! Hat sie wohl unser noch mit Liebe gedacht? O, sagt mir alles alles, war ihr Ende sanft? Fühlte sie sich sterben? – Ergeben war sie gewiß in des Schöpfers unbegreiflichen Willen, aber schmerzen musste sie doch die Trennung von denen, an denen ihr Herz hing und für denen sie so alles war. – armer König, arme Kinder, armes Land – und Du unglückliche Ika, Du unglücklicher George, wie ist die Gegenwart und die Zukunft für Euch verschwunden. Sie war alles, der Sonnenschein, der alles belebte. Unter 1000 und 1000 Ereignissen war gewiss dieses das Schrecklichste – es ist auch keine tröstliche Seite daran zu finden. Soviel Leiden hatte sie überstanden, jetzt da der Himmel ein wenig heiterer wurde, jetzt wird sie hinweggerissen. Ich bitte Euch, schreibt mir bald, sagt mir doch alles, es ist herzzerreißend ———— ... es ist wunderbar, daß sie in den Schoss der Familie reisen mußte, um da zu sterben. – sterben – kaum wage ich es zu schreiben und diese schreckliche Idee zu fassen. Der 19., welch ein fürchterliches Datum – O Gott, warum ließ er mich nicht für unseren Engel sterben – sie wäre meinen Kindern Mutter gewesen, und dann war alles gut. Aber dieser Engel, der so vielen Alles, Hoffnung und Trost war.«[87]

Um mit der Trauer fertigzuwerden, flohen sie zunächst den Ort, der sie für immer an Luises Tod erinnerte. Der Vater und Onkel Ernst fuhren nach Pyrmont, Friederike nach Karlsbad, Georg suchte die Nähe seiner älteren Schwestern. Er hatte die Wahl zwischen Charlotte oder Therese, entschied sich dann aber für Therese, weil sie »die Unglücklichste von Euch« ist, kaum erholt von »früherem Schlage«, dem Tod ihres Geliebten, des Grafen von Lerchenfeld. Georg hoffte aber, dass Charlotte nach Dischingen kommen würde. »Vielleicht gäbe mir Gott dann Tränen wieder, die ich jetzt kaum mehr habe, – es erleichterte uns so vielleicht gegenseitig, jetzt kann ich nichts, nichts, nichts ...«[88]

»Komm, bester, unglücklicher Georg, meine Arme sind Dir offen.« Mit diesen Worten lud ihn Therese ein, froh darüber, ihre Trauer mit dem Bruder teilen zu können. »Und ein Engel wird uns segnen. Ach, hätte ich doch die Himmelszüge noch einmal sehen können.«[89] Auch Charlotte wünschte sich, die Geschwister zu sehen. »O wie verlangt es mich, an ihr, an Dein Herz zu sinken, teure Schwester, geliebter Bruder, und da neue Kraft, neuen Mut zu schöpfen, dessen ich so sehr bedarf.« Sie sei bei der Nachricht vom Tod Luises krank geworden, schreibt sie. Oft verfolge sie »die geliebte Spur«, gehe im Park spazieren, dort, wo sie einst mit Luise ging, und dann flössen Tränen »um das entflohene Glück«. Sie habe ein Lied über Luise geschrieben, sei aber nicht in der Lage, es zu singen, denn ihr »eigentliches

Sprachorgan«, ihre Stimme, sei »gleichsam wie die Seele – herabgestimmt, heiserer und flacher«.[90]

Neben der Trauer um Luise belastete die Familie der Zusammenbruch Friederikes, die schwer krank und dem Tode nahe seit dem 10. August in Karlsbad zur Kur weilte. »Sie, die geliebteste, die Gefährtin meiner Jugend und meiner Kinderjahre sterben zu sehen! Dies erwartete ich nicht von der Vaterhand dort oben, nichts Schrecklicheres hätte mir widerfahren können; da es aber doch einmal Gottes bestimmter Wille war, so danke ich ihm noch, daß ich auf meinem traurigen Lebensgang die beruhigende Gewißheit in mir trage, ihr noch nützlich gewesen zu sein, bis der Engel die schönen Augen auf ewig schloß. Von meiner Trauer, von meinem Schmerz kann ich Ihnen weiter nichts sagen, als daß ich beynah daran gestorben bin«, beschreibt Friederike später diese Wochen. »Sie war mir das Liebste und Beste auf der Welt, und nichts kann mich wundern, als daß ich nicht wirklich gestorben bin.«[91]

Die beunruhigenden Briefe von Freunden und Bekannten über ihren Zustand ließen Georg keine Ruhe. Er fuhr selber nach Teplitz und konnte am 19. September an Charlotte berichten, dass die Schwester auf dem Weg der Besserung war. Auch um Therese machte Georg sich große Sorgen. Nach dem Tod ihres Geliebten und jetzt dem von Luise war sie in ein tiefes Loch gefallen. »Was ich aber sonst bei deinem Briefe empfand, das hält keine Feder aus«, schrieb Georg ihr. »Du kommst mir oft vor, wie unser Engel in seiner allerverängstesten Zeit, so wie in den Jahren 1806/07 und leider auch oft später, wo in langen Perioden kein lichter Punkt mehr an ihrem Horizont war, und daher habe ich zuweilen kaum den Mut mehr, Dir zuzurufen: ›Sterbe mir nicht auch wie unser Engel.‹« Er versicherte ihr seine Liebe, auf die sie sich verlassen könne: »… daß ich Dich liebe wie ein verschwisterter Freund lieben kann.«[92]

Am 23. Dezember 1810, siebzehn Jahre nach ihrem triumphalen Einzug als Braut in Berlin, wurde Luises Sarg ins

Mausoleum in den Park von Schloss Charlottenburg gebracht. Die Ärzte hatten Friederike verboten, daran teilzunehmen. Sie hatte sich gerade erst erholt von ihrer schweren Krankheit nach Luises Tod. Schweren Herzens hielt sie sich an das Verbot: »... lange, lange kämpfte ich mit mir selbst, aber endlich sagte ich mir, ›der Gott, der dir das Leben wiedergegeben, gab es dir gewiß für deine Kinder wieder, du mußt es nicht durch deine Schuld verlieren, und so soll es ganz ihnen gewidmet sein.‹« Zur Überführung des Sarges waren ursprünglich auch Charlotte und Therese erwartet worden, und gemeinsam, so hoffte Friederike, würden sie den furchtbaren Tag mit den Erinnerungen an die tote Schwester überstehen. »... und das werden wir auch überleben, weil man alles überlebt, solange Gott es will!«[93]

Nur der jüngste Bruder Carl, der den Zug mit dem Sarg anführen sollte, war stellvertretend für die Familie an diesem Tag in Berlin anwesend und berichtete nach Neustrelitz: »Es ist geschehen, Charlottenburg ist zu ewiger Trauer eingeweiht.« Um drei Uhr nachts wurde »mit der größten Stille und dem prunklosesten Anstand die Hülle unseres Engels« aus dem Dom abgeholt und ins Mausoleum nach Charlottenburg gebracht. Carl erinnerte daran, dass genau ein Jahr zuvor »mit einem Jubel, der unseren Herzen beinahe fremd geworden war, wir den Engel wieder ans verwandte Herz im angestammten Königssitz drückten, an eben diesem Tag ward heute mit doppelter Wehmut unser Herz zerrissen, bitterer Schmerz und harter Kummer«. Alleine stand er vor dem Sarg, »der all' mein Glück verschloß, da wurde meinem Herzen wohl wie in der Heimat, wo es jetzt hingehört, und sanfte Wehmut erleichterte den beklommenen Zustand meiner Seele«.[94]

Es war der Vater, der in dieser für die ganze Familie furchtbaren Situation ein Treffen aller in Neustrelitz wünschte, so wie früher, wo Familientreffen den Zusammenhalt gestärkt hatten. Georg lud die Schwestern in seinem Namen ein, die Reise Charlottes wollte der Vater finanziell unterstützen. »Ach, liebe Lollo, wie nötig wir es haben, uns mit Euch allen mal wieder zu vereinigen, daß kann ich bei Gott mit Menschenzungen nicht aussprechen. Und genau so unser immer ehrwürdiger Vater.«[95] Therese zögerte zunächst, denn sie befürchtete, dass genau in diesen Wochen Hofrat Grub seine Verleumdungskampagne gegen sie öffentlich machen würde. Wie sollte sie dem Vater unter die Augen treten, ihm noch zusätzlichen Kummer machen, durch das Bekanntwerden ihrer außerehelichen Beziehung? Auch hier übernahm Georg die Vermittlung und teilte dem Vater das Nötige mit. Und wie bei Friederike zehn Jahre zuvor, hob der Vater nicht etwa den moralischen Zeigefinger, sondern breitete einfach nur seine Arme aus. Der Liebe zu seinen Kindern taten solche Fehltritte keinen Abbruch, die Familie hielt immer dann besonders zusammen, wenn Angriffe von außen drohten: »Er erwartet Dich in Ruhe … und erwartet sein liebes Röschen in Mirow mit all seiner Herrlichkeit«, schrieb Georg darum auch beruhigend an seine Schwester.[96]

Das vom Vater geplante und von allen herbeigesehnte Familientreffen in Neustrelitz fand im Frühjahr 1811 statt. Naturgemäß existieren darüber keine Briefe, da alle Familienmitglieder anwesend waren. Therese besuchte im Anschluss daran Berlin, ging am 16. März mit ihrem Bruder Carl und dem König zu Luises Grab, ein für sie furchtbarer Gang. »Heute um 11 Uhr begann ich meine Wanderschaft im Charlottenburger Garten, den König ganz neben mir, (auch Carl dabei) und so näherten wir uns der heiligen Stätte. Was ich empfand, hat keine Worte. Die Türe des Heiligtums öffnete sich und ich stand neben *Ihrem Sarg*. O Gott, Georg, daß es so ist, muß man es schreiben, kann und muß – es ist entsetzlich, unbegreiflich. – Der Sarg und ihre unsichtbare himmlische Hülle, das einzige, was uns bleibt.«[97]

Den Abschluss dieses Kapitels sollen zwei Strophen aus einem Gebet bilden, das Therese ihrer Schwester Luise am 22. April 1810, also drei Monate vor ihrem Tod, aus Paris schickte. Therese hatte es entdeckt und sofort für Luise abgeschrieben, weil es ihrer Meinung nach so gut auf die Schwester passte. Friedrich Wilhelm hat es nach Luises Tod in ihren Unterlagen gefunden und seinen Erinnerungen mit dem Kommentar beigefügt: »Wie schön gedacht! – ach, und wie bald der letzte Vers so ganz erfüllt! –«[98]

Ausgesöhnt mit den Menschen allen,
Ohne Hoffahrt, ohne Trug und List,
Immer von dem Glauben aufgerichtet,
Daß Du Gott mein guter Vater bist,
Ohne Kummer für den andern Morgen,
Voll Vertrauen zu der Menschenwelt,
Und zu Dir dem großen Weltenlenker,
Der das Ganze liebend trägt und hält;
Hingeneigt zum Guten und zum Schönen,
Angeflammt für die Gerechtigkeit,
Heiter im Genusse des Lebens
Und voll Hoffnung für die Ewigkeit.

So will ich mein Tagewerk vollenden
Daß Dein weiser Rathschluss mir beschied,
So will ich zu Deinen Engeln wallen,
Wenn die Lebensblume abgeblüht.
Gute Menschen werden um mich weinen,
Ruhig steht mein Grab im Mondenschein,
Und wie eine sanfte Abendröthe
Wird mein Nachruhm auf der Erde seyn.
Guter Vater, laß mich weise werden
Eh der goldene Lebensstrom entfließt.
Dann laß mich in Frieden hingelangen,
Wo die Guten eine Welt umschließt.

Vermächtnis und Verklärung

Luises Vermächtnis: »Dein Glück und die Erziehung der Kinder«

Neues Menschenbild in alten Formen

»Dein Glück und die Erziehung der Kinder!«,

antwortete Luise auf dem Totenbett ihrem Mann, als er sie nach ihren letzten Wünschen fragte. Der zweite Wunsch ist eher ungewöhnlich für eine adlige Frau des 19. Jahrhunderts, zu Luise aber passt er sehr gut. Zehn Kinder hat sie in den knapp siebzehn Jahren ihrer Ehe zur Welt gebracht, sieben davon lebten 1810 noch. Luise hat sich im Vergleich zu den fürstlichen Frauen ihrer Zeit intensiv um ihre Kinder gekümmert. Auch wenn sie sie täglich nur wenige Stunden und manchmal, wenn sie ihren Mann nach Potsdam oder sonst wohin begleiten musste, tagelang nicht sah, so zeigen doch ihre Briefe, dass sie über alles informiert war und immer wieder direkt in ihre Erziehung eingriff.

Ihr Mann bescheinigte ihr, eine hingebungsvolle Mutter gewesen zu sein, die nur manchmal zu nachsichtig war, vor allem mit ihrem Ältesten, dem Kronprinzen. Bis die Kinder eigene Erzieher bekamen, wohnten sie in Luises Räumen, wo sie sich auch nachts, wenn sie krank waren, um sie kümmerte.[1] In ihren eigenen Augen war das oft noch zu wenig, denn auch hier wachte Friedrich Wilhelm eifersüchtig darüber, dass er nicht zu kurz kam. Auch die Schwestern Luises kümmerten sich stärker als in adligen Häusern üblich um ihre Kinder. So haben sie bis auf Luise, die vom Hofarzt Brown ein Verbot bekam, ihre Kinder gestillt. »Ich kann

Vermächtnis und Verklärung

den Augenblick gar nicht erwarten, es muß ein göttliches Gefühl sein, wenn man das liebe kleine Geschöpf, welches man unter dem Herzen getragen hat, nun auch wieder durch sich selbst gedeihen sieht, und das erste Lächeln, welches sonst der Amme gehörte nun mich beglücken wird«, meinte Friederike.[2]

Entscheidender als alle pädagogischen Konzepte aber waren die politischen Verhältnisse der Zeit, die das Leben und auch den Unterricht der Kinder direkt beeinflussten. Bei den sechs Geschwistern waren es die Ereignisse der Französischen Revolution, die überstürzte Flucht 1792 nach der Besetzung von Mainz durch französische Truppen und die Hinrichtung der französischen Königsfamilie. Einem König, der als weltlicher Stellvertreter Gottes auf Erden galt, wurde im Namen von Freiheit und Gleichheit der Kopf abgeschlagen, traumatische Erkenntnisse für Kinder, die im Glauben erzogen wurden, dass die Standesordnung mit dem König an der Spitze gottgewollt und damit unabänderlich war. Die Kinder der sechs Geschwister waren gleichermaßen durch politische Ereignisse geprägt: durch die Besetzung ihrer Heimat durch feindliche Truppen und die Flucht aus der gewohnten, vertrauten Umgebung in Übergangsquartiere, ein ständiges Hin und Her zwischen Hoffen auf Rückkehr und erneuter Enttäuschung. Sie wuchsen auf in einer Zeit des Umbruchs in jeder Hinsicht. Nicht nur die politische Ordnung des gottgewollten Herrschertums geriet ins Wanken, auch die Herrschaft der Vernunft im Zeitalter der Aufklärung wurde abgelöst durch die Idealisierung der Gefühle im Zeitalter der Romantik.

Das neue Menschenbild, das durch die philosophischen und pädagogischen Schulen des 18. Jahrhunderts geprägt wurde, war ein Bild, das das Individuum, seine Interessen und Bedürfnisse in den Mittelpunkt stellte. Es hatte schon im Ansatz in die Erziehung der sechs Geschwister Einzug gehalten. Auffallend ist, wie sehr vor allem die vier Schwestern dies bei der Erziehung ihrer eigenen Kinder weiterführten.

Luises Vermächtnis: »Dein Glück und die Erziehung der Kinder«

In der Zeit vor Jean-Jacques Rousseau hatte Erziehung vor allem ein Ziel: auf das Leben in der Gesellschaft vorzubereiten, Männer und Frauen auf ihre jeweils festgeschriebene Rolle einzustimmen. Auch Rousseau dachte noch im Rollenschema, legte aber großen Wert, zumindest bei den Jungen, auf die naturgemäße Entwicklung des individuellen Charakters und der Fähigkeiten des Einzelnen, was auf Dauer zwangsläufig eine Auflösung des bisherigen Rollenschemas nach sich ziehen musste. Der Schweizer Pädagoge Johann Heinrich Pestalozzi, der die Ideen Rousseaus weiterentwickelte, wurde von allen vier Schwestern geschätzt. Er verfolgte eine Erziehung, in der der theoretische Unterricht mit praktischer Arbeit verbunden werden sollte. Die Söhne Charlottes erlernten so neben ihrem Schulpensum den Schreinerberuf, Luises Kinder züchteten begeistert Gemüse im extra für sie angelegten Garten, so wie Luise das mit ihren Geschwistern in Großmutters Garten getan hatte.

Auf der Basis einer sittlich-religiösen Erziehung stellte Pestalozzi das Prinzip des langsamen Wachsens und Reifens, ausgehend von der unmittelbaren Welt des Kindes, in den Mittelpunkt. Herz, Hand und Kopf sollten gleichermaßen ausgebildet werden. Auch Luise fand sich in Pestalozzis Konzept gut aufgehoben, kam für sie doch der Herzensbildung eine noch größere Bedeutung zu als der Verstandesbildung. Auch Pestalozzis Forderung, dass die Grundspannung zwischen Neigung und Pflicht durch Selbstdisziplin in der Balance gehalten werden musste, traf eines der Grundthemen der Geschwister.

Therese schickte ihre Kinder in ein Internat in der Schweiz, dessen Zielsetzung der Pestalozzis ähnlich war: das berühmte Schweizer Institut des Philipp Emanuel von Fellenberg in Hofwil. Auch hier stand das Individuum mit all seinen Talenten im Vordergrund, auch hier ging man von einem ganzheitlichen Erziehungskonzept aus, in dem Körper, Seele und Geist gleichermaßen gefördert werden sollten. Und auch hier wurde Zwang als Mittel der Erziehung abgelehnt.

Charlotte schickte Carl Ludwig Nonne, den Sohn der Betreuerin ihrer Kinder, in die Schweiz zu Pestalozzi, um dessen Lehren in Hildburghausen einzuführen, und begründete so den Ruf Hildburghausens als »Stadt der Schulen«. Auch Luise förderte mithilfe Wilhelm von Humboldts Karl August Zeller, einen Schüler Pestalozzis, der in Königsberg ein Erziehungsinstitut gründete, das Luise und auch Friederike mehrfach besuchten, um die Unterrichtsmethode zu studieren.

Erziehungsziele sollten möglichst nicht von außen an das Kind herangetragen werden, sondern man wollte die im Kind bereits angelegten Fähigkeiten fördern und in geordnete Bahnen lenken. Im Zentrum der Erziehung standen danach das Individuum und seine ganz persönlichen Bedürfnisse, nicht die Bedürfnisse der Gesellschaft. 1801 legte Pestalozzi seine Ideen in seinem Werk *Wie Gertrud ihre Kinder lehrt* nieder: »Aller Unterricht des Menschen ist also nichts anderes als die Kunst, diesem Haschen der Natur nach ihrer eigenen Entwicklung Handbietung zu leisten.«[3] Es ging um Entfaltung, nicht um Disziplinierung, um das Entwickeln von Talenten, nicht um militärischen Drill. So wurden zum Beispiel in Hildburghausen die Mädchen besonders auf dem musischen Gebiet gefördert, da sie das Talent ihrer Mutter Charlotte geerbt hatten. Luise ließ das Zeichentalent ihres ältesten Sohnes durch einen eigenen Zeichenlehrer fördern, und auch Friederikes Sohn Georg erhielt eine intensive Musikausbildung.

Die Pädagogen nach Rousseau betonten daher auch immer weniger die festgelegte Rolle des Einzelnen im Leben, eine logische Konsequenz aus dem neuen individualisierten Menschenbild. Da, wo die Talente eines jeden Kindes im Mittelpunkt stehen, haben von der Gesellschaft festgeschriebene Rollen immer weniger Platz. Eine solche Erziehung bringt aber auf Dauer Menschen hervor, die sich ihren

Luises Vermächtnis: »Dein Glück und die Erziehung der Kinder«

Platz nicht mehr in einem politischen System zuweisen lassen, bei dem es auf die durch Geburt erworbenen Rechte ankommt. Die Stellung wird bestimmt durch die eigenen Talente, die eigenen Leistungen – und das geht nur in einem demokratischen System.

Das im Grunde Absurde ist, dass alle vier Schwestern, die doch Teil dieses Ständesystems waren und gar nicht außerhalb dessen denken konnten, für ihre Kinder Erzieher aussuchten, die nach den neuen Konzepten unterrichteten, was zwangsläufig zu Konflikten führen musste, vor allem bei den Söhnen von Luise und Friederike, die in Preußen groß wurden, wo militärischer Drill, Pflichterfüllung und Gehorsam an der Spitze der verlangten Tugenden standen. Ein neues Menschenbild in einer alten Fassung, die erste Risse hatte, das war ein Wagnis, wie sich bei der Erziehung des Kronprinzen exemplarisch zeigen lässt.

Luises erklärtes Haupterziehungsziel war, dass ihre Kinder gute Menschen werden sollten. In diesem Sinn schreibt sie ihrem Bruder Georg über ihren erstgeborenen Sohn, den achtjährigen Kronprinzen Friedrich Wilhelm: »Denn in den ersten Tagen seiner Existenz, da ich kein Kind außer ihm hatte, bat ich Gott mit aufrichtigem Herzen, mir ihn wieder zu entreißen, wenn er ihn nicht zu einem guten Menschen wollte erwachsen lassen, der seinem Berufe leben und sich ihm weihen wollte.«[4] Später schrieb sie ähnlich an den Philosophen Johann George Scheffner in Königsberg: »Ich weiß, die Zeiten machen sich nicht selbst, sondern Menschen machen die Zeit, deswegen sollen meine Kinder gute Menschen werden, um wohltätig auf ihr Zeitalter einzuwirken.«[5] Und während die Erziehung preußischer Thronfolger normalerweise nach einem detaillierten Plan ablief, in dem die militärische Ausbildung einen herausragenden Stellenwert hatte und schon im frühen Kindesalter begann, hielt sich Friedrich Wilhelm III., dessen Erziehung noch nach den Vorgaben Friedrichs des Großen abgelaufen war, zunächst ganz aus der Erziehung heraus. Luise gab dem Erzieher ihres Sohnes Friedrich Wilhelm, Johann Friedrich Delbrück, nur eine Vorgabe mit auf den Weg: Er solle ihn zu einem »guten Menschen und Fürsten« erziehen. Auch dessen Methode war ihr aus ihrer eigenen Erziehung vertraut. Delbrück, der ein Anhänger der Rousseau-Basedow'schen Schule war, von den Notwendigkeiten der Erziehung eines künftigen Königs aber keine Ahnung hatte, hielt vom militärischen Drill gar nichts, sondern behandelte die Themen des Unterrichts ausgehend vom Interesse seines Schülers. Anschaulichkeit wurde großgeschrieben, zum Beispiel bei Besichtigungen von Hafenanlagen, historischen Bauten, Kunstausstellungen und Ähnlichem. Ganz nach Rousseau und Pestalozzi wurden vor allem die Talente seiner Schüler gefördert. Das unbestreitbare Zeichentalent des Kronprinzen nahm im Unterricht bald mehr Raum ein als andere Fächer. Der zukünftige König Preußens wurde schwerpunktmäßig zum Künstler erzogen. Luise, die in den ersten Jahren mit dem Erzieher ihres Sohnes sehr zufrieden war, vertraute ihm auch ihren zweiten Sohn Wilhelm an. Sehr zum Unwillen Delbrücks wurden beide Jungen als preußische Prinzen natürlich parallel einer militärischen Erziehung mit Exerzierübungen unterzogen. Dieser Drill passte überhaupt nicht in sein Erziehungskonzept, das ja gerade Disziplinierungen vermied.

Der private Umgang der Kinder mit ihren Eltern passte da schon eher hinein. So beschwerte sich Sophie von Voß an verschiedenen Stellen über das disziplinlose Verhalten der Kinder, denen auch der König keinen Einhalt gebot: »Die Königlichen Kinder aßen mit uns und machten einen ganz furchtbaren Lärm; niemand sagt ihnen etwas... Das Mittagessen ist jetzt etwas Schreckliches wegen des unglaublichen Lärms, den die guten Kinder dabei machen. Der König erlaubt alles; er ist zu gut und bringt mich mit seiner zu großen Nachsicht in Verzweiflung.«[6] Das Erziehungsprinzip, nach dem Luises Kinder erzogen wurden, vermied Strafen und setzte dafür auf Lob und Tadel und vernünf-

Luises Vermächtnis: »Dein Glück und die Erziehung der Kinder«

tige Einsicht, »denn alle Dinge, woraus nicht wahrer Vorteil oder wahrer Schaden für euch hervorleuchtet, werden von mir nie erzwungen werden. Nur dann, wenn ich eine Sache für gut erkenne, werdet Ihr mich unerschütterlich finden«, schrieb Luise an den Kronprinzen.[7]

In diesem Zusammenhang ist die Auseinandersetzung, die Luises Schwester Friederike mit der Erzieherin ihrer Tochter hatte, ebenfalls symptomatisch. Im Frühjahr 1805 beschwerte sie sich noch aus Ansbach über Henriette von Pogwisch, die man ihr für ihre Tochter Friederike zugewiesen hatte, beim König beziehungsweise beim zuständigen Geheimrat.[8] Offenbar war Henriette von Pogwisch eine Erzieherin, die sehr viel von preußischem Drill auch bei Kleinkindern hielt. Und damit stieß sie bei Friederike, die mit ihrer Tochter zur Belohnung für gutes Lernen die Schafe auf der Wiese vor dem Schloss zum Streicheln besuchte, auf kein Verständnis. Sie sei »ein eingefleischter Satan«, beklagte Friederike sich bei Georg.[9] Wegen der Meinungsverschiedenheiten bat Henriette von Pogwisch den König schließlich um ihre Entlassung, Friederike teilte diesen Wunsch, weil diese Frau auf ihre Tochter nicht gut wirken könne. Sie möchte gerne eine Gouvernante haben, »die nur Gouvernante ist und nicht Oberhofmeisterin, dafür aber eine zu wählen, die Erfahrung und Liebe zur Sache hat«. Friederike schreibt weiter, dass sie schon bald nach Dienstantritt bei Henriette von Pogwisch bemerkt habe, »dass sie weder Liebe zu ihrem Geschäft, noch Geduld, noch Frohsinn, noch Sanftmut besitzt«. Auch die schriftliche Fixierung ihrer Erziehungsprinzipien, die Henriette von Pogwisch im Auftrag von Friederike vornehmen musste, fand diese »dem Kinde gar nicht angemessen«.[10] Henriette von Pogwisch sah das allerdings ganz anders. In einem Brief an den König beklagte sie sich darüber, dass sie die kleine Prinzessin »so vernachlässigt« vorgefunden, als sie es »unmöglich für ein Kind dieses Standes geglaubt; ich hatte sie in so vielen Dingen zu entwöhnen, dass ich kaum wusste, wo ich anfangen sollte«. Der zuständige Geheimrat in Ansbach, der sich unvermutet in einen Erziehungsstreit verwickelt sah, überzeugte sich vor Ort und berichtete nach Berlin, dass Henriette von Pogwisch nur »harte, heftige und demütigende Verweise als Mittel« gebrauche, »um die Prinzessin über kleine kindliche Fehler zu korrigieren«. Dagegen benutze sie »Mittel freundlicher Belehrung, der Liebe und des Beifalls« überhaupt nicht. Der Geheimrat unterstützte Friederikes Klagen, weil er die Prinzessin für gut erzogen hielt, bei ihr »noch keine Äußerung gesehen, die dieses Blutes unwürdig wäre«.[11] Henriette von Pogwisch, die sich zunehmend fehl am Platze fühlte, sprach in ihrem Brief an den König vom 14. April 1809 von unüberwindlichen Schwierigkeiten. »Die Talente, die hier erwartet werden, habe ich nicht.«[12]

Was waren das für Talente? Offenbar nicht die preußischen Erziehungsmethoden, für die Henriette von Pogwisch stand, sondern wohl eher ein Eingehen auf die Fähigkeiten und Bedürfnisse ihres Schützlings im Sinne der Pädagogik Pestalozzis. Mit Luises Hilfe, die die Bedenken ihrer Schwester in allen Punkten teilte, wurde die Erzieherin abberufen.

Spätestens im Herbst 1807 stellte Luise fest, dass die Erziehung des zwölfjährigen Kronprinzen Defizite aufwies. Er »gibt die schönsten Hoffnungen, sein Herz ist gut und viel Geist und Wissbegierde; nur seine Manieren sind noch detestabel und erfordern all' meine Strenge und Aufmerksamkeit; denn das Äußere hat gar zu viel Zusammenhang mit dem Innern. Wer lieber mit dem Ellenbogen stößt als mit der Hand sanft und höflich (nach Umständen) schiebt, um etwas hinwegzuräumen oder jemand aufmerksam zu machen usw., der hat etwas ähnliches in seinem Gemüt, welches eine schöne Harmonie des Innern ebenso unangenehm störet als ein Anstoß der Grazie äußerlich das Auge verletzt«, schrieb sie an ihren Bruder Georg.[13]

Zu Luises großem Kummer spielten bei ihrem Ältesten Pflichterfüllung und Gehorsam, zwei Tugenden, die sie

Luises Vermächtnis: »Dein Glück und die Erziehung der Kinder«

für unerlässlich hielt, wenn er einmal König werden sollte, keine große Rolle. Andererseits war das ja Teil des von ihr geförderten Erziehungskonzepts. Ab Juli 1808 waren die Stimmen, die auf eine Ablösung des Erziehers Delbrück drängten, nicht mehr zu überhören. Der König geriet ebenfalls unter Druck, denn der Kronprinz ließ es auch bei seiner militärischen Ausbildung im Gegensatz zu seinem Bruder Wilhelm und seinem Cousin Friedrich Ludwig an der nötigen Begeisterung fehlen, kein Wunder bei einem Erzieher, nach dessen Konzept ein militärischer Dienst eigentlich nicht vor dem achtzehnten Lebensjahr einsetzen sollte.

Freiherr vom Stein nannte die ganze Erziehung des Kronprinzen »weichlich und weibisch« und empfahl Luise dringend, den Erzieher zu wechseln, nachdem Prüfungen gezeigt hatten, dass dem Prinzen auch das für sein Alter erforderliche Wissen fehlte.[14] Luise, die nach langen Gesprächen mit Stein und anderen schweren Herzens erkennen musste, dass zu einem erfolgreichen Fürsten mehr gehörte, als dass er gut war, schrieb im September 1808: »Eine Erziehung, die den Kronprinzen nur zu einem rechtschaffenen, religiösen, moralisch guten Menschen macht, ist nicht genug. Er muß richtige Kenntnisse des Landes, er muß deutliche Begriffe der Politik haben, er muß ferner sich eine große Aussicht der Dinge eigen machen, die ihn fähig machen, große Thaten zu unternehmen und womöglich zu vollbringen.«[15]

Die Ablösung des Erziehers wurde beschlossen und verkündet. Delbrück, der im Grunde nur Luises Anweisungen befolgt hatte, fiel aus allen Wolken. Ebenso wie der Kronprinz, der sehr an seinem Erzieher hing. Luise versuchte ihrem Sohn die Trennung von seinem geliebten Erzieher zu erklären. »Nur indem man seine Kinder auf ihre Pflichten aufmerksam macht, sie mit den Verhältnissen der Welt bekannt macht, und sie dazu anhält, ihre Schuldigkeit zu tun, sie auf alle Art zu bilden, nur so liebt man seine Kinder ... Dich einst glücklich zu sehen, ist mein einziger

Wunsch. Glücklich kann man nur werden durch sein Bewusstsein, und Dir dieses rein zu erhalten, immer die Gewissheit zu bewahren: ›Ich habe recht getan, meine Pflicht erfüllt, dies ist mein Bestreben.‹«[16] Bis zum Sommer 1810 durfte Delbrück bleiben, allerdings wurde ihm von Friedrich Wilhelm III. Major Friedrich von Gaudi zur Seite gestellt, der als Militärgouverneur des Prinzen dessen militärische Ausbildung leiten sollte.

Die zweite Forderung, die Luise an den Erzieher gestellt hatte, lautete, ihn zu einem guten Fürsten zu machen. Was aber hieß das: »richtige Kenntnisse des Landes«, »deutliche Begriffe der Politik«? Was bedeutete das zu einer Zeit, in der nichts »deutlich« war, in der die alte Ordnung durcheinandergeraten war? Für Luise hieß es mit Sicherheit: Kenntnis von der alten Ordnung, der Ständeordnung, zu der man zurückkehren wollte, um die alten Zustände wiederherzustellen. Und dazu passte der neue Erzieher Frédéric Ancillon: »... ein solcher Mann ist gemacht, einen jungen Menschen zu lehren, daß man glücklich sein kann, unabhängig vom Schicksal.«[17] Ancillon war ein Patriot, ein Anhänger der alten Ordnung. Hardenberg bemängelte später das »Kleben am Alten«, das der Kronprinz von seinem neuen Gouverneur eingeimpft bekam. Auch sein neuer Erzieher war nicht in der Lage, den Prinzen auf seine Rolle in einer veränderten Welt vorzubereiten.

Das Gleiche galt für Friederikes jüngsten Sohn Georg aus ihrer dritten Ehe mit dem Herzog von Cumberland, der 1851 als Georg V. König von Hannover wurde. Friederike kümmerte sich intensiv um seine Ausbildung, auch was sein musisches Talent anbetraf. Sie suchte die Lehrer aus und bestimmte in den ersten Jahren den Unterrichtsstoff, der ihm mit zunehmender Erblindung vorgelesen werden musste.[18] Die politische Erziehung Georgs war geprägt durch seine Mutter und seinen Onkel Carl – sein Vater Ernst August war meist abwesend in England. Beide galten wie die ganze Familie als erzkonservativ und allen demokra-

Luises Vermächtnis: »Dein Glück und die Erziehung der Kinder«

tischen Tendenzen gegenüber feindselig. Liberale Strömungen mit dem Ziel, dem Volk mehr und dem Fürsten weniger Rechte zu geben, waren danach Gotteslästerungen. Georg schrieb schon als Siebenjähriger in sein Heft folgenden Text, der kennzeichnend ist für die politische Erziehung, die er bekam: »Die Pflicht eines guten Königs ist es wie ein Vater zu seinem Volk zu sein, freundlich zu sein und ihnen zu helfen, wenn sie in Not sind. Er sollte nicht zu streng sein und ihnen danken, daß sie gegen den Feind, der ihm den Thron nehmen will, kämpfen. Sollte der König nicht danken den Tischlern und den Schlossern für die hübschen Möbel und den Bauern für die wunderschönen Kartoffeln?«[19]

Als sein Vater Ernst August 1848 Verfassungsänderungen vornehmen musste, die den Bürgern mehr Rechte zugestehen sollten, soll er ausgerufen haben: »Hat denn Vater keine Kanonen mehr? ... Man sollte die Hunde abschießen lassen.«[20] In diesem Punkt ganz ein Kind seiner Familie. Auch sein Cousin, der Kronprinz und spätere König Friedrich Wilhelm IV., lehnte die Forderungen der Bürger nach mehr Demokratie, die in den Revolutionsjahren 1830 und 1848 zu Straßenkämpfen und Märschen auf die Schlösser führten, verständnislos und ein wenig hilflos ab. Luises Kinder und auch die ihrer Geschwister standen, was die Erziehung anbetraf, mit einem Bein in der Moderne, mit dem anderen aber noch im alten System.

Zwischen Pflicht und Neigung

>»Ich habe recht getan, meine Pflicht getan.«

Nur mit diesem Bewusstsein könne man glücklich werden, schrieb Königin Luise an ihren Sohn Friedrich Wilhelm.[21] Ein Leben zwischen Pflicht und Neigung, das hat sie ihren Kindern vorgelebt, und das erwartete sie auch von ihnen. Luises Briefe aus den Jahren 1809 und 1810 zeigen den etwas späten Versuch, den Kronprinzen doch noch auf die Tugenden einzuschwören, denen sie ihr Leben lang nachgefolgt ist: Pflicht, Gehorsam und Unterdrückung aller Leidenschaften. Der folgende Brief an ihren Sohn zeigt im Grunde ihren eigenen Weg: »Die Kraft, Deine Wünsche zu unterdrücken, Deinen Leidenschaften zu widerstehen, fehlt Dir gänzlich und besonders dieser Punkt wurde ganz unzulässig in Deiner Erziehung vernachlässigt... zähme das jugendliche Feuer, mit dem Du alles, was Du möchtest, haben willst, und für alles, was Du Dir denkst, gleich die Mittel zur Verwirklichung verlangst. Dies sei kein Charakter! Wirkliche Freiheit besteht nicht darin, dass man alles tut, was man kann, sondern dass man das Gute tut und was man als solches erkennt. Nur durch Überlegung wirst Du zur Erkenntnis kommen, was gut und böse sei; nur durch Bändigung Deines Willens wirst Du zur Ausführung des Guten kommen, selbst wenn es mit Deinen Neigungen, deinem Geschmack, Deiner Bequemlichkeit in Widerspruch steht; und Charakter haben heißt: Nach reiflicher Prüfung des Guten und Bösen das ins Werk setzen, um sich nicht durch die Leidenschaften abwenden zu lassen, die der höchsten Wahrheit des Guten widerstreben könnten.« Am besten sei es natürlich, wenn man das Gute selber erkenne und danach handele. Ansonsten werde Gehorsam erwartet: »... denn bloß durch strenges Gehorchen kann man Großes vollbringen.«[22]

Pflichterfüllung, Gehorsam, das waren wichtige Tugenden, zu denen alle Geschwister ihre Kinder erzogen. Und das galt für Jungen und Mädchen gleichermaßen. Ansonsten gab es die üblichen Unterschiede in der Erziehung analog zu den unterschiedlichen Rollen, zu denen sie erzogen wurden. Aus den Jungen sollten regierende Fürsten oder führende Militärs werden, aus den Mädchen treu sorgende Ehefrauen von regierenden Fürsten oder Militärs. Schaut man die Briefe Luises auf Beschreibungen ihrer Kinder durch, so fällt auf, dass sie bei den Jungen öfter das Adjektiv »klug« benutzt, bei ihren Töchtern kommt es nicht vor, da domi-

Luises Vermächtnis: »Dein Glück und die Erziehung der Kinder«

nieren Eigenschaften wie hübsch, gut, sanft, folgsam, rein wie Gold. Die Rolle in der Welt, auf die die Mädchen vorbereitet wurden, hatte sich in keiner Weise geändert.

Auch Sophie von Voß, die vor und nach Luises Tod die Oberaufsicht über die Erziehung der Mädchen hatte, schrieb: »Prinzeß Charlotte sah sehr gut aus und benahm sich vortrefflich, und Prinzeß Alexandrine ist überhaupt immer artig und liebenswürdig.«[23] Nehmen wir als weiteres Beispiel die Jugend der Therese von Sachsen-Hildburghausen, einer Tochter von Luises Schwester Charlotte. Sie wurde lange Jahre von Magdalena von Wolzogen betreut, die auch schon Luise und ihre Geschwister erzogen hatte. Ihr Unterricht hatte die für Prinzessinnen vorgesehenen Inhalte wie klassische deutsche Literatur, die französische Sprache, ein wenig Geschichte und Erdkunde, Zeichnen und Musik. Auch hier war das Lebensziel nach wie vor: Ehefrau und Mutter zu werden. Noch bevor die Eltern sich auf die Suche nach einem geeigneten Kandidaten für eine Ehe gemacht hatten, stand Therese auf der Heiratsliste Napoleons, konnte dem aber entgehen, indem sie sich mit dem bayerischen Kronprinzen verlobte. Dessen Vater hatte ihm angedeutet: »... eine Prinzessin aus Hildburghausen aus sächsischem Stamme ist lieb, freundlich und gütig und könnte eine ausgezeichnete Frau abgeben.«[24]

In einem Brief an ihre Nichte formulierte Luise die Erwartungen, die in der Familie auch 1810 noch an die Frauen in der Ehe gestellt wurden. Sie decken sich mit dem, was Luise und ihre Schwestern vor ihren eigenen Hochzeiten zu hören bekamen: Luise gratulierte ihrer Nichte zu der Verbindung und wünschte ihr, »daß sie sich zu Deinem Glück schließen möge. Viel, ja sehr viel wird dabei auf Deine Aufführung ankommen. Liebe und besonders der Rausch der Liebe kann nicht immer dauern, aber Freundschaft und Achtung kannst Du Dir verdienen, wenn Du rein und unbescholten dastehst und wenn Klugheit Deine übrigen Schritte in die Welt leitet.« Sie komme in ein Land, das vom Krieg

Vermächtnis und Verklärung

zerstört sei. »Bestrebe Dich, Gutes zu tun und Wohltaten zu streuen, damit die Unglücklichen Deinen Namen segnen und nicht die Marchandes de mode [Putzmacherinnen]. Dies kommt Dir vielleicht jetzt lächerlich vor, daß man zwischen den beiden Wegen nur wählen könne. Doch wirst Du recht wählen, dafür bürgt mir Dein Herz und das Beispiel Deiner unvergleichlichen Mutter; aber in Gefahr wirst Du noch einmal kommen, wo Kopf und Herz nicht einig sein werden. Behalt diesen Brief und kommen solche Gelegenheiten, so denke Deiner Tante, die durch Unglück und Trübsal der großen Bestimmung entgegenreifte... Behalte Deine Grundsätze und laß Dich nicht wanken in dem, was Du einmal für Recht erkannt hast.«[25] Die Hochzeit fand am 12. Oktober 1810 statt.

Therese erfüllte die Erwartungen, die man an sie stellte, in jeder Hinsicht. Obwohl das außereheliche Liebesleben ihres Mannes, der 1825 bayerischer König wurde, Gesprächsthema an den europäischen Höfen war, ertrug sie es mit Würde, auch als alle, selbst ihre Oberhofmeisterin, ihr zur Scheidung rieten. Das Bewusstsein, ihre Pflicht zu tun, ließ Therese alle Demütigungen nach außen hin ertragen. Als sie am 26. Oktober 1854 starb, sagte der bekannte Theologe Ignaz von Döllinger in seiner Grabrede: »Sie war ein Musterbild der Gattinnen und Mütter, an deren Ruf auch nicht der leiseste Flecken haftete, gegen welche nie und nirgends ein Wort des Tadels vernommen ward.«[26] Therese von Bayern hatte getreu dem Rat ihrer verstorbenen Tante Luise die Rolle einer Frau gelebt, die, getragen vom Pflichtbewusstsein und unerschüttert von persönlichen Demütigungen durch ihren Mann, ein tugendhaftes Leben führte – eine Rolle, die längst nicht mehr zeitgemäß war und vor allem nicht mehr den Erwartungen entsprach, die auch Frauen inzwischen an ihr Leben hatten.

Luises Schwester Friederike zog 1818 eine positive Bilanz der Erziehung ihrer Kinder, aus denen die unterschiedlichen Erziehungsziele, was Mädchen und Jungen anbetraf, deutlich werden: »Meine Töchter sind verheiratet, meine Söhne sind in die Welt eingegangen ... ihre Erziehung ist vollendet.« Dies ist ihr nach dem Urteil der Zeitgenossen tatsächlich gut gelungen. So wird in Caroline von Rochows Erinnerungen ihre Tochter Friederike nicht nur als hübsch und freundlich beschrieben, sondern auch bezeichnet als »die besterzogene der damaligen Prinzessinnen«.[27]

Pflichterfüllung und Gehorsam gegenüber den Eltern wurde allerdings nach wie vor von beiden Geschlechtern erwartet, vor allem, wenn es um den richtigen Heiratskandidaten ging. Alle Ehen von Luise und ihren Geschwistern waren arrangierte Verbindungen gewesen, mit denen der Vater seine Beziehungen zum Hochadel festigen und ausbauen konnte. Dass sich bei Luise als der Einzigen unter den Geschwistern eine eheliche Liebesbeziehung ergeben hat, war eine glückliche, aber nicht geplante Beigabe. Auch wenn sich alle Geschwister bei der Erziehung ihrer Kinder Konzepten zuwandten, die Zwang ablehnten und das Individuelle betonten, sah das beim Heiraten anders aus. Hier beließ man es aus der Notwendigkeit des Systems heraus bei der alten Tradition: Geheiratet werden durfte nur innerhalb der alten Ständeordnung, also nur jemand, der ebenbürtig und nach Möglichkeit noch der Familie nützlich war. Wo aber Luise und ihre Geschwister nie auf die Idee gekommen wären, den Eltern den schuldigen Gehorsam zu verweigern, sah das in der Kindergeneration den neuen Erziehungsprinzipien entsprechend etwas anders aus. Die meisten fügten sich zwar, aber es gab Ausnahmen: Da war Max von Thurn und Taxis, ein Sohn Thereses. Er verliebte sich in Wilhelmine von Dörnberg, die zwar aus adeligem Haus war, aber als nicht ebenbürtig galt, da das Hausgesetz von 1775 für den Erbprinzen nur eine Braut aus reichsfürstlichem Hause vorsah. Die Aufregung in der Familie war groß. Therese suchte Rat bei ihren Geschwistern. Friederike schrieb ihr und bat sie, den Brief auch Max zu zeigen. »O, möchte doch Gott sich seiner erbarmen und ihn einsehen lernen, daß in einer

Ehe, die gegen den Willen der Eltern und also ohne ihren Segen zu hoffen ist, daß der erste Rausch der Befriedigung, der als Glück erscheint, nur bloße Täuschung ist, und daß der Unsegen hingegen diese Ehe fürs ganze Leben verfolgt.« Sie spreche aus eigener Erfahrung. Schließlich habe sie 1799 ihre Ehe mit Prinz Solms auch gegen den Willen der Familie geschlossen und sei am Ende sehr unglücklich geworden. Sie zitiert das vierte Gebot, das eine der wichtigsten Maximen ihres Lebens war: »Du sollst deinen Vater und deine Mutter ehren, auf dass es dir wohl geht und du lange lebest auf Erden.« Sie gibt Max als leuchtendes Beispiel seinen Cousin Wilhelm, den Sohn Luises, der sich fast zeitgleich in Elisa von Radziwill verliebt hatte und nach jahrelangem vergeblichem Hoffen auf sie verzichten musste, weil sie nicht ebenbürtig war und für eine Heirat mit einem preußischen Prinzen nicht infrage kam. »Das ist wahre Tugend, bei deren Übung das Herz uns bricht.« Dann wendet sie sich direkt an ihren Neffen. Es sei eine Prüfung Gottes, die er bestehen müsse, damit sich zeige, »ob wir wert sind, Christen zu heißen und wert der Seligkeit, die er uns verheißt, wenn wir seinen Geboten folgen«.[28]

Maximilian von Thurn und Taxis erkannte aber sehr wohl, dass es sich bei dem Gebot der Ebenbürtigkeit keinesfalls um ein Gebot Gottes handelte. Was von ihm verlangt wurde, war Gehorsam. Gehorsam gegenüber seinen Eltern, Gehorsam gegenüber dem bayerischen König, der dieser Heirat genauso ablehnend gegenüberstand wie der Rest der Familie seiner Mutter. Und so schmiedete er Fluchtpläne, die er nicht umsetzen musste, da am 15. Juli 1827 sein Vater Fürst Karl Alexander starb und er selber Fürst wurde und damit niemandem gegenüber zu Gehorsam verpflichtet war. Am 24. August 1828 heiratete er seine Wilhelmine mit einer katholischen Trauzeremonie und einer protestantischen Einsegnung.[29]

Zehn Jahre später geriet Friederikes Sohn Karl zu Solms-Braunfels in den gleichen Konflikt zwischen Neigung und

Luises Vermächtnis: »Dein Glück und die Erziehung der Kinder«

Pflicht, den er aber auf eine ganz eigene Art löste. Nachdem er die Probleme bei seinen Cousins mitbekommen und vor allem das Leid Prinz Wilhelms hautnah miterlebt hatte, ging er eine heimliche Ehe ein mit einer Frau, die nicht einmal adlig war: Louise Beyrich. Die Verbindung flog erst auf, als er bereits drei Kinder mit ihr hatte. Friederike war entsetzt, sah ihn den gleichen Fehler machen wie sie 1799, indem er Leidenschaft über Pflicht setzte. Bruder Georg, der in diesen Jahren als Feuerwehr für komplizierte Probleme in der Familie tätig war, führte die Gespräche mit Karl, um ihm den »moralischen Irrweg auf[zuzeigen], aus dem wir ihn so gern retten wollen«, wie Friederike sich ausdrückte. Ein Weiterführen der Beziehung hätte sich negativ auf die Karriere Karls ausgewirkt. Aber auf ihre mütterlichen Ermahnungen reagierte Karl nur erbittert und trotzig, was sie zutiefst enttäuschte; immerhin hatte er sie sieben Jahre hintergangen, sich seine Schulden aber immer wieder von ihr bezahlen lassen. Am Ende siegte aber auch hier die Vernunft über die Leidenschaft, die Pflicht über die Neigung.[30]

Pestalozzi, nach dessen Ideen die Kinder der sechs Geschwister erzogen wurden, hatte gesagt: »Das Gegenteil von Pflichterfüllung ist nicht Pflichtlosigkeit, sondern Verantwortung.« Dahinter steckt ein Menschenbild, das so in adligen Häusern der damaligen Zeit nicht gelten konnte, denn es setzte die freie Entscheidung zwischen Pflicht und Neigung voraus. Das Tragische an dem Erziehungskonzept, nach dem Luise und ihre Geschwister ihre Kinder erzogen, war, dass das Menschenbild im Sinne eines Pestalozzi nicht zu ihrer gesellschaftlichen Rolle passte, die sie ausfüllen sollten. Ganz deutlich wird das am Beispiel des ältesten Sohnes von Luise. Bis 1809 wurde er zu einem Individuum erzogen, dessen Erziehung sich an seinen Neigungen und Talenten orientierte, danach ging es nur noch um seine Stellung als zukünftiger König, für den Pflichterfüllung und Disziplin an oberster Stelle standen, dessen Erziehung aus dem Zwang der Notwendigkeit heraus keine Rücksicht auf individuelle Talente nehmen konnte. Auf der Strecke blieb der Mensch Friedrich Wilhelm, der sein Leben lang unter diesem elementaren Bruch in seiner Erziehung leiden sollte.

Max von Thurn und Taxis dagegen hat sich für seine Neigung entschieden. Vielleicht sind beide Kinder ja nur ein Abbild ihrer Mütter, denn nach Pestalozzi ist es vor allem das Vorbild, das die Kinder nachhaltig prägt.

Karl Theodor Körner

Mit dem folgenden Gedicht rief Körner, der Freund Friedrich von Schillers, seine Landsleute 1813 zum Befreiungskampf gegen Napoleon auf. Er selber nahm als Soldat im Lützow'schen Freikorps teil, starb aber schon im August 1813 durch eine Verletzung noch vor der entscheidenden Schlacht.

An die Königin Luise

Du Heilige, hör' Deiner Kinder Flehen!
Es dringe mächtig auf zu Deinem Licht!
Kannst wieder freundlich auf uns niedersehen,
Verklärter Engel! Länger weine nicht!
Denn Preußens Adler soll zum Kampfe wehen.
Es drängt Dein Volk sich jubelnd zu der Pflicht,
Und jeder wählt – und keinen siehst du beben –
Den freien Tod für ein bezwungnes Leben.

Wir lagen noch in feige Schmach gebettet;
Da rief nach Dir Dein besseres Geschick.
An die unwürd'ge Zeit warst du gekettet;
Zur Rache mahnte Dein gebrochner Blick.
So hast Du uns den deutschen Mut gerettet.

Jetzt sieh auf uns, sieh auf Dein Volk zurück,
Wie alle Herzen treu und mutig brennen!
Nun woll' uns auch die Deinen wieder nennen!

Und wie einst, alle Kräfte zu beleben,
Ein Heil'genbild für den gerechten Krieg
Dem Heeresbanner schützend zugegeben,
Als Oriflamme in die Lüfte stieg:
So soll Dein Bild auf unsern Fahnen schweben
Und soll uns leuchten durch die Nacht zum Sieg.
Luise sei der Schutzgeist deutscher Sache,
Luise sei das Losungswort zur Rache!

Und wenn wir dann dem Meuterheer begegnen,
Wir stürzen uns voll Zuversicht hinein.
Und mögen tausend Flammenblitze regnen,
Und mögen tausend Tode uns umdräun:
Ein Blick auf Deine Fahne wird uns segnen.
Wir stehen fest, wir müssen Sieger sein.
Wer dann auch fällt für Tugend, Recht und Wahrheit,
Du trägst ihn sanft zu Deiner ew'gen Klarheit.

Befreiung von jahrelanger Fremdherrschaft

»Als sie [Luise] nach Tilsit ging zum Kaiser Napoleon, schrieb sie mir: ›Es ist als ging ich in den Tod.‹ Gewiß hat er Anteil daran«,

schrieb Luises Schwester Friederike am 3. April 1813 an ihre Freundin Luise von Voß.[31] Einundzwanzig Jahre lagen hinter ihr und ihren Geschwistern, in denen der Kampf gegen Napoleon und seine Heere ihr Leben bestimmt hatte. Angefangen hatte es 1792, als sie zusammen mit der Großmutter zur Schwester Charlotte nach Hildburghausen flüchteten. Jahre später lebten alle sechs Geschwister immer noch in

Vermächtnis und Verklärung

von Franzosen dominierten Gebieten, abhängig von Napoleons Gnaden, den sie im Familienkreis verächtlich »Nöpel« nannten. Einig waren sich die Geschwister darin, dass Napoleon, vor allem die für Luise demütigende Begegnung mit ihm 1807 in Tilsit, den Tod der geliebten Schwester mit verursacht hatte. Der Kampf gegen Napoleon wurde damit für die Geschwister zu einem Rachefeldzug für ihre verstorbene Schwester, in den sich die Kinder und Neffen Luises einreihten. Luise hatte vor allem ihrem ältesten Sohn immer wieder deutlich gemacht, was sie von ihm erwartete. Ihrem Bruder Georg beschrieb sie die folgende Szene nach ihrer Rückkehr aus Tilsit. Sie habe zu ihrem Sohn gesagt: »Ich werde Dir einmal recht umständlich erzählen, welches große Opfer ich dem Könige, meinen lieben Kindern und dem ganzen Volk gebracht habe, es hat mir sehr viel Kraft gekostet, aber euer Glück war mir lieber, es ist mir alles.« Und dann »fing er so an zu weinen, daß er sich den ganzen Abend nicht erholen konnte und ganz in sich gekehrt war«.[32]

Im Februar 1809, als es so aussah, als müsste das Königspaar das Land verlassen, hatte Luise nur einen Wunsch, wie sie an ihren Bruder Georg schrieb: Man solle ihre Kinder in Sicherheit bringen, damit, »wenn man Vater und Mutter fortschleift, man wenigstens die Kinder rettet und sie zu Rächern erziehet, wenn noch was gerettet werden kann«.[33] Im Schloss zu Neustrelitz, von wo aus Herzog Karl II. regierte, der Vater der sechs Geschwister, wurden Pläne für einen Krieg gegen Napoleon geschmiedet. Das Herzogtum war seit 1806 von den Franzosen besetzt und 1808 gezwungenermaßen dem Rheinbund beigetreten. Luises Vater erfüllte den Vertrag aber nur buchstabengetreu und nutzte jede Möglichkeit zum stillen Protest. Bei Familienfeiern des französischen Kaiserhauses ließ der Herzog keine Kirchenglocken läuten, wie das die Vorschrift war. Auch eine steckbriefliche Suche nach dem Führer des westfälischen Aufstands gegen die Franzosen wurde in Mecklenburg-Strelitz verhindert.

Luises Vermächtnis: »Dein Glück und die Erziehung der Kinder«

Es waren aber wohl vor allem Friederike und ihre Brüder, die in diesen Jahren versuchten, den preußischen König zum Krieg gegen Napoleon zu bewegen. Alle drei strebten ein Kaiserreich unter einem preußischen Kaiser an und beschworen auch immer wieder die Einheit der deutschen Nation. »So weit Deutsch gesprochen wird, sollte nur ein Interesse sein und eine Nation dastehen«, schrieb Friederike an Georg.[34]

Das Preußen des Jahres 1813 hatte sich durch die Reformen Steins, Hardenbergs und Scharnhorsts, die die Finanzen des Staates und sein Heer neu geordnet hatten, zu seinem Vorteil geändert. So waren nicht nur die Grundlagen für einen modernen preußischen Staat gelegt, sondern auch die Voraussetzungen für einen erfolgreichen Kampf gegen Napoleon geschaffen worden. Hinzu kam, dass Napoleon durch seinen gescheiterten Russlandfeldzug, den nur wenige Tausend Soldaten überlebt hatten, in einer denkbar ungünstigen Position war. »Daß Gott selbst sich diesmal unser angenommen hat, kann doch keinem Menschen entgangen sein – sollte also dieser Augenblick *ungenutzt* dahin gehen, so dürfen die, welche die Macht in Händen halten, nicht mehr klagen, denn sie schmieden sich jetzt selbst auf immer ihre eigenen Fesseln und *Er* wird sich unser nicht zum zweitenmal annehmen«, schrieb Friederike Anfang 1813.[35]

Am 28. Februar 1813 schlossen Preußen und Russland ein Bündnis und erklärten Frankreich den Krieg, was Friederike mit den hoffnungsvollen Worten begleitete: »Über Napoleons Erscheinung auf dieser Erde fallen mir immer die Worte des Herrn ein, die Goethe ihm in den Mund legt, als er zu Mephistopheles spricht, der von ihm die Erlaubnis erfleht, den Faust zu verführen. ›Ja, ich gewähre es Dir‹ und sagt, er solle durch Böses unbewußt zum Guten führen. So sind auch Schillers Worte in der Jungfrau von Orleans so schön, wenn sie sagt: ›Der die Verschwörung sendet, wird sie lösen, nur wenn sie reif ist, fällt des Schicksals Frucht.‹

Vermächtnis und Verklärung

Ich hoffe, wir stehen vor diesem Augenblick, und Goethes und Schillers Worte werden nun auf einmal erfüllt.«[36]

Anfang 1813 unternahmen die Geschwister einen letzten Versuch, den König zu einer Kriegserklärung an Napoleon zu bewegen. Wieder einmal wurde Georg nach Berlin zu Friedrich Wilhelm geschickt, der sich aber zu Georgs Verzweiflung immer noch unschlüssig zeigte. Die Stimmung in Neustrelitz gibt Friederike so wieder: »Hier leben wir denn auch noch immer zwischen Furcht und Hoffnung, und so sehr ich oft wünsche, nur um 8 oder 14 Tage älter zu sein, eben so fürchte ich mich, daß in diesem Zeitraum auch diese letzte Hoffnung zu Grunde gegangen sein wird... Wohl dem Engel Luise, daß sie ausgelitten, ausgekämpft! Und über die Dinge dieser Erde erhaben ist!!! Oft stärkt mich noch der Gedanke, ob sie so nicht mehr für das Wohl ihrer Lieben vermag als hienieden, wo Irren menschlich ist, und der Irrtum auch in den hellsten Stunden möglich – ja ich möchte sagen unser Los ist – und alles, was dem unterworfen ist, auf sie Einfluss zu haben suchte.«[37]

Am 20. März 1813 rief Friedrich Wilhelm dann endlich sein Volk zum Kampf auf, »den wir bestellen, für unsere Existenz, unsere Unabhängigkeit, unseren Wohlstand«. Von Anfang an war es allen Beteiligten auf preußischer Seite klar, nicht nur den Familienangehörigen, dass es bei diesem Krieg auch darum ging, ihre tote Königin zu rächen. Als Auszeichnung für besondere Tapferkeit wurde der Orden des Eisernen Kreuzes verliehen, den Friedrich Wilhelm im Andenken an Luise an ihrem Geburtstag am 10. März 1813 gestiftet hatte. Stellvertretend für die Stimmung in der jungen Generation können die Worte ihres ältesten Sohnes am Vorabend der Schlacht zu Leipzig 1813 dienen: »... diese [Schlacht] wird ohne Zweifel gleich nach der Vereinigung der 2 großen Corps erfolgen; wenn des Satan's finstre Heerscharen nicht, durch Engel des Lichts geblendet, entfliehen. Doch ich glaube, sie werden die Augen so lange geschlossen behalten, bis es den himmlischen Mächten, sie ihnen mit

Luises Vermächtnis: »Dein Glück und die Erziehung der Kinder«

Gewalt zu öffnen, gelungen ist, und sie bestürzt, die mächtgen Schwingen abwärts beugend, ins alte Graus, zur ewgen Nacht der Hölle zurückgeschleudert werden.«[38] Aus seinen Worten hört man die verstorbene Mutter sprechen.

Von den Geschwistern zog nur Carl an der Spitze seiner Kompanie in den Krieg, wo er am 13. Oktober 1813 an der Schlacht bei Wartenburg, im Vorfeld der großen Schlacht bei Leipzig, teilnahm, in der Napoleon besiegt wurde. Schwer verletzt, aber als Held des Tages verließ Carl das Schlachtfeld. Von der Kindergeneration nahmen auf preußischer Seite der Kronprinz und sein Bruder Prinz Wilhelm sowie Prinz Friedrich Ludwig teil, der älteste Sohn Friederikes. Voller Begeisterung schrieb diese an den König: »... jeder Gedanke ist Gebet in dieser so höchst wichtigen Zeit, wofern man von der Wichtigkeit der Sache und von der Sache überhaupt erfüllt ist.« Voller Begeisterung, weil ihr ältester Sohn Friedrich Ludwig den König in den Krieg begleiten soll, fährt sie fort: »... wenn ich zwölf Söhne hätte, die das nötige Alter erreicht hätten, ich sie ihnen alle zwölf schicken, um Ihnen zu dienen. Wie ich höre, geht der Kron-Prinz auch mit, Gott segne sie beide! Ich bin gewiß, daß seine verklärte Mutter ebenso denken und empfinden würde, wie ich es Ihnen eben ausdrückte. Sie segnet von oben herab und ist uns Fürbitterin, und wenn es möglich ist, auch Schutzgeist. Ich kann mir den Glauben nicht nehmen, daß Gott Ihr zum Lohn aufbewahrt hat, dieses alles zu sehen und zu wissen, ohne mit uns Angst und Sorge zu teilen, die doch bei allem, was so höchst wichtig ist, das Los der Sterblichen ist, weil wir die nächste Zukunft nicht einmal wissen. Doppelt also glaube ich, sie segnet von oben herab.«[39]

Selbst der Kronprinz, der sich schon als Kind nicht für militärische Übungen erwärmen konnte, wurde von der allgemeinen Begeisterung angesteckt. Er sah den Krieg gegen Napoleon wie einen mittelalterlichen Kreuzzug, an dem er als Ritter unter dem Schutz Gottes teilnehmen und das besetzte Land vom gottlosen Feind befreien musste. Daher

nahm er auch sein Lieblingsbuch, den 1813 erschienenen
Roman *Der Zauberring* von Friedrich de la Motte Fouqué,
mit ins Feld.[40]

In den Gedanken ihrer Familienangehörigen nahm auch
Luise an den Kämpfen gegen Napoleon teil, die sie so sehr
herbeigesehnt hatte. Am 10. März 1814, ihrem Geburtstag,
schrieb der Kronprinz aus Charmont, wo sich die Alliierten trafen, um über ihr weiteres Vorgehen gegen Napoleon
zu verhandeln, an seine Schwester Charlotte: »Es ist mir ein
wahres Bedürfnis, am heutigen Tag mich mit Dir zu unterhalten ... Ich kann mir nichts Besseres wünschen, als daß,
wie heut bey mir, das theure Andenken der Unvergeßlichen,
Verklärten Mutter die trüben Wolken der irdischen Gegenwart verscheuchen möge. – Solche Tage müssen mehr, als es
die anderen Tage des Lebens seyn sollen, dem Glauben, der
Liebe und der Hoffnung geweihet seyn ...«[41] Und Charlotte
antwortete ihm postwendend: »Ich betete für Euch Alle am
heiligen Sarge der Mutter ... Gott hat mein Flehen erhört,
denn Blücher hat den Nöppel bei Laon geschlagen. In welcher Angst waren wir, und nun in welcher Seligkeit, daß
Gott uns dies hat vorübergehen lassen.«[42]

Auch die Kinder Charlottes von Hildburghausen nahmen an den Befreiungskriegen teil, allerdings an der Seite
der Österreicher, denn die Prinzen aus ihrem Hause standen traditionell in österreichischen Diensten. Prinz Georg,
1796 geboren, war seit jungen Jahren beim Ulanenregiment
Nr. 3 in Wien eingeschrieben, 1815 wurde er im Kampf verwundet.

Im August 1813 war Österreich der Allianz gegen Frankreich beigetreten. Die entscheidende Schlacht bei Leipzig
vom 16. bis 19. Oktober 1813 führte zum Rückzug Napoleons hinter die Rheingrenze, wohin ihm die Truppen der
Alliierten folgten. Am 27. Februar 1814 wurden der König
und seine beiden Söhne dann bei Bar-sur-Aube in das einzige Gefecht verwickelt, an dem sie aktiv teilnahmen, was
ihnen am 10. März 1814 am Geburtstag der Mutter das

Luises Vermächtnis: »Dein Glück und die Erziehung der Kinder«

Eiserne Kreuz einbrachte, das auch der Sohn Friederikes, ihr Cousin Friedrich Ludwig, erhielt.[43]

Am 31. März 1814 standen die alliierten Truppen vor Paris. »Halleluja! Halleluja! Halleluja! Paris unser! Und der Frieden! Und was für ein herrlicher glorreicher Frieden.« Friederike schickte Glücks- und Segenswünsche an den König. »... denn Sie wissen, wie redlich deutsch und anti-Napoleonisch-Bonapartisch ich stets gestimmt war.« Zum ersten Mal seit Jahren las sie wieder französische Zeitungen mit »einem Gefühl von Glück und Wonne«. Ihr Schwager wurde für sie zum »Friedrich Wilhelm der Große, da er alle Eigenschaften besäße, die diesen Namen verdienen«. Immer mehr übernahm Friederike Luises Rolle, die geglaubt hatte, die zögerliche Haltung ihres Mannes läge am mangelnden Selbstvertrauen, und daher müsse sie ihn aufbauen. Zar Alexander stünde zu sehr im Mittelpunkt der Öffentlichkeit, schrieb daher Friederike. Der König solle sich nicht im Hintergrund halten, denn er habe ebenfalls alles gegeben, um sein Volk von der Sklaverei zu erlösen. Friederike hatte gerade von ihm den Luisenorden erhalten; der Orden sei mehr, als sie verdiene, schreibt sie, er sei ihr ungeheuer wichtig »als Andenken an die Verklärte und als Ansporn für sie ihrer Schwester immer würdiger zu werden«.[44]

Ihre Schwester Therese hatte sich derweil schon nach Wien begeben und berichtete ihren Geschwistern von den Vorbereitungen zum großen Kongress. »Um mich an allen diesen recht ergötzen zu können, gehört kein zu schneller Frieden – das heißt nach meiner Meinung, keinen mit dem Ungeheuer geschlossen!« Sie möchte zuweilen »unseren Engel erwecken können, er fehlt so sehr«.[45] In den nächsten Monaten versammelten sich die europäischen Fürsten in Wien, um die politischen Verhältnisse in Europa neu zu ordnen. Auch Herzog Karl II. war zusammen mit Georg und zeitweise auch Friederike anwesend.

Währenddessen feierten die anderen Familienmitglieder am Berliner Hof auf altbewährte Weise den Frieden: durch

Vermächtnis und Verklärung

ein Fest, in dessen Mittelpunkt eine Friedensquadrille stehen sollte, die sich Carl von Mecklenburg-Strelitz ausgedacht hatte. Dargestellt wurden Könige aus der deutschen Geschichte, denen jeweils eine Tugend beigeordnet war: Prinz Wilhelm sollte Konrad III. spielen, der zum Kreuzzug aufgerufen hatte; beigegeben wurde ihm die »religiöse Begeisterung«. Weiterhin traten auf Hermann der Cherusker mit der Freiheit, Karl der Große und die Kultur, Otto der Große und die ritterliche Minne, Friedrich II. und die Poesie, Friedrich von Österreich und Ludwig von Bayern und die deutsche Treue, Maximilian der Große und das Gesetz, Karl V. und die Kunst, Bernhard von Weimar und die Kriegskunst.

Insgesamt waren dreißig Personen beteiligt: Neben Prinz Wilhelm, dem Kronprinzen und Friedrich Ludwig waren Carl von Mecklenburg-Strelitz als Zauberer und Friederike mit ihrer Tochter Friederike als Tugend zu sehen. »Wir amüsieren uns recht gut jetzt. Erstens machen die Proben manchen recht angenehmen Abend; dann haben wir Sonnabend eine Schlittenfarth nach Charlottenburg gemacht; gestern Abend war Bohnenmaskerade bei Rdzll [Radziwills]; nehmlich Fritz und Charlotte sind die Majestäten ... Pz. Carl v. Mecklenburg, Pz. Solms ... spielten in dergl. Trachten im Schäferspiel, zum Todlachen«, schrieb Luises Sohn Wilhelm.[46]

Es hat schon eine gewisse Symbolik für die Zukunft, dass die preußischen Prinzen Ritterspiele aufführten, während sich in Wien die Fürsten um eine Neuordnung Europas bemühten und Napoleon auf Elba ein Schiff bestieg, um erneut seine Truppen in Marsch zu setzen. Zur Aufführung der Friedensquadrille kam es nicht mehr, da mitten in die Proben die Nachricht von der Rückkehr Napoleons platzte. Während der König, der Kronprinz und auch Friedrich Ludwig an den folgenden Kämpfen teilnahmen, kam Prinz Wilhelm, der als Major einberufen war, zu spät, er musste erst noch konfirmiert werden.

Luises Vermächtnis: »Dein Glück und die Erziehung der Kinder«

Am 18. Juni 1815 wurde Napoleon bei Waterloo ein weiteres Mal besiegt und diesmal nach Sankt Helena vor der afrikanischen Küste geschickt, wo er 1821 starb. Die Alliierten dagegen rückten ein zweites Mal in Paris ein. Der preußische General Gebhard Leberecht Fürst Blücher soll beim Blick vom Montmartre über Paris gesagt haben: »Luise ist gerächt!« Und im Triumphzug brachte der General auch die Quadriga vom Brandenburger Tor zurück, die Napoleon nach der Besetzung Berlins 1806 nach Paris entführt hatte. Von nun an kündete die ehemalige Friedensgöttin in der preußischen Hauptstadt über hundert Jahre lang als Siegesgöttin Viktoria vom endgültigen Sieg über den Mann, der zwei Jahrzehnte lang wie kein anderer das Leben der sechs Geschwister und ihrer Familien durcheinandergerüttelt hatte.[47]

Flucht aus der Realität

Rittertugenden und Ritterspiele

»Es gibt noch rudra [Ruinen] von alten Ritterschlössern hier in Preußen mit Türmen: da sehe ich Dich, lieber Fritz, gleich hubzen und springen in Gedanken, wenn Du die sehen könntest«,

schrieb Königin Luise von einer Reise mit dem König nach Ostpreußen an den siebenjährigen Kronprinzen, der wie die ganze Familie von der Begeisterung für Burgen und Ritter erfasst war.[1] Später zeichnete er Entwürfe für eine kleine Burg mit Namen Sankt Georgen, die Sitz eines Ritterordens werden sollte, den er zusammen mit seinen Brüdern Karl und Wilhelm und seinem Cousin Friedrich Ludwig, dem Sohn Friederikes, bewohnen wollte. Für die Schwestern war das »Stift Caecilien« vorgesehen. Tatsächlich erwarben die vier Prinzen 1814 den Kälberwerder nahe der Pfaueninsel, wo sie ihren Traum vom mittelalterlichen Ritterglück verwirklichen wollten. Was zunächst nur wie ein romantischer Kindertraum wirkt, sollte zu einer lebenslangen Sehnsucht der Generation der Kinder nach der heilen Welt der Ritter werden, in der alles noch seine Ordnung hatte, in der die Beziehung zwischen Untertan und Herrscher auf lebenslanger Treue aufgebaut war. Die Welt der mittelalterlichen Ritter als Fluchtmöglichkeit aus der realen Welt, in der die Untertanen gegen den Herrscher rebellierten und die gottgewollte Ordnung auf den Kopf stellen wollten.

Schon Luise hatte vor allem mit ihrer Schwester Friederike neben den üblichen religiösen Erbauungsbüchern lei-

Flucht aus der Realität

denschaftlich gerne Ritterromane gelesen, die zwar im Trend der Zeit lagen, aber als Lektüre für Mädchen umstritten waren, denn im Mittelpunkt standen immer edle Ritter, die nach vielen Kämpfen die verehrte Dame ihres Herzens im Triumphzug auf ihre Burg brachten, wo sie glücklich und zufrieden lebten. Diese Art romantischer Lektüre wurde als gefährlich eingestuft, da sie den Leser nicht nur in längst vergangene Zeiten entführte, sondern auch in eine Welt, die mit den realen Verhältnissen, zum Beispiel einer in Adelskreisen üblichen Vernunftehe, nichts zu tun hatte, und in die Köpfe der Mädchen romantische Ideen von einer Ehe einbrannte, die auf Liebe, Glück und gegenseitigem Verständnis aufbaute, was bei den arrangierten Ehen der Geschwister selbst Luise nur bedingt bei Friedrich Wilhelm III. fand.

Eines der Lieblingsbücher der Geschwister, das später auch von Luises und Friederikes Kindern gelesen wurde, hieß *Hermann von Unna* und war ein zweibändiges Werk von Benedikte Naubert über die Zeit der Femegerichte, das auf fast siebenhundert Seiten die Geschichte eines Ritters erzählt, der nach langen Wirren und Kämpfen am Ende sein Glück in den Armen seiner angebeteten Ida findet. Die Sommermonate verbrachten die Schwestern häufig auf Schloss Broich am Niederrhein, also in einer Umgebung, in der sie sich selber wie Burgfräulein fühlen konnten. Das beste Buch, das sie jemals gelesen hätten und das jeder lesen müsse, lautete die Empfehlung, die Bruder Georg von seinen Schwestern über eines der meistgelesenen Bücher der damaligen Zeit bekam: Es hieß *Friedrich mit der zerbissenen Wange*. Neunhundert Seiten dick, entführte das Buch den Leser in die unruhige Zeit des 13. Jahrhunderts, wo Friedrich inmitten von Verrat, Intrigen und Kriegen seinen Weg zum Glück suchen muss. Seine Mutter wird von Kunigunde, der Geliebten des Vaters, vertrieben und beißt ihrem Sohn beim Abschied vor »Schmerz und Verzweiflung« in die Wange. Diese Geschichten haben immer ein Happy End. Stets wird die Lehre verkündet, dass man manchmal ein Leben lang durch die Hölle

Vermächtnis und Verklärung

gehen muss, bis man am Ende dann doch sein Glück findet, eine Lehre, die alle Geschwister verinnerlicht haben und die vor allem Luise in Briefen an ihre Kinder als eine der wichtigsten Maximen des Lebens weitergegeben hat.

Die Geschichte vom blinden Sänger Ossian, einem Krieger und Barden aus der schottisch-gälischen Mythologie, gehörte sogar zum Unterrichtsstoff, den der Erzieher Johann Friedrich Delbrück mit seinen Schülern behandelte. Alle Prinzen konnten ganze Passagen daraus auswendig, wobei sie sich da in guter Gesellschaft eines Goethe, Schlegel und sogar eines Napoleon befanden, der die in Gedichtform gehaltene Erzählung, in denen es von Kriegern und Kriegergeistern auf nebelverhangenen Schlachtfeldern nur so wimmelte, ebenso liebte wie die meisten romantischen Dichter der Zeit.

Eine besondere Bedeutung hatten die Werke Friedrich de la Motte Fouqués am preußischen Hof. Der Dichter, mit dessen Frau Caroline Luises Bruder Carl von Mecklenburg-Strelitz zusammen eigene Romane veröffentlichte, war der Familie persönlich bekannt. 1811 erschien seine Erzählung *Undine*, die Geschichte einer Wassernixe, die sich in einen Ritter verliebt und ihn am Ende töten muss, weil er sie und ihre Liebe verraten hat. 1813 folgte der Ritterroman *Der Zauberring*, der zur Lieblingslektüre der ganzen Familie wurde. Auf mehr als vierhundert Seiten wird die Geschichte des edlen Ritters Otto von Trautwangen erzählt, der einer Frau verspricht, ihr ihren Zauberring zu erkämpfen. Und dies Gelübde, dem er als echter Ritter verpflichtet ist, treibt ihn jahrelang durch ganz Europa, bis er am Ende nach vielen Prüfungen und Kämpfen sein Versprechen halten kann und dann auch noch die Hand seiner angebeteten Jugendfreundin Berta von Lichtenried erhält.

Die ganze Familie identifizierte sich so sehr mit den Gestalten aus der mittelalterlichen Szenerie zur Zeit der Kreuzzüge und Richard Löwenherz', dass Luises Schwägerin Marianne von Preußen, die bei den Kindern nach Luises Tod

Flucht aus der Realität

Mutterstelle vertrat, seitdem nur noch liebevoll Tante Min-
netrost genannt wurde und Luises Tochter Charlotte den
Kosenamen Blanche Fleur nach einer der Schwestern des
Helden Otto erhielt.[2] Alle fanden, dass die Beschreibung im
Roman gut zu ihr passe: »Wie ein weißes Blumengewinde im
Abendhauche schien Blanchefleur hin und her zu schwan-
ken; endlich neigte sie in stiller Ergebung das zarte Haupt
zu einem Ja.«[3] So beschreibt der Autor, wie seine Roman-
figur ihr Einverständnis zur Hochzeit mit dem ehemaligen Feind gibt, dem Seekönig Arinbiörn. Die Rollen im
Roman waren klar verteilt und passten in das gängige Rollenschema. Auch die im Roman beschriebenen typischen
ritterlichen Tugenden wie »zuht« (gute Erziehung), »ere«
(Ehre), »triuwe« (Treue), »diemüte« (Demut), »state« (Ver-
lässlichkeit) und »manheit« (Tapferkeit) entsprachen in vie-
lem den vertrauten christlichen Tugenden, aus denen die ritterlichen hervorgegangen waren.

Das Leben der Ritter spielte aber nicht nur als Lektüre eine Rolle. Luises Familienmitglieder waren schon aus
Darmstädter Zeiten als begeisterte Theaterspieler bekannt.
Die meisten Stücke wurden selber verfasst. Da lag es nahe,
den phantastischen Stoff der Ritterwelt als Vorlage für Hof-
spiele zu benutzen. Kostümfeste in Form von Ritterspielen
bekamen am preußischen Hof Tradition. Zu Geburtstagen,
Hochzeiten und anderen familiären Gedenktagen wurden
lebende Bilder oder zu diesem Anlass geschriebene Stücke
aufgeführt, für die seit 1809 Luises Bruder Carl zuständig
war. Er hatte bereits 1809 in Neustrelitz zum Geburtstag
seiner Schwester Friederike einen Maskenball vorbereitet,
später 1815 dann ihre Hochzeit, und auch in Berlin feierte er
ihre Geburtstage mit Maskenbällen und Tableaux vivants.
Als Friederikes Tochter Friederike achtzehn wurde, organisierte Onkel Carl für sie ein Geburtstagsfest, auf dem ihr
Leben durch lebende Bilder dargestellt wurde. Ritter traten als Freier auf, Luises Tochter Charlotte als Zukunft in
einem rosafarbenen Kleid.[4]

Vermächtnis und Verklärung

Bohnenfeste, Quadrillen und Turniere, zu denen Carl meist die Texte schrieb, festigten seinen Ruf als »Plaisirintendant«, wie Achim von Arnim ihn genannt hat. Bei diesen Festspielen wirkten die Mitglieder der königlichen Familie, des Hofes, adlige Gäste, denen zu Ehren sie häufig veranstaltet wurden, und berühmte Berliner Persönlichkeiten mit. Ein Fest der ganz besonderen Art, das jedes Jahr von der königlichen Familie mit Begeisterung am Dreikönigstag gefeiert wurde, war das Bohnenkönigsfest, das Carl von 1815 bis 1825 für seine Nichten und Neffen ausrichtete. Das Fest kommt ursprünglich aus Frankreich, wo es auch heute noch gefeiert wird: Am Dreikönigstag backte man einen großen Kuchen und versteckte darin eine Kaffeebohne. Wer die Bohne in seinem Kuchenstück fand, war für das nächste Jahr Bohnenkönig und als solcher berechtigt, einen Hofstaat zu wählen. Er musste dann im nächsten Jahr das Bohnenfest ausrichten. Jedes Jahr stand das Fest unter einem anderen Motto – und verlangte eine entsprechende Maskierung und Kostümierung, zum Beispiel als Götter des Olymps oder 1820 als Menschen des frühen Mittelalters.[5] 1829 wurde das Festspiel *Zauber der Weißen Rose* anlässlich des Besuchs des russischen Zarenpaares zur Hochzeit Prinz Wilhelms mit Auguste von Sachsen-Weimar von Luises Bruder Carl organisiert. Das Emblem des Festes, die weiße Rose, stand symbolisch für Luises Tochter Charlotte, der das Spiel gewidmet war. Zu Beginn des Festes mussten die Ritter um Einlass bitten mit den Worten, die Carl ihnen in den Mund gelegt hatte:

> *Ritter, die ein heiß Verlangen tragen*
> *Dich in Ehrfurcht huldigend zu begrüßen*
> *Waffenspiele dann vor Dir zu wagen,*
> *Bitten, huldreich mögest Du beschließen,*
> *Einlass ihrem Zuge zu gewähren,*
> *Dich nach Rittersitte zu verehren.*[6]

Auch Bruder Georg und Friederike sowie ihre anderen Kinder Alexander und Karl nahmen an dem Festspiel teil. Es symbolisierte die »Einheit des gesamten preußischen Hofes mit den jahrhundertealten Tugenden Gehorsam, Treue und Untergebenheit« und vermittelte ein Jahr vor den revolutionären Unruhen des Jahres 1830 noch einmal für alle sichtbar ein »idealisiertes Bild« monarchischer Herrschaft, ein Ausdruck der Sehnsucht nach vergangenen Zeiten, in denen die alte Ordnung nicht immer wieder infrage gestellt wurde. Graf von Bernstorff lobte den Einzug der Ritter als »vollendete Wirklichkeit ... die uns aus schöner Gegenwart in noch herrlichere Vergangenheit zurückversetzt hatte«.[7]

Vergangenheit und Gegenwart, Realität und Phantasie vermischten sich in diesen Spielen. Und solange die Akteure diese Grenzwanderungen bewusst unternahmen und nicht versuchten, beide Welten zu vermischen, bestand keine Gefahr für einen Realitätsverlust. Stellvertretend für die anderen Kinder lässt sich dies beim Kronprinzen nachvollziehen. Schon als Kind hatte er eigene phantastische Geschichten geschrieben, mit neunzehn Jahren verfasste er eine Novelle mit dem Titel *Königin von Borneo* als Fortsetzungsgeschichte in Form von Briefen an seine Schwester Charlotte: Die Geschichte beginnt ganz real mit dem Einzug in Paris 1814. Doch dann trifft der Kronprinz, selber die Hauptperson in seiner Geschichte, auf eine wunderschöne Frau, die behauptet, einst entführt worden zu sein, und nun im fernen Borneo als Gespielin des dortigen Königs lebt. Der ist zum christlichen Glauben übergetreten und sucht einen Taufzeugen in der Person eines preußischen Prinzen. Der Kronprinz folgt der Frau nach Borneo. Nach achtzig Seiten bricht die Geschichte ab mit dem wohl eher scherzhaft gemeinten Satz an seine Schwester: »Du glaubst mir nicht!«[8] Ein spielerischer Umgang mit den Grenzen zwischen realer und erträumter Welt, ausgehend vom Sieg über den ganz realen Feind Napoleon.

Vermächtnis und Verklärung

Burgenromantik

>... ich war matt vor Seligkeit«,

notierte der Kronprinz im Sommer 1815 in sein Tagebuch.[9] Zusammen mit seinen Brüdern und seinem Cousin machte er eine Schifffahrt auf dem Rhein voller Begeisterung für die alten Burgruinen rundherum und fühlte sich wie in seinem wahr gewordenen Jugendtraum: »O Dio!«, jubelte Friedrich Wilhelm. »Dies ist die schönste Gegend von allen deutschen Landen!!!!!!!!! Mir ist's wie im Traum! So etwas hab ich mir nimmer träumen lassen. Ich grüße den Dom ... Da schiffen wir eben bey Rheineck, dem alten Bergschloss vorbey!!!!!! Wir liegen alle 6 auf umgekehrten Stühlen auf dem Verdeck und sonnen uns; ich schreibe (auch Cousin) in meinem eigenen Schatten auf meiner rothen Mappa!«[10]

Sommerurlaubsstimmung herrschte bei ihnen, kurz nach dem Ende des Wiener Kongresses, der fast zwei Jahre lang bis Juni 1815 versucht hatte, die politischen Verhältnisse in Europa neu zu ordnen. Zunächst schien es, dass ein Stück heile Welt durch die Restauration der alten Ordnung zumindest für die adligen Häuser Realität werden würde: Man versuchte den Zustand von 1792 wiederherzustellen, tat so, als wäre die Französische Revolution nur eine Frage von Grenzverschiebungen gewesen und hätte keine bleibenden Veränderungen in den Köpfen der Menschen hinterlassen. Explizit wurde die Rechtmäßigkeit der Herrschaftsansprüche der alten Dynastien bestätigt, man versprach sich gegenseitige Hilfe bei allen eventuellen Angriffen von außen und von innen durch neue revolutionäre Ideen.

Es gab Landgewinne für die großen Mächte, eine Bestätigung der Souveränität vieler kleiner Fürsten und einen Deutschen Bund, der nicht mehr als ein ständiger Kongress von Gesandten der deutschen Einzelstaaten war und nicht einen der vielen Träume von einer nationalen Einheit realisierte. Und der, um mit Friederikes Worten zu sprechen,

Flucht aus der Realität

»doch immer nur eine Mißgestalt gegen das bleiben wird, was wir mit Recht zu hoffen und erwarten durften«.

Viel enttäuschter waren dagegen die Freiheitskämpfer, die geglaubt hatten, dass die Befreiung von Napoleon auch die Befreiung von landesherrlichen Zwängen nach sich ziehen würde. Es gab durchaus Staaten, die eine Verfassung schufen. Mecklenburg-Strelitz gehörte nicht dazu, und das lag wohl auch daran, dass die Herzogsfamilie geschlossen nach wie vor vom Gottesgnadentum der Fürsten überzeugt war und demokratische Ideen ablehnte, weil sie die eigene Herrschaft gefährden könnten. So fanden sich der katholische Kaiser Franz I., der protestantische König Friedrich Wilhelm III. von Preußen und der orthodoxe Zar Alexander von Russland schon drei Monate später zur »Heiligen Allianz« zusammen. Sie verpflichteten sich, die christlichen Gebote der Gerechtigkeit, Liebe und des Friedens zur Verhaltensregel zu machen, aber auch einander jederzeit Beistand zu leisten. Letztlich verbarg sich dahinter nur ein Versuch zur Stabilisierung des »Status quo«.

Wenn auch fast alle europäischen Staaten dieser Allianz beitraten und man sich in der Folge häufig auf »Monarchenkongressen« traf, konnte man die demokratischen und nationalen Bestrebungen nicht unterbinden. Diese Ideen wirkten im Untergrund, aber auch an den Universitäten weiter. Selbst die radikalen Karlsbader Beschlüsse vom 20. September 1819, die Klemens Wenzel Fürst Metternich gegen die »demagogischen Umtriebe« vorbereitet und durchgesetzt hatte, konnten sie nicht unterdrücken.

Die Unzufriedenheit der Menschen, die nicht für ihre Fürsten, sondern für mehr Freiheit in den Krieg gezogen waren, drückt Adelbert von Chamisso sehr treffend aus: In seinem Gedicht ruft ein Soldat, der in der Völkerschlacht bei Leipzig verwundet wurde, den Fürsten zu:

Schrei ich wütend noch nach Freiheit,
Nach dem bluterkauften Glück

Peitscht der Wächter mit der Peitsche
Mich in schnöde Ruh zurück.[11]

Und während in Wien Metternich die Heilige Allianz vorbereitete und damit die Hoffnungen einer ganzen Generation von Untertanen auf durch eine Verfassung garantierte Mitspracherechte zerschlug, ließen die preußischen Prinzen ihre alte Leidenschaft für Ritter und Burgen durch eine Schifffahrt auf dem Rhein wieder aufleben. Sie besichtigten die am Rhein liegenden Burgen, unter anderem das Rüdesheimer Schloss, das der Besitzer wieder eingerichtet hatte. »... also hinaus aus der Jacht, das Schloß, welches noch Römisch! ist, durchrannt wie rasend, so nach der Jacht zurück und ins Bingerloch hinein bey Ehrenfels, Pfalzburg und all den 1000 alten göttlichen Burgen und Felsen und Bergen und Strömungen vorbey; ich war matt vor Seligkeit«, schrieb Friedrich Wilhelm, und in einem Brief an seinen Erzieher Frédéric Ancillon sechs Tage später: »Diese Fahrt müssen wir alle mal zusammen machen! Das muß einmal geschehen. O Gott, könnte ich diese Götterfahrt noch einmal mit Charlotte [seiner Schwester] und den Lieben allen machen – das wären die glücklichsten Tage meines Lebens!«[12]

Eine eigene Burg zu besitzen war der bislang unerfüllte große Jugendtraum der Prinzen. Er sollte auf unerwartete Weise Wirklichkeit werden: 1821 wurde Generalmajor Prinz Friedrich Ludwig, der Sohn Friederikes, als Kommandeur der 14. Division in die neue preußische Rheinprovinz abkommandiert. Sein Dienst- und Wohnsitz war Düsseldorf, zuständig auch für den Rheinabschnitt, zu dem die Begeisterung für die romantischen Ruinen viele Menschen hinzog. Sie hatte spätestens seit Goethes legendärer Reise 1774 ihren Anfang genommen; er machte zusammen mit Johann Kaspar Lavater und Johann Bernhard Basedow eine Fahrt auf der Lahn Richtung Rhein, wo sich plötzlich das Rheintal vor ihnen öffnete mit Blick auf die Burg Lahneck. Begeistert dichtete er:

Flucht aus der Realität

Geistes-Gruß

Hoch auf dem alten Turme steht
Des Helden edler Geist,
Der, wie das Schiff vorübergeht,
Es wohl zu fahren heißt.

»Sieh, diese Sehne war so stark,
Dies Herz so fest und wild,
Die Knochen voll von Rittermark,
Der Becher angefüllt;

Mein halbes Leben stürmt ich fort,
Verdehnt die Hälft in Ruh,
Und du, du Menschenschifflein dort,
Fahr immer, immer zu!«[13]

Der Rhein, der wohl am meisten bedichtete Strom Europas, gesäumt von zahlreichen Ruinen und Ritterburgen, wurde eine Herausforderung für jeden Dichter der Romantik: Auch Clemens Brentano, Achim von Arnim und andere Dichter ließen sich von Fahrten auf und Besuchen am Rhein inspirieren. Allerdings waren viele von ihnen in der Zeit nach 1792 unterwegs, als die Franzosen das linke Rheinufer bereits besetzt hatten, das Napoleon dann 1801 dem französischen Reich eingliederte. Friedrich Schlegel schrieb 1803: »Nirgends werden die Erinnerungen an das, was die Deutschen einst waren und was sie sein können, so wach wie am Rheine.«[14] 1813 hatte Arnim mit seiner Broschüre *Der Rhein Teutschlands Strom, aber nicht Teutschlands Grenze* zum Krieg gegen die Franzosen aufgerufen.

Prinz Friedrich Ludwig erlebte in Düsseldorf auf der einen Seite das Anwachsen des Rheintourismus, ausgelöst durch die romantischen Dichter und Maler, aber auf der anderen Seite am Beispiel der Burg Drachenfels, wie Burgen zum bloßen Spekulationsobjekt wurden und ohne Rück-

sicht auf den kulturhistorischen Wert an den Meistbieten-
den verkauft wurden.

Zwischen Bingen und Trechtingshausen thront hoch
über dem Rhein die Burg Rheinstein, auch sie Gegenstand
einer romantischen Rittersage, die Adelheid von Stolterfoth
in das folgende Gedicht fasste:

Die Braut vom Rheinstein

Es klingt herab aus Rheinsteins Mauern
Wie Harfenton und Flötenlaut ...
Dort von der Feste schaut mit Schmerzen
Ihr Ritter, Kuno, jetzt ins Tal,
In seinem wild durchstürmten Herzen
Des Hasses und der Liebe Qual. [15]

Ritter Kuno hat seinen Onkel Kurt geschickt, der für ihn
um die Hand des Burgfräuleins Gerda von Reichenstein bitten sollte. Doch stattdessen hat der Onkel sie für sich ge-
worben. Von seiner Burg sieht Kuno sie neben Ritter Kurt
davonreiten.

Nun ist sein Hoffen ganz entschwunden,
Nun ist gebrochen fast sein Herz,
Er wähnt, es könne nie gesunden,
Von seinem tödlich heißen Schmerz.

Dann wird das Pferd, auf dem Gerda sitzt, von einer Bremse
gestochen und geht mit ihr durch Richtung Burg Rheinstein. Ritter Kurt will sie noch einholen, aber da stürzt sein
Pferd, und er fällt in den Rhein; Ritter Kuno senkt ganz
schnell die Zugbrücke:

Und halb im Traum, mit sel'gem Blicke,
Empfängt er die geliebte Braut.

Flucht aus der Realität

Dies war der Stoff, aus dem auch die Träume der Nachkommen der Strelitzer waren. In einem Brief an die Stadt Koblenz vom 5. Februar 1823 schrieb Prinz Friedrich Ludwig, dass er mit dem Kronprinzen über die Burg gesprochen habe, und fährt fort: »Er ist ebenfalls ganz glücklich über den Gedanken, eine Burg am Rheine besitzen zu können. Wir haben daher die Idee, sämtlich, den Rheinstein zu acquirieren, weil dieser unsere gemeinschaftliche Lieblingsburg ist.«[16]

1823 erwarb Friedrich Ludwig die Ruine Rheinstein für 100 Taler und ließ sie in den Jahren 1825 bis 1828 neu aufbauen. Ein Jugendtraum wurde wahr. Er identifizierte sich so sehr mit seiner neuen Rolle als Burgritter, dass er 1829 sogar einen Brief mit Fredy Rheinstein unterzeichnete.[17] Aus dieser Rolle heraus wollte er die Burg so originalgetreu wie möglich wieder aufbauen, um »das zu erhalten, was wir als National-Eigenthum betrachten müssen« – so in einem Brief an den königlichen Staatsminister Karl Heinrich Ludwig von Ingersleben am 8. Januar 1828.[18] Rheinstein wurde beliebter Sommertreffpunkt der Vettern, es war zwar eng, aber romantisch. Hier wurden auch weitere Pläne geschmiedet zum Erwerb neuer Burgen wie Stolzenfels und Sooneck.

Auf Vermittlung Friedrich Ludwigs schenkte die Stadt Koblenz dem Kronprinzen die Burg Stolzenfels 1823, die er mit großer Begeisterung jahrelang renovieren ließ, und so erstrahlten im neuen Glanz bei der Einweihung am 14. September 1842 im kleinen Rittersaal die historischen Figuren, die die Rittertugenden darstellten: Treue, Gerechtigkeit, Standhaftigkeit, Liebe und Tapferkeit.[19] Daneben waren die Schutzpatrone des Rittertums abgebildet: die Heiligen Georg, Gereon, Mauritius und Reinhold. Am Stein'schen Turm sah man die ritterlichen Tugenden der Befreiungskriege: Beharrlichkeit, Mut, Einigkeit, Gottvertrauen. Ein Fackelzug der am Bau beteiligten Handwerker leitete die Einweihungsfeierlichkeiten ein: In mittelalterlicher Tracht huldigten sie dem Kronprinzen, der seit 1840 als Friedrich

Vermächtnis und Verklärung

Wilhelm IV. neuer preußischer König war. Es gab ein Bankett im Rittersaal, ein bengalisches Feuer, ein Feuerwerk und natürlich eine Rheinfahrt auf dem Dampfschiff *Prinzessin von Preußen* mit seinen Brüdern Wilhelm, Karl und Albrecht und Prinz Friedrich Ludwig, auf der sie den Plan fassten, auch Burg Sooneck, an deren Ruine man vorüberfuhr, wiederaufzubauen, was auch ab 1842 geschah. Ursprünglich sollte die Burg als Rückzugsort für die Prinzen dienen, die ohne ihre Gattinnen und ohne den Hof mit dem üblichen Zeremoniell einen abgeschiedenen Ort suchten, wie das in der Zeit des Rokokos die Herrscher in ihren Eremitagen taten.[20] Manchmal allerdings wurden auch Staatsgäste empfangen, wie am 14. August 1842 Königin Viktoria, aber auch der Erzherzog Friedrich von Österreich, Metternich und das Königspaar der Niederlande und Belgien.

Während also Dichter den Rhein und seine Burgen besangen, sorgten die preußischen Prinzen dafür, dass sie der Nachwelt erhalten blieben. Nimmt man einmal die Burg Marienburg bei Hildesheim dazu, die Friederikes Sohn Georg V. von Hannover in den Sechzigerjahren des 19. Jahrhunderts für seine Frau Marie erbauen ließ, waren allein sieben mittelalterliche Burgen im Besitz der Familie:

Friedrich Ludwig	Burg Rheinstein (Wiederaufbau: 1825–28)
Friedrich Wilhelm IV.	Burg Stolzenfels (1823 Schenkung durch Stadt Koblenz, Wiederaufbau: 1836–47) Burg Sooneck (Schenkung / symbolischer Verkauf der Gemeinde Niederheimbach, Wiederaufbau 1842–62)
Wilhelm	Ruine Rheinfels
Carl von Mecklenburg-Strelitz	erbt 1830 Burg Broich

Flucht aus der Realität

| Georg V. von Hannover | baut die Marienburg bei Hildesheim |
| Karl zu Solms-Braunfels | Schloss Rheingrafenstein bei Kreuznach an der Nahe |

Auch am Bau des Kölner Doms beteiligten sich die Preußen in vorderster Linie. Am 4. September 1842 ließ Friedrich Wilhelm IV. den jahrhundertelang unterbrochenen Bau des Doms wiederaufnehmen, um die Kirche zu vollenden, was allerdings bis 1880 dauerte.

Für die preußischen Staatsbeamten und die, die im Rheinland die preußische Herrschaft sichern sollten, hatte die Begeisterung der Prinzen für die Rheinburgen aber noch eine ganz andere Funktion, die sie das doch sehr teure Hobby mit Fassung ertragen ließen: Das weithin von einer katholischen Bevölkerung bewohnte Rheinland war erst seit 1815 Teil des preußischen Reiches, und das nicht zur großen Freude vieler Bewohner, die sich kaum von der Herrschaft der Franzosen befreit sahen, um sich jetzt als Teil eines Systems wiederzufinden, in dem alle demokratischen Errungenschaften, die es ja unter den Franzosen gegeben hatte, wieder wegfielen. Ein Engagement der Preußen für ihre Burgen, die auf diese Weise mit preußischem Geld vor dem Verfall gerettet wurden, würde, so hoffte man, die Rheinländer in Dankbarkeit ihrem neuen Herrscherhaus näher bringen und ihre Bereitschaft stärken, »Gut und Blut ständig zum Opfer zu bringen, wo es das Wohl und die Erhaltung des Königs und des Vaterlandes gilt«.[21]

Während sich die Prinzen mit und in ihren Burgen eine Parallelwelt schufen, mehrte sich außerhalb der Burgmauern die Unzufriedenheit der Menschen mit den Zuständen im Land, die der Dichter des *Deutschlandlieds*, Heinrich Hoffmann von Fallersleben, 1843 so auf den Punkt brachte:

Was ist des Deutschen Ehr und Ruhm?
Was nennet er sein Eigentum?

Vermächtnis und Verklärung

Verfassung zeitgemäß und fest,
die sich nicht untergraben läßt?
O nein, o nein, o nein, o nein!
Sein ist die Hoffnung nur allein.

Erhalt uns, Gott, dies letzte Gut,
den frischen frohen Hoffnungsmut!
Daß nie das deutsche Herz erschlafft
und freudig strebt und wirkt und schafft,
daß kommen mag, daß kommen mag
für Deutschland bald ein Ostertag![22]

Der »Ostertag« sollte schneller kommen, als alle Beteiligten gedacht hatten: Friedrich Wilhelm IV., seit 1840 preußischer König, hatte anfangs großzügig die Pressefreiheit eingeführt und Verwaltungsreformen begonnen, machte aber erschrocken einen Rückzieher, als im März 1848 revolutionäre Unruhen in Berlin ausbrachen. Im Rheinland stießen die beiden Welten der preußischen Prinzen unmittelbar zusammen:

Im Mai 1848, als sich der König auf dem Rückweg vom Dombaufest in Köln befand, musste er durch Düsseldorf fahren. In Elberfeld hatte kurz zuvor Friedrich Engels einen Aufstand inszeniert, der niedergeschlagen wurde, in Düsseldorf hatte sich daraufhin eine Bürgerwehr gebildet, der Magistrat entschied, den König nicht offiziell zu begrüßen, ein Affront, denn immerhin war die Stadt preußisches Gebiet. Auf dem Weg zum Düsseldorfer Schloss Jägerhof wurde zu allem Überfluss der königliche Wagen von der Menge mit Gejohle empfangen und mit Pferdeäpfeln beworfen. Selbst in Berlin war dem König so etwas nicht widerfahren; der Tumult endete mit Verletzten aufseiten der Königstreuen und der Republikanischen und einem toten Soldaten.

Zwar entschuldigte sich der Magistrat bei Friedrich Wilhelm, aber das änderte nichts daran, dass ein nicht zu reparierender Riss die durch die gemeinsame Burgenpolitik

Flucht aus der Realität

entstandene vermeintliche Freundschaft zwischen Rheinländern und preußischem Herrscherhaus zerstörte. Im Jahr 1848 wollten die Menschen auf der Straße endlich die Einlösung des ihnen vor dreiunddreißig Jahren gegebenen Verfassungsversprechens und demokratische Freiheiten. Auch Prinz Friedrich Ludwig verließ konsequenterweise nach diesem Vorfall zutiefst enttäuscht Düsseldorf und nahm seinen Wohnsitz in Berlin oder auf Burg Rheinstein, wo er sich hoch über den aufmüpfigen Rheinländern weiterhin als Burgherr fühlen durfte.

»Ich bedaure, daß Du kein Ritterschwert in der alten Burg gefunden hast; wer weiß, was Dir noch beschieden ist«, hatte Königin Luise ihrem damals elfjährigen Sohn Friedrich Wilhelm geschrieben.[23] Er gilt als der Romantiker auf dem preußischen Thron, der wie seine Brüder und Cousins auch zeit seines Lebens die Sehnsucht nach der heilen Welt des ritterlichen Mittelalters in sich trug. Eine Sehnsucht, die sie umso stärker auslebten, je bedrohlicher die reale Welt um sie herum wurde.

Dass die Welt der Ritter keinesfalls heil war, genauso wenig wie die gesamte Zeit, die wir das Mittelalter nennen, das hat ihnen niemand beigebracht. Und das ist die Tragik vor allem des ältesten Sohnes Luises, der sein Leben lang versuchte, aus der Wirklichkeit zu fliehen in eine Welt, die nicht mehr existierte und so, wie sie ihm in seinen Ritterromanen und -spielen vorgegaukelt wurde, auch nie existiert hat, so wenig wie die ideale Welt, in die sich seine Mutter zeitlebens flüchtete. Ein fatales Vermächtnis, das sie ihren Kindern mitgab, wie es ihre Tochter Charlotte in einem Brief an ihren Bruder Wilhelm auf den Punkt brachte: »Wir bilden uns eine Welt in unsern Herzen ... die Welt mag gehen, wie sie will.«[24]

Vermächtnis und Verklärung

Abenteuer Texas

»Er ist schlechthin eine romantische Gestalt,
ein deutscher Standesherr und kaiserlicher Offizier, erfüllt vom Patriotismus seines Zeitalters,
bestrickt von den Möglichkeiten der neuen Welt,
im Stil seines Auftretens und seiner Denkweise
ein alteuropäischer Aristokrat ...«[25]

Die Rede war von Karl, dem zweitjüngsten Sohn Friederikes,
und sie kam aus Texas, wo Karl als Generalkommissar des
Vereins »deutscher Fürsten und Edelleute zum Schutz deutscher Einwanderer in Texas« die Einwanderung von deutschen Siedlern organisierte. Während einige Prinzen aus
der Nachkommenschaft der sechs Geschwister romantische
Ritterburgen erwarben, verlagerten andere ihre Aktivitäten
nach Amerika und lagen damit durchaus im Trend der Zeit.

> *Raus, raus, raus und raus,*
> *Aus Deutschland muß ich raus:*
> *Ich schlag mir Deutschland aus dem Sinn*
> *Und wand're jetzt nach Texas hin.*

So dichtete August Heinrich Hoffmann von Fallersleben,
der Verfasser des *Deutschlandlieds*, 1845.[26] Ihr Glück außerhalb des alten Vaterlands zu probieren, das war der Traum vieler Deutscher der damaligen Zeit. Die Motive waren unterschiedlicher Art. Gestiegene Getreidepreise bei gleichzeitig
wachsender Bevölkerung brachten entsprechende Engpässe
in der Lebensmittelversorgung mit sich. Missernten ver-
schärften das Problem; die beginnende Industrialisierung
führte zur Verelendung vieler Handwerker. Sie alle suchten
durch die Auswanderung bessere Lebensbedingungen. Im
Zuge der gescheiterten Revolution von 1830 und immer wieder enttäuschter Hoffnungen auf mehr politische Freiheit,
die es aber im Deutschen Bund nicht gab, kam es Anfang der
Dreißigerjahre zu einer neuen Auswanderungswelle.

Mein Glück will ich probieren, Marschieren.
Er, er, er und er
Herr König, leb' er wohl!
Ich brauch' ihn weiter nicht forthin,
Weil ich nun selbst ein König bin.[27]

So beschrieb Hoffmann von Fallersleben die Stimmung der Menschen. Texas, das sich 1836 von Mexiko getrennt hatte und noch nicht Teil der USA war, war flächenmäßig größer als die Staaten des Deutschen Bundes bei nur 250000 Einwohnern. Die Idee, dass Preußen ähnlich wie die britische Ostindien-Kompanie in Fernost in Texas eine Kolonie gründen sollte, fand kein Interesse bei den Politikern in Berlin. Preußens Interessen lagen in Deutschland beziehungsweise Europa. Was lag näher, als die Idee auf eine andere Art umzusetzen? Im Jahr 1842 gründete sich in Biebrich am Rhein der »Verein deutscher Fürsten und Edelleute zum Schutz deutscher Einwanderer in Texas«. Ranghöchstes Mitglied dieses Vereins war Prinz Friedrich Ludwig von Preußen, der älteste Sohn Friederikes. Weiterhin gehörten vier regierende Fürsten, zwei Prinzen und zehn andere Mitglieder des niederen Adels dazu. Aus der Verwandtschaft des Prinzen waren das: der regierende Fürst von Schwarzburg-Rudolstadt (der Mann von Auguste Solms und Vetter Karls), der regierende Fürst zu Solms-Braunfels (der Onkel Karls), die Prinzen Alexander und Karl zu Solms-Braunfels, Söhne Friederikes aus ihrer Ehe mit dem Prinzen Solms, der Herzog von Sachsen-Meiningen-Hildburghausen. Ziel des Vereins war es, »die deutsche Auswanderung, so viel als möglich nach einem einzigen, günstig gelegenen Punkte hinzuleiten, die Auswanderer auf der weiten Reise zu unterstützen und nach Kräften dafür zu wirken, daß ihnen jenseits des Meeres eine neue Heimat gesichert werde«.[28]
Waren es nun politische, nationale oder wirtschaftliche Gründe, die die Adligen dazu brachten, gegen 300 Gulden pro Mann oder 600 Gulden pro Familie 160 Morgen Land

Vermächtnis und Verklärung

in Texas, ein Blockhaus, freie Überfahrt und Zuschüsse für Vieh und Gerät zur Verfügung zu stellen? Oder war es einfach nur Abenteuerlust, die Suche nach einem Ventil für ritterliche Unternehmungen enttäuschter Adliger, deren Dienste in einem zunehmend revolutionären Klima in Deutschland nicht mehr benötigt wurden? In der Gründungsurkunde der Burg Sophienburg in Texas, die Karl zu Solms-Braunfels nach seiner Geliebten und späteren Gemahlin so benannte, steht: Es sei ein Verein von »Fürsten, Grafen und Herren, welche eingedenk der zunehmenden Überbevölkerung und der dadurch entstehenden Armut unter den niederen Volksklassen sich den Zweck gestellt hatten, diesem Übel durch Regulierung der schon ohnehin so bedeutenden Auswanderung abzuhelfen«. Förderte man die Auswanderung, um mögliches revolutionäres Armutspotenzial aus dem Weg zu schaffen?[29] Die Vermutung liegt nahe, hatten doch die beteiligten Adligen die französische Revolution beziehungsweise ihre Auswirkungen auf ihr persönliches Leben noch gut in Erinnerung. Die zunehmende Unruhe im Volk, die sich schon 1830 in einer erneuten Revolution Bahn gebrochen hatte, war für jeden Adligen, der um seine gesellschaftliche Stellung fürchtete, bedrohlich.

Mithilfe des Vereins wanderten zwischen 1844 und 1847 etwa 7380 Deutsche in Texas ein. Und das unter erschwerten Bedingungen, denn die Vereinsmitglieder waren zwar alle hoch motiviert und engagiert, aber eben doch etwas realitätsfremd und in Geldangelegenheiten sehr naiv. So wurden sie schon zu Beginn von Betrügern mit falschen Landurkunden getäuscht, schlossen Landkaufverträge ab, ohne zu wissen, dass diese durch eine Verfügung des texanischen Parlaments bereits ungültig waren. Als am 1. Juli 1844 Karl zu Solms-Braunfels als erster Generalkommissar des Vereins nach Texas kam, musste er feststellen, dass kein Land für die Einwanderer zur Verfügung stand, die kurze Zeit später, im September und Oktober, mit drei Schiffen in Bremen lossegelten und sich dann auf die dreimonatige Reise Richtung

Flucht aus der Realität

versprochenes Land machten, das aber noch gar nicht bereitgestellt war. Erst im März 1845 gelang es Karl, in der Nähe des Guadalupe River ein Stück Land für die Siedler zu kaufen. Er taufte die Siedlung, die bis heute existiert, auf den Namen New Braunfels, nach dem Sitz seiner Familie.

Wenn ein Verein von Adligen an der Grenze zu den demokratischen USA deutsche Auswanderer unter der Führung eines Fürsten ansiedeln wollte, dann zog das naturgemäß kritische Blicke auf sich. So wurde vor allem das Verhalten Karls unter die Lupe genommen. Karl habe die »Komödie eines Hof haltenden deutschen Fürsten in der Wildnis« aufgeführt, warfen ihm seine Kritiker vor.[30] In einem Handbuch für Auswanderer weist Karl diese Vorwürfe energisch zurück.[31] Er selber schrieb an Graf Castell, das Bewusstsein, dem deutschen Bauern zu einer neuen Existenz und der deutschen Wirtschaft und Schifffahrt zu einem neuen Betätigungsfeld zu verhelfen, bedeute ihm mehr als die Dekoration mit dem Roten Adlerorden vierter Klasse (Preußen).[32] In einer weiteren Beschreibung aus Texas wird er als tatkräftig, verantwortungsbewusst, aber auch als draufgängerisch und zu optimistisch gekennzeichnet.

Ein anderer Vorwurf gegen Karl war wohl eher berechtigt. Ungeübt in Verwaltungs- und Finanzfragen, gab er mehr Geld für die Siedlung New Braunfels aus, als vorhanden war, machte Schulden, um Land zu kaufen, und wurde sogar auf Veranlassung eines Gläubigers in Schuldhaft genommen, aus der ihn sein Amtsnachfolger Hans Freiherr von Meusebach durch Zahlung von 10 000 Dollar freikaufen musste. Das Abenteuer Texas war damit für Karl nach einem Jahr im Mai 1845 trotz guten Willens und viel persönlichen Einsatzes beendet. Er kehrte nach Deutschland zurück. Das Projekt Texas des Adelsvereins geriet zu allem Überfluss auch in die machtpolitischen Kämpfe um Texas, das bis 1836 zu Mexiko gehört hatte: England – mit Prinz Albert war Karl in Bonn zur Universität gegangen – wollte eine Annexion von Texas durch die USA verhindern, die USA

Vermächtnis und Verklärung

befürchteten, dass die Engländer über Texas erneut Fuß in Amerika fassen wollten; in Texas selbst plädierte man für Unabhängigkeit. Trotz früher Warnungen, dass die Gelder nicht ausreichend seien für solch ein Unternehmen, das anvisierte Land nicht reichen würde, wurden immer neue Einwanderer auf die Reise geschickt, 1846 zum letzten Mal. Um sein Angebot attraktiver zu machen, bot der Verein sogar Hoffmann von Fallersleben 300 Acres Land in Texas an, die nächste dort gegründete Stadt sollte seinen Namen tragen. Wollte man den allzu kritischen Dichter loswerden? Der aber lehnte ab. Er wollte nicht auswandern.

Das Ende vom Traum einer deutschen Kolonie kam 1845 mit der Aufnahme von Texas in die »nordamerikanische Union«. Insgesamt kamen circa 7400 Deutsche durch Vermittlung des Adelsvereins in die neuen Siedlungen New Braunfels und Fredericksburg, so benannt nach Luises Neffen, dem ältesten Sohn Friederikes: Friedrich Ludwig von Preußen. Schon nach kurzer Zeit waren aus diesen Orten, die bis heute existieren, blühende Siedlungen entstanden; um 1900 gab es noch 100000 deutschsprachige Texaner.

Das romantische Abenteuer in Texas, an dem sich einige Familienmitglieder der Strelitzer in vorderster Linie beteiligten, lag ganz im Trend des Rückzugs aus der realen Welt, in den die ganze Familie nach 1815 verfiel. Das Unternehmen Texas scheiterte letztlich aber nicht am Engagement, sondern an ihrer und der anderen Fürsten mangelnden Erfahrung in wirtschaftlichen Dingen.

Rückzug ins Private

> »Wie ist die Zeit dahingegangen und nichts kehrt wieder«,

schrieb Friederike 1837 an ihren Bruder Georg. Obwohl die Geschwister Luises nach dem Erreichen ihres großen Zieles, des Sieges über Napoleon, zunächst durchaus neue, wichtige

Aufgaben übernahmen, kennzeichnet die Jahre nach 1815 jedoch der langsame Rückzug aus einer aktiven Beteiligung am öffentlichen Leben.[33]

Georg übernahm zwar nach dem Tod des Vaters 1818 das Großherzogtum Mecklenburg-Strelitz, führte aber die Regierung nach den gleichen Prinzipien fort, auch er zutiefst überzeugt davon, dass Gott die Fürsten als Väter über ihre Untertanen eingesetzt hat und diese deshalb ihre Herrschaft in seinem Namen ausüben. Schon 1809 charakterisierte ihn Wilhelm von Humboldt, der ihn sehr mochte, als statischen Menschen, der zu Veränderungen nicht in der Lage sei.[34] »Er ist sehr gut, sehr brav wirklich, auch von richtigem Urteil und Gefühl. Aber so war er auch immer schon vorher, alle guten Seiten in ihm haben sich erhalten, aber auch nicht gerade verstärkt, man sieht jetzt erst recht, daß er früh eine abgeschlossene Größe gewesen ist, zu der sich nun nicht leicht mehr zusetzen läßt.« Tief verwurzelt in der alten Welt, die er und seine Geschwister unter allen Umständen zu erhalten wünschten, und unfähig, sich an die neuen Bedingungen anzupassen oder sie auch nur zu verstehen, notierte Georg resigniert und frustriert schon 1829 mit fünfzig Jahren in sein Tagebuch: »Theils werde ich zu alt für die sogenannte große Welt, theils ist auch die Welt nicht mehr liebenswürdig genug, um überhaupt durch ihre blendende Schale es vergessen machen zu können, daß man sich um ihren Kern bekümmern darf. Die Worte ›aimable‹ und ›geistreich‹ werden in der Gesellschaft, wenn es so fortgeht, ohne alle Bedeutung seyn. Ebenso sollte man glauben, dass die jungen Männer nicht mehr die Fähigkeit haben, sich zu verlieben oder es für eine Sünde halten, denn man sieht nie mehr das warme und doch so anständige Bestreben der jungen Leute um das schöne Geschlecht, ohne welches weder der alte Ritterstamm noch die Galanterie der späteren Zeit bestehen kann.«[35] Während er die Menschen zunehmend mied, zog er sich immer mehr in die Natur seiner mecklenburgischen Wälder zurück. Der Gräfin Voß gegenüber be-

Vermächtnis und Verklärung

klagte er sich, dass die neue Zeit zwar Eisenbahnen, aber keine Menschen, so wie er sie liebte, hervorbrachte.[36]

Therese, die auf dem Wiener Kongress noch einen bedeutenden Salon geführt hatte, in dem sich die Großen der damaligen Welt trafen, gelang es auch in den Jahren danach nicht, für das Haus Thurn und Taxis die Souveränität zurückzugewinnen. Ihre Familie erhielt allerdings die höchste Entschädigung, die an mediatisierte Fürsten gezahlt wurde, womit sie zumindest den Reichtum der Familie sichern und es sich leisten konnte, auf ihren Schlössern eine »königliche Hofhaltung« zu betreiben[37] und den kostspieligen Aus- und Umbau der ehemaligen Reichsabtei Sankt Emmeram zu finanzieren. Als 1827 ihr Mann starb, übernahm ihr Sohn Maximilian Karl die Regentschaft. Von diesem Moment an erlosch der politische Einfluss Thereses. Sie zog sich auf ihren Witwensitz Schloss Taxis zurück und baute ihre umfangreiche Bücher- und Kunstsammlung weiter aus. Ihre Privatbibliothek, die 1800 Bücher umfasste, öffnete sie für ein interessiertes Publikum.[38]

Bruder Carl, der nach wie vor Kommandant des Gardecorps war, wurde Mitglied im neu geschaffenen Staatsrat in Berlin und übernahm ab 1825 auf Wunsch des Königs die Präsidentschaft. Seine Ablehnung jeglicher Reformansätze und vor allem sein unnachgiebiges Verfolgen liberaler Ideen und ihrer Vertreter, die er in zahlreichen Schriften bekämpfte, schafften ihm viele Feinde. Sein angeschlagener Gesundheitszustand ließ ihn oft zu Kuren nach Teplitz und Bad Ems fahren. Seine Liebe galt unverändert der Dichtkunst und dem Theater, das für ihn zur eigentlichen Bühne des Lebens wurde.

Friederike, die 1815 ein drittes Mal geheiratet hatte, wurde durch ihren Mann in die englischen Parlamentskontroversen hineingezogen. Den zum Teil bösartigen Angriffen von politischen Gegnern und englischer Presse auch gegen ihre Person wegen der erzkonservativen Haltung ihres Mannes stand sie mit hilfloser Empörung gegenüber.

Flucht aus der Realität

Die revolutionären Unruhen, die von Frankreich auf ganz Europa übergriffen, erlebte sie von England aus. Mit großem Entsetzen erfuhr sie 1830, dass das Volk in Frankreich den legitimen König Karl X. vertrieben hatte – er floh nach England – und sich dafür einen eigenen König gewählt hatte: den Herzog Louis Philippe von Orléans, der sich daher auch »König der Franzosen von Gottes Gnaden und durch den Willen des Volkes« nannte, für Friederike und ihre Geschwister eine Gotteslästerung. Es sei »eine scheußliche Zeit«, schrieb Friederike darum auch aus England an ihren Bruder Georg. »Und ebenso ist es die Politik und das Prinzip, die Revolutionäre in Schutz zu nehmen gegen die beleidigten Herrn.« Wie konnte Frankreich unter diesen Umständen weiter in der Heiligen Allianz verbleiben, deren Mitglieder sich doch gegen alle liberalen Tendenzen ausgesprochen hatten? Mit Entsetzen beobachtete sie, wie sich der »böse Geist«, worunter sie das Einsetzen von Parlamenten verstand, über ganz Europa ausbreitete und auch in Deutschland Fuß gefasst hatte. Allein die Strelitzer durch Bruder Georg und die Preußen unter Friedrich Wilhelm hielten die Fahne der alten Ordnung hoch.[39] Als 1837 eine Verwandte, Helene von Mecklenburg-Schwerin, auf Wunsch des preußischen Königs den Sohn des französischen Königs Louis Philippe heiraten sollte, schlugen die Wogen der Empörung hoch. Bruder Carl war so entsetzt über seinen Schwager, dass der Konflikt mit dem König darüber zu seinem Rücktritt als Präsident des Staatsrates und seinem Rückzug aus der preußischen Politik führte.

Mitte der Dreißigerjahre, nachdem es den meisten Fürsten noch einmal gelungen war, die Aufstände niederzuschlagen, hofften Friederike und ihre Geschwister wieder, dass die alte Ordnung die aktuellen Probleme dauerhaft überstehen würde. Als aber im Jahr 1835 selbst der fünfundsechzigste Geburtstag des Königs Friedrich Wilhelm ein Grund für wütende Proteste statt ein Anlass zum Feiern wurde, war deutlich, dass sich die Zeiten unwiderruflich geändert

Vermächtnis und Verklärung

hatten: Der König hatte aufgrund der Unruhen des Vor-
jahres die traditionellen Feiern mit Feuerwerk verboten.
Trotzdem wurden in der Nähe des Wohnhauses von Friederike auf dem Platz vor dem Brandenburger Tor Knaller
entzündet. Die Verhaftung der »Täter« führte zu wüten-
den Protesten der Bevölkerung, in deren Verlauf Straßen-
laternen und zahlreiche Fensterscheiben, unter anderem die
im Prinzessinnenpalais Unter den Linden, zerstört wurden. Friederike verfolgte mit fassungsloser Empörung die
drei Tage andauernden Auseinandersetzungen, die drei
Tote und zahlreiche Schwerverletzte kosteten. Wenn der
König und seine Familie auch persönlich von den Berli-
nern nach wie vor geschätzt wurden, so forderten sie doch
immer öfter und immer energischer die Einlösung des 1815
gegebenen Versprechens einer Verfassung, die Friedrich
Wilhelm III. allerdings nie ernsthaft in Erwägung gezogen
hatte.

Auch auf anderen Gebieten mussten Luises Geschwister erkennen, dass sich der Wandel nicht aufhalten ließ und
längst auf allen Gebieten des gesellschaftlichen Lebens Einzug gehalten hatte, angefangen bei der technischen Entwicklung von Eisenbahn und Industrie. Besonders auffällig
und für die Geschwister schmerzlich war die Entwicklung
in den Kurbädern, die einst den Adligen vorbehalten waren.
Nun aber baute man in Karlsbad, Bad Ems und Pyrmont
immer mehr für nichtadelige Gäste, die es sich finanziell
leisten konnten, ein eigenes Palais im Kurort zu bewohnen.
Friederike, die diese Entwicklung 1834 und 1835 in Pyrmont
erlebte, schrieb an ihren Bruder Georg: »Pyrmont scheint
mir leer, und was da ist, unbedeutend ... Denke Dir den
Kontrast, da, wo ich vor 38 Jahren als 19 Jährige Witwe mit
dem hochseligen König wohnte.« Sie tröstete sich mit ihren
Erinnerungen, indem sie das Zimmer bezog, in dem 1806
Luise gewohnt hatte.[40]

»Die Erinnerung ist das einzige Paradies, aus dem wir
nicht mehr vertrieben werden können«, schrieb Jean Paul,

Flucht aus der Realität

und so flüchteten sich auch die Geschwister immer mehr in die Erinnerungen an gemeinsam verbrachte glückliche Zeiten. Vor allem Friederike und Georg, die mit Luise zusammen das dreiblättrige Kleeblatt, sozusagen den inneren Kreis, gebildet hatten, rückten noch enger zusammen. Geburts- und Todestage der Familienmitglieder wurden mit besonderen Ritualen begangen. An diesen Tagen trugen beide einen schwarzen Ring, den Friederike zum Gedächtnis an die vor über fünfzig Jahren gestorbene Mutter gestiftet hatte. Briefe mit getrockneten Blumen vom Grab Luises wurden an ihrem Todestag, dem 19. Juli, zu den Geschwistern geschickt, die keinen persönlichen Besuch am Grab oder in Hohenzieritz, dem Ort, an dem sie gestorben war, machen konnten. Bis zu ihrem Lebensende schrieb Friederike dem König an Luises Geburtstag und an ihrem Todestag einen Brief mit wehmutsvollen Erinnerungen an die tote Schwester. War sie zu der Zeit nicht in Berlin, schickte Georg ihr Vergissmeinnicht, Rosen oder wie 1834 einen Myrtenzweig aus Hohenzieritz. Den 19. Juli verbrachte sie in dunkler Trauerkleidung meist alleine in ihrem Zimmer. Besucher wurden nur ungern empfangen, und wenn, dann nur zur gemeinsamen Trauer. Als an jenem Tag im Jahr 1834 die Kurfürstin von Hessen sie mit ihrer Tochter in Pyrmont besuchte, angeblich um Friederike von ihren traurigen Gedanken abzulenken, war Friederike empört, weil die Kurfürstin mit einem »graß-grünen Kleid«, ihre Tochter mit einem rosa Kleid erschien. »Ich war wie gelähmt«, schrieb sie an ihren Bruder Georg.

Selbst nach so langer Zeit erwartete Friederike von ihrer Familie und ihren Freunden, dass sie die Erinnerung an Luise genauso ehrten. Als ihre erwachsene Tochter Friederike ihr am 19. Juli eines Jahres einen »lustigen Brief« schrieb, ohne zu bedenken, welche Bedeutung dieser Tag hatte, war sie zutiefst verletzt. Nur mit ihren Geschwistern konnte sie die Erinnerung an Luise in der von ihr gewünschten Intensität teilen, die Erinnerung und die Sehnsucht nach

Vermächtnis und Verklärung

einer »längere[n] bessere[n] Zeit, wo wir hoffentlich uns alle wieder finden«.[41]

Friedrich de la Motte Fouqué

1813

Zwei Sterne, die strahlen am Himmel
Dem sterblichen Auge zwar nicht
Doch künden durch Kriegsgetümmel
Den Seelen sie göttliches Licht.

Einst saht ihr auf Erden sie leuchten
Im milden, im freundlichen Blau;
Doch leider auch oft sie befeuchten
Vom Kummer der herrlichsten Frau!

Wer schwur da nicht glühend im Herzen:
Läßt Gott nur die Klinge zur Hand,
So räch ich, so lös' ich die Schmerzen,
So rett' ich das heimische Land!

Ihr Brüder, die Stund' ist gekommen,
Nun grabet dem Elend ein Grab,
Uns winken, unsterblich entglommen
Die seligen Lichter herab.

Was nicht euch auf Erden mehr funkelt,
Es funkelt im himmlischen Saal.
Wen rühmlich das Sterben umdunkelt,
Der naht sich dem seligen Strahl.

Flucht aus der Realität

Verklärung Luises

> »Mein Reich ist nicht von dieser Welt«,[42]

schrieb Luise am 27. Februar 1808 an ihre Freundin Caroline Friederike von Berg, als sie deprimiert und enttäuscht feststellen musste, dass die Realität nicht so funktionierte wie in ihrer Vorstellung. Es siegte nicht immer das Gute, ja es schien, als ob alle Werte, alle Tugenden, an die sie ihr Leben lang geglaubt hatte, ihre Bedeutung verloren hatten. Mit diesem Zitat aus dem *Johannesevangelium* vergleicht sie ihre Situation mit der des gefangenen Jesus, der von Pilatus verhört wird. »Wäre mein Reich von dieser Welt«, sagt Jesus zu Pilatus weiter, »meine Diener würden kämpfen, daß ich den Juden nicht überantwortet würde; aber nun ist mein Reich nicht von hier.«[43] War Luise in früheren Jahren eine Verherrlichung ihrer Person zum Beispiel durch Novalis eher unangenehm, hat sie sich gegen Ende ihres Lebens in eine vermeintliche Opferrolle hineingesteigert.

Von vielen Zeitgenossen wurde sie wegen ihrer Schönheit, Anmut und Sanftheit bewundert und verehrt, und zwar von Frauen und Männern gleichermaßen. Der Berliner Dichter Fouqué schrieb schon im Dezember 1793 bei ihrer Ankunft als Braut in Berlin über sie: »Die Ankunft dieser engelsschönen Fürstin verbreitete über jene Tage einen erhabenen Lichtglanz. Alle Herzen flogen ihr entgegen und ihre Anmut und Herzensgüte ließ keinen unbeglückt.«[44] Jean Paul verglich sie nach einem Empfang im Schloss mit Aphrodite, der Göttin der Liebe, der Schönheit und der sinnlichen Begierde aus der griechischen Mythologie: »Ich sprach und aß mit der gekrönten Aphrodite, deren Sprache und Umgang ebenso reizend ist, als ihre edle Musengestalt.« Johann Gottfried von Herders Frau bezeichnete sie als »Hebe«, Göttin der Jugend.[45]

Im Laufe der Jahre bekam diese Bewunderung etwas Übernatürliches, wie die Worte einer adligen Dame bestäti-

Vermächtnis und Verklärung

gen, die Luise 1806 bei ihrem Kuraufenthalt in Pyrmont traf:
Sie sah Luise in ihrem weißen Gewand mit einer Silberstickerei an Saum und Gürtel, im Haar ein weißes und silbriges
Band, in der Hand ein Strauß von Orangen- und Rosenblüten: »[...] eine Schönheit, von der die Blüte der Jugend hinweggestreift werden konnte, ohne sie zu verringern ... Von
engelgleicher Huld und Herablassung ... für alle ... Ich sah
sie tanzen ... Sie schwebte dahin, nicht wie eine Staubgeborene, und niemand wäre erstaunt gewesen, hätte sie ihr Flügelpaar plötzlich entfaltet.«[46]

Auch bei ihren Geschwistern wurde die Bewunderung
Luises zunehmend zur Verklärung eines übernatürlichen
Wesens. Als Georg 1809 Luise in Königsberg nach drei Jahren der Trennung wiedertraf, flossen viele Tränen. »Bei dem
Engel waren es indeß nur milde Tautropfen, recht einer Verklärten ähnlich«, schrieb er an Charlotte. »Denn wenn Du
mich fragst, ›Wie ist Luise?‹ so kann ich nur sagen: ›eine
Verklärte‹.«[47] Auch Friederike, die zwei Monate später nach
Königsberg kam, schrieb ihrem Vater über das große Glück,
als »ich den Engel erblicke, ja den Engel in jedem Betracht,
sowohl am Geist als am Körper«.[48] An Schönheit übertrafen die drei anderen Schwestern Luise, aber keine von ihnen
wurde wie eine Heilige verehrt, weder von Dichtern noch
von den Geschwistern: »... das Gefühl, mit dem die Katholiken an ihren Heiligen hingen, nicht von dem verschieden
sei, das ihn an den Engel fessele«,[49] schrieb Georg an seine
Großmutter. Und nach ihrem Tod 1810 notierte er in sein
Tagebuch als hilflosen Versuch, mit seinem Kummer fertigzuwerden, dass sie wohl habe sterben müssen, »denn der
Engel war zu sehr erhaben über diese Welt und muß jetzt
der seeligste unter den himmlischen Engeln seyn, so wie er
eben deswegen der schmerzlich blutendste unter den irdischen war«.[50]

Was aber machte Luise zu einer »Heiligen«?

Die Herzogin von Kurland fasste nach einem Treffen mit
Luise ihren Eindruck so zusammen: »Bewundernswert für

Flucht aus der Realität

den König, ihren Kindern ergeben, ehrerbietig als Tochter, ausgezeichnet als Schwester, vollkommen als Freundin, begeistert für die Ehre ihres Landes, war sie das Glück ihres Hauses, der Zauber des Hofes und der Ruhm ihrer Untertanen!«[51] Nach ihrem Tod würdigte die *Vossische Zeitung* sie mit den Worten: »Muster alles Edlen, alles Schönen«, der »höchsten Anmuth göttergleiches Bild«, der »Schutzengel«, das »höchste nie erreichte Ideal«.[52] Und Marie von Kleist, eine ihrer wenigen guten Freundinnen, sagte über sie: »Es ist, als hätte das Schicksal einen Engel auf den Thron gesetzt, um die Tugend in ihrer ganzen Liebenswürdigkeit, in ihrem ganzen Glanze zu zeugen.«[53]

Sanftmut, Pflichterfüllung, Unterwerfung unter den Willen des Mannes, der ganze Katalog der von einer Frau erwarteten Tugenden, vereinigt in der Person Luises. Sie stellte in den Augen ihrer Mitmenschen das Idealbild der Frau dar in einer Zeit, die von Chaos und Zerfall bedroht war. Luises Gestalt und ihr Wesen waren ein Garant dafür, dass Schönheit, Reinheit und Sanftmut trotz aller äußeren Bedrohung überleben konnten. Auch ihre Geschwister sahen sie so: als Leitfigur auf dem Weg, selber ein tugendhaftes Leben zu führen. Therese schrieb schon im Juli 1799, Luise sei ein »edles, reines anmutiges Geschöpf ... der Umgang mit ihr läutert einen, denn man würde sich fürchten, in ihrer Nähe mit unlauterem Herzen einherzugehen, vielmehr es wäre unmöglich, denn selten erschien so hohe Tugend unter einer so reizenden Gestalt«.[54] Und Jahre später beschrieb sie einen Besuch an Luises Grab mit den Worten: »Was ich in dieser Nähe empfand, weiß ich eigentlich nicht. – Ich warf mich auf meine Knie, meine Tränen flossen – und ich flehte Segen für Dich, für mich, für Ika, für den König; ich setzte hinzu, lass mich werden, wie Du warst – und daran knüpfte sich der Gedanke, vielleicht wie neu zu werden in Deiner Nähe, *Engel.*«[55]

Selbst Georg hat sich im Vergleich zur Schwester immer als unvollkommen gesehen: »Vervollkommnung, das ist der

Vermächtnis und Verklärung

Zweck des Lebens, also strenge Thätigkeit, da nur durch sie, strenge Pflichterfüllung möglich ist«, schrieb Georg 1811 in sein Tagebuch. »Dann ... ist es Gott gewiss wohlgefällig, wenn wir ausrufen: ›Wohl ihr und wehe uns‹, denn wir seufzen dann zugleich über unsere Unvollkommenheit und suchen die Mittel des himmlischen Wiedersehens [mit ihr] in unserer Veredlung.«[56]

Die Tugend mache den »Ruhm einer Frau« aus, hatte Rousseau von seiner Sophie gesagt, denn eine tugendhafte Frau sei fast wie ein Engel. Und als Tugenden hatte er an oberster Stelle die Sanftmut gefordert, ein Unterdrücken jeder Leidenschaft, damit sie dem Mann gefügig sein und seine Launen ohne zu klagen ertragen könne. Luises Schwester Friederike bewunderte Luises »elastisches Wesen«, jedes Mal, wenn Friedrich Wilhelms »schlechte Launen ... so groß wurden wie Kirchtürme«. Georg konnte manchmal nicht mit ansehen, wie Luise alle Launen ihres Mannes ertrug. Im Sinne Rousseaus kann Luise in jeder Hinsicht als tugendhaft gelten, wenn sie auch damit ein Frauenbild verkörperte, das dem Untergang geweiht war, auch wenn andere Frauen, von Immanuel Kants Lehren ausgehend, längst davon überzeugt waren, dass wahre Tugend nicht auf der Basis von Pflichterfüllung, sondern nur auf der Grundlage von Freiheit gründen kann.

Schon ihre drei Schwestern haben das alte Rollenschema nicht mehr ausfüllen können, denn diese Rolle bedeutete die Aufgabe der eigenen Persönlichkeit. »Ich bin den Menschen so gut, mein ganzes Wesen ist Liebe für sie, ich möchte so gerne die Menschheit glücklich wissen und dazu beitragen auf Kosten meiner selbst.«[57] Das Leid, das sie selber erfuhr, betrachtete sie als Prüfung Gottes. »Ich habe gelebt und gelitten, dass ist wahr, es musste aber so kommen, um mich zu läutern und festzustellen, im Glauben und Demut vor Gott, die die wahre Erkenntnis ist. In diesen wenigen Zeilen hast Du mein ganzes Bild, und wenn Du mir folgst, so wirst Du immer in allen meinen Handlungen diese Grundlinien mei-

Flucht aus der Realität

nes Seins wieder erkennen«, heißt es in einem Brief an Therese am 8. Juni 1810, sechs Wochen vor ihrem Tod.[58]

»Mein Reich ist nicht von dieser Welt!« Dieser Ausspruch Luises aus den letzten Lebensjahren zieht sich durch viele Briefe. Sie sah ihr Leben als »Opfer und Aufopferung«, war in den letzten Jahren ihres Lebens schwer depressiv, obwohl sie doch eigentlich durch ihren Weg der Tugend glücklich hätte sein müssen. So jedenfalls hatte sie es gelernt. Was war schiefgegangen?

»Freudigkeit ist die Mutter aller Tugend«, war ein Leitspruch ihrer Großmutter. Und Aristoteles und Thomas von Aquin hatten formuliert, dass, wer wirklich tugendhaft leben wolle, es mit Freude tun müsse. Liebe und Freude seien die Grundlage aller Tugend. Von dieser Freude ist bei Luise nichts zu spüren. Sie hatte den preußischen Tugendbegriff verinnerlicht: Gehorsam, Anpassung und Pflichterfüllung als Säulen eines tugendhaften Lebens. Dies Konzept durchzieht wie eine schwere Last alle ihre Briefe. Aber: »Ich will, ich muss!« Der alte Kampf zwischen Pflicht und Neigung, wobei die Pflicht bei ihr immer siegte. Für Luise eine nicht anzweifelbare Entscheidung, die sie so konsequent durchzog, dass sie sich und ihre Neigungen auf dem Weg zur optimalen Pflichterfüllung verlor. Ihre Geschwister haben diese Entwicklung von der lebenslustigen lebendigen jungen Frau zu einem Idealbild der Frau schlechthin mit Sorge, mit Wut auf den König, Georg sogar mit »blutigen Tränen« begleitet, am Ende blieb nur noch Bewunderung übrig und die Erkenntnis, dass Luises Verhalten unmenschlich sei, also nur jenseits dieser Welt beheimatet sein könne.

In diesem Konzept, das Luise lebte, war im Grunde auch kein Platz für Glück. Je reiner die Seele und je einfacher das Herz sei, das einen an die Pflichten erinnere, desto glücklicher würde man, schrieb sie als junge Frau.[59] 1807 nach ihrem Treffen mit Napoleon und der großen Enttäuschung über Zar Alexander gab es für sie »Glück« nur noch dem Namen nach.[60] Und kurz vor ihrem Tod definierte sie die

Vermächtnis und Verklärung

Zeit des Glücks als die Zeit, wo wir ohne Leidenschaft lieben, und die glaubte sie nur noch im Himmel finden zu können. Diese Definition von Glück ist geradezu mitleiderregend – ihre Schwestern Friederike und Therese hätten ihr erzählen können, dass Leidenschaft ein wesentlicher Bestandteil der Liebe ist. Luise, die sich das Lesen von Romanen – anders als in ihrer Jugend, wo sie sie verschlungen hat – später selber verbot, um nicht die in ihr schlummernden romantischen, leidenschaftlichen Gefühle erneut zu wecken und so vom tugendhaften Weg abzukommen, fürchtete die Leidenschaft.

Luise ist im Grunde ein Opfer ihrer Erziehung geworden. Auf der einen Seite war sie durch Salomé de Gélieu zu einer perfekten »Sophie« geworden, insofern, als sie die von ihr geforderten Verhaltensmaßnahmen theoretisch gelernt hatte, auf der anderen Seite war durch die lockere Art der Großmutter, die Zwang und Etikette ablehnte, mit ihren Enkelinnen Romane las und sie den anderorts verbotenen Walzer tanzen ließ, ein wichtiger Gesichtspunkt der Mädchenerziehung missachtet worden. Rousseau hatte dringend empfohlen: »Gewöhnt sie daran, mitten im Spiel unterbrochen zu werden und anderen Pflichten ohne Murren zu folgen ... Aus diesem gewohnheitsmäßigen Zwang entsteht eine Gefügigkeit, deren die Frauen ihr Leben lang bedürfen, da sie niemals aufhören, unterworfen zu sein.«[61] Als Luise 1793 nach Berlin kam, war sie eine temperamentvolle, leidenschaftliche junge Frau, die vor Lebensfreude überschäumte, sie war die Lebhafteste unter den Geschwistern. Am Hof in Berlin gab es daher anfangs nur Ärger. Der Bruch in ihrem Wesen geschah in den ersten Monaten des Jahres 1794, nachdem ihr Schwiegervater ihrem Mann dringend empfohlen hatte, seiner Frau klarzumachen, wie sich Frauen in Preußen zu benehmen hatten. Luise hatte nicht gelernt, mit Konflikten umzugehen, anders als zum Beispiel Therese. Sie war entsetzt über die harten Worte ihres Mannes, den sie so nicht kannte, über die bösen Blicke, die man

Flucht aus der Realität

ihr überall zuwarf, über die Unzufriedenheit ihres Schwiegervaters. Mit Schrecken wurde ihr klar, dass sie die Erwartungen, die alle, auch ihre Großmutter, in sie setzten, nicht erfüllen konnte. Und so passte sie sich an, wurde zu der Luise, die man von ihr erwartete, gab die Luise auf, die sie war, die nur noch manchmal durchschimmerte, wenn sie mit ihren Geschwistern zusammen war. Jahre später passierte das Gleiche mit ihrem ältesten Sohn. Auch in seiner Erziehung gibt es im Jahr 1809 einen Bruch, von dem er sich nicht mehr erholte.

»Die ganze Welt ist eine Bühne und alle Frauen und Männer bloße Spieler, sie treten auf und gehen wieder ab«, schrieb William Shakespeare. Luise war eine umjubelte Schauspielerin auf der Bühne des Lebens, umjubelt auch mit leiser Wehmut, weil die Rolle, die sie perfekt zu spielen gelernt hatte, eine aussterbende war, als Ideal mehr von Männern erneut herbeigewünscht als von Frauen. Ihre Schwester Therese, die Luise wegen ihres »tugendhaften« Lebens bewunderte, schreibt gleichzeitig, dass sie wohl durch ihre Liebesbeziehung die Glücklichste von allen Schwestern sei. Ein glückliches Leben durch ein tugendhaftes Leben, das gehörte zumindest für Therese nicht mehr unabdingbar zusammen, und auch Friederike hat sich 1798 für ihre Neigung und gegen die Tugend entschieden. Dass sie das später bereute, lag vor allem daran, dass ihre Beziehung gescheitert war. Ein schlechtes Gewissen hatte sie schon – und die Bewunderung für Luise wurde vor allem auch dadurch gespeist, dieser Rolle, zu der auch sie erzogen worden war, nicht gerecht geworden zu sein. Es ist bezeichnend, dass es bei allen Schwestern Probleme in der Ehe gab, bis hin zu Scheidungsgerüchten. Keine von ihnen hat die Rolle spielen wollen und können, die Luise übernahm. Friederike ließ sich 1814 tatsächlich scheiden. Alle Geschwister haben sich bemüht, den Erziehungsidealen ihrer Kindheit nachzueifern, aber da sie nicht bereit waren, die eigene Persönlichkeit so total aufzugeben, wie Luise es tat, blieb es bei den

Vermächtnis und Verklärung

anderen bei ernsthaften Bemühungen. Charlotte, Therese und auch Friederike sind trotz aller Anpassung an die gesellschaftlichen Forderungen ihre eigenen Wege gegangen auf der Suche nach dem ganz persönlichen Glück. Ihnen ist es, wenn auch in unterschiedlich ausgeprägter Weise, gelungen, die anerzogene Rolle zumindest nach ihren Bedürfnissen zu variieren.

Luises Lebenskonzept war ein statisches, an dem alle Erfahrungen abprallten. Sie hielt an dem fest, was sie einst gelernt und wozu sie sich entschlossen hatte, »das, was ich einmal für gut erkannt, dem bleibe ich treu«, schrieb sie an Therese.[62] Erfahrungen trübten zwar ihr Bild von der Einteilung der Welt in weiß und schwarz, in gut und böse, tugendhaft und sündhaft, aber es änderte sich nicht. Sie ließ sich von ihren Gefühlen leiten, vom bedingungslosen Glauben an den Sieg dessen, was sie – oft ohne ausreichende Kenntnis der Fakten – als gut und richtig erkannt hatte. Und was nicht hineinpasste, wurde ausgeschlossen. Wem aber die Fähigkeit fehlt, auch das Böse in der Welt als Teil des Ganzen zu sehen und in sein Weltbild einzuordnen, der muss am Ende zerbrechen.

Was letztlich bleibt, ist die Erinnerung an eine Frau, die mit Gottvertrauen, Mut, Pflichtbewusstsein und einer guten Portion Humor und Witz die Rolle gespielt hat, die ihr von der Gesellschaft zugedacht war, die Glück definierte als Abwesenheit von Leidenschaft – und die am Ende zerbrach, als ihre Idealvorstellung vom Sieg der Tugend und des Guten über das Böse von der Realität überrollt wurde. »Nur was sich verändert, bleibt bestehen«, schrieb Novalis, einer ihrer größten Bewunderer, der wie Luise in jungen Jahren starb. Überlebt hat Luise als Idee, denn Ideen unterliegen nicht der Zeitlichkeit.

Seit zweihundert Jahren werden Luise und das Bild, das man sich von ihr gemacht hat, immer wieder von den unterschiedlichsten Strömungen zu den unterschiedlichsten Zwecken benutzt, um eigene Ziele und Ideen zu untermauern

Flucht aus der Realität

und über ihren Namen Einfluss und Unterstützung zu bekommen. Ob ihr das gefallen hätte? Fragt man sich, welche Figur aus ihren zahlreichen Lektüren sie wohl als Vorbild genannt hätte, so muss die Antwort lauten: die Jungfrau von Orléans, die mit ihrem Kampfgeist das Vaterland vor den Feinden rettet.

1811 notierte Georg in sein Tagebuch: »Ach! Die Perle ist von uns genommen. – Es ist mir zu Muthe, als wenn ich in einer katholischen Kirch bey einem Feste gegenwärtig wäre. Alles ist geschmückt und herrlich – aber die Monstranz ist schon verborgen – und wird nicht wieder gezeigt.«[63] Ausgerechnet Luise, die ihren protestantischen Glauben immer verteidigt hat und bei anstehenden religiösen Mischehen dafür gekämpft hat, dass keiner ihrer Verwandten zum katholischen Glauben übertrat, mit einer Monstranz zu vergleichen, das konnte auch nur dem schwärmerischen Georg in seiner großen Trauer um die geliebte Schwester einfallen.

Luise wäre wohl entsetzt gewesen ob dieses Vergleichs. Die anderen Geschwister hielten ihr Andenken in stillerer Form wach, schickten sich an ihren Geburts- und Todestagen gegenseitig Blumen vom Grab und Briefe. Gegen Thereses Formulierung hätte Luise aber wohl nichts einzuwenden gehabt, die zusammenfasste, was die Geschwister fühlten: »Sie war alles, der Sonnenschein, der alles belebte.«[64]

Anhang

Quellen und Anmerkungen

Quellen

Es wurden vor allem die Bestände folgender Archive benutzt:
- Niedersächsisches Hauptstaatsarchiv Hannover/Pattensen. Hausarchiv des Welfenhauses.
Abkürzung: NHStA Han.
- Geheimes Staatsarchiv – Preußischer Kulturbesitz Berlin. Rep.49, 58, 94100.
Abkürzung: GStA-Be.
- Landeshauptarchiv Schwerin. Briefsammlung des Hauses Mecklenburg-Strelitz 4-3-2, 16, 40, 154-155, 255-263, 907-915.
Abkürzung: Schw.Br.
- Thurn und Taxis: Fürstliches Zentralarchiv Regensburg. Haus- und Familiensachen: 3705, 3709, 3748, 3763, 3819, 3845, 4375.
Abkürzung: FZA-R.
- Schloss Braunfels, Fürstliches Archiv Haussachen A27 (A3, A14 -1+2).

Aus gedruckten Primär- und Sekundärquellen stammende Zitate werden mit Verfasser- bzw. Herausgebernamen und Seitenzahl zitiert.

Besondere Abkürzungen:
Bai = Bailleu
Ge = Gélieu
Kr = Krieger
Ph = Philipps
Ro = Rothkirch (Briefe und Aufzeichnungen)
Rou = Rousseau

Anmerkungen

Prolog

1 Endler Lieblingsbruder, 144
2 GStA-Be – BHP-Rep 58I a
  J5, page 158
3 Ph 103ff., Schw.Br 4-3-2, 40
4 An Großmutter. Bai I 102

Kindheit und Jugend in Hannover und Darmstadt

Ein Vater und zwei Mütter

1 Schw.Br 9.VII.7
2 Schw.Br 27.10.1769 9.VII.7
3 Schw.Br 6.7.1779 9.VII.13
4 Schw.Br 6.7.1779 S 9.VII.9
5 Schw.Br 17.5.69 S 9.VII.4
6 Bai II 301
7 ebenda 303
8 Esselborn 30
9 ebenda 40
10 Kaiser 140
11 Esselborn 53ff.
12 Ge 69
13 ebenda 77
14 Schw.Br 2.5.1784 33,29
15 22.5.1787 Ge 75
16 Esselborn 41
17 Ge 90
18 Kr 119

Glückliche Jahre in Darmstadt

1 Bai I 134
2 Kr 139
3 21.6.1791 Ge 73
4 Kr 125f.
5 ebenda 124f.
6 Schw.Br 16.8. 3825
7 Ro 215f.

8 Kr 125
9 Schw.Br
10 Schw.Br 20.6.1791 38.11
11 Ro 3f.
12 ebenda 5
13 Ge 75
14 Ro 8f.
15 Kr 140
16 ebenda 159
17 Schw.Br 1.2.1789 33.37
18 ebenda
19 28.4.1790 Ro 2f.
20 Schw.Br 255 11.3.1805

Gesellschaft im Umbruch

1 1742–1799, Mathematiker
  und Philosoph
2 Ro 32f.
3 1752–1796; sein Buch *Über
  den Umgang mit Menschen*
  erschien 1788 in 2 Bänden
4 *Fischer Weltgeschichte*
  Bd. 26,110
5 an F. von Kleist 27.11.1805
  Ro 228
6 an Georg 2.6.1801 Ro 173
7 Graßmann 59

Erziehung zur Pflichterfüllung und zu einem tugendhaften Leben

1 Ge 8
2 Weiland 18
3 Kr 140
4 ebenda 129
5 ebenda 141
6 12.5.1807 Ro 325
7 Kr 140
8 ebenda
9 17.6.1792 Ro 324

Quellen und Anmerkungen

Vorbereitung auf die traditionelle Rolle in der Gesellschaft

1 Ge 8
2 Rou 767
3 Brokmann 256
4 Rou 719
5 ebenda 721
6 ebenda 733
7 ebenda 732
8 ebenda 775f.
9 ebenda
10 ebenda 754
11 Ge 98f.
12 27.3.1793 Ro 15
13 Ro 6f.
14 Kr 163
15 ebenda 159
16 ebenda 160f.
17 ebenda 171
18 ebenda 166
19 ebenda 165f.
20 Rou I 742 u. 744
21 ebenda 796
22 Kr 122
23 ebenda 142
24 Ge 9
25 Rou I 821
26 Meisner 12f.

Revolution in Frankreich, Krieg und Flucht

1 Ro 9f.
2 Kr 163
3 Graßmann 60
4 Fischer 67
5 Kr 172
6 Graßmann 66
7 Markov 260
8 2.11.1793 Ro 43
9 *Fischer* Weltgeschichte Bd. 26, S.106–109
10 Ro 10

Aufbau eines eigenen Lebensraums

1 Ph 282
2 Steinbruch 321f. auch Gedicht S. 209

Charlotte, Herzogin von Sachsen-Hildburghausen

1 Jaenicke 15f.
2 Human 18
3 Schw.Br 42
4 Herz 146
5 Schw.Br 12.8.1786 32.1
6 Herz 160
7 Salier 54
8 Ro 206
9 Berg 73
10 Meisner 17
11 Ph 133
12 1802, s. Anm. 9
13 Schw.Br 17 2.4.1787
14 Ro 66
15 Rou 776 u. 795
16 vgl. Braungart/Roß Theresienfest
17 Herz 159
18 Schw.Br 42 10.2.1808
19 ebenda 19.1.1801 u. 13.7.1800
20 13.8.1803 Ro 214
21 Schw.Br 32, 42 1.7.1809, 10.2.1808
22 ebenda 4.10.1809
23 ebenda Anfang Oktober 1810
24 ebenda 12.12.1810
25 30.5.1794 Ro 66
26 Schw.Br 19.1.1801
27 ebenda 19.11.1798 Charlotte an Georg
28 ebenda 12.4.1799
29 Briefwechsel mit seinem Freunde Christian Otto, an

Otto 27.10.1799 Human 205
u. Herz 160

30 Schw.Br Therese an Georg
17.7.1796
31 Esselborn 68ff.
32 Rühle von Lilienstern/Salier
260
33 Ro 117
34 Schw.Br 42 20.11.1816
35 ebenda 15.4.1818
36 Wulff-Woesten 45
37 Schw.Br 42 23.7.1818

Therese, Fürstin von Thurn und
Taxis

1 FZA-R 3705
2 Ge 118
3 FZA-R 3705
4 Piendl 76
5 Ge 118
6 Ro 8
7 Rou 758
8 FZA-R 3705 28.3.1788
9 s. Anm. 1
10 FZA-R 3705 24.2.1789
11 FZA-R 3748 3.3.1797
12 FZA-R 3709
13 Schw-K 4.3-2 Hausarchiv.II.
Akten. A.b.32
14 3.11.1792 Piendl 66
15 s. Anm. 12
16 Bauer 85
17 Auszug ebenda 112ff.
18 Panzer 68
19 Vehse 162–165
20 Tagebuch Ge 115
21 FZA-R 3755 Auszüge aus Berichten der kaiserlichen
Kommissare nach Wien
22 Panzer 65
23 Ro 78
24 Piendl 74
25 ebenda 96

26 FZA-R 26.1.1807
27 1809 n. Panzer 72f.
28 FZA-R 31.8.1806
29 Reiser (1975) 739/746
30 FZA-R 3816 24.8.1807
31 Panzer 68
32 Reiser (1975) 746f.
33 Panzer 72
34 Selge 142
35 ebenda 143
36 Rou 819f.
37 FZA-R 3748 17.7.1796
38 Ro 96f.
39 FZA-R 3748 25.4.1798
40 FZA-R 3763 11.11.1802
41 ebenda 14.7.1803
42 nach Reiser (1975)
43 Panzer 66
44 FZA-R 3748
45 Ro 115
46 FZA-R 3748 10.12.1796
47 ebenda 1.2.1797
48 Reiser (1975) 739
49 Panzer 66
50 Nymphenspiegel. Bd. 3 Hrsg.
Ralf Sartori, 2008
51 FZA-R 3843
52 FZA-R 3828
53 FZA-R Denkschrift Grub
54 Schw.Br 15.10.1835
55 FZA-R 3763 14.7.1803
56 FZA-R 3745 1.2.1797
57 FZA-R 3748 12.11.1796
58 Schw.Br 5.4.1796
59 27.11.1796 u. 3.11.1796 Ro 114
60 Bai I 105f. 22.5.1802
61 Ro 176
62 ebenda 214
63 ebenda 99
64 ebenda 97
65 FZA-R 3748 19.4.1798
66 FZA-R 3748 25.1.1797
67 FZA-R 4053 28.11.1815

Quellen und Anmerkungen

Luise, Königin von Preußen

1 Meisner 59
2 Weiland 116
3 Bai 81
4 Meisner 59
5 20.3.1793 Ro 12
6 Meisner 12 u. 25
7 22.10.1793 Ro 42
8 Weiland 114ff.
9 1.8.1793 Ro 34
10 Weiland 115
11 Ro 23 26.3.1793
12 Radziwill 86
13 ebenda 87
14 an Therese 9.9.1793 Ro 38
15 an Kronprinz 9.6.1794
   Ro 69
16 10.4.1793 Ro 19
17 1.8.1793 Ro 34
18 Bai II 51f.
19 ebenda 54
20 ebenda
21 15.9.1803 Ro 225
22 12.4.1806 Ro 259
23 an Marie von Kleist
   26.11.1801 Ro 182f.
24 28.3.1796 Ro 104
25 2.10.1798 Bai II 93
26 Meisner 21 u. 28
27 ebenda 16
28 ebenda 12f.
29 Bai II 94
30 ebenda 95
31 Ro 176f.
32 an Georg 18.4.1800 Ro 157
33 Novalis Dreyhaus, 7ff.
34 12.5.1807 Ro 324
35 1.10.1797 Ro 125, 167f. u. 500,
   an Georg 11.4.1798 Ro 134
36 Radziwill 133
37 11.4.1798 Ro 134
38 Bai 124

39 an Marie von Kleist 19.6.1800
   Ro 166
40 April 1795 100
41 an Therese 11.11.1806 aus
   Ostpreußen Ro 297
42 Ro 224
43 20.6.1808 Ro 433f.
44 Aufzeichnung Tilsit 6.7.1807
   Ro 377
45 Dezember 1809 Ro 524
46 Meisner 17f.
47 Bai II 98f.
48 ebenda 215
49 Radziwill 299
50 Berg 158f.
51 Ro 278
52 Meisner 24
53 ebenda 31
54 Radziwill 198f.
55 Meisner 14f.
56 7.7.1806 Ro 277
57 Ro 198
58 Bai II 218
59 18.5.1802 Ro 188
60 13.7.1802 Ro 399
61 21.5.1806 Ro 261f.
62 21.5.1806 Ro 261f.
63 14.5.1807 Ro 326
64 27.4.1807 Ro 316
65 14.5.1807 Ro 326f.
66 15.1.1809 Ro 473
67 Ro 485
68 Kr 141
69 12.5.1807 Ro 324
70 18.2.1806 ebenda 256
71 ebenda 400f.
72 24.6.1807 ebenda 357
73 24.6.1807 ebenda 355,
   22.6.1807 ebenda 254
74 15.1.1809 aus Petersburg
   ebenda 473
75 2.11.1808 ebenda 451
76 4.5.1807 ebenda 316

Anhang

77 März 1809 ebenda 485
78 24.2.1809 ebenda 484
79 12.3.1809 Ro 485
80 22.3.1809 Ro 486
81 Ro 422
82 Ro 430
83 ebenda 499
84 ebenda 533
85 8.12.1809 Ro 523
86 27.1.1810 Ro 532
87 Ro 558
88 Ro 490
89 Ph 222

Friederike, Prinzessin von Preußen, Fürstin zu Solms-Braunfels, Königin von Hannover

Zum Leben und Wirken Friederikes verweise ich auf mein Buch *Friederike von Preußen. Die leidenschaftliche Schwester der Königin Luise*, Piper Verlag, München/Zürich 2007, aus dem in diesem Kapitel Stellen übernommen wurden.

1 Schw.Br 907 7,1–2
2 Meisner 62
3 Radziwill 81 u. 87
4 Ph 59
5 Ro 107f.
6 Schw.Br 107 232–239
7 FZA-R 3748 25.1.1797
8 3.10.1796 Ro 111
9 s. Anm. 7
10 ebenda
11 Ro 132
12 FZA-R 3748 1.4.1798
13 Ph 156
14 über die Jahre in Triesdorf: Ph 118–128, 132–138
15 FZA-R 3763 11.11.1802 Therese an Georg
16 ebenda

17 Ro 214
18 Ph 180
19 ebenda 211–214
20 Schw.Br 911.1–3
21 GStA-Be 25.10.1813
22 Ph 236
23 Schw.Br 255 (1814)
24 Schw.Br 901–201f.
25 Ph 246
26 FZA-R 4653 21.7.1827
27 dazu Ph 244
28 Schw.Br 201–257
29 Ph 260ff.
30 ebenda 276f.
31 Schw.Br 201–257
32 zum gesellschaftlichen Leben in Berlin Ph 281–289
33 ebenda 300
34 ebenda 302
35 ebenda 343
36 ebenda 257
37 ebenda 359

Georg, Großherzog von Mecklenburg-Strelitz

1 Schw.Br 257 30.1.1817
2 5.4.1804 Ro 229
3 12.8.1803 Ro 212
4 8.6.1804 Ro 234f.
5 2.8.1804 Ro 234
6 16.8.1804 Ro 239f.
7 Schw.Br 257 13.10.1816
8 ebenda 30.1.1817
9 Selge 182
10 Berg 71, 4.5.1801
11 Schw.Br 18 1.5.1817
12 Endler 189
13 27.4.1808 Ro 420
14 Endler 136
15 Ro 5
16 Schw.Br 257 4.3.1814
17 ebenda 4.12.1806
18 12.8.1803 Ro 211

Quellen und Anmerkungen

19 Schw.Br
20 FZA-R 4653 Th G 29.12.1806
21 1.4.1795 Ro 98 u. 23.5.1806 Ro 263
22 8.6.1804 Ro 255
23 Schw.Br 257 4.1.1797
24 31.8.1796 Ro 109
25 Schw.Br 26.2.1800
26 26.11.1810 Endler 145
27 Schw.Br 1.5.1817
28 27.10.1803 Ro 225

Carl, Herzog von Mecklenburg-Strelitz

1 Schw.Br 6.11.1815
2 Förster in Nehls/Zabel 2004 113
3 Schw.Br. 3.11.1815
4 ebenda 3.11.1815
5 ebenda 16.11.1816
6 ebenda 2.2.1817
7 ebenda 11.3.1805
8 Ge 127
9 ebenda 147
10 Schw.Br 14.6.1796
11 ebenda 5.3.1797
12 ebenda 2.5.1797 u. 21.1.1798
13 ebenda
14 Nehls/Zabel 256
15 ebenda 105
16 ebenda 89
17 Schw.Br
18 15.10.1806 Ro 296
19 Nehls/Zabel 115
20 Schw.Br
21 8.7.1808 Ro 438f.
22 Ro 442
23 Nehls/Zabel 26
24 Johann Gustav Droysen, *Das Leben des Feldmarschalls Grafen York von Wartenburg*, 1854, 228
25 Nehls/Zabel 113

26 ebenda 90
27 ebenda 105
28 Marie de la Motte Fouqué 256
29 9.10.1814 Nehls/Zabel 91
30 24.5.1819 ebenda 96f.
31 ebenda 113
32 ebenda 78
33 16.5.1814 Dehlio 8
34 Schw.Br 9.6.1815
35 Schw.Br 1803
36 ebenda 1816
37 Dehlio 8
38 Marie de la Motte Fouqué 256
39 Nehls/Zabel 105
40 Schw.Br 28.11.1837 an Luise Voß
41 Nehls/Zabel 105
42 ebenda 58

Zusammenhalt in schweren Zeiten

Querschnitt durch die Jahre 1799–1800

1 Tagebuch 28.2.1792 Ro 7
2 3.1.1799 Schw.Br 40. 16f. (aus den sog. Geheimpapieren)
3 Ph 86
4 s. Anm. 2
5 ebenda
6 Ph 100
7 Schw.Br 40, Ph 101
8 ebenda 101
9 Ph 11
10 Schw.Br 40, Ph 113
11 GStA-Be 8.1.1799
12 Radziwill 166ff.
13 s. Anm. 2
14 Schw.Br 40, auch Ph 104
15 ebenda, auch Ph 108

Anhang

16 Ro 144
17 ebenda
18 Schw.Br 255 21.2.1799
19 Schw.Br 40
20 FZA-R 3715 17.1.1799
21 30.1.1799 Schw.Br
22 s. Anm. 20
23 s. Anm. 20
24 FZA-R 3748 23.2.1799
25 s. Anm. 21
26 s. Anm. 21
27 s. Anm. 21
28 s. Anm. 21
29 s. Anm. 20
30 FZA-R 3715 29.1.1799
31 s. Anm. 24
32 s. Anm. 30
33 Schw.Br. 3390 17.1.1799
34 s. Anm. 30
35 FZA-R 3715 21.3.1799
36 Bai II 100
37 Schw.Br 22.5.1800
38 s. Anm. 36
39 Bai II 102
40 Schw.Br 15.4.1799
41 7.3.1799 Ro 146
42 Schw.Br 15.4.1799
43 Witte 6
44 ebenda 7
45 ebenda 11ff.
46 ebenda 13f.
47 4.6.1798 Ro 137f.
48 Witte 20
49 ebenda 8f.
50 an Blumenhauer 21.1.1796
   Gronke/Meyer/Neißer 209
51 Schw.Br 15.4.1799
52 Witte 26
53 16.7.1799 Ro 149
54 Ro 147
55 Sch.Br 22.4.1799
56 Bai II 102
57 Juli 1800 Ro 168

58 18.4.1800 Ro 157
59 s. Anm. 56
60 Ro 169
61 8.12.1800 Ro 171f.
62 27.4.1808 Ro 421
63 16.7.1799 Ro 148
64 11.10.1799 Ro 150f.
65 14.12.1799 Ro 154

Querschnitt durch die Jahre 1805–1807

1 Bai II nach Ohff 167f.
2 Schw.Br 255 24.6.1805
3 Ro 247, auch Ph 167ff.
4 Ro 250
5 Schw.Br 255
6 17.9.1805, Ph 168
7 ebenda
8 4.12.1805 Ph 169
9 5.12.1805, Kircheisen Bd. 3
   126
10 Ro 259
11 18.2.1806 Ro 256
12 ebenda 257
13 Kircheisen Bd. 2 164
14 Ro 269
15 FZA-R 4375 16.6.1806
16 25.6.1806 Ro 272
17 FZA-R 437 11.7.1806
18 7.7.1806 Ro 276
19 Kircheisen Bd. 1 140
20 Napoleon 31
21 Kircheisen 6.9.1795, Bd. 1 55
22 Ro 266
23 FZA-R 4375 31.7.06
24 Kircheisen Bd. 3 152,
   12.9.1806
25 21.9.1806 Ro 285
26 FZA-R 4375 19.9.1806
27 ebenda
28 Kircheisen Bd. 3 161 7.10.1806
29 Ro 289
30 Kircheisen Bd. 2 166

Quellen und Anmerkungen

31 21.11.1806 Ro 300
32 Schw.Br 17.10.1806
33 17.10.1806 Ro 294
34 FZA-R 4375 14.10.1806
35 11.11.1806 Ro 297
36 Schw.Br 14.11.1806
37 FZA-R 4375 29.11.1806
38 29.3.1807, zu Königsberg
   Ph 182–192
39 FZA-R 4375 21.11.1806
40 Schw.Br November 1806
41 Ro 298f.
42 29.9.1806 Ro 288
43 Napoleon 69
44 Ro 300
45 FZA-R 4375 21.11.1806
46 12.1.1807 ebenda
47 Dezember 1807 Ro 413
48 8.5.1807 Ro 321
49 Schw.Br 29.5.1807
50 15.5.1807 Ro 332
51 19.5.1807 Ro 334
52 FZA-R 4375 9.5.1807
53 28.5.1807 Ro 341 u. 27.6.1807
   Ro 362, Ph 189ff.
54 Schw.Br 29.5.1807
55 Ro 341
56 12.6.1807 Ro 348
57 FZA-R 4375 20.6.1807
58 6.7.1807 ebenda
59 29.5.1807 Ph 197ff.
60 17.6.1807 Ro 351f.
61 7.6.1807 Ro 353
62 22.7.1807 Ro 354
63 Ro 357
64 25.6.1807 Ro 358
65 27.6.1807 Ro 360
66 2.7.1807 Ro 372
67 Radziwill 254
68 1.7.1807 Ro 368
69 2.7.1807 Ro 370 f.
70 Juli 1807 Ro 372
71 Ro 377

72 Kircheisen Bd. 2 227
73 Radziwill 255ff.
74 ebenda 279
75 6.7.1807 Ro 375
76 3.8.1807 Ro 378
77 FZA-R 4375 26.7.1807
78 ebenda 14.7.1807
79 FZA-R 4375 19.7.1807
80 ebenda
81 9.8.1807 Ro 379
82 15.8.1807 Ro 38
83 17.12.1807 Ro 414
84 5.11.1807 Ro 402
85 FZA-R 4375 8.8.1807
86 ebenda 31.8.1807
87 Ende September 1807, an
   C. F. von Berg Ro 388
88 14.5.1807 Ro 327
89 Bai II 131, 89
90 Kircheisen 30
91 2.12.1807 Ro 409
92 FZA-R 4375 11.7.1806
93 ebenda 3.10.1806, auch 3845
94 ebenda 29.11.1806
95 ebenda 3.11.1806
96 ebenda 13.2.1807
97 ebenda 29.12.1806
98 ebenda 16.6.1806
99 ebenda 2.9.1806, 19.9.1806
100 ebenda 31.8.1806
101 ebenda 3.10.1806
102 ebenda 13.3.1807
103 ebenda 27.3.1807
104 ebenda 11.6.1806
105 ebenda 29.12.1806, 26.1.1807
106 23.6.1804 Ro 237
107 FZA-R 4375 12.8.1807
108 Ro 324
109 FZA-R 4375 26.2.1807
110 ebenda 29.12.1806
111 9.10.1805 Ro 251
112 5.11.1807 Ro 402

Anhang

Querschnitt durch die Jahre 1809–1810

1 Ro 487f.
2 Dehlio 33 5.6.1809
3 Ro 478
4 24.4.1809 Ro 498
5 Schw.Br 22.7.1808
6 12.3.1809 Ro 487
7 21.2.1809 Ro 480
8 an C. F. von Berg 12.3.1809 Ro 487
9 an Zarin Elisabeth, 2.6.1809 Ro 501
10 an Georg 1.4.1809 Ro 489
11 Schw.Br 907 an Charlotte 23.4.1809
12 ebenda 24.7.1809
13 14.5.1809 Dehlio 32f.
14 ebenda 8.5.1809
15 13.5.1809 Ro 500
16 25.6.1809 Ro 506
17 FZA-R 4375 20.7.1809
18 Ro 445f.
19 29.9.1809 Ro 449 Brief-entwurf
20 18.11.1809 Ro 518
21 1.4.1809 Ro 490
22 12.8.1808 Ro 440ff.
23 9.5.1809 Ro 498
24 Schw.Br 2.11.1808
25 ebenda 10.11.1808
26 25.3.1809, Ro 488
27 Schw.Br 21.4.1809 u. 23.4.1809
28 Ro 497
29 Schw.Br 20.6.1809
30 5.9.1809, Ro 511
31 Schw.Br 17.10.1809
32 Ro 520
33 Schw.Br 3.7.1809
34 Humboldt 15.8.1809 Bd. III 217
35 FZA-R 4375 26.2.1810
36 21.2.1809 Ro 479
37 27.2.1809 Ro 483
38 FZA-R 4375 12.8.1809
39 Schw.Br 29.4.1809
40 FZA-R 4375 7.2.1810
41 3.1.1810 Ro 526
42 Schw.Br 17.1.1810
43 20.2.1810 Ro 532f.
44 FZA-R 4375 26.2.1810
45 ebenda
46 Schw.Br 17.7.1809
47 1.9.1809 Ro 512
48 Schw.Br 20.9.1809 u. 14.8.1809
49 Schw.Br 50
50 21.2.1809 Ro 480 u. C. F. von Berg 27.2.1809 Ro 483
51 12.3.1809 Ro 486 u. an den Vater Ro 482
52 Schw.Br 24.10.1809
53 ebenda 23.10.1809
54 ebenda 21.11.1809
55 FZA-R 4375 26.2.1810
56 10.6.08 Ro 438
57 8.6.1810 Ro 559
58 FZA-R 4375 7.2.1810 u. 26.12.1810
59 an Georg 25.3.1809 Ro 487
60 27.4.1810 Ro 546
61 FZA-R 12.8.1808
62 ebenda 4375 10.6.1808
63 Schw.Br 10.11.1808
64 *Vossische Zeitung* 28.12.1809
65 an die Zarin Elisabeth, 10.1.1810 Ro 528
66 27.1.1810 Ro 532
67 FZA-R 4375 7.2.1809, ebenso 26.2.1810
68 24.11.1809 Ro 519
69 Ro 537
70 Radziwill 307
71 Meisner 24f.

Quellen und Anmerkungen

72 Anfang Dezember 1809
   Ro 524
73 20.2.1810 Ro 532
74 Ro 536
75 Ro 534
76 8.6.1810 Ro 558
77 Ro 562
78 Ro 564
79 Meisner 39
80 ebenda
81 FZA-R 4375 18.7.1810
82 Meisner 1ff.
83 Meisner 15, 25
84 Schw.Br 28.7.1810
85 ebenda 23.7.1810
86 Humboldt an C, 31.7.1810
   Bd. III. 450f.
87 FZA-R 4375 26.7.1810
88 Schw.Br 28.7.1810
89 FZA-R 4375 31.7.1810
90 ebenda
91 17.11.1810 Ph 221f.
92 Schw.Br 6.12.1810
93 12.10.1810 an Charlotte
   Schw.Br
94 Schw.Br 23.12.1810
95 ebenda 12.10.1810
96 ebenda 6.12.1810
97 FZA-R 16.3.1811
98 Meisner 76f.

Vermächtnis und Verklärung

Luises Vermächtnis: »Dein
Glück und die Erziehung der
Kinder«

1 Meisner 28
2 Schw.Br 25.2.1799
3 Pestalozzi T 1
4 19.5.1803 Ro 208
5 20.6.1808 Ro 433

6 Voß 8.1.1807 211 u. 1.2.1807
   216
7 18.8.1806 Ro 284
8 GstA-Be 28.4.1805
9 Schw.Br 24.6.1805
10 s. Anm. 8
11 GstA-Be 29.4.1805
12 GstA-Be 14.4.1809
13 7.10.1807 Ro 398
14 Petersdorff 202
15 ebenda
16 5.7.1809 Ro 507
17 7.8.1808 Ro 439
18 Brosius 258f.
19 Ph 296
20 Brosius 267
21 Ro 507
22 26.4.1810 Ro 545f. u. 5.7.1809
   Ro 507
23 Voß 316
24 Schad 96f.
25 ebenda 97
26 Roß 17
27 Ph 309f.
28 FZA-R 4053 21.7.1827
29 Panzer 88f.
30 Ph 345–348
31 Schw.Br 915
32 Ro 392
33 21.2.1809
34 4.6.1813 Dehlio 158
35 Ph 231
36 Ph ebenda
37 4.2.1813 an Gentz, Dehlio
   53
38 Granier, Prinzenbriefe 29f.
39 GstA-Be 12.3.1813
40 Rothkirch (Romantiker) 30
41 Blasius 52
42 ebenda 53
43 Mirbach 62ff.
44 GstA-Be 21.4.1814
45 FZA-R 4.3.1814

Anhang

46 Granier 157
47 Ph 301

Flucht aus der Realität

1 Ro 190
2 Mirbach 102
3 Fouqué 455
4 Brief Karl von Preußen an
  Vater Friedrich Wilhelm III.,
  Zuchold 7
5 dazu Nehls/Zabel, auch zum
  Folgenden
6 Zuchold 20
7 ebenda 9
8 Rothkirch (Romantiker) 40
9 2.7.1815, Rathke 73f.
10 ebenda 47f.
11 ebenda 73f.
12 ebenda
13 Ottendorf-Simrock 12
14 Schäfke 22
15 Simrock 242
16 Rathke 1
17 Mirbach 159
18 ebenda 161
19 Rathke 98
20 ebenda 141
21 Wussow an Kronprinz
   10.4.1836, Rathke 113
22 Texanische Lieder
23 18.8.1806 Ro 284
24 Rothkirch (Romantiker) 39
25 Gollwitzer 331
26 in: Texanische Lieder
27 ebenda
28 Hertneck 260
29 Gollwitzer 328ff.

30 ebenda
31 Texas. Handbuch für Auswanderer 1846, Hrsg. Prinz
   Karl Solms
32 Gollwitzer 328
33 Ph 290ff.
34 Seydor, Bd. III, 82f.
35 Endler 136f.
36 ebenda
37 Panzer 74ff.
38 ebenda 79
39 Ph 316
40 Ph 326
41 Ph 329f.
42 Bai II 290
43 Johannes 18,36
44 Bai II 49
45 ebenda 110
46 ebenda 173
47 Schw.Br. 20.6.1809
48 Bai II 305
49 ebenda 104
50 Endler 14
51 Bai II 243
52 Ausgabe 89. 26.7.1810
53 Bai II 109
54 Bai II 102
55 FZA-R 4375 16.3.1811
56 Endler 145
57 Bai II 124
58 Ro 558
59 ebenda 324
60 ebenda 324
61 Rou 744
62 13.5.1800
63 Endler 146
64 FZA-R 4375 26.7.1810

Literatur

I. Literatur über die Zeit und Königin Luise (in Auswahl)

Bailleu, Paul: Königin Luise. Ein Lebensbild. Berlin 1908, ²1923 (zit. Bai I)

Bailleu, Paul: Königin Luisens Kindheit und Jugend. In: Hohenzollern-Jahrbuch 9 (1905), S. 299–322 (zit. Bai II)

Behringer, Wolfgang: Thurn und Taxis. Die Geschichte ihrer Post und ihrer Unternehmen. München 1990

Belling, Eduard: Die Königin Luise in der Dichtung. Berlin 1890

Berg, Urte von: Caroline Friederike von Berg – Freundin der Königin Luise von Preußen. Ein Portrait nach Briefen. Göttingen 2008

Dreyhaus, Hermann: Die Königin Luise in der Dichtung ihrer Zeit. Berlin 1926

Endler, Carl August: Die Geschichte der Landeshauptstadt Neustrelitz 1733–1933. Rostock 1933

Gersdorff, Dagmar von: Königin Luise und Friedrich Wilhelm III.: Eine Liebe in Preußen. Berlin 1996

Graßmann, Siegfried (Hrsg): Zeitaufnahme. Band 2. Braunschweig 1979

Haussherr, Hans: Hardenberg: eine politische Biographie. Hrsg. v. Karl Erich Born. 2 Bände. Köln/Graz 1963–65

Herre, Franz: Maria Theresia. Die große Habsburgerin. München/Zürich 2007

Kaiser, Hermann: Barocktheater in Darmstadt. Geschichte des Theaters einer deutschen Residenz im 17. und 18. Jahrhundert. Darmstadt 1959

Kircheisen, Friedrich M. (Hrsg.): Briefe Napoleons des Ersten in 3 Bänden. Auswahl aus der gesamten Korrespondenz des Kaisers. Stuttgart 1909–12

Ligne, Fürst von: Neue Briefe. Hrsg. v. Victor Klarwill. Wien 1924

Anhang

Lippert, Rajko: Das Großherzogliche Haus Mecklenburg-Strelitz. Reutlingen 1994

Lowenthal-Hensel, Cécile: Hardenberg und seine Zeit. Zum 150. Todestag des preußischen Staatskanzlers am 26. November 1972. Berlin 1972

Meisner, Heinrich Otto (Hrsg.): Vom Leben und Sterben der Königin Luise. Eigenhändige Aufzeichnungen ihres Gemahls König Friedrich Wilhelms III. Berlin 1926

Napoleon Bonaparte: Briefe an Josephine. Aus dem Französischen übertragen und mit Anmerkungen versehen von Werner Müller. München 1967

Ohff, Heinz: Ein Stern in Wetterwolken. Königin Luise von Preußen. Eine Biographie. München/Zürich 1989

Paulig, Friedrich R.: Friedrich Wilhelm III., König von Preußen (1770 bis 1840). Sein Privatleben und seine Regierung im Lichte neuerer Forschungen (= Familiengeschichte des Hohenzollernschen Kaiserhauses Band 5). Frankfurt an der Oder 1906

Radziwill, Marie von (Hrsg.): Quarante-cinq années de ma vie (1770 à 1815). Louise de Prusse, Princesse Antoine Radziwill. Publié avec des annotations et un index biographique. Paris 1911

Rothkirch, Malve Gräfin (Hrsg.): Königin Luise von Preußen. Briefe und Aufzeichnungen 1786–1810. München 1885 (zit. Ro)

Stamm-Kuhlmann, Thomas: König in Preußens großer Zeit. Friedrich-Wilhelm III., der Melancholiker auf dem Thron. Berlin 1992

Sydow, Anna von (Hrsg.): Wilhelm und Caroline von Humboldt in ihren Briefen 1787–1835. Neudruck der Ausgaben Berlin 1907–1918. 7 Bände. Osnabrück 1968

Vehse, Carl Eduard: Preussische Hofgeschichten. Neu herausgegeben von Heinrich Conrad. 4 Bände. München 1913

Voß, Gräfin Marie: 69 Jahre am preußischen Hofe. Aus den Tagebüchern und Aufzeichnungen der Gräfin. Leipzig 1894

II. Spezialliteratur

Jugend der Geschwister

Brokmann-Nooren, Christiane: Weibliche Bildung im 18. Jahrhundert: »gelehrtes Frauenzimmer« und »gefällige Gattin«. Oldenburg 1994

Endler, Carl August: Geschichte des Landes Mecklenburg-Strelitz (1701–1933). Hamburg 1935

Literatur

Esselborn, Karl: Darmstadt und sein Hof zur Zopfzeit. In zeitgenössischen Schilderungen. Friedberg 1915

Fischer, Peter (Hrsg.): Reden der Französischen Revolution. München 1974

Franz, Eckhart / Wolf, Jürgen Rainer: Hessen-Darmstadt und seine Fürsten im Zeitalter des Barock und Rokoko 1678–1780. In: Huber, Eva (Redaktion): Darmstadt in der Zeit des Barock und Rokoko. 2 Bände. Darmstadt 1980

Gélieu, Claudia und Christian von: Die Erzieherin von Königin Luise. Salomé de Gélieu. Regensburg 2007 (zit. Ge)

Grab, Walter (Hrsg.): Die Französische Revolution. Eine Dokumentation. München 1973

Illgen, Volker: Darmstädter Gärten im 18. und 19. Jahrhundert. Darmstadt 1980

Krieger, Bogdan: Erziehung und Unterricht der Königin Luise. In: Hohenzollern-Jahrbuch 14 (1910), S. 117–173 (zit. Kr)

Panzer, Marita A.: Die große Landgräfin Caroline von Hessen-Darmstadt (1721–1774). Regensburg 2005

Rousseau, Jean-Jacques: Emile oder über die Erziehung (1762). Stuttgart 1963 (zit. Rou I)

Rousseau, Jean-Jacques: Julie oder Die neue Heloise (1761). München 1978 (zit. Rou II)

Charlotte von Hildburghausen

Braungart, Margarete: Stadtführer Hildburghausen. Coburg 1991

Braungart, Margarete / Roß, Karl-Heinz: Das erste Theresienfest in Hildburghausen. Festschrift 1991

Christoph, Paul (Hrsg.): Maria Theresia. Geheimer Briefwechsel mit Marie Antoinette. Wien 1980

Hildburghausen Stadtmuseum (Hrsg.): Begleithefte zu den Ausstellungen »Hildburghausen als Residenz 1680–1826«, »Das 18. Jahrhundert«, »Klein-Weimar«, »Die große Zeit des Biedermeier«

Human, Rudolf Armin: Chronik der Stadt Hildburghausen. Hildburghausen 1886

Jaenicke, Olaf: Prinz Joseph von Sachsen-Hildburghausen. Eine biographische Skizze. Hildburghäuser Stadtgeschichte

Rühle von Lilienstern, Helga / Salier, Hans-Jürgen: Das große Geheimnis von Hildburghausen. Auf den Spuren der Dunkelgräfin. Leipzig/Hildburghausen 2007

Sachsen-Altenburg, Friedrich Ernst Prinz von: Das Rätsel der Madame Royale. Marie Thérèse Charlotte von Frankreich. Ein zweihundertjähriges Geheimnis im Licht neuerer Forschungen. Auf

Anhang

Grundlage des 1954 vom gleichen Autor in Französisch herausgegebenen Buches »L'Énigme de Madame Royale«, bearbeitet u. hrsg. v. Marianne Eichhorn. Hildburghausen 1991

Salier, Bastian: Freimaurer in Hildburghausen. Personen, Fakten, Hintergründe. Hildburghausen 2005

Schad, Martha: Bayerns Königinnen. Regensburg 1992

Schoeppl, Heinrich Ferdinand: Die Herzöge von Sachsen-Altenburg, ehemals von Hildburghausen. Bozen 1917, Neudruck Altenburg 1992

Therese von Thurn und Taxis

Appl, Tobias: Therese von Thurn und Taxis. In: Bauer, Thilo / Styra, Peter (Hrsg.): Der Weg führt durch Gassen. Regensburg 1999, S. 12–31

Bauer, Thilo: Regensburger Freimaurer. Ihre Geschichte und Literatur im 18. und 19. Jahrhundert. Regensburg 2001

Behringer, Wolfgang: Thurn und Taxis. Die Geschichte ihrer Post und ihrer Unternehmen. München 1990

Dallmeier, Martin / Schad, Martha: Das Fürstliche Haus Thurn und Taxis. 300 Jahre Geschichte in Bildern. Regensburg 1996

Dünninger, Eberhard: Therese von Thurn und Taxis und die Dichter. In: Reichsstadt und Immerwährender Reichstag (1663–1806). Thurn und Taxis-Studien 20, hrsg. vom Fürst Thurn und axis Zentralarchiv und Hofbibliothek, Kallmünz 2001, S. 109ff.

Panzer, Marita A.: Der »einzige Mann im fürstlichen Hause« – Therese Mathilde von Mecklenburg-Strelitz (1773–1839). In: dies.: Fürstinnen von Thurn und Taxis. Regensburg 2008, S. 51–82

Piendl, Max: Thurn und Taxis. 1517–1867. Zur Geschichte des Hauses und der Thurn und Taxis-Post. Frankfurt am Main 1967

Reiser, Rudolf: Mathilde Therese von Thurn und Taxis (1773–1839). In: Zeitschrift für bayerische Landesgeschichte 38 (1975), S. 739–748

Reiser, Rudolf: Die Thurn und Taxis. Das Privatleben einer Fürsten-Dynastie. Regensburg 1998

Friederike von Preußen

Brinkmann, Jens-Uwe: Friederike, Königin von Hannover. Karwe bei Neuruppin 2003

Ditsche, Ute: Jeder will sie haben. Friederike von Mecklenburg-Strelitz (1778–1841). Regensburg 2004

Goebel, Ferdinand: Adolph Friedrich, Herzog von Cambridge. In: Hannover. Geschichtsblätter 8 (1905), S. 286–314

Literatur

Lulves, Jean: Zwei Töchter der Stadt Hannover auf deutschen Königsthronen. Luise von Preußen und Friederike von Hannover. Hannover 1910

Philipps, Carolin: Friederike von Preußen. Die leidenschaftliche Schwester der Königin Luise. München/Zürich ²2008. Dort umfangreiches Literaturverzeichnis (zit. Ph)

Schulz, Günter: Das 1799 geborene Kind der Prinzessin Friederike von Mecklenburg-Strelitz. Versuch einer Klärung ungelöster Rätsel und Widersprüche. In: Neue Schriftenreihe des Karbe-Wagner-Archivs, Band 3 (2005), S. 121–152

Willis, Geoffrey Malden: Ernst August. König von Hannover. Hannover 1961

Georg und Carl von Mecklenburg-Strelitz

Carl, Herzog zu Mecklenburg-Strelitz: Erinnerungen an Berlin. Berlin 1830

Endler, Karl August: Der deutsche Gedanke bei den Mecklenburgischen Verwandten der Königin Luise. Briefe aus den Jahren 1808–13. Leipzig 1932

Endler, Karl August: Herzog Carl von Mecklenburg-Strelitz. In: Westermanns Monatshefte 70 (1926), S. 47–52

Endler, Karl August: Der Lieblingsbruder der Königin Luise. Großherzog Georg von Mecklenburg-Strelitz. In: Mecklenburg-Strelitzer Geschichtsblätter 5 (1929), S. 135–147

Gronke, Horst / Meyer, Thomas / Neißer, Barbara (Hrsg.): Antisemitismus bei Kant und anderen Denkern der Aufklärung. Würzburg 2001, S. 153–242

Lippert, Rajko: Das Großherzogliche Haus Mecklenburg-Strelitz. Reutlingen 1994

Marwitz, Luise von der (Hrsg.): Vom Leben am preußischen Hofe. 1815–1852. Aufzeichnungen von Caroline v. Rochow geb. von der Marwitz und Marie de la Motte Fouqué. Berlin 1908

Nehls, Harry / Zabel, Marco: Der »Festspielherzog« Carl von Mecklenburg-Strelitz (1785–1837). Ein biographischer Beitrag zur Geschichte der Berlin-Posdamer und Strelitzer Hofkultur. In: Karbe-Wagner-Archiv 2 (2004), S. 7–118

Selge, Frank: »Luise, immer nur Luise!« – Lebenswege der Kinder Karls II. aus der Linie Mecklenburg-Strelitz. In: Vom Anfang und Ende Mecklenburg-Strelitzer Geschichte 87 (1923), S. 1–26

Steinbruch, Brigitta: Johann Wolfgang von Goethe und seine Beziehungen zum Großherzogtum Mecklenburg-Strelitz. In: Mecklenburgische Jahrbücher, Jahrgang 122 (2007), S. 323–330

Anhang

Witte, Hans: Auch ein Schillerverleger. Hofbuchhändler Salomon Michaelis in Neustrelitz und seine höfischen Beziehungen nach Papieren des Neustrelitzer Hauptarchivs. In: Jahrbücher des Vereins für mecklenburgische Geschichte und Altertumskunde 87 (1923), S. 1–26

Zuchold, Gerd-Harald: Der Zauber der weißen Rose. Das letzte bedeutende Fest am preußischen Hofe. Tradition und Bedeutung. Ausstellungskatalog. Berlin 2002

Vermächtnis und Verklärung

Blasius, Dirk: Friedrich Wilhelm IV. 1795–1861. Psychopathologie und Geschichte. Göttingen 2000

Brosius, Dieter: Georg V. von Hannover – der König des »monarchischen Prinzips«. In: Niedersächsisches Jahrbuch für Landesgeschichte 51 (1979), S. 253–291

Demandt, Philipp: Luisenkult. Die Unsterblichkeit der Königin von Preußen. Köln/Weimar/Wien 2003

Fouqué, Friedrich de la Motte: Der Zauberring. Ein Ritterroman. Nürnberg 1813

Gollwitzer, Heinz: Die Standesherren. Göttingen 1963

Hagen, Victor Wolfgang von: Der Ruf der Neuen Welt. Deutsche bauen Amerika. München/Zürich 1970

Herre, Franz: Kaiser Wilhelm I. Der letzte Preuße. Köln 1980

Hertneck, Friedrich: Kampf um Texas. Leipzig 1941

Mirbach, Ernst Dietrich Baron von: Prinz Friedrich von Preußen. Ein Wegbereiter der Romantik am Rhein. Köln/Weimar/Wien 2006

O'Connor, Richard: Die Deutsch-Amerikaner. Hamburg 1970

Ottendorff-Simrock, Walter: Die Stimme des Rheins. Der Strom im Spiegel der Dichter des 18. und 19. Jahrhunderts. Bad Honnef 1956

Pestalozzi, Johann Heinrich: Wie Gertrud ihre Kinder lehrt. Bern/Zürich 1801

Petersdorff, Hermann von: Der älteste Sohn der Königin Luise und sein erster Erzieher. In: Hohenzollern-Jahrbuch 14 (1910), S. 192–223

Rathke, Ursula: Preußische Burgenromantik am Rhein. Studien zum Wiederaufbau von Rheinstein, Stolzenfels und Sooneck (1823–1860). München 1979

Rothkirch, Malve: Der »Romantiker« auf dem Preußenthron. Porträt König Friedrich Wilhelms IV. Düsseldorf 1990

Schäfke, Werner: Rheinromantik. Bonn 2001

Schneider, Helmut J.: Der Rhein. Eine Reise mit Geschichten und Gedichten und farbigen Fotografien. Frankfurt am Main 1997

Literatur

Simrock, Karl: Rheinsagen aus dem Munde des Volkes und deutscher Dichter. Für Schule, Haus und Wanderschaft. Neudruck der Erstausgabe 1837. Bad Honnef/Löwenburg 1979

Stiftung Stadtmuseum Berlin (Hrsg.): Im Dienste Preußens. Wer erzog Prinzen zu Königen? Berlin 2001

Zeittafel

Mit wichtigen politischen Ereignissen der Zeit von 1776 bis 1840, die auch die Geschwister aus Strelitz betrafen.

1776	10. März: Geburt von Königin Luise
1786–97	Friedrich Wilhelm II. König von Preußen
1789	14. Juli: Sturm auf die Bastille in Paris. Beginn der Französischen Revolution
1790–92	Leopold II. Kaiser, 1792–1806 Franz II. Kaiser
1792–97	Erster Koalitionskrieg gegen Frankreich
1792	Dort Abschaffung des Königtums, Republik 21. September
1793	21. Januar: Hinrichtung König Ludwigs XVI., 16. Oktober Königin Marie Antoinettes
1794	Karl von Mecklenburg-Strelitz wird als Karl II. Herzog
1795	August: Direktorialverfassung in Frankreich, Sonderfrieden von Basel, Preußen neutral
1797–1840	Friedrich Wilhelm III. König von Preußen, Luise Königin (bis 1810)
1801	9. Februar: Frieden von Lunéville; das Reich tritt das linke Rheinufer an Frankreich ab
1803	25. Februar: Reichsdeputationshauptschluss
1804	2. Dezember: Napoleon krönt sich zum Kaiser
1805	2. Dezember: Napoleon schlägt die Heere der Russen und Österreicher bei Austerlitz – Dreikaiserschlacht
1806	12./16. Juli: Gründung des Rheinbundes
	6. August: Ende des Heiligen Römischen Reiches Deutscher Nation
	14. Oktober: Preußen verliert die Schlacht von Jena und Auerstedt; Flucht der königlichen Familie nach Ostpreußen
	21. November: Kontinentalsperre
1807	7.–9. Juli: Verträge von Tilsit: Demütigung Preußens, Verlust vieler Gebiete

Zeittafel

1807–10	Stein-Hardenberg'sche Reformen in Preußen
1809	Dezember: Rückkehr der preußischen Königsfamilie nach Berlin
1810	19. Juli: Tod von Königin Luise
1812	Krieg Napoleons gegen Russland, im September Brand Moskaus
1813–15	Die sogenannten Befreiungskriege
	16.–19. Oktober 1813: Völkerschlacht bei Leipzig
1814/15	Wiener Kongress
1815	18. Juni: Sieg Blüchers und Wellingtons über Napoleon bei Waterloo
	26. September: »Heilige Allianz«
1815–66	Der Deutsche Bund mit Sitz in Frankfurt am Main
1816	6. November: Karl II. von Mecklenburg-Strelitz stirbt; Prinz Georg wird Großherzog
1821	Tod Napoleons
1830	Tod König Georgs IV. von England, Nachfolger Wilhelm IV.
1830/31	Französische Julirevolution; Unruhen in Europa
1837	Thronbesteigung von Königin Viktoria in England, Auflösung der Personalunion mit Hannover; Ernst August von Cumberland wird König von Hannover, Friederike Königin
1840	7. Juni: Tod Friedrich Wilhelms III. von Preußen; sein Sohn folgt ihm als Friedrich Wilhelm IV. (König bis 1861)

Personenregister

Adolf Friedrich, Herzog von Cambridge (1774–1850) 231f.
Adolf Friedrich IV., Herzog von Mecklenburg-Strelitz (1738–1794; Onkel) 18, 104
Agier 29
Albert, Prinzgemahl (1819–1861) 405
Albert, Fürst von Schwarzburg-Rudolstadt (1798–1869; Schwiegersohn Friederikes) 403
Albrecht von Preußen (1809–1872; Sohn Luises) 292, 329, 398
Alexander I., Kaiser von Russland (1777–1825) 118, 123, 155, 160–164, 166f., 169, 261, 266, 283, 286–288, 291, 295f., 301, 303f., 316–318, 320, 324, 340, 383, 393, 417
Alexander der Große, König von Makedonien (356–323) 59
Alexander zu Solms-Braunfels (1807–1867; Sohn Friederikes) 184, 306, 403
Alexandrine von Preußen (1803–1892; Tochter Luises) 161, 261, 279, 371, 391
Allersleben, Graf von 281
Amalie von Großbritannien, Irland und Hannover (1783–1810) 197
Ancillon, Frédéric (1767–1837) 155, 368, 394

Anna Amalia, Herzogin von Sachsen-Weimar-Eisenach (1739–1807) 84
Anna Pawlowna, Großfürstin von Russland (1795–1865; verh. mit Wilhelm II., König der Niederlande) 312, 398
Aristoteles (384–322) 417
Armin (auch Hermann), Cheruskerfürst (16 v. Chr.?–21 n. Chr.?) 384
Arnim, Achim von (1781–1831) 390, 395
Auguste von Bayern (1788–1851) 195f., 333
Auguste von Hessen-Darmstadt (1765–1796; verh. mit Maximilian I., König von Bayern; Tante) 27, 32, 195, 304
Auguste von Preußen (1780–1841; verh. mit Wilhelm II., Kurfürst von Hessen-Kassel) 411
Auguste von Sachsen-Weimar (1811–1890; verh. mit Wilhelm I., Deutscher Kaiser; Schwiegertochter Luises) 390
Auguste zu Solms-Braunfels (1804–1865; verh. mit Albert, Fürst von Schwarzburg-Rudolstadt; Tochter Friederikes) 129, 178f., 261, 403

Personenregister

Backhoff, Karl August von
(1720–1807) 138

Bailleu, Paul (1853–1922) 23, 138,
229, 260

Barth, Carl (1787–1853) 81

Basedow, Johann Bernhard
(1724–1790) 58, 364, 394

Beauharnais, Eugène de
(1781–1824) 197

Beethoven, Ludwig van
(1770–1827) 66, 73f.

Bennigsen, Levin Graf (1745–1826)
287

Berg, Caroline Friederike von
(1760–1826) 145, 154f., 158, 164,
166, 168, 186f., 191, 218, 257, 312,
317f., 332, 336f., 413

Bernadotte, Jean-Baptiste (als
Karl XIV. Johann König von
Schweden und Norwegen;
1763–1844) 261, 266, 280

Bernhard, Herzog von Sachsen-
Weimar (1604–1639) 384

Bernhard Erich Freund, Herzog
von Sachsen-Meiningen-Hildburghausen (1800–1882)
403

Bernstorff, Albrecht Graf von
(1809–1874) 391

Beyrich, Louise (L. von Schönau;
(1808– nach 1846; verh. mit Karl
zu Solms-Braunfels; Schwiegertochter Friederikes) 375

Blücher, Gebhard Leberecht
Fürst (1742–1819) 281, 286, 382,
385

Bonaparte, Pauline (verh. Borghese; 1780–1825) 195, 331

Bose, Freiin von 251

Brentano, Clemens (1778–1842)
395

Brown 359

Carl, Herzog von Mecklenburg-
Strelitz *siehe* Karl, Herzog von
Mecklenburg-Strelitz

Castell-Castell, Carl Graf zu
(1801–1850) 405

Chamisso, Adelbert von
(1781–1838) 393

Charlotte von Hessen-Darmstadt
(1755–1785; verh. mit Karl II.,
Großherzog von Mecklenburg-
Strelitz; Mutter Carls) 26, 63,
213, 248

Charlotte von Mecklenburg-Strelitz (1769–1818; verh. mit Friedrich, Herzog von Sachsen-Hildburghausen) 11f., 24f., 27,
32f., 35–37, 41, 69, 74, 76–90,
92–94, 103, 106, 108, 112, 133,
173, 180f., 186, 189, 194, 202,
205, 207, 214, 222, 234, 245f.,
255, 261, 267–269, 275, 278–280,
282–284, 300, 307–310, 324,
327–330, 333–336, 338f., 341f.,
348, 351–353, 361f., 371, 377, 382,
414, 420

Charlotte von Preußen (gen. Alexandra Fjodorowna; 1798–1860;
verh. mit Nikolaus I., Kaiser von
Russland; Tochter Luises) 222,
225, 371, 382, 389–391, 394, 401

Charlotte von Sachsen-Hildburg-
hausen (1787–1847; verh. mit
Paul, Herzog von Württemberg;
Tochter Charlottes) 309

Charlotte Auguste von Großbritannien, Irland und Hannover (1766–1828; verh. mit Friedrich I., König von Württemberg)
188

Charlotte Sophie von Mecklenburg-Strelitz (1744–1818; verh.
mit Georg III., König von Großbritannien, Irland und Hanno-

ver; Schwiegermutter Friederikes) 19, 23, 101, 187f., 197, 334
Chevreuse, Ermesinde d'Albert,
Herzogin von (1780–1813) 326,
331f.
Christian von Hessen-Darmstadt
(1763–1830) 97
Corday, Charlotte (1768–1793)
241

Dalberg, Karl Theodor Reichsfreiherr von (1744–1817) 115, 302
Delbrück, Johann Friedrich
(1768–1830) 364, 367f., 388
Descartes, René (1596–1650) 39
Dewitz, Otto Ulrich von
(1747–1808) 248–252, 254
Döllinger, Ignaz von (1799–1890)
372
Dorothea, Herzogin von Kurland
(1761–1821) 414

Eduard, Herzog von Kent
(1767–1820) 191
Eduard von Sachsen-Hildburghausen (1804–1852; Sohn Charlottes) 261
Elisabeth Albertine von Sachsen-
Hildburghausen (1713–1761;
verh. mit Karl Ludwig Friedrich,
Herzog von Mecklenburg-Strelitz; Großmutter) 18
Elisabeth Alexejewna (geb. Luise
von Baden; 1779–1826; verh. mit
Alexander I., Kaiser von Russland) 167, 325
Endler, Carl August (1893–1957)
202
Engels, Friedrich (1820–1895)
400
Ernst von Mecklenburg-Strelitz
(1742–1814; Onkel) 24, 62, 265,
346, 351

Ernst August, Herzog von Cumberland, König von Hannover
(1771–1851; Ehemann Friederikes) 187–189, 191–193, 207f.,
217, 368f., 408

Fellenberg, Philipp Emanuel von
(1771–1844) 361
Ferdinand, Herzog von Braunschweig und Lüneburg
(1721–1792) 42, 67
Ferdinand von Preußen (1730–1813)
142
Ferdinand von Preußen
(1804–1806; Sohn Luises) 162,
261, 270f., 292
Ferdinand Philippe von Orléans,
Herzog von Chartres
(1810–1842) 409
Fichte, Johann Gottlieb
(1762–1814) 179
Förster, Friedrich (1791–1868)
210f., 223
Fouqué, Caroline de la Motte
(verh. von Rochow; 1773–1831)
217, 220, 223f., 373, 388
Fouqué, Friedrich de la Motte
(1777–1843) 382, 388, 412f.
Fouqué, Marie de la Motte
(1803–1864) 216, 221, 224
Franz I., Kaiser des Heiligen
Römischen Reichs (1708–1765)
99
Franz II., Kaiser des Heiligen
Römischen Reichs (1768–1835),
als Franz I. Kaiser von Österreich 34, 110, 112–116, 119, 167,
393
Franz von Sachsen-Hildburghausen (1795–1800; Sohn Charlottes) 83, 86
Frey, Georg Andreas (1757–1829)
50

Personenregister

Friederike (Karoline Luise) von
Hessen-Darmstadt (1752–1782;
verh. mit Karl II., Herzog von
Mecklenburg-Strelitz; Mutter)
17–25, 76, 92, 140, 191, 213, 246,
248, 411
Friederike von Mecklenburg-Strelitz (1778–1841; verh. mit Ludwig von Preußen, mit Friedrich
Wilhelm zu Solms-Braunfels,
mit Ernst August II., König von
Hannover) 12f., 27, 31, 33, 35f.,
38, 52, 57, 66, 73, 83, 85, 88–90,
92f., 107, 110, 112, 115, 117, 122,
124, 129f., 138f., 143f., 146f., 154,
158, 161, 171–193, 197, 199f., 203f.,
207f., 210–214, 216f., 222, 225,
230–246, 248, 250–252, 256f.,
259, 261, 263–268, 274f., 277f.,
281, 284f., 287–289, 305–307,
315, 320, 326–330, 337–341, 346,
348, 350–354, 362f., 365f., 368,
372–375, 377, 379–381, 383f.,
386f., 389, 391f., 394, 398, 402f.,
406, 408–411, 414, 416, 418–420
Friederike von Preußen
(1796–1850; verh. mit Leopold IV., Herzog von Anhalt-
Dessau; Tochter Friederikes)
174, 178, 210–212, 264, 365, 373,
384, 389, 411
Friederike von Preußen
(1799–1800; Tochter Luises)
179f., 230
Friederike Luise von Hessen-
Darmstadt (1751–1805; verh. mit
Friedrich Wilhelm II., König von
Preußen; Schwiegermutter Friederikes und Luises) 144
Friedrich II., der Große, König von
Preußen (1712–1786) 40, 43,
57, 141, 211, 216, 266, 286, 345,
363, 384

Friedrich I., König von Württemberg (1754–1816) 115
Friedrich, Erzherzog von Österreich (1821–1847) 384, 398
Friedrich I., Herzog von Sachsen-
Hildburghausen (1763–1834;
Ehemann Charlottes) 41, 76–81,
83f., 87f., 90, 92f., 224, 310, 335f.
Friedrich von Sachsen-Hildburghausen (1786–1786; Sohn Charlottes) 80
Friedrich von Sachsen-Hildburghausen (1801–1870; Sohn Charlottes) 261
Friedrich Ludwig von Preußen (1794–1836; Sohn Friederikes) 174f., 178, 184, 239, 367,
381, 383f., 386, 394f., 397f., 401,
403, 406
Friedrich Wilhelm II., König von
Preußen (1744–1797; Schwiegervater Friederikes und Luises)
43, 138–140, 142, 144, 151f., 173,
176, 215, 233, 418f.
Friedrich Wilhelm III., König von
Preußen (1770–1840; Ehemann
Luises) 11, 21, 40, 42, 48, 51, 53,
56, 61, 68, 74, 82f., 112, 114, 124,
138–141, 143–151, 155–164, 168f.,
171–175, 177–179, 184, 187–189,
199f., 204, 207f., 211f., 217f., 222,
229, 231–233, 235, 237, 241, 245f.,
248, 250, 253, 260f., 263–274,
276, 278, 282–284, 286, 289–291,
295–301, 303f., 306, 315, 319–329,
337f., 344, 346–348, 350, 354f.,
359, 363–368, 379–384, 386f.,
393f., 400, 408–411, 415–418
Friedrich Wilhelm IV., König
von Preußen (1795–1861; Sohn
Luises) 13, 155, 189, 348,
362–370, 375f., 378, 380–382,
384, 386, 391f., 397–401, 419

Personenregister

Friedrich Wilhelm von Mecklenburg-Strelitz (1819–1904; Sohn Georgs) 199

Friedrich Wilhelm, Fürst zu Solms-Braunfels (1770–1814; Ehemann Friederikes) 90, 122, 124, 177f., 184, 186, 189, 231, 233, 236–238, 241, 264f., 289, 305, 337f., 374, 384, 403

Gaudi, Friedrich von (1765–1823) 368

Gélieu, Claudia de (*1960) 60

Gélieu, Salomé de (1742–1820) 26, 30f., 34, 48–50, 53f., 56–58, 60f., 64, 111, 208, 214, 418

Genlis, Stéphanie Félicité Gräfin von (1746–1830) 339

Georg III., König von Großbritannien, Irland und Hannover (1738–1820; Schwiegervater Friederikes) 19, 23, 101, 122, 231

Georg IV., König von Großbritannien und Hannover (als Georg August Prinz von Wales; 1762–1830) 99

Georg V., König von Hannover (1819–1878; Sohn Friederikes) 190f., 362, 368f., 398f.

Georg von Hessen-Darmstadt (1754–1830; Onkel) 207

Georg, Großherzog von Mecklenburg-Strelitz (1779–1860) 11f., 24, 27, 29–38, 49, 57, 73, 79f., 83f., 86, 88–90, 93f., 103, 106, 112, 116f., 119f., 122–125, 128–132, 134, 144, 146–150, 160f., 164f., 175–181, 183, 186, 188–192, 194–216, 218, 222–224, 235, 239–252, 254–259, 263–265, 267–269, 271, 274–287, 297, 299–309, 311f., 314–317, 319–337, 339–343, 346–348, 350–354, 363,

365f., 368, 375, 378–380, 383, 387, 391, 406f., 409–411, 414–417, 421

Georg von Mecklenburg-Strelitz (1824–1876; Sohn Georgs) 199

Georg, Herzog von Sachsen-Meiningen 77

Georg, Herzog von Sachsen-Altenburg (1796–1853; Sohn Charlottes) 382

Georg Karl Friedrich von Mecklenburg-Strelitz (1772–1773; Bruder) 24

Georg Wilhelm von Hessen-Darmstadt (1722–1782; Großvater) 19–21, 62, 92

Giuliani 80

Gluck, Christoph Willibald (1714–1778) 190

Gneisenau, August Graf Neidhardt von (1760–1831) 219

Goethe, August von (1789–1830) 222

Goethe, Johann Wolfgang von (1749–1832) 13, 22, 27, 30, 40, 42, 44, 48, 53, 66, 73, 85, 97, 154, 169, 179, 190, 193, 209f., 222, 246, 249, 253, 280, 379f., 388, 394

Goethe, Katharina Elisabeth (1731–1808) 208, 246

Graefe, August Ludwig von 49, 247–250, 252–254

Graun, Carl Heinrich (1703/04–1759) 85

Grebe, von 255f.

Grub, Ludwig Friedrich (1760–1818) 109, 126, 128f., 354

Gustav IV. Adolf, König von Schweden (1778–1837) 272

Hardenberg, Karl August Fürst von (1750–1822) 156, 263, 268, 286, 295, 297, 299, 324, 344, 368, 379

Personenregister

Harrach, Auguste Gräfin
(1800–1873; verh. mit Friedrich
Wilhelm III., König von Preu-
ßen) 207
Hatzfeldt, Franz Ludwig Fürst von
(1756–1827) 283
Hatzfeldt, Friederike Fürstin von
(1779–1832) 283
Haugwitz, Christian Kurt Graf
von (1752–1832) 268
Hegel, Georg Wilhelm Friedrich
(1770–1831) 47
Heim, Ernst Ludwig (1747–1834)
347
Heine, Heinrich (1797–1856) 44
Heinrich von Preußen (1726–1802)
211, 253
Helena Pawlowna, Großfürstin
von Russland (1784–1803) 161
Helene von Mecklenburg-Schwerin
(1814–1858) 409
Herder, Johann Gottfried von
(1744–1803) 246
Hieronymi, Johann Friedrich
Heinrich von (1767–1836) 335,
347
Hoffmann von Fallersleben,
August Heinrich (1798–1874)
399, 402f., 406
Hohnbaum, Carl (1780–1855) 81
Humboldt, Caroline Freifrau von
(1766–1829) 331, 349
Humboldt, Wilhelm Freiherr von
(1767–1835) 183, 330, 349f., 362,
407

Ingersleben, Karl Heinrich Ludwig
Freiherr von (1753–1831) 397

Jeanne d'Arc (1410/12–1431) 421
Jean Paul (eigtl. Johann P. Friedrich Richter; 1763–1825) 74, 77,
83, 85, 89, 146, 198, 410, 413

Jérôme (Bonaparte), König von
Westfalen (1784–1860) 123, 316
Joseph II., Kaiser des Heiligen
Römischen Reichs (1741–1790)
28, 77–79
Joseph (Bonaparte), König von
Neapel und Spanien (1768–1844)
273
Joseph, Erzherzog von Österreich
(1776–1847) 197
Josepha, Fürstin von und zu Liech-
tenstein (1776–1848) 119
Joseph Friedrich von Sachsen-
Hildburghausen (1702–1787)
76–80, 84, 91
Joséphine (1763–1814; verh. mit
Napoleon I., Kaiser der Franzo-
sen) 267, 272, 283, 298, 317, 326

Kalmus, Ludwig 120
Kant, Immanuel (1724–1804) 21,
39, 43, 47, 179, 416
Karl der Große, Römischer Kaiser
(747–824) 260, 384
Karl V., Kaiser des Heiligen Römischen Reichs (1500–1558) 384
Karl X., König von Frankreich
(1757–1836) 409
Karl von Hessen-Kassel
(1744–1836) 42
Karl II. (Ludwig Friedrich), Großherzog von Mecklenburg-Strelitz (1741–1816; Vater) 17–19,
22–25, 27f., 33–35, 40f., 43, 49f.,
54, 76–78, 81f., 85, 87f., 90, 93,
98–102, 106, 112, 117, 119, 130,
141, 165f., 168f., 172f., 176f.,
184–186, 188f., 195–197, 199f.,
205, 207, 210–214, 217f., 224,
230f., 233, 235–239, 241, 244f.,
247–252, 254f., 257, 259, 265, 268,
271, 278, 281, 285–287, 289f., 303,
306, 309, 315f., 325–330, 334–338,

341f., 345–347, 351, 353f., 373, 378, 383, 407, 414

Karl, Herzog von Mecklenburg-Strelitz (Pseud. J. E. Mand, C. Weisshaupt; 1785–1837; hier: Carl) 12, 27, 38, 49, 93, 188, 190, 208, 210–225, 258, 267, 278f., 318, 320, 326f., 330, 338, 341, 346, 349, 353f., 368, 381, 384, 388–390, 398, 408f.

Karl von Preußen (1801–1883; Sohn Luises) 222, 261, 284, 386, 391, 398

Karl zu Solms-Braunfels (1812–1875; Sohn Friederikes) 374f., 399, 402–405

Karl August, Großherzog von Sachsen-Weimar-Eisenach (1757–1828) 42, 85

Karl Georg von Preußen (1795–1798; Sohn Friederikes) 134, 174, 177, 232, 241

Karl Ludwig Friedrich, Herzog von Mecklenburg-Strelitz (1708–1752; Großvater) 18

Karl Theodor, Kurfürst von der Pfalz und von Bayern (1724–1799) 42

Karl Wilhelm Ferdinand, Herzog von Braunschweig (1735–1806) 276f.

Karoline von Pfalz-Zweibrücken-Birkenfeld (1721–1744) 19

Karoline zu Solms-Braunfels (1799–1799; Tochter Friederikes) 178, 180f., 230, 237, 239

Karoline Auguste von Bayern (1792–1873; verh. mit Franz II., Kaiser des Heiligen Römischen Reichs) 119

Karoline Auguste von Mecklenburg-Strelitz (1771–1773; Schwester) 24

Karoline Charlotte von Mecklenburg-Strelitz (1821–1876; Tochter Georgs) 199

Karoline Friederike Wilhelmine von Baden (1776–1841; verh. mit Maximilian I., König von Bayern) 197

Kleist, Heinrich von (1777–1811) 313

Kleist, Marie von (1761–1831) 145, 171, 317, 415

Klemens XII., Papst (vorher Lorenzo Corsini; 1652–1740) 108

Klopstock, Friedrich Gottlieb (1724–1803) 22, 103, 135, 332

Klopstock, Meta (1728–1758) 332

Knigge, Adolph Freiherr von (1751–1796) 42, 249, 253f.

Konrad III., Römischer König (1093–1152) 384

Konstantin, Großfürst von Russland (1779–1831) 287

Körner, Karl Theodor (1791–1813) 376

Krüdener, Juliane Barbara Freifrau von (1764–1824) 345

Laforest, Antoine Graf von (1756–1846) 297

La Garde-Chambonas, Auguste Graf von (1783–1853?) 118

Lang, Georg Heinrich (1740–1806) 106, 125

Lavater, Johann Kaspar (1741–1801) 394

Lenthe, Elisabeth Dorothea von (1749–1831) 123f.

Lentz 322

Leopold II., Kaiser des Heiligen Römischen Reichs (1747–1792) 67, 110, 122, 208, 246

Personenregister

Leopold I., König der Belgier (1790–1865) 398

Leopold IV., Herzog von Anhalt-Dessau (1794–1871) 212

L'Estocq, Albertine Gräfin von 38

L'Estocq, Anton Wilhelm von (1738–1815) 184f., 281

Lerchenfeld zu Köfering, Amalie von (gen. A. Stargard; verh. Adlerberg; 1808–1888; Tochter Thereses) 123

Lerchenfeld zu Köfering, Elisabeth Therese von (*1807; Tochter Thereses) 123

Lerchenfeld zu Köfering, Emanuel Maximilian von (*1807; Sohn Thereses) 123

Lerchenfeld zu Köfering, Georg Adolf von (gen. G. A. Graf v. Stockau; 1806–1865; Sohn Thereses) 123, 126, 205, 306–308

Lerchenfeld zu Köfering, Maximilian Emanuel Graf von (1772–1809; Liebhaber Thereses) 123, 127–129, 205, 275, 306–308, 315, 317, 331f., 339f., 351

Lerchenfeld zu Köfering, Philipp Nerius Graf von (1736–1801) 123, 306

Lerchenfeld zu Köfering, Therese von (*1809; Tochter Thereses) 123

Lessing, Gotthold Ephraim (1729–1781) 45

Leykam, Werner Freiherr von (1764–1835) 126, 128

Lichtenau, Wilhelmine Gräfin von (eigtl. W. Encke; 1753–1820) 140

Lichtenberg, Georg Christoph (1742–1799) 39

Lichthammer, Johann Wilhelm (1752–1815) 50, 52, 100, 230

Locke, John (1632–1704) 46

Louis Ferdinand von Preußen (1772–1806) 144, 298

Louis Philippe, König der Franzosen (1773–1850) 409

Ludewig 104

Ludwig I., König von Bayern (1786–1868) 94, 333f., 371f., 384

Ludwig XVI., König von Frankreich (1754–1793) 66, 68, 91f.

Ludwig I., Großherzog von Hessen-Darmstadt (1753–1830) 20

Ludwig IX., Landgraf von Hessen-Darmstadt (1719–1790) 19f.

Ludwig (gen. Louis) von Preußen (1773–1796; Ehemann Friederikes) 21, 124, 138f., 141, 143, 174–176, 204, 231, 243, 259

Luise von Hessen-Darmstadt (1757–1830; verh. mit Karl August, Großherzog von Sachsen-Weimar-Eisenach) 85

Luise von Hessen-Darmstadt (1761–1829; verh. mit Ludwig I., Großherzog von Hessen-Darmstadt) 341

(Maria) Luise (Albertine) von Leiningen-Dagsburg-Falkenburg (gen. Prinzessin George; 1729–1818; verh. mit Georg Wilhelm von Hessen-Darmstadt; Großmutter) 20, 22f., 27f., 30–32, 49, 56f., 62f., 69, 77, 80, 83, 89f., 93f., 98, 100–102, 105, 108, 130, 139, 152, 172, 189, 204, 207f., 214, 230, 235, 239–241, 245f., 268, 315, 346f., 361, 377, 414, 417–419

Luise von Mecklenburg-Strelitz (1776–1810; verh. mit Friedrich Wilhelm III., König von Preußen) *passim*

Luise von Mecklenburg-Strelitz (1818–1842; Tochter Georgs) 199

Personenregister

Luise von Nassau-Oranien 198

Luise von Preußen (1808–1870; Tochter Luises) 185, 292, 330

Luise von Sachsen-Gotha (1756–1808; verh. mit Friedrich Franz I., Großherzog von Mecklenburg-Schwerin) 34

Luther, Martin (1483–1546) 51

Marat, Jean Paul (1743–1793) 241

Maria von Großbritannien, Irland und Hannover (1776–1857) 197

Maria Fjodorowna (geb. Sophia Dorothea von Württemberg; 1759–1828; verh. mit Paul I., Kaiser von Russland) 150, 169, 321

Marianne von Hessen-Homburg (1785–1846; verh. mit Wilhelm von Preußen; Schwägerin Friederikes und Luises) 163f., 166, 329, 388

Maria Theresia, Kaiserin des Heiligen Römischen Reichs (1717–1780) 66, 91f., 122

Marie von Hessen-Kassel (1796–1880; Ehefrau Georgs) 198f.

Marie von Sachsen-Altenburg (1818–1907; verh. mit Georg V., König von Hannover; Schwiegertochter Friederikes) 398

Marie Antoinette (Maria Antonia von Österreich; 1755–1793; verh. mit Ludwig XVI., König von Frankreich) 46, 63, 66, 68, 91f.

Marie Louise von Orléans (1812–1850; verh. mit Leopold I., König der Belgier) 398

Marie Thérèse von Frankreich (1778–1851) 91

Maximilian I., Kaiser des Heiligen Römischen Reichs (1459–1519) 384

Maximilian I., König von Bayern (als Maximilian IV. Joseph Kurfürst v. B.; 1756–1825) 114f., 129, 196f., 371

Maximilian Adolf von Sachsen-Hildburghausen (1803–1803; Sohn Charlottes) 82f., 86, 261

Merck, Johann Heinrich (1741–1791) 97, 99

Metternich, Klemens Wenzel Fürst (1773–1859) 118, 123, 393f., 398

Meusebach, Hans Freiherr von (1812–1897) 405

Michael, Großfürst von Russland (1798–1849) 211

Michaelis, Salomo 247, 249–254

Miltitz, Alexander Graf von 129

Mirabeau, Honoré Gabriel Riqueti, Graf von (1749–1791) 65

Montesquieu, Charles de (1689–1755) 45, 65

Mozart, Wolfgang Amadeus (1756–1791) 40

Napoleon I., Kaiser der Franzosen (1769–1821) 11f., 74, 85, 92, 112–118, 135, 150f., 153, 155, 160, 163–170, 183, 185f., 196f., 200f., 217, 219, 221, 229f., 260f., 263, 266–278, 280–284, 286, 288, 290–293, 295–302, 314, 316–322, 324f., 331, 333f., 340, 344–346, 376–385, 388, 391, 393, 395, 406, 417

Napoléon Charles Bonaparte von Holland (1802–1807) 288

Naryschkina, Marija Antonowna Fürstin (1779–1854) 164, 167

Naubert, Benedikte (1756–1819) 387

Personenregister

Nikolaus I., Kaiser von Russland
(1796–1855) 390
Nonne, Carl Ludwig (1785–1854)
81, 362
Nonne, Johanna (1760–1837) 362
Novalis (eigtl. Georg Wilhelm
Friedrich Freiherr von Hardenberg; 1772–1801) 74, 149, 413,
420

Oertzen-Rattey 213
Ompteda, Dietrich Heinrich Lud-
wig von (1746–1803) 236
Otto I., der Große, Kaiser des
Heiligen Römischen Reichs
(912–973) 384
Otto, Christian (1763–1828) 89

Panin, Nikita Iwanowitsch Graf
(1748–1813) 156
Paul, Herzog von Württemberg
(1785–1852; Schwiegersohn Charlottes) 310
Pestalozzi, Johann Heinrich
(1746–1827) 81, 361f., 364, 366,
375f.
Pitt, William (1759–1806) 261
Pius VI., Papst (vorher Giovanni
Angelo Braschi; 1717–1799) 42
Pogwisch, Henriette von
(1776–1851) 264, 365f.

Radziwill, Anton Fürst (1775–1833)
384
Radziwill, Elisa Prinzessin
(1803–1834) 374
Radziwill, Luise Fürstin (geb.
L. von Preußen; 1770–1836)
142, 156–158, 168, 174, 237, 295,
298f., 329, 344, 384
Rauch, Christian Daniel
(1777–1857) 225
Reichenbach 215

Reiser, Rudolf (*1941) 125
Richard I. (Löwenherz), König von
England (1157–1199) 388
Riesbeck, Johann Kaspar
(1754–1786) 19
Robespierre, Maximilien de
(1758–1794) 68
Rousseau, Jean-Jacques
(1712–1778) 29–31, 44, 47f.,
53–56, 59–61, 84, 100, 104, 120,
122, 132, 144, 173, 361f., 364, 416,
418
Rüchel, Ernst von (1754–1823) 296f.
Rückert, Friedrich (1788–1866) 85,
94, 292
Rudloff, Wilhelm August
(1747–1823) 236

Schadow, Gottfried (1764–1850)
182
Schäffer, Johann Gottlieb
(1720–1795) 104f.
Scharnhorst, Gerhard von
(1755–1813) 379
Scheffner, Johann George
(1736–1820) 154, 171, 363
Schenkendorf, Max von (1783–1817)
262
Schiller, Friedrich von (1759–1805)
21f., 40, 66, 85, 145, 154, 169, 179,
193, 246, 249, 253, 376, 379f.
Schlegel, Friedrich von (1772–1829)
150, 388, 395
Schlitz, Johann Eustach Graf von
(1737–1821) 128
Schlotheim, Hartmann Ludwig
von 49
Schrage, Johann Nikolaus
(1753–1795) 50, 84
Schwarzkopf, Joachim von
(1766–1806) 237
Shakespeare, William (1564–1616)
419

Personenregister

Sophie von Großbritannien, Irland
und Hannover (1777–1848) 197

Sophie von Löwenstein-Wert-
heim-Rosenberg (1814–1876;
verh. mit Karl zu Solms-Braunfels; Schwiegertochter Friederikes) 404

Sophie von Preußen (1803–1803;
Tochter Friederikes) 261

Stein, Heinrich Friedrich Karl
Reichsfreiherr vom und zum
(1757–1831) 11, 157, 166, 303, 320,
367, 379

Stolterfoth, Adelheid von
(1800–1875) 396

Süvern, Johann Wilhelm
(1775–1829) 154

Talleyrand, Charles Maurice de
(1754–1838) 114, 118, 123, 270,
316, 335

Therese von Mecklenburg-Strelitz (1773–1839; verh. mit Karl
Alexander Fürst von Thurn und
Taxis) 12f., 24, 27, 32f., 35–38,
41, 52, 56f., 69, 79, 82, 89f., 93f.,
97–135, 139, 146, 148f., 154, 168,
170, 172f., 175–177, 179, 181f.,
190, 196, 200, 202–205, 208, 214,
223, 230, 240–245, 247f., 254f.,
258f., 261, 265, 267f., 271, 273,
275f., 278–286, 288f., 297–302,
304–312, 314–317, 322–324,
327, 331–335, 338–342, 345–347,
350–354, 361, 373, 383, 408, 415,
417f., 420f.

Therese von Sachsen-Hildburghausen (1792–1854; verh. mit
Ludwig I., König von Bayern;
Tochter Charlottes) 93f., 328,
332–334, 339, 371f.

Thomas von Aquin (1224/25–1274)
417

Thümmel, Moritz August von
(1738–1817) 128

Thurn und Taxis, Alexander Ferdinand Fürst von (1704–1773) 99

Thurn und Taxis, Auguste Fürstin von (geb. A. v. Württemberg;
1734–1787; Schwiegermutter
Thereses) 127

Thurn und Taxis, Carl Anselm
Fürst von (1733–1805; Schwiegervater Thereses) 90, 99, 106, 108,
110, 112f., 122, 126

Thurn und Taxis, Charlotte Luise
von (1790–1790; Tochter Thereses) 121

Thurn und Taxis, Friedrich Wilhelm Fürst von (1805–1825; Sohn
Thereses) 123, 129, 261

Thurn und Taxis, Georg Karl von
(1792–1795; Sohn Thereses)
121f., 133, 309

Thurn und Taxis, Karl Alexander
Fürst von (1770–1827; Ehemann
Thereses) 41, 90, 97f., 100f.,
104, 107–116, 118–120, 122f.,
126f., 129f., 134, 148, 182, 205,
308f., 338, 340, 374, 408

Thurn und Taxis, Luise Friederike
von (1798–1798; Tochter Thereses) 122, 230

Thurn und Taxis, Maria Sophia
Dorothea Fürstin von
(1800–1870; Tochter Thereses) 122

Thurn und Taxis, Maria Theresia
Fürstin von (1794–1874; Tochter
Thereses) 89, 128

Thurn und Taxis, Maximilian Karl
Fürst von (1802–1871; Sohn Thereses) 122f., 127, 130, 182, 186,
261, 373f., 376, 408

Thurn und Taxis, Wilhelmine
Fürstin von (geb. Reichs-

Personenregister

freiin von Dörnberg; 1803–1835;
Schwiegertochter Thereses)
373f.
Trauttmansdorff, Ferdinand Fürst
zu (1749–1827) 119

Valck, Leonardus Cornelius van
der (1769–1845) 91, 93
Varnhagen von Ense, Rahel
(1771–1833) 183
Vehse, Eduard (1802–1870) 110
Viktoria, Königin von Großbritannien und Irland (1819–1901)
191, 398
Villard 310
Vogler, Georg Joseph (1749–1814)
21
Voß, Karoline Freifrau von
(1751–1828) 288
Voß, Luise Gräfin von (1780–1832)
377
Voß, Otto Karl Friedrich Freiherr
von (1755–1823) 288
Voß, Sophie Gräfin von
(1729–1814) 143f., 234, 266, 282,
320, 347, 364, 371, 408
Vrints-Berberich, Alexander Freiherr von (1764–1843) 114, 309

Weishaupt, Adam (1748–1830)
41
Westerholt, Alexander Graf von
(1763–1827) 128, 309

Wieland, Christoph Martin
(1733–1813) 103, 154, 179, 246
Wilhelm I., Deutscher Kaiser
(1797–1888; Sohn Luises) 225,
348, 364, 367, 374f., 381, 384, 386,
398, 401
Wilhelm IV., König von Großbritannien, Irland und Hannover
(1765–1837) 191
Wilhelm II., König der Niederlande (1792–1849) 398
Wilhelm II., Kurfürst von Hessen-
Kassel (1777–1847) 272
Wilhelm zu Solms-Braunfels
(1801–1868; Sohn Friederikes)
261
Wilhelm Christian Karl, Fürst zu
Solms-Braunfels (1759–1837;
Schwager Friederikes) 185, 403
Willemer, Johann Jakob von
(1760–1838) 193
Wolzogen, Magdalena von 50, 78,
84, 106, 371

Yorck von Wartenburg, Hans Graf
(1759–1830) 219

Zeller, Karl August (1774–1840)
362
Zelter, Carl Friedrich (1758–1832)
193
Zöllner, Johann Friedrich
(1753–1804) 152

Zusammengestellt von Uwe Steffen

Bildnachweis

akg-images: Tafel 3 unten, 5, 7, 8
Anhaltische Gemäldegalerie Dessau: Tafel 4 oben
Fürst Thurn und Taxis Museen, Regensburg: Tafel 4 unten rechts
Hessische Hausstiftung, Schloss Fasanerie, Eichenzell: Tafel 2
Museum Neustrelitz: Tafel 3 oben, 6 oben
Staatliche Museen Schwerin: Tafel 1
Stadtmuseum Hildburghausen: Tafel 4 unten links
Marco Zabel, Potsdam: Tafel 6 unten

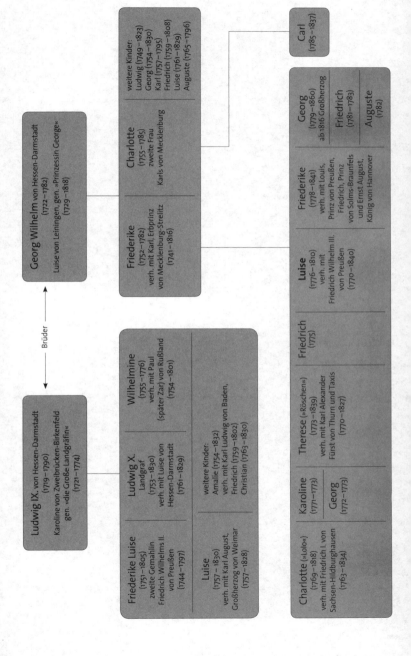

Carolin Philipps

Friederike von Preußen

*Die leidenschaftliche Schwester
der Königin Luise. 384 Seiten
mit 16 Seiten farbigem Bildteil.
Piper Taschenbuch*

»Galanteste Löwin des Jahrhunderts« hat man sie genannt: Friederike von Preußen, geborene Prinzessin von Mecklenburg-Strelitz (1774–1841). Tatsächlich rankt sich um die »sündige« Schwester der Königin Luise ein streng gehütetes Familiengeheimnis, das nach mehr als anderthalb Jahrhunderten aufgedeckt wurde. Carolin Philipps schreibt aus bis dahin unbekannten Quellen heraus die Biografie einer außergewöhnlichen Frau, die entgegen allen Regeln ihre Sehnsucht nach Glück und Liebe lebte.

Heinz Ohff

Königin Luise von Preußen

*Ein Stern in Wetterwolken.
Eine Biographie. 493 Seiten mit
34 Abbildungen.
Piper Taschenbuch*

Zahllose Legenden ranken sich um das Leben Königin Luises von Preußen, die schon zu ihren Lebzeiten außergewöhnliche Popularität genoß: Schön und lebenslustig, charmant und wenig gebildet, mußte sie bereits als junge Frau zusammen mit ihrem Mann, Friedrich Wilhelm III., in schwierigen Zeiten den Thron besteigen und starb mit vierunddreißig Jahren in der Blüte ihres Lebens. Bedeutende Zeitgenossen wie Kleist und von Arnim waren ihre Bewunderer, und Napoleon nannte sie respektvoll seine »ärgste Feindin«. Heinz Ohff zeichnet in seiner Biographie das Bild einer Frau zwischen Legende und Historie und vermittelt zugleich einen lebendigen Eindruck der damaligen Zeit.

»Ein lesenswertes, kluges Buch.«
Die Presse

05/2434/01/L

05/1313/03/R

Klaus Günzel

Das Weimarer Fürstenhaus

Eine Dynastie schreibt Kulturgeschichte. 223 Seiten mit 32 Seiten Abbildungen. Piper Taschenbuch

Am Weimarer Hof wurde eines der glanzvollsten Kapitel der europäischen Kulturgeschichte geschrieben. Vor allem die Frauen prägten das Gesicht der Dynastie: Herzogin Anna Amalia machte aus dem unbedeutenden Kleinstaat eines der wichtigsten geistigen Zentren des 18. Jahrhunderts. Als ihr Sohn Carl August den jungen Goethe an den Weimarer Hof holt, beginnt der Aufstieg des Fürstenhauses zum strahlenden Mittelpunkt der deutschen Klassik. – Mit leichter Feder zeichnet Klaus Günzel die Geschichte der Weimarer Dynastie und beleuchtet dabei auch die menschlichen Licht- und Schattenseiten ihrer bedeutendsten Persönlichkeiten.

»Eine vorzügliche Schilderung des nicht nur klassischen Weimar.«
Frankfurter Allgemeine Zeitung

Franz Herre

Maria Theresia

Die große Habsburgerin. 368 Seiten mit 6 Abbildungen. Piper Taschenbuch

Als Nachfolgerin ihres 1740 gestorbenen Vaters Karl IV. übernahm Maria Theresia (1717–1780) als Erzherzogin von Österreich, Königin von Ungarn und von Böhmen die Herrschaft über die Länder des Hauses Habsburg, und als Gemahlin des römisch-deutschen Kaisers Franz I., eines Lothringers, wurde sie Kaiserin. Franz Herre, Autor erfolgreicher historischer Biographien, versetzt uns in das Zeitalter Maria Theresias. Facettenreich schildert er den Lebensweg der lebenslustigen Erzherzogin zur Monarchin, Landesmutter und konservativen Reformerin.

»Herre erzählt spannend, verknüpft Biographie und wirtschafts- und sozialgeschichtliche Aspekte anschaulich und geschickt, und kramt überdies einige Anekdoten hervor.«
Badische Neueste Nachrichten

Martha Schad

Bayerns Königinnen

407 Seiten mit 4 Abbildungen.
Piper Taschenbuch

Über die aus dem Hause Wittelsbach stammenden Monarchen gibt es zahlreiche Veröffentlichungen. Doch wer waren die Frauen an der Seite dieser kunstsinnigen Herrscher? Bayerns Königinnen stammten alle aus führenden Dynastien Europas, waren schön und hochgebildet. Sie wirkten vor allem in ihren Familien, engagierten sich aber auch auf sozialem und kulturellem Gebiet, sie förderten Toleranz, Frömmigkeit und Liberalität im jungen Königreich, erlebten politische Niederlagen genauso wie privates Glück. Für ihre biographischen Studien zog Martha Schad bisher unerschlossene Briefe und Tagebücher aus dem Geheimen Hausarchiv der Wittelsbacher heran und schildert eindrucksvoll und kurzweilig das öffentliche und private Leben der bayerischen Herrscherinnen.

Erika Bestenreiner

Luise von Toscana

Skandal am Königshof. 328 Seiten mit 9 Schwarzweißfotos.
Piper Taschenbuch

Einen größeren Skandal hat Deutschland vor dem Ersten Weltkrieg nicht erlebt: Luise von Toscana aus dem Haus Habsburg, die künftige Königin von Sachsen, verläßt ihren Mann und ihre fünf Kinder und wird bürgerlich. Erika Bestenreiner erzählt die Hintergründe dieses Dramas fesselnd wie einen Roman, hält sich aber genau an die Quellen.

Die Geschichte dieser Flucht vom Thron ist die Geschichte von Kälte und Herzlosigkeit in der königlichen Familie, vom Mut, anders sein zu wollen, und von der Suche nach der wahren und großen Liebe.

PIPER